词与世界
WORD & WORLD

文明互鉴学术论丛

总主编　陈　方　李铭敬

本成果受到中国人民大学2022年度
"中央高校建设世界一流大学（学科）和特色发展引导专项资金"支持

Estudio comparativo de construcciones
impersonales en español y en chino

无人称结构的
西汉对比研究

刘奕彤　著

中国人民大学出版社
·北京·

U0596867

编 委 会

（以姓氏笔画为序）

刁克利　　王建华　　田丽丽　　刘海清
杨　敏　李桂荣　李铭敬　张　意
陈　方　周　铭　赵蕾莲

总　序

　　在全球化时代，语言的重要性越发凸显，它不仅可以表征我们对世界的认知和体验，还能体现不同文化对世界以及对人类的理解，甚至会影响到我们对现实的构建和阐释方式。作为研究语言的外语学科，随着时代的发展，其学科内涵呈现出更加多元的特征。教授一门语言，只是外语学科诸多使命中最基础的一个，语言的工具性已经渐渐退居次要地位，取而代之的是它所包蕴的人文性，它所承载的破解文化和文明符码、描画语言世界图景的可能性，以及它在文明互鉴、构建人类命运共同体等国家重大战略中有可能发挥的作用。

　　语言扮演的重要角色注定会使外语学科的边界极大地外扩，学科的对象更加丰富，研究的领域更加多元，这一方面是因为外语学科本身所具备的跨学科性，其内部在近半个世纪以来发生的各种学术转向、学术交叉和学术复合，另一方面，也是更主要的，是因为外界对于外语学科越来越高的期许以及它所担负的更加重要的使命。中国在国际上的地位和角色已今非昔比，较之于五四运动和改革开放初期着力进行的文化输入，今天的我们更加聚焦于互通、互鉴、交流，更注重在世界上更多地发出我们自己的声音，构建我们自己的形象，彰显中国力量，输出中国智慧，而这一切的实现，不仅要依靠我国在科技、教育和工业等方面的迅猛进步，也仰仗于外语。语言在构建国家形象中能起到关键作用，是国家文化的重要组成部分，直接关系到国家的文化认同、国际交往能力和国际地位。一个清晰、有力的语言形象可以为国家赢得更多的尊重和支持，语言的战略地位之高是从前任何一个时代都没有过的。因此，除了传统的语言、文学和翻译三大主流方向，如今的外语学科在区域国别学、国际传播学中也占据着不可或缺的地位。中国人民大学外国语学院的

"词与世界·Word & World""文明互鉴学术论丛"就是在这样的语境下应运而生的。

"词与世界·Word & World"是 2022 年以来中国人民大学外国语学院着力打造的一个学术品牌，得到了"中央高校建设世界一流大学（学科）和特色发展引导专项资金"（简称"引导专项"）的支持。2018 年 12 月，中国人民大学外国语学院第 7 届研究生学术论坛开幕之际，我们首次启用"词与世界·Word & World"这一名称。"词"为语言的最基本构成，可指代语言，"Word & World"在英语中是两个近音词，当初我们只是想通过这个悦耳且似乎不乏诗意的中英文词组来增加研究生学术论坛的辨识度。但随着近两年学院学科建设的思路逐渐清晰，对外语学科本质的认识不断加深，我们为"词与世界·Word & World"注入了更多内涵。在 2023 年开学典礼的院长致辞中我提到，语言具有工具性、基础性和人文性。所谓工具性，就是我们通过掌握基本的听、说、读、写技能，形成与他人交流的能力，进行双语或多语的转换；所谓基础性，即外语在一切"国际"字头、"外"字头专业中的基础性地位；所谓人文性，则是指外语的最高级属性，语言和文学、历史、哲学等学科一样，是研究人类信仰、情感、道德和美感等的科学，它提供了成为一个健全之人、一个全面发展之人的基本养分，它最终是一个关于"人"的学科。把握好语言的这三个特性，我们外语学科在拥抱各种变化和挑战的同时就可以站稳脚跟，自信地彰显我们的学科主体性。

围绕着"词与世界·Word & World"品牌，学院目前已经打造了多个学科建设项目："词与世界·Word & World"外语学科研究生学术论坛（2018 年启动）；"词与世界·Word & World""碧空澄金"人大青春诗会（2023 年启动）；"词与世界·Word & World"外国语言文学文化系列讲座（2023 年启动）；"词与世界·Word & World""世界文学与人类命运共同体译丛"（2024 年启动）。这些活动涉及学术研究、学生培养、教师发展等多个板块，我们希望"词与世界·Word & World"成为学院展现学科水平的平台，提供外国语言、文学和文化养分的土壤，通达更广阔世界的桥梁，同时，我们也希望这一品牌能全方位凝聚力量，为人才培养、学术研究和教师发展提供更多动能和更大平台，进一步打造学院的学术声誉，扩大学科影响，力争让中国人民大学外国语学院跻身全国一流外语学院之列。

"词与世界·Word & World""文明互鉴学术论丛"于 2022 年正式启动，涵盖外语学科五大方向，旨在深度挖掘语言与世界之间的关系，为学术界提供一批从不同视角探究外国语言、文学、翻译和文化等领域问题的学术成果。这套丛书是开放式的，作者均为中国人民大学外国语学院教师，学院每年启动一次选题征集活动，经学院学术委员会充分评议后筛选出三到四部专著进入论丛。在不久的将来，这套丛书定会形成一定规模，成为呈现人大外语学院教师科研成果、展示科研水平的窗口。这套丛书的选题较为多样，涉及英、俄、日、德、法、西六个语种（专业），似乎很难为这套丛书找到一个确切的主题，但这恰好能说明目前外语学科呈现出的多元研究样貌，同时，"文明互鉴"也能概述"外语人"一直以来在跨文化交流、增进不同文明理解彼此的文化、价值观念和思维方式等方面做出的贡献。

本论丛得以面世，除了各位作者的辛勤笔耕，还离不开多方的支持。感谢中国人民大学出版社大众出版分社、中国人民大学"中央高校建设世界一流大学（学科）和特色发展引导专项资金"和学院学术委员会！我们期待这套"词与世界·Word & World""文明互鉴学术论丛"能激发学界对语言与世界之关系做更为深刻的思考，为文明互鉴贡献更多的力量。

"Word & World"，每个单词都是一个小的世界，整个世界也是一个大的单词，我们"外语人"毕生从事的事业，或许就是在这两者之间发现关联，进而寻求文明互鉴的可能和路径。

陈方

2024 年 5 月 24 日

北京近山居

PRÓLOGO

En este trabajo, vamos a tomar como objetos de estudio dos subtipos de oraciones impersonales: las de predicados meteorológicos y las de predicados de existencia y de aparición. Basándonos en la idea generativa de que todas las oraciones tienen un sujeto (aunque sea expletivo), reflexionamos sobre las demás características que tendrían que tener los sujetos. Nuestro punto de partida es que los sujetos que tienen todas las oraciones deberían tener contenido semántico, porque si fueran solamente un expletivo, no deberían poder satisfacer los demás niveles del concepto de sujeto, el nivel semántico-cognitivo e informativo. Entonces, queríamos demostrar que todas las oraciones, incluidas unas oraciones que se consideran sintácticamente impersonales, tienen un sujeto semántico, o sea cognitivo-lógico. Consideramos que el candidato más adecuado para la posición de sujeto son los locativos, o en ciertos casos, temporales, que son elementos normalmente considerados adjuntos, o circunstanciales, o dicho en términos cognitivos, de fondo o escenario.

Como nuestra investigación es un trabajo contrastivo, tomamos referencias bibliográficas tanto sobre español como sobre chino. En cuanto a las investigaciones contrastivas del español y chino, existen trabajos sobre temas relacionados con el sujeto y con otras características generales de los dos idiomas, por ejemplo Zhao (1998), pero todavía no existen referencias sobre la comparación de las oraciones impersonales del chino y el español.

Los trabajos de Mendikoetxea (1999), Fernández Soriano y Táboas Baylín (1999), así como las gramáticas de RAE-ASALE (2009) y Bosque y Demonte (1999) forman parte muy importante de nuestra base teórica. Describen de forma muy completa y detallada las oraciones impersonales desde el punto de vista descriptivo. Siguiendo a Gómez Torrego (1998), Fernández Soriano y Táboas Baylín (1999) y La Real Academia Española y la Asociación de Academias de la Lengua Española (2009), reconocemos y entendemos como impersonales sintácticas aquellas oraciones en las que existe una imposibilidad para expresar el agente o causante de la predicación verbal. Se trata de los verbos meteorológicos, el existencial *haber* y ciertos usos de los verbos *ser, parecer* y *hacer*. Además de los resultados de investigaciones de expertos españoles, los especialistas chinos como Sun (2010), Dong (1999) y otros también dan clasificaciones propias de las oraciones impersonales en español. Todos estos autores, entre otros, han ofrecido una vista panorámica de las oraciones impersonales en español. En Bosque y Gutiérrez Rexach (2009) se analiza las diferentes construcciones sin sujeto, con $pro^{expl.}$, *pro* y *PRO* desde el punto de vista de gramática generativa. El punto de vista que comparten todos estos autores consiste en que las oraciones de fenómenos naturales y de existencia y aparición son oraciones sin sujeto semántico.

A diferencia a ellos, otros autores ya han empezado a reflexionar sobre la posible función de sujeto de los locativos en estas oraciones y la propiedad inacusativa de estos predicados considerados impersonales, entre ellos destacan Fernández Soriano (1999), Calzado Roldan (2013), Meulleman y Stockman (2013), López Ferrero (2008). Otros trabajos vinculados a estos temas que consideramos relevantes son Mendikoetxea (1999), Belletti (1987), Torrego (1989), Recanati (2006), entre otros. Todos estos trabajos nos han servido de inspiración importante y teoría de apoyo. En las partes siguientes, vamos a ver con más detalle las opiniones ofrecidas por ellos y nuestras observaciones.

Sobre la clasificación de las oraciones impersonales en chino, todavía falta un acuerdo entre los lingüistas de chino. Los ejemplos elegidos están basados principalmente en Chen (1986), Qi (2005), Huang y Liao (2007), Liu, Pan y Gu (2004). Chen (1986) ha mencionado "las oraciones con sujetos que no se puede decir", Qi (2005) ha mencionado "las oraciones no sujeto-predicado". La clasificación y estructuras básicas resumidas por nosotros están basadas en estas obras. En cuanto a las oraciones de existencia y de aparición, nos ha servido mucho el trabajo de Pan (2003), que es una obra muy compleja, quizá demasiado, sobre todas las posibles construcciones que se podrían considerar como de existencia y de aparición. Otras obras relacionadas son Song (1984, 1989, 1990, 1991, 1992). Sobre la propiedad inacusativa de los predicados en cuestión, tenemos como referencia principal los trabajos de Huang (2007), Jin y Wang (2014), Lin (2001) y Tang (2005). Todos ellos nos han aportado ideas interesantes sobre la cuestión de inacusatividad y nos inspiramos en los últimos dos, para dar nuestras propuestas sobre la estructura generativa.

Además, nos han servido mucho como apoyo teórico a la hora de hacer nuestras propias propuestas, la teoría de conflación de Hale y Keyser (1994, 1997, 2002), la hipótesis del argumento eventivo basada en Davidson (1967). Otras obras de gramática cognitiva como Cifuentes Honrubia (1994), Croft (2008), Ungerer y Schmid (1996), entre otros, también nos han servido mucho cuando planteamos las aportaciones cognitivas.

A través de la revisión bibliográfica, podemos sacar mucha información valiosa y podemos aprovechar mucho de los frutos de las investigaciones anteriores, pero nos damos cuenta de que todavía existen ámbitos que merecen ser investigados. Primero, todavía falta investigación sobre las oraciones impersonales en chino en general, quizá por la falta de reconocimiento común sobre el concepto de sujeto. Segundo, aunque ya hay autores que han observado la inacusatividad de los verbos considerados impersonales, ya sean meteorológicos o existenciales, tanto en español como en chino, todavía no existen trabajos que hayan relacionado estas dos construcciones, estudiándolas como un mismo fenómeno, o mejor dicho, todavía no hay investigaciones que hayan tomado en cuenta a la vez sistemáticamente la impersonalidad y la inacusatividad. Tercero, en cuanto a la perspectiva comparada, tampoco existen estudios comparativos sobre la impersonalidad, concretamente las estructuras de fenómenos naturales y de existencia en español y en chino.

En el primer capítulo, vamos a presentar algunas cuestiones generales relacionadas con el concepto de sujeto. Para analizar y definir las oraciones "con sujeto" o "sin sujeto", es imprescindible e inevitable hablar del concepto del sujeto. Se puede decir que la cuestión del sujeto es mucho más compleja de lo que parece. Cabe distinguir bien los diferentes niveles a la hora de hablar de sujeto: nivel sintáctico, nivel semántico-cognitivo y nivel informativo. Veremos respectivamente las propiedades sintácticas, semánticas e informativas en español y en chino, al mismo tiempo, haremos la comparación entre el concepto del sujeto del español y del chino. Concretamente, después de una introducción (1.1.), en el apartado 1.2. vamos a ver la definición del sujeto, en español y en chino; en el apartado 1.3. veremos las características sintácticas del concepto de sujeto, también en español y en chino; en el apartado 1.4. nos centraremos en el concepto de tema, en español y en chino, desde el punto de vista informativo; en el apartado 1.5., vamos a hablar de unas consideraciones sobre el sujeto desde el punto de vista semántico-cognitivo. Finalmente, en el apartado 1.6., hablaremos de oraciones impersonales en español y en chino, la clasificación general y los análisis sobre su "sujeto". Cabe mencionar que nuestro objeto de estudio no son todos los tipos de oraciones impersonales, sino que son solo dos tipos de ellos: oraciones con predicados de fenómenos naturales y oraciones con predicados de existencia y de (des)aparición. Porque desde nuestro punto de vista, la peculiaridad de estos dos tipos de oraciones consiste en que normalmente pueden tener en posición inicial elementos locativos, los cuales funcionarían como un tipo de sujeto. Entonces, nuestra propuesta principal trata de analizar estas oraciones como oraciones con sujeto, tanto en español como en chino, a diferencia de los análisis tradicionales que defienden que se trata de oraciones impersonales.

En el segundo capítulo, vamos a ver los predicados de fenómenos naturales, en español y en chino. Después de una introducción (2.1.), en el apartado 2.2., vamos a ver los predicados de fenómenos naturales en español y, en el apartado 2.3., los predicados correspondientes en chino. En cada parte, vemos primero las estructuras básicas y unos análisis gramaticales, seguidos por nuestras propuestas. En los apartados de análisis gramaticales, veremos cuestiones que tienen estrecha vinculación con nuestro estudio, por ejemplo, el análisis del sujeto en estas oraciones, los análisis existentes sobre locativos, análisis sobre la parte posverbal de los predicados, etc. En los apartados de nuestras propuestas, primero se explican los criterios para clasificar los predicados de fenómenos naturales y a continuación se explica la propuesta. La comparación entre el chino y el español se desarrolla en el apartado 2.3.3.

En el tercer capítulo, vamos a tratar los predicados de existencia y de (des)aparición, en español y en chino. Después de una introducción (3.1.), en el apartado 3.2., vamos a ver los predicados de existencia y de (des)aparición en español y en el apartado 3.3., los predicados correspondientes en chino. En cada parte, también seguimos una organización de 1) estructuras básicas, 2) análisis gramaticales y 3) nuestras propuestas. En los apartados de estructuras básicas, veremos primero una revisión bibliográfica y resumimos respectivamente las construcciones de español y de chino de nuestra investigación. En los apartados de análisis gramaticales, veremos cuestiones que tienen estrecha vinculación con nuestro estudio, por ejemplo, análisis existentes sobre locativos, análisis sobre la parte posverbal de los predicados, la propiedad inacusativa de los predicados, etc. En los apartados de nuestras propuestas, vamos a intentar a formular una propuesta cognitiva del modelo de predicados de existencia y de aparición, basándonos en el modo de acción y la relación entre fondo y figura: los predicados de existencia denotan estados durativos, mientras que los predicados de aparición y de desaparición denota logros del acaecimiento y levantamiento de su existencia; los locativos (dativos en español) funcionarían como fondo de lo que denotan los predicados. En la parte de la propuesta, antes de todo esto, también vamos a hacer una nueva clasificación de las estructuras de existencia y de aparición en chino. Después, desarrollaremos nuestra propuesta sobre la estructura de las oraciones con verbos de existencia y de (des)aparición. Además, a lo largo de la parte de chino, haremos análisis comparativos entre fenómenos correspondientes del español y del chino.

En el capítulo 4 se resumen las conclusiones analizadas a lo largo de nuestra investigación, tanto sobre la lengua china, como sobre el español y sobre la comparación entre ambos. Primero, concluimos las contribuciones sobre la sintaxis del idioma chino (4.1.), segundo, sobre nuestras conclusiones llegadas de oraciones de fenómenos naturales (4.2.) así como las de existencia y de (des)aparición (4.3.), en español y en chino. Y al final, sacamos unas últimas conclusiones.

ÍNDICE

Capítulo 3　Los predicados de existencia y aparición ············225

Capítulo 4　Conclusiones ·······································341

Bibliografía ···351

CAPÍTULO 1

EL CONCEPTO DE SUJETO Y SUS CARACTERÍSTICAS

1.1 Introducción

Antes de empezar a estudiar en profundidad los sujetos de los predicados de fenómenos naturales así como de los predicados de existencia y de (des)aparición, es necesario presentar unas nociones básicas sobre el concepto de sujeto, su definición y naturaleza. Aclarar estas nociones con antelación nos facilitará futuras argumentaciones. Este capítulo está dedicado a explicar conceptos y problemas relacionados con el sujeto.

El desarrollo del capítulo será como sigue. Después de una introducción (1.1.), en 1.2. vamos a ver la definición del sujeto, en español y en chino; en 1.3. veremos las características sintácticas del sujeto, también en español y en chino; en 1.4. nos centraremos en el concepto de tema, en español y en chino, desde el punto de vista informativo; en 1.5. expondremos algunas consideraciones sobre el sujeto desde el punto de vista semántico-cognitivo; finalmente, en 1.6. hablaremos de oraciones impersonales en español y en chino, la clasificación general y los análisis sobre su "sujeto".

Se puede decir que la cuestión del sujeto es mucho más compleja que lo que parece. Cabe distinguir diferentes niveles a la hora de hablar de sujeto: nivel sintáctico, nivel semántico-cognitivo y nivel informativo. En este apartado, además de ver separadamente las características del sujeto en español y chino, también veremos comparaciones de los dos idiomas dentro de estos niveles. En cuanto a la forma, existen muchas diferencias entre los dos idiomas, pero desde los puntos de vista semántico-cognitivo e informativo, son bastante similares. A continuación, vamos a ver primero la definición del sujeto en los dos idiomas.

1.2 La definición del sujeto en español y en chino

Como se ha comentado, definir el sujeto es un trabajo más complicado de lo que parece, porque podría estar relacionado con más conceptos, según diferentes perspectivas. Cabe distinguir diferentes niveles a la hora de ver la cuestión del sujeto. Por lo tanto, la definición del sujeto también se tiene que hacer diferenciando los diferentes niveles, tanto en español, como en chino. Primero, vamos a ver la definición del sujeto en español.

1.2.1 La definición del sujeto en español

El español es una de las lenguas flexivas más representativas del mundo. La concordancia entre sujeto y predicado así como las abundantes desinencias verbales facilitan la detección del sujeto de una oración. Sin embargo, la definición de sujeto no es una tarea tan fácil como parece. A lo largo de la historia de la investigación en la lengua española, son numerosas las definiciones que los gramáticos han dado del sujeto, desde los puntos de vista lógico, semántico o sintáctico. La dificultad de hacer una definición de sujeto consiste en que siempre existen excepciones que la contradicen. Es decir, es casi imposible que se haga una definición que abarque todas las posibilidades. Por ejemplo, consideramos que la oración *¿Conducir yo?* es una oración bien formada[1], en la que *yo* es el sujeto de *conducir*, porque *yo* es obviamente agente de la acción de *conducir* y se ve claramente la relación de predicación entre los dos elementos. Sin embargo, se observa que en esta oración no existe la concordancia entre sujeto y predicado como en los casos más comunes y el sujeto tampoco está en el lugar inicial donde habitualmente aparece. Se puede decir que en cuanto a la cuestión del sujeto, los planos semántico, sintáctico e incluso pragmático y lógico están estrechamente relacionados entre sí, pero

---

[1] Véase más ejemplos del uso independientes de los infinitivos (los infinitivos modalizados: exclamativos, interrogativos e imperativos) en Hernanz (1999).

no son simétricos. En otras palabras, las funciones semánticas de "agente", "paciente", "experimentante", etc., no se corresponden necesariamente con una función sintáctica determinada, pues el mismo elemento semántico puede ejercer diversas funciones sintácticas. Por lo tanto, los planos pragmático, sintáctico y semántico, además de estar relacionados, son relativamente paralelos y nos exigen terminología diferente para cada uno de ellos. A continuación, vamos a repasar las diferentes definiciones de la noción del sujeto en español.

Es un principio fundamental en la gramática tradicional y en gran parte de la teoría sintáctica moderna que toda frase declarativa está compuesta por dos constituyentes principales obligatorios, un sujeto y un predicado. Así lo afirma RAE-ASALE (2009: 2527), según la cual la oración es una construcción formada normalmente por la unión de dos funciones sintácticas: el sujeto y el predicado. El sujeto y el predicado forman el núcleo de la frase y son, por lo tanto, constituyentes nucleares. La definición de sujeto y predicado ha sido siempre estrechamente vinculada con nombre y verbo. Sapir (1979) repitió el punto de vista tradicional diciendo que hay necesariamente una cosa de la que se habla y una cosa que se dice a propósito de este sujeto del discurso y que el sujeto es normalmente un nombre, que mantiene con el verbo una cierta relación. Son numerosas las definiciones que los gramáticos han dado del sujeto desde ese mismo punto de vista, definiendo el sujeto como la palabra o conjunto de palabras que expresan un concepto del que se afirma o niega algo. Esta afirmación o negación constituye el predicado. Gili Gaya (1973: 57) y Onieva Morales (1993: 202) definen el sujeto como "la persona o cosa de la cual decimos algo". *El Esbozo* de RAE (1973: 350), lo define de la misma forma.

Con respecto a estas definiciones, González Clavo (1998) señala que decir que el sujeto es aquello de lo cual se dice algo, supone situarnos en el plano lógico, que es un plano extralingüístico, distinto al semántico y al sintáctico. Y estas definiciones lógico-semánticas han dejado insatisfechos a muchos lingüistas porque 1) hay oraciones sin sujeto; 2) Hay oraciones interrogativas donde no se afirma ni se niega nada en el sentido que señalan las definiciones. Consideramos que esta definición es más válida para la noción que hoy conocemos como "tópico", que forma parte del plano informativo. En términos de Halliday (1967), "tópico" es aquello de lo que se habla, o el punto de partida de una oración y "comentario" expresa lo que se dice de ese tópico. En la gramática generativa, también se adopta la diferencia terminológica entre sujeto gramatical y sujeto lógico, y la relación "tópico-comentario" corresponde en gran medida al tipo de relación que se establece entre ellos. La distinción tópico-comentario obedece a una relación informativa (función informativa) mientras que la de sujeto-predicado es semántica.

En la gramática tradicional existe otra definición que considera al sujeto como "aquel que realiza o soporta la acción expresada por el verbo". En Lázaro Carreter (1987: 382) el lema de sujeto se define como "el término de la oración que funciona como actor (*El perro ladra*) o como soporte (*La calle es ancha*) del predicado". Por tanto, Lázaro se sitúa en el plano semántico para definir el sujeto. Según Montero Ramírez (2010) hay que tener cuidado con la definición que se da del sujeto como "la persona o cosa que realiza la acción del verbo", que es más válida para la noción de agente. No es adecuado definir el sujeto así por las siguientes razones: 1) Según esta definición, en oraciones cuyos verbos son *ser, estar, tener, parecer*, etc. no habría sujeto porque no denotan acciones; 2) En estructuras pasivas, el sujeto no es la persona o cosa que realiza la acción del verbo, sino la persona o cosa que la sufre: *Un ladrón fue detenido por la policía*. RAE-ASALE (2009: 2527) menciona el término sujeto desde el punto de vista semántico (sujeto de predicación) cuando dice "El término sujeto puede designar un concepto semántico, cuando se opone al predicado, […] En este sentido, *El maestro explicaba la lección a los alumnos, el maestro* es el sujeto de la parte subrayada". Es decir, la función semántica de sujeto especifica el tipo de interpretación semántica que debe tener según el predicado del que depende. En este caso, *el maestro* es el elemento que realiza la acción y es agente.

Desde el plano sintáctico, A. Bello y R. Lenz son los primeros en afirmar que el sujeto es el sustantivo o equivalente de sustantivo que establece la concordancia con el verbo finito (Montero Ramírez, 2010). RAE-ASALE (2009: 2527) dice que además de ser un concepto semántico, el sujeto también tiene una función sintáctica. En el ejemplo de *El maestro explicaba la lección a los alumnos*, en el sentido sintáctico, *el maestro* es sujeto de la parte subrayada *explicaba*. En el caso del plano semántico (sujeto de predicación), el sujeto se opone al predicado; en el caso del plano sintáctico, el sujeto se opone al complemento directo, indirecto, etc. Según Bosque y Gutiérrez Rexach (2009: 253): "En el lenguaje natural se marca claramente en el plano sintáctico la relación de predicación". La relación entre el SD-sujeto y el constituyente que actúa como predicado oracional es en muchas lenguas linealmente rígida. Por ejemplo, aunque en español no es necesario que el SD-sujeto aparezca siempre antes del constituyente que expresa el predicado oracional como en inglés, el SD-sujeto en español tiene que concordar con el verbo. Esta relación de concordancia identifica estructuralmente el sujeto como el que ocupa la posición de especificador de SFlex y la relación de concordancia sujeto-predicado es, esencialmente, un requisito derivacional que nos permite identificar un SD como sujeto oracional (como se ilustra en (1), según Bosque y Gutiérrez Rexach, 2009: 253). Además, se supone que la concordancia entre el sujeto y el verbo se asocia en español con la marca de caso nominativo, porque los pronombres que funcionan como sujeto adoptan esta forma.

(1) Sujeto como especificador del SFlex

(Elaboración basada en Bosque y Gutiérrez Rexach, 2009: 253)

En cuanto a las oraciones que no tienen sujeto como *Hace sol, Nevó, Hay dos mesas en el jardín*, según la gramática generativa, se soluciona la cuestión del sujeto suponiendo que tengan estas oraciones un sujeto $pro^{expl.}$ (pronombre nulo expletivo) con propiedades de [3ª persona, neutro] sin realización fonética ni referencia semántica, en las cuales, los verbos mantienen concordancia en número y persona con este $pro^{expl.}$. Bosque y Gutiérrez Rexach (2009: 253) explican que "Williams (1980) propuso que la relación de predicación debe satisfacer dos requisitos estructurales: 1) El sujeto debe mandar-c al predicado y 2) el sujeto y el predicado deben estar coindexados."[1] No obstante, opinan que estos requisitos no se cumplen en el caso de *Llamó ayer María*, debido a la posición de *María* y la ambigüedad de la oración. Es decir, este ejemplo viola los requisitos de Williams debido al cambio de orden básico de las palabras, así como a factores pragmáticos. Podemos decir que pese a las abundantes derivaciones y flexiones así como otros rasgos sintácticos del español, dar una definición sintáctica al sujeto no resulta fácil.

En resumen, desde el punto de vista informativo, en las oraciones puede haber un elemento que es el que se interpreta como aquel del que se dice algo, esto es, es el soporte de la información, aquello de lo que trata la oración. Este elemento ha sido llamado como *sujeto, sujeto lógico, tópico*. Desde el punto de vista semántico, en las oraciones puede haber un argumento principal del predicado, aquel del que se predica la acción, proceso o estado expresado por el predicado. Este argumento suele ser externo al predicado y suele ser llamado como *sujeto, sujeto nocional, sujeto semántico*. Desde el punto de vista formal, en las oraciones puede haber un grupo sintáctico que concuerda con el verbo y que recibe una marca de función, en español, el caso nominativo. Este elemento ocupa la posición de especificador del SFlex, que debe estar obligatoriamente ocupada (rasgo EPP, en GG). Este elemento se denomina "sujeto formal" o "sujeto funcional". El sujeto lógico, nocional y formal pueden coincidir, como en *Los niños juegan en el parque*, donde el grupo nominal *los niños* es tópico de la oración (sujeto lógico), sujeto semántico (es el agente de "jugar") y está en nominativo, concuerda con el verbo y ocupa la posición de especificador del SFlex. En otros muchos casos, los tres elementos no coinciden: En

---

[1]　Véase Williams, 1980.

la oración *En el parque juegan niños*, *niños* no es sujeto lógico porque no es tópico; es agente, pero sujeto interno al SV; sí es sujeto formal, porque tiene nominativo y concuerda con el verbo, pero no está en [Esp, SFlex].

A modo de resumen, en este apartado, hemos repasado las definiciones que se han dado a la noción de sujeto desde los puntos de vista informativo, sintáctico y semántico. Como hemos dicho al principio, hacer una definición de la noción de sujeto no es una tarea fácil, porque las funciones informativa, semántica y sintáctica de sujeto están estrechamente vinculadas y casi siempre se puede hallar excepciones que la contradigan. Además, la mezcla de los diferentes planos solo causará problemas. Entonces, a la hora de hacer la definición de sujeto, convendría separar los planos informativo (lógico), semántico y sintáctico. Basándonos en Calzado Roldán (2013: 23), podríamos concluir lo siguiente:

1) Informativamente (lógicamente), el sujeto es la persona o cosa sobre la que se proporciona alguna información (tópico);

2) Semánticamente, el sujeto es la expresión que refiere a la persona o cosa que realiza o protagoniza la acción del verbo (agente, tema, experimentante, paciente, etc.), dentro de la Gramática Generativa, esto se relaciona con la Teoría Temática;

3) Sintácticamente, el sujeto es el elemento de la oración que establece la concordancia con el verbo en número y persona, dentro de la Gramática Generativa, se trata de las propiedades de Caso y concordancia.

1.2.2 La definición del sujeto en chino

Ahora, vamos a ver la definición del sujeto en chino. A diferencia del español, tipológicamente, el chino es una lengua aislante, que se caracteriza por pocos procedimientos derivativos o flexivos. El concepto de sujeto, en realidad, es un concepto que proviene de la lingüística occidental, basado en las lenguas occidentales como el inglés, español, etc. Ma (1989) fue el primero en presentar el concepto de sujeto; se considera que su obra *La gramática general de Ma*[1] es la base de la gramática de la lengua china. Esta obra tomó el chino clásico como objeto de investigación, introdujo por la primera vez la lingüística occidental y estableció un sistema íntegro de la gramática del chino. Desde entonces, empezó la larga polémica sobre la cuestión del sujeto en chino, e incluso ahora sigue siendo un tema controvertido.

Marco Martínez y Lee (1998: 72) mencionan que tipológicamente, el español es

---

[1] 《马氏文通》, cuyo nombre original era 《文通》 "Gramática general".

una lengua con sintaxis orientada a la oración, con las categorías gramaticales (nombre, adjetivo, verbo, etc.) y las funciones sintácticas (sujeto, objeto directo, etc.) generalmente bien definidas, mientras que el chino es una lengua con sintaxis orientada al discurso, con las categorías gramaticales más difusas desde el punto de vista morfológico o desinencial, donde las funciones de sujeto y de objeto directo no están marcadas con los mismos procedimientos que en español. Además, en chino, es frecuente el proceso de elipsis u omisión, lo que hace que muchas oraciones chinas analizadas aisladamente sean ambiguas. Por lo tanto, la falta de marcadores sintácticos de las oraciones explica una tendencia del idioma chino de que su organización oracional pueda superar al marco oracional y pasar a un marco discursivo o contexto lingüístico mayor.

Debido a las características tipológicas, el sujeto en chino está estrechamente relacionado con los planos estructural, semántico y discursivo, así como los diferentes niveles de unidad lingüística como frase y oración. La cuestión del sujeto en chino es más compleja que en las lenguas indoeuropeas. A lo largo del debate, los gramáticos han propuesto las definiciones de sujeto del chino mandarín desde los puntos de vista semántico, sintáctico (estructural o formal) e informativo, basándose en el Tradicionalismo, Estructuralismo (Wang, 1954; Lü, 1947 y 1984; Zhao, 1955), Generativismo Transformacional (Wang, 1963; Huang, 1966), Teoría de Casos (Tang, 1972), etc. Han tenido éxito en diferente grado, pero siempre existen ciertos casos de excepción que no se ajustan a ellas. A continuación, vamos a repasar y reflexionar sobre las distintas definiciones dadas del sujeto en chino por diferentes gramáticos desde los puntos de vista semántico, sintáctico e informativo.

Sobre el análisis de las oraciones en chino, siempre ha habido dos perspectivas basadas en las relaciones "sujeto-predicado" y "tema-comentario", en las cuales los núcleos son, respectivamente, las relaciones entre el sujeto-predicado y el tema-comentario. Debido a que en chino no hay concordancia ni otras marcas formales que nos ayuden a detectar el sujeto de forma definitiva, la definición de sujeto debe hacerse desde una perspectiva menos formal.

Al igual que el caso del español, las primeras definiciones de sujeto en chino también fueron dadas desde el punto de vista lógico. Desde Zhao (1955), los gramáticos están generalmente de acuerdo en que la relación entre sujeto y predicado en chino es principalmente una relación de tema y comentario. Esta forma de ver las cosas ha sido una tendencia principal. Hasta ahora, todavía se está empleando esta forma de definición, que sitúa la definición del sujeto en un plano lógico. Zhu (1982) dice: "El sujeto que elige el hablante es el tema que más le interesa, mientras el predicado es el relato o comentario que hace sobre el tema elegido." Liu, Pan y Gu (2004: 451) está de acuerdo con esta definición diciendo: "El sujeto es de lo que trata la oración, el predicado es el relato, comentario y descripción del sujeto." He, Gao, *et alii* (2015: 54) expresan un punto de vista parecido: "El sujeto es la entidad que relata el predicado, por lo tanto, es un participante requerido y muy importante en la acción, estado, etc. que denota el verbo. Normalmente el sujeto es una persona, cosa o situación, etc." En cuanto a las oraciones que no tienen sujeto, los gramáticos propusieron que las oraciones que no disponen de sujeto se consideran una "estructura no sujeto-predicado" (Zhu, 1982; Huang y Liao, 2007; etc.). Li y Thompson (1976) establecieron una teoría tipológica basada en las relaciones gramaticales de "sujeto-predicado" y "tópico-comentario", según la cual el chino se agrupa en las lenguas de "tópico prominente". Opinamos que las definiciones anteriormente mencionadas son más convenientes para la noción que ahora conocemos como "tópico", que forma parte del plano informativo, como definen Li y Thompson (1989: 15), "Básicamente el 'tópico' de una oración es aquello de lo que trata la oración, ocupa con frecuencia la posición inicial y siempre hace referencia a algo sobre lo que el hablante supone que el interlocutor tiene algo de conocimiento." Desde este punto de vista informativo, consideramos que "el sujeto informativo" en chino y en español comparten el mismo concepto, que es el tópico de la oración.

Desde el punto de vista semántico, Zhao (1955) ya mencionó que la relación de sujeto-predicado de una oración en chino es la relación correspondiente de tópico-comentario, en vez de actor-acción. Zhu (1985: 39–40) dice que además del significado discursivo, el sujeto también tiene su significado en el plano semántico: "Decir que el sujeto es agente, paciente, etc., es un punto de vista semántico. Sin embargo, el tópico puede cambiar según cómo elige uno el sujeto, la relación semántica entre los elementos de una oración siempre se mantiene estable e invariable." Estos análisis reflejan que ya les ha llamado la atención a los gramáticos el fenómeno de "sujeto paciente", que debido al cambio de la estructura sintáctica de activa a pasiva, es el elemento que debería ocupar el lugar de objeto y aparece en posición inicial, funcionando como el sujeto de la oración. Entonces, según la relación semántica entre sujeto y predicado, Liu (1963) agrupa los sujetos en sujeto agente, sujeto paciente, sujeto tema y sujeto estado-propiedad[1]. Li y

---

[1] "施事主语、受事主语、主题主语和性　状　主语。"

Thompson (1989: 87) definen el sujeto cuando dicen: "El sujeto de chino mandarín es el sintagma nominal que tiene una relación de 'hacer' o 'ser/ estar' con el verbo de la oración. La naturaleza de este tipo de relación depende del significado semántico del verbo. " Shi (2001) está de acuerdo con esta afirmación, opina que desde el punto de vista semántico, el sujeto es el agente de una acción o la entidad de una propiedad o estado. Con respecto a las últimas definiciones, Shen (1987: 197) expresa su opinión en contra de ellas, considerando que estas definiciones aparentemente atractivas, en realidad son otra forma de decir que "el sujeto es agente"[1], así que no son válidas estas últimas definiciones, porque no todos los sujetos son agentes. Por lo tanto, el concepto de sujeto semántico en chino y en español también son bastante parecidos y los sujetos pueden ser agente, experimentante, tema, paciente, etc., desde el punto de vista semántico.

Lü (1947) resume los criterios de las lenguas indoeuropeas para detectar el sujeto sintáctico, entre ellos, se encuentran criterios principales como son el caso, la concordancia y la posición. Sin embargo, en chino, los nombres y pronombres no disponen de caso y los verbos no se conjugan. En cuanto a "el sujeto es el elemento sobre el que se dice algo", no sirve para decidir el sujeto en la sintaxis. Desde el plano sintáctico, Zhao (2002) toma como sujeto sintáctico todos los elementos que puedan ocupar el lugar inicial de una oración, porque el sujeto o tópico es "el punto de partida", es el contenido del habla del resto de la oración, por lo tanto, debe ocupar el lugar inicial. Por otra parte, el Instituto de Lingüística de la Academia de Ciencias Sociales de China (1952) establece que los elementos de locativo y tiempo no se consideran sujetos gramaticales cuando se puede tomarlos como modificadores. Zhu (1982: 95) dice que en la estructura, en los casos normales, el sujeto siempre precede al verbo. Según la Gramática Generativa, a través de la relación semántica y la estructura argumental, Tang (2010: 93) propone que normalmente una estructura "sujeto-predicado" en chino puede ser representada como se ilustra en (2).

---

[1] En palabra de Shen: "People tend to disagree about the interpretation of the 'doing' and 'being' relationship. In a sentence like *Jiejie mi shang le jingju*, 'My sister has become crazy about Peking Opera', for example, *jiejie* 'my sister' could be assigned Subject since it seems to 'be' fascinated by Peking Opera. However, *jingju* 'Peking Opera' seems to have a 'doing' (fascinating) relationship with the verb *mi*. [...] In *Zhebu dianying wo kanguo* 'This film, I have seen it. (I have seen this film.)' *Zhebu dianying* 'this film' might be considered, in our opinion, as having a 'being' relationship with the verb. They are not assigned Subject simply because they are not the actor of the verb. Therefore, this definition of subject seems to be nothing but another way of saying the Subject is the Agent in its broad sense."

(2) Estructura "sujeto-predicado"

(Elaboración basada en Tang, 2010: 93)

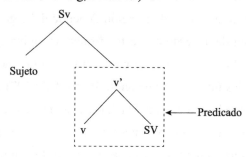

Según esta propuesta, la relación entre sujeto y predicado es justamente la relación entre especificador y núcleo, entre los cuales el especificador debe preceder el núcleo. Además, dice que lo que propone se ajusta también al criterio de Zhu (1982: 95) mencionado anteriormente, según el cual normalmente el sujeto está delante del verbo. Pero merece la atención que no todos los elementos que preceden el predicado son sujetos y el sujeto no siempre es el elemento que ocupa el lugar inicial de la oración, porque hay que diferenciar la posición de sujeto y de los elementos que funcionan como tópicos, cuyas posiciones son fáciles de confundir.

Resumiendo este apartado, podemos decir que es un reconocimiento común que el sujeto es una función sintáctica, pero debido a las características tipológicas del idioma chino, resulta muy difícil definir el sujeto en chino desde el punto de vista exclusivamente sintáctico. Para explicar la noción del sujeto en chino, los gramáticos han acudido a diferentes conceptos relacionados con diferentes planos gramaticales, pero todavía no han llegado a un acuerdo y la definición del sujeto en chino sigue siendo un tema de polémica. No es nuestra intención hacer una definición definitiva para el concepto de sujeto, pero podemos decir que la noción de sujeto en chino, como en el caso del español, también se puede examinar desde los planos sintáctico, semántico e informativo:

1) Informáticamente (lógicamente), el sujeto de una oración es de lo que trata la oración, siempre hace referencia a algo sobre el que el hablante supone que el interlocutor tenga algo de conocimiento (tópico);

2) Semánticamente, el sujeto es el argumento que recibe la predicación principal del predicado. Es agente si se trata de un predicado de acción pero también puede tener otros papeles temáticos (tema, experimentante, paciente, etc.);

3) Sintácticamente, en los casos más comunes, el sujeto aparece en el lugar del especificador en la estructura sujeto-predicado y precede al verbo.

Después de repasar las definiciones del sujeto en español y en chino, podemos decir que el sujeto en español y el sujeto en chino comparten muchos puntos en común, sobre todo en el sentido informativo y semántico. Sintácticamente, aunque el sujeto en chino no dispone de marcadores formales que nos ayuden a detectarlo, es inherente la relación semántica entre los elementos de una oración y los verbos también disponen de su estructura argumental.

1.3 Características del sujeto sintáctico en español y en chino

En el último apartado, hemos visto la definición del sujeto desde diferentes puntos de vista. En este apartado, vamos a ver las características sintácticas del sujeto. Primero en español, luego en chino. Nos interesan las siguientes características: la categoría léxica que puede ejercer la función de sujeto; la concordancia; la posición que ocupan los elementos de sujeto; y la posible omisión de sujeto. En la parte de chino, no hablaremos de concordancia, ya que no existen en chino morfemas que lleven la información de concordancia. Después de todas las descripciones, haremos un resumen de este apartado. A continuación, vamos a ver primero el caso del español.

1.3.1 Características del sujeto sintáctico en español

En esta sección, vamos a explicar cuatro propiedades que se pueden emplear para la definición de sujeto en español. Según RAE-ASALE (2009: 2529), los sujetos pueden clasificarse desde varios puntos de vista:

A. Desde el punto de vista categorial
B. Desde el punto de vista de la diátesis verbal
C. Desde el punto de vista léxico
D. En función de su contenido fonético o de su presencia en la oración

En este apartado, estamos interesados en el criterio A (categoría léxica, 1.3.1.1) y D (la posible omisión, 1.3.1.4), que tiene que ver con los aspectos sintácticos. También hablaremos de la concordancia (1.3.1.2). En general hay concordancia entre los sujetos y verbos en español, pero nos interesan más los casos de falta de concordancia, porque podrían tener algunas similitudes con el chino. También vamos a hablar sobre la posición que pueden ocupar los sujetos (1.3.1.3), dado que la posición es una característica importante para el chino y también es interesante analizar la situación del español para la comparación que vamos a realizar en la parte de chino.

1.3.1.1 Sujeto como función "sustantiva"

El sujeto sintáctico es una función categorialmente sustantiva. Según RAE-ASALE (2009: 2529), desempeñan la función de sujeto las siguientes unidades sintácticas: los sustantivos, los pronombres; los grupos nominales y pronominales, simples o complejos, tanto en posición preverbal como posverbal; subordinadas sustantivas; etc., los grupos preposicionales no pueden ejercer la función de sujeto. Además, menciona que ni los adjetivos ni los grupos adjetivos desempeñan la función de sujeto. Sin embargo, los adjetivos que pueden pasar a pertenecer a la clase de sustantivo a través de algunos procesos, forman grupos nominales como: *el impermeable, un extranjero, el azul del cielo*, etc. Son también nominales los grupos sintácticos que se ajustan a la pauta "lo + adjetivo". Como señala Martínez (1999: 25), el sujeto es una función oracional sustantiva, pues solo puede estar desempeñada por sustantivos o sintagmas o grupos previamente sustantivados. Según él, son de categoría sustantiva los nombres propios y sustantivos comunes, los pronombres o nombres personales tónicos, los demostrativos neutros (*esto, eso, aquello*), algunos cuantificadores precisos (*docena, centenar, veintena, miles, millar, mitad*, etc.) y los existenciales *alguien, nadie, nada*. Igualmente son sustantivos los relativos átonos *que* (solo con antecedente sustantivo) y *quien(es)*, así como los tónicos o interrogativos *quién(es), cuál(es)* y *qué*. Además, menciona este mismo autor, que los "sustantivadores" como el artículo y el demostrativo, pueden sustantivar los adjetivos calificativos, posesivos y ordinales, así como las unidades previamente adjetivadas, bien por preposición: *las de Barcelona, el de aquí*, o bien por el relativo: *Las que llegaron*, etc.

En cuanto a las categorías gramaticales de la función de sujeto, existe cierta polémica y aquí vamos a mencionar una de ellas que es de nuestro interés: los grupos adverbiales locativos y temporales. Pérez Rioja (1965: 278) añade los adverbios a su lista de sujetos posibles, pero según RAE-ASALE (2009: 2534), esta afirmación no es válida para todas las ocasiones, aunque se han considerado candidatos a integrar el paradigma de las clases de palabras que pueden ejercer la función de sujeto los grupos adverbiales locativos o temporales. Los adverbios locativos y temporales pueden ser candidatos a ser sujeto, porque los adverbios demostrativos como *ayer, hoy, mañana; aquí allí*, etc., poseen propiedades referenciales o deícticas que comparten con las que caracterizan a los pronombres personales, como se ve en *Ayer fue un gran día para Nicaragua y de regocijo para los nicaragüenses; Ahora es la mejor hora para estar serenas; A las cuatro sería la mejor hora para comenzar la reunión; Aquí/ Detrás de las cortinas es un buen sitio para esconderse.* No obstante, la capacidad de estos adverbios para desempeñar la función de sujeto está muy limitada. En primer lugar, observamos que todas estas oraciones son oraciones copulativas de predicado nominal y es la estructura sintáctica la que permite destacar el adverbio demostrativo como el elemento del que se predica cierta información. En segundo lugar, en los registros más cuidadosos, se tiende a rechazar el adverbio en la interpretación en la que equivale al grupo nominal: *[El día de ayer ~ ayer] fue estupendo; No me gusta nada [el día de ayer ~ ayer/ este sitio ~ aquí]*[1]. En tercer lugar, con frecuencia se ha observado que los adverbios de tiempo y de lugar ocupan a menudo el espacio que corresponde a los sujetos nulos o expletivos en ciertas oraciones impersonales: *Ayer hizo mucho frío, Aquí huele un poquito a humedad, Aquí dice que tiene usted que entregarme algo.* En estas oraciones, se predica o se expresa alguna información sobre cierto tiempo o lugar, según nuestra opinión, también estaría bien considerarlos como sujetos. De hecho, esta opinión forma parte importante de nuestra propuesta y lo veremos más adelante.

Además, el sujeto sintáctico rechaza todo tipo de incremento preposicional, es decir, nunca lleva preposición. Según González Clavo (1998: 28) así como otros gramáticos como Martínez (1999: 27), Marcos Marín y otros lingüistas (2002: 329), el sujeto es una función "apreposicional", porque no nunca puede ir precedido por una preposición. En cambio, hay gramáticos que señalan que algunos nombres y pronombres precedidos de las preposiciones *entre* y *hasta* funcionan como sujeto. A favor de que el sujeto explícito se caracteriza por carecer siempre de preposición, Alarcos Llorach (1994: 272–273) estudia ciertas construcciones con *entre* y *hasta* como *Entre él y yo lo haremos, Hasta los niños trabajan.* Considera que los segmentos encabezados por *entre* y *hasta* funcionan como adyacente en vez de sujeto explícito. En el primer ejemplo, el sujeto sería *nosotros* y la oración equivale a *Entre él y yo es como lo haremos.* Kovacci (1990: 67–68) opina que *entre* puede ser omitido aquí. Esto demuestra que *entre* no es aquí una preposición. Y se puede decir que cuando *entre* precede al sujeto coordinado o plural, es un atributo que agrega o refuerza el contenido "conjuntamente". En cuanto al ejemplo de *hasta*, cuando el segmento de *hasta* aparece aislado, se sobreentiende un término previo totalizador *Todos, hasta los niños, trabajan.* Martínez (2005: 68–69) considera que en este ejemplo, *hasta* tampoco funciona como preposición sino como partícula intensiva que viene a enfatizar una totalidad implícita. De forma resumida, se puede decirue en español, la función de sujeto la ejercen los elementos sustantivos o equivalentes y no pueden llevar preposiciones.

---

[1] De hecho, estos ejemplos son más aceptables si *ayer* o *aquí* se interpretan de forma proposicional, es decir, si *ayer* equivale a "que ayer fuéramos al cine" y *aquí* equivale a "comer aquí", respectivamente.

1.3.1.2   Concordancia

La concordancia obligatoria en número y persona entre el sujeto y el verbo, se puede decir que es el rasgo principal que distingue la función de sujeto de las otras funciones sintácticas. Alarcos Llorach (1994: 266) dice: "La relación de dependencia entre el segmento que funciona como sujeto explícito y la terminación de persona (o sujeto gramatical) del verbo se hace patente mediante la concordancia, que consiste en igualar los morfemas de persona y número entre ambos sujetos." Bosque (1989: 67) indica que la concordancia de número y persona es precisamente la marca que permite reconocer, identificar o legitimar el sujeto. En los sujetos tácitos, se recuperan los rasgos de número y persona como en Ø [3.ª persona plural] estaban [3.ª persona plural] allí (RAE-ASALE, 2009).

Según Alarcos Llorach (1994: 267–269) merece la pena mencionar unos casos especiales: 1) A veces se aprecia discordancia de la persona: *Los españoles no hemos pasado de la devoción, Algunos españoles [...] os resistís a la idea del asesinato.* En este tipo de oraciones, la conjugación en persona del verbo varía según la referencia que elige el hablante, depende de si el hablante o el oyente está incluido en la referencia. 2) Cuando el sujeto explícito es un sustantivo colectivo, hoy predomina la concordancia en singular con la terminación verbal, como *Salía gente, para formar aquella procesión del harapo, de las Cambroneras y de las Injurias.* 3) En las oraciones atributivas, el verbo puede mantener concordancia con el sujeto o con el atributo. *Los desertores eran gente desalmada. Los encamisados era gente medrosa.* Además, 4) es conveniente señalar que el sujeto de una oración cuyo verbo es una forma no personal (infinitivo, gerundio o participio) no se deduce de la concordancia, porque las formas no personales carecen de información de número y persona. Los sujetos de las formas no personales no son las mismas palabras o grupos nominales que son sujetos del verbo principal, porque una expresión no puede tener dos funciones de sujeto al mismo tiempo. Hay acuerdo en considerar que las formas no personales tienen un sujeto tácito que es una categoría vacía, esto es, fonéticamente no realizada, que es correferente con otra expresión nominal. Esta correferencia obligatoria se denomina "control". Por ejemplo, *Juan quiso darme el recado; Me dejaron jugar en el patio; Al tomar la dirección de la izquierda, nosotros nos desviamos de la ruta correcta; Yendo por la calle, yo vi un accidente;* cuyos sujetos no son respectivamente *Juan, me, nosotros, yo*, sino unos sujetos tácitos controlados por estas expresiones y correferentes con ellas: *Juan$_i$ quiso Ø$_i$ darme el recado.*

1.3.1.3   Posición del sujeto

La posición del sujeto es libre en español, aunque generalmente encontramos más casos en los que el sujeto aparece en posición preverbal que posverbal. De acuerdo con RAE-ASALE (2009: 2528–2529), además de la concordancia, la posición es asimismo un exponente de la función de sujeto. Si dos grupos nominales satisfacen potencialmente la concordancia, la posición sintáctica preverbal <u>puede</u> identificar esta función. No obstante, el sujeto puede aparecer en diferentes posiciones sintácticas en español, puede seguir al verbo o a otros complementos suyos. Consideramos que la posición del sujeto tiene que ver con las características del verbo, la estructura gramatical así como el fenómeno de focalización. La presencia/ ausencia de determinante tiene que ver también con la posición del sujeto. En este apartado, nos interesan especialmente las construcciones con sujetos pospuestos.

En teorías de la Gramática Generativa, normalmente el argumento que expresa el sujeto oracional se identifica comúnmente como el argumento externo del verbo. Los argumentos correspondientes al objeto directo o al indirecto se realizan estructuralmente dentro del SV, mientras que el argumento correspondiente al sujeto oracional ocupa normalmente una posición "exterior". Hay autores que consideran que el lugar de generación del sujeto es el especificador de SFlex, mientras que la hipótesis más aceptada, según Bosque y Gutiérrez Rexach (2009), es la Hipótesis del Sujeto Interno al SV. Según esta hipótesis, la posición de inserción inicial de los sujetos dentro del SV sería de especificador del SV, al ser ésta la única posición que manda-c al resto de los elementos del SV y, por lo tanto, la única que permite establecer la relación de predicación entre el sujeto y el predicado oracional. Sin embargo, aunque se genere dentro del SV, podemos seguir considerando el argumento que corresponde al sujeto como un argumento "externo", porque es el elemento jerárquicamente más prominente que manda-c al V'. Entonces, la posición de sujeto como especificador de SFlex resulta ser una posición derivada, el sujeto se desplaza de su lugar de generación por la necesidad de cotejar los rasgos de tiempo y concordancia de Flex, como se ilustra en (3).

(3) Hipótesis del Sujeto Interno al SV
    (Bosque y Gutiérrez Rexach, 2009: 257–259).

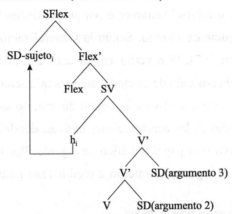

Como sabemos, el español es un idioma que se caracteriza por la inversión libre, es decir, el sujeto puede aparecer tanto antes como después del verbo. La hipótesis del Sujeto Interno al SV anteriormente mencionada dispone de otra ventaja a la hora de dar explicación al fenómeno de la posposición de sujeto: si los sujetos se generan en el especificador de SV, podemos ver la posición superficial posverbal no como una posición desplazada, sino como la posición en la que el sujeto se sitúa inicialmente. En cuanto a la posición de especificador del SFlex, según la teoría de Gramática Generativa, está ocupada por un sujeto nulo *pro*, que puede mandar-c al sujeto oracional. Entonces, el *pro* se sitúa en una posición [+C, $-\theta$], mientras que el sujeto oracional lo hace en una posición de rasgos inversos [$-C$, $+\theta$]. Además, en las oraciones también debería pasar la Transmisión del Caso, por medio de la cual el pronombre nulo transmitirá su especificación de caso nominativo al SD pospuesto, para cumplir el filtro de caso. Y el desplazamiento de V a Flex para cotejar sus rasgos permitiría obtener el orden V-S. Por ejemplo, las órdenes S-V y V-S de los verbos transitivos e intransitivos se ven como en (4)[1].

Además, es posible tener sujetos como argumentos internos. Así, para explicar por qué aparecen sin artículo los sustantivos en las oraciones *Falta sal, Se necesita trabajo, Fue encontrado petróleo en el Mar del Norte*. Podemos decir que estas son 1) oraciones con verbos inacusativos y 2) las dos últimas son oraciones pasivas. Los sujetos de estos verbos son argumentos internos, parece que ocupan la "posición típica del objeto directo", pero es claro que no son objetos directos (Bosque y Gutiérrez Rexach, 2009: 267-259). Podemos decir que los verbos intransitivos (*sonreír, patinar, trabajar, gritar*, etc.) tienen un "sujeto profundo", es decir, un sujeto agente, mientras que los verbos inacusativos (*llegar, crecer, florecer, faltar*, etc.) tienen un "objeto profundo" y seleccionan un tema (o paciente) como su único argumento y, este único argumento es un argumento interno. Se denominan "verbos inacusativos" justamente porque no tienen la propiedad de asignar caso acusativo a su argumento interno. Según la Generalización de Burzio (Bosque y Gutiérrez Rexach, 2009: 367): "Un verbo asigna caso a la posición de objeto solo si asigna papel temático a la posición de sujeto." Esta generalización implica que cuando un verbo no puede asignar caso acusativo a su objeto directo, no asignará papel temático a su sujeto. Ocurre lo mismo en las construcciones pasivas, donde la morfología de pasiva absorbe el caso acusativo y el papel temático de Agente. Por lo tanto, este fenómeno forzaría en estos casos al argumento interno a recibir caso nominativo, para satisfacer

---

[1] No hemos tenido en cuenta aquí la hipótesis del Sv.

el filtro de caso, mediante el desplazamiento del SD desde la posición de objeto a la de sujeto. Se obtiene entonces, una cadena en la que se ha asignado un solo caso (nominativo) y un solo papel temático (Tema), se ilustra con el siguiente esquema (5).

(4) Órdenes S-V y V-S de verbos transitivos e intransitivos
(Elaboración basada en Bosque y Gutiérrez Rexach, 2009)

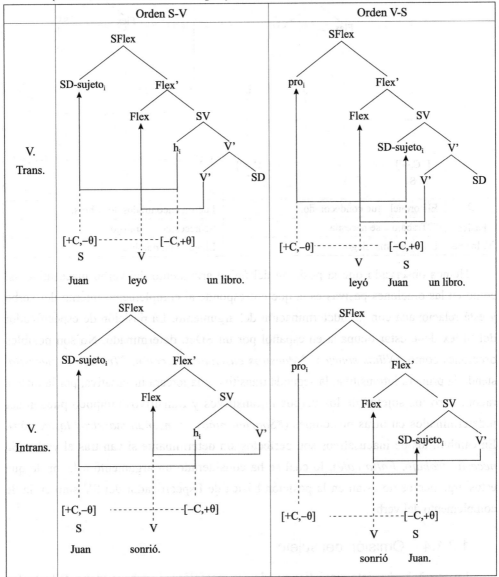

(5) Órdenes S-V y V-S de verbos inacusativos y oraciones pasivas
(Elaboración basada en Bosque y Gutiérrez Rexach, 2009).

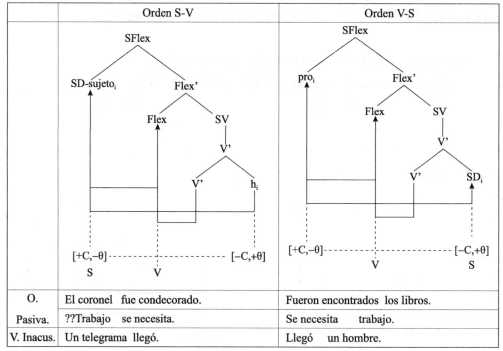

	Orden S-V	Orden V-S
O.	El coronel fue condecorado.	Fueron encontrados los libros.
Pasiva.	??Trabajo se necesita.	Se necesita trabajo.
V. Inacus.	Un telegrama llegó.	Llegó un hombre.

Hemos observado que la posición del único argumento del verbo inacusativo así como en las oraciones pasivas es la que corresponde al complemento interno del verbo y está relacionada con la indeterminación del argumento. La posición de especificador del SFlex debe estar ocupada en español por un SDet. determinado. No son posibles oraciones como *Niños sonríen, *Maestros enseñan la lección, *Trabajo se necesita, siendo la primera intransitiva, la segunda transitiva y la tercera inacusativa, por la misma razón. Pero los sujetos de los verbos intransitivos y transitivos tampoco pueden ser indeterminados en otras posiciones (*Sonríen niños, *Enseñan maestros la lección). En cambio, los de inacusativos son perfectos sin determinante si van tras el verbo (*Se necesita trabajo, Falta café*), lo cual se ha considerado un argumento a favor de que estos argumentos no están en la posición básica de Especificador del SV sino en la de complemento del verbo.

1.3.1.4 Omisión del sujeto

En español, el sujeto sintáctico puede ser morfológico, porque viene dado en los morfemas subjetivos de persona y número expresados desinencialmente en el verbo. Que el sujeto pueda ser tácito es una propiedad compartida por algunas lenguas flexivas, por ejemplo, español, italiano, etc., mientras que otras (inglés, francés, etc.) no lo admiten. Las lenguas flexivas pueden tener morfemas subjetivos, que manifiesten concordancia con el sujeto, pero solo algunas de ellas tienen una flexión capaz de legitimar un sujeto tácito. En español se admiten sujetos tácitos, es decir, sujetos que carecen de expresión fónica; se supone que los sujetos tácitos tienen propiedades pronominales, ya que permiten la concordancia de género y número con adjetivos y participios. Son gramaticales oraciones que solo disponen de un verbo, sin más especificaciones: *Paseo, Estudia, Pasamos*, etc. En estas oraciones, el sujeto es morfológico, porque viene dado en los morfemas de persona y número expresados desinencialmente en el verbo[1]. Si en el contexto no aclara a qué se refiere el sujeto morfológico de la oración, podemos añadir un sintagma que lo concreta y que concuerda en persona y número con él: *Yo cantaba, Nosotros cantábamos, El niño come, Los niños comen*, etc.

Sin embargo, existen oraciones en las que no hay manera de recuperar un sujeto léxico, esto es la diferencia entre *sujeto cero* y *sujeto tácito* que menciona Gómez Torrego (1998: 10). Según él, decir que un sujeto es *cero* es decir que ni es recuperable léxicamente (por un pronombre, un nombre y otra categoría nominal) ni es detectable mediante huellas o relaciones referenciales (anafóricas o catafóricas). Este concepto es distinto del de sujeto tácito o implícito, que o bien es recuperable léxicamente por el contexto o la situación (apoyado por la desinencia verbal) o bien es deducible mediante huellas o referencias anafóricas o catafóricas. Bosque (1989) también ha estudiado los sujetos tácitos, en el gráfico siguiente (6), se ve claramente las diferentes clases de sujetos tácitos.

De acuerdo con Bosque (1989), podemos decir que tanto los verbos flexivos como los no flexivos pueden disponer de sujetos tácitos. En primer lugar, los sujetos tácitos pueden ser argumentales y también no argumentales. Los sujetos tácitos no argumentales se hallan principalmente en las oraciones impersonales, donde el sujeto tácito se representa como *pro expletivo* (*pro$^{expl.}$*), equivale a *it/ there* en inglés e *il* en francés. Comparando las oraciones en inglés y en español de *It snowed/ Ø nevó, It is hot/ Ø hace calor, It is necessary that Luis arrive on time/ Ø es necesario que Luis llegue a tiempo, There are two tables in the garden/ Ø hay dos mesas en el jardín*, se ve claramente que el

---

[1]　Existe dos posturas entre los gramáticos: los gramáticos de orientación más funcionalista afirman que el sujeto puede estar en la morfología del verbo, y otros dicen que el sujeto es un sujeto tácito, legitimado por la morfología del verbo (Bosque, 1989).

Ø *pro expletivo* en español es solamente un "sujeto abstracto", que carece de realización fonética así como el contenido semántico, no es argumento del verbo, ni tiene referencia semántica alguna.

(6) Clases de sujetos tácitos

(Elaboración basada en Bosque, 1989)

		Sujetos tácitos de formas verbales flexivas	Sujetos tácitos de formas verbales no flexivas
Argumentales	Referenciales	Definidos:	Definidos:
		María dice que Ø volverá; Algunos decían que Ø sabían hacerlo (en la interpretación de grupo).	María desea Ø volver.
		Indefinidos:	Indefinidos:
		Ø da a luz en un taxi con la ayuda de la policía (en titulares de prensa).	Ø detenido por la policía; Ø asaltando un banco (en titulares de prensa).
	No referenciales	Indefinidos:	Indefinidos o arbitrarios:
		Ø llamaron a la puerta a las dos de la madrugada (interpretación como variables libres); La mayoría decía que Ø estaba de acuerdo (interpretación como variables ligadas).	Hay que Ø hacer deporte (interpretación como variables libres); Poca gente confía en Ø enriquecerse con la lotería primitiva (interpretación como variables ligadas).
No argumentales	No referenciales	Ø llueve; Ø hace frío; Ø soy yo; Ø fue encontrado petróleo.	No existen.

En segundo lugar, los sujetos tácitos argumentales se pueden dividir en referenciales y no referenciales. En nuestra opinión, sería mejor decir que estos sujetos nulos son referenciales también, en vez de no referenciales, aunque su referencia semántica no es completa. Los ejemplos de *Ø llamaron a la puerta a las dos de la madrugada; La mayoría decía que Ø estaba de acuerdo; Poca gente confía en Ø enriquecerse con la lotería primitiva* tienen referencial existencial (que tienen un *pro existencial, pro*$^{exsist.}$) y en *Hay que Ø hacer deporte*, la referencia es genérica (*pro genérico, pro*$^{gen.}$).

En tercer lugar, en las oraciones que tienen sujetos tácitos referenciales existe normalmente un SN que puede controlar el *pro* de los verbos flexivos o no flexivos, es decir, el SN y el *pro* son correferenciales. Salvo en los titulares de prensa, donde los SSNN que controlan el *pro* pueden estar sin realización en la misma oración y se recuperan a través del contexto. Dicho de otra manera, el *pro* es indefinido en la oración, pero viene controlado por una(s) referencia(s) concretas, o sea, definidas, que figura(n) en el contexto.

En estas páginas, hemos repasado las características sintácticas del sujeto en español, tomando en cuenta sus rasgos categoriales, concordancia obligatoria, la posición así como la posibilidad de omisión (esto es, los sujetos tácitos). También hemos analizado unas cuestiones de nuestro interés, por ejemplo cuestiones relacionadas con la inacusatividad e impersonalidad. Se puede decir que en español, aunque la función sintáctica de sujeto está asociada a varios rasgos, los que nos van a permitir su identificación son la concordancia y la ausencia de preposición. A continuación, vamos a ver los rasgos sintácticos del sujeto en chino.

1.3.2　Características del sujeto sintáctico en chino

En esta sección, vamos a ver tres características que pueden ser utilizadas para la definición del sujeto en chino. Primero, digamos que la categoría léxica que puede ejercer la función de sujeto en chino también es sustantiva (1.3.2.1), aunque aparentemente, podría ser sujeto la categoría predicativa; en segundo lugar, queríamos destacar que en chino, como no existe la concordancia entre los sujetos y verbos, la posición que ocupa un elemento es de suma importancia para la definición de su función y los sujetos suelen estar en posición preverbal (1.3.2.2); aunque en chino no existe la concordancia, existe la posibilidad de la omisión del sujeto, ya que se supone que en chino existen sujetos nulos (1.3.2.3).

1.3.2.1　Sujeto y categoría gramatical

Primero, vamos a ver la categoría gramatical del sujeto en chino. La lengua china es diferente al español en dos aspectos fundamentales: el chino carece de flexión y cambios desinenciales y, además, en chino no existen sufijos o morfemas que puedan indicar la categoría gramatical de las palabras. Como se ve en los ejemplos de (7), es frecuente que una palabra en chino tenga dos correspondencias en español de diferentes categorías y, en realidad, es un fenómeno muy común que una palabra en chino disponga de usos correspondientes a categorías diferentes y eso aumenta la dificultad para los lingüistas chinos a la hora de hacer una clasificación de las palabras[1].

---

[1]　Cuestión 1, la clasificación de palabras en chino.

(7) La cuestión de clasificación de las palabras en chino

Chino	Español	
V./Sust.	V.	Sust.
激励	estimular	estimulación
推广	promover	promoción
称赞	elogiar	elogio
Adj./Sust.	Adj.	Sust.
沮丧	deprimido, a	depresión
诚实	honesto, a	honestidad
快乐	alegre	alegría

A lo largo de la historia de la investigación en la lengua china, los criterios para la clasificación de palabras varían según diferentes perspectivas. Lu (2004:74) dice que los criterios más utilizados para la definición de la categoría gramatical de una palabra son: 1) según su significado, 2) según su morfología, 3) según su función gramatical. Como el chino no tiene (o tiene muy pocas) terminaciones que marguen la categoría de una palabra, es necesario el uso sintético de los criterios: el significado, la función, la combinación con otras palabras, los afijos (en los casos de que los tengan), etc. La falta de desinencias supone una dificultad, pero hemos de decir que aún así esto no es una tarea imposible, porque cuando una palabra se halla en contexto, es posible detectar su categoría. Dicho de otra manera, clasificar una palabra en chino no es una tarea imposible si está en un contexto oracional, aunque es difícil determinar su categoría gramatical si está aislada.

(8) Función de las palabras en español y en chino
    (Elaboración basada en Huang y Liao, 2007: 50)

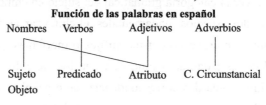

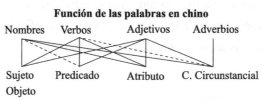

Además, se puede decir que la relación entre la categoría gramatical y las funciones sintácticas es más complicada en chino que en español, se ve claramente la diferencia en el cuadro (8)[1]. En español, existe una relación de "correspondencia" entre la categoría gramatical y la función sintáctica, una categoría puede ejercer normalmente solo una función (por lo más, dos funciones), mientras que en chino, apenas existe esta correspondencia: tanto los nombres, verbos así como adjetivos pueden funcionar como sujeto; los nombres, verbos y adjetivos también pueden funcionar como predicados[2].

En cuanto a la categoría gramatical del sujeto en chino, la mayoría de los gramáticos acepta que los sujetos en chino pueden ser 1) sustantivos (nombres, pronombres, numerales) y 2) predicativos (verbos y adjetivos) (Zhao, 2002; Liu, Pan y Gu, 2004; Huang y Liao, 2007; etc.). Sin embargo, podemos decir que cuando los predicativos funcionan como sujeto, deberían tener sin duda características sustantivas (aunque sean débiles), como se indica en el gráfico anterior (8), tanto los verbos como los adjetivos podrían tener interpretaciones sustantivas. A continuación, vamos a ver poco a poco los casos en los que aparecen palabras de categoría sustantiva (nombres, pronombres, numerales) y palabras de categoría predicativa (verbos y adjetivos) en posición de sujeto.

1.3.2.1.1   Categoría sustantiva como sujetos

Categoría sustantiva. Los sustantivos pueden funcionar como sujetos. En chino están incluidos en palabras sustantivas las siguientes en el gráfico (9). Están incluidos los Nombres (de Persona y Cosa, Temporales, Locativos), Pronombres (Personales,

---

[1] Las líneas gruesas indican los usos principales, las líneas finas indican los usos segundarios, las líneas punteadas son usos particulares, es decir, parte de palabras de la categoría pueden ejercer esta función.

[2] Cuestión 2. Según nuestra opinión, esta cuestión también tiene que ver con la falta de morfología del idioma chino. En realidad, creemos que los elementos predicativos verbales y adjetivales que aparecen en función de sujeto, demuestran propiedad sustantiva. Por ejemplo se observa en las oraciones a continuación que el uso correspondiente en español sería la forma infinitivo de los verbos, o la forma nominativa del significado correspondiente. De allí se ve la sustantividad de estos elementos. Más abajo tenemos más análisis sobre este fenómeno.

a. 游泳 是 很 好的 运动。
yóu yǒng shì hěn hǎo de yùndòng
Nadar ser muy bueno deporte
Nadar/ La natación es un muy buen deporte.

b. 多 听, 多 说, 多 读, 多 写, 对 语言 学习 有 很 大 帮助。
duō tīng duō shuō duō dú duō xiě duì yǔ yán xué xí yǒu hěn dà bāngzhù
Más escuchar, más hablar, más leer, más escribir, para lengua aprendizaje haber muy grande ayuda
Escuchar más, hablar más, leer más y escribir más, es de gran ayuda para el aprendizaje de idiomas.

c. 虚心 使 人 进步, 骄傲 使 人 落后。
xū xīn shǐ rén jìn bù jiāo ào shǐ rén luò hòu
Modesto hacer gente progresar, orgulloso hacer gente retrasar
Ser modesto/ La modestia te hace progresar, ser orgulloso/el orgullo te hace retrasar.

Demostrativos, Interrogativos) y Numerales (Cardinales, Ordinales). Cabe mencionar que en español, se clasifican *ahora, mañana, aquí, arriba* en el grupo de adverbios. En cambio, en chino se consideran nombres los tempordes y los locativos, en el sentido de que tienen como otros nombres la función deíctica y, que pueden hacer referencia a ciertos conceptos de tiempo y de localidad.

(9) Categoría sustantiva

Categoría Sustantiva		
1) Nombres		
De Persona y Cosa	Comunes	péng you 朋友 amigo / zhuān jiā 专家 experto / fēi jī 飞机 avión / shǒu zhǐ 手指 dedo / yuán zǐ 原子 átomo / shēng yīn 声音 sonido
	Colectivos	rén mín 人民 el pueblo / rén kǒu 人口 la población / qún zhòng 群众 la masa / wù zī 物资 los recursos
	Abstractos	dào dé 道德 ética / sī xiǎng 思想 pensamiento / wén huà 文化 cultura / rè qíng 热情 pasión
	Propios	zhōng guó 中国 China / mǎ dé lǐ 马德里 Madrid / lián hé guó 联合国 la ONU / sāi wàn tí sī 塞万提斯 Cervantes
Temporales		qù nián 去年 año pasado / táng cháo 唐朝 dinastía Tang / xià wǔ 下午 tarde / qiū tiān 秋天 otoño / míng tiān 明天 mañana / xiàn zài 现在 ahora
Locativos		hé àn 河岸 orilla del río / zhōu wéi 周围 alrededor / zhè lǐ 这里 aquí / shū lǐ 书里 en libro / qián miàn 前面 delante / shàng mian 上面 arriba
2) Pronombres		
Personales		wǒ 我 yo / nǐ men 你们 vosotros / nín 您 usted / tā 它 ello / dà jiā 大家 todos / zì jǐ 自己 uno mismo
Demostrativos		zhè 这 este / nà 那 aquél / zhè yàng 这样 así
Interrogativos		shuí 谁 quién / shén me 什么 qué / shén me shí hou 什么时候 cuándo / nǎ 哪 dónde / jǐ 几 cuánto / zěn me 怎么 cómo
3) Numerales		
Cardinales		líng 零 cero / sān 三 tres / yī bǎi 一百 cien / liǎng wàn 两万 veinte mil / sān bǎi wàn 三百万 tres millones / yī yì 一亿 cien millones
Ordinales		dì yī 第一 primero / dì qī 第七 séptimo / dì èr shí 第二十 vigésimo
Clasificadores		gè 个 unidad / bǎ 把 puñado / jiàn 件 pieza / tiáo 条 tira / kuài 块 trozo / shuāng 双 par / huǒ 伙 banda

Y el gráfico (10) son los ejemplos correspondientes a los sujetos sustantivos. Al igual que en español, en chino los Nombres de persona y cosa, los Pronombres así como los Numerales pueden ejercer la función de sujeto, como se ilustra en el gráfico (10). Solo existen ligeras diferencias en el caso de los Numerales. En los ejemplos (10i) y (10j), en la correspondencia en español, las palabras subrayadas 一 (una), 第一 (la primera), 第二 (la segunda) pueden ser nombres o pronombres, las subrayadas en chino también hacen referencia a 课 (clase) y a 东西 (cosa) respectivamente. Sin embargo, como en chino, las oraciones no llevan marcadores de género ni artículos, las formas son idénticas como cuantificadores y números ordinales y, por lo tanto, se dice que en chino los Cuantificadores y los Numerales Ordinales también pueden funcionar como sujetos. Además, en chino los cuantificadores suelen aparecer junto con un número cardinal.

En cuanto a los temporales y locativos, en español, es un punto polémico el papel que ejercen, como hemos visto en el apartado anterior. Merece mencionar que en chino, como los Temporales y los Locativos son considerados Nombres, no pocos gramáticos los interpretan como sujetos (Zhao, 1955; Liu, Pan y Gu, 2004; Huang y Liao, 2007; etc.) y, en realidad, en la gramática tradicional de la lengua china, siempre se considera que son aptos para ser sujetos, sobre todo antes de los años cincuenta del siglo pasado.

(10) Sujetos Sustantivos de Nombres de persona y cosa,
Pronombres y Numerales

Sujetos Sustantivos	
Nombres de persona y cosa	a. 王英　　是　我的　朋友。(N. Propio) wángyīng　shì　wǒ de　péngyou Wang Ying　ser　mi　amigo Wang Ying es mi amiga.
	b. 分子　　比　原子　大　得　多。(N. Común) fēn zǐ　bǐ　yuán zǐ　dà　dé　duō molécula　comparar　átomo　grande　auxi.　mucho Las moléculas son más grandes que los átomos.
	c. 我们的事业　　一定　会　成功。(N. Abstracto) wǒ men de shì yè　yí dìng　huì　chénggōng nuestro causa　seguramente　poder　triunfar Nuestra causa será seguramente un éxito.
	d. 人民群众　支持　新　政府　的　工作。(N. Colectivo) rén mín qúnzhòng　zhī chí　xīn　zhèng fǔ　de　gōngzuò pueblo masa　apoyar　nuevo　gobierno　auxi.　trabajo El pueblo apoya el trabajo del nuevo gobierno.

Pronombres	e. 我们 正在 上 课。(Pron. Personal) wǒ men / zhèng zài / shàng / kè Nosotros adv.(asp.) tener clase Nosotros estamos en clase.
	f. 谁 教 你们 汉语？(Pron. Interrogativo) shuí / jiào / nǐ men / hàn yǔ quién enseñar vosotros chino ¿Quién os enseña el chino?
	g. 这 是 个 风筝。(Pron. Demostrativo) zhè / shì / gè / fēngzhēng este ser clasi. cometa Ésta es una cometa.
Numerales	h. 九 是 三 的 三倍。(Num. Cardinal) jiǔ / shì / sān / de / sān bèi nueve ser tres auxi. triple Nueve es el triple de tres.
	i. 我 有 两 门 课，一 门 历史，一 门 哲学。(Num. +Clasi.) wǒ / yǒu / liǎng / mén / kè / yī / mén / lì shǐ / yī / mén / zhé xué yo tener dos clasi. clase, uno clasi. historia, uno clasi. filosofía Tengo dos clases, una es historia, la otra es filosofía.
	j. 记得 带 两 样 东西，第一 铅笔，第二 直尺。(N. Ordinal) jì dé / dài / liǎng / yàng / dōng xi / dì yī / qiān bǐ / dì èr / zhí chǐ recordar llevar dos clasi. cosa, primero lápiz, segundo regla Recordad llevar dos cosas, la primera es el lápiz, y la segunda es la regla.

Sin embargo, con el desarrollo de la Lingüística Funcional y la Teoría de Valencia (también llamada Teoría de Diátesis[1]) surgen después de los años ochenta. Hay voces en contra de esta opinión, dicen que no todos los temporales y locativos que aparezcan en la primera posición de una oración son sujetos. En concreto, se ha propuesto si estos argumentos completan la valencia que exigen los predicados, podrían ser sujetos. Si no es valencia requerida por la semántica de los predicados, serían complementos circunstanciales (Pan, 2003; Yu, 2006; Fan y Hu, 1992; etc.).

---

[1] El Diátesis gramatical o Valencia es un rasgo gramatical que describe el número de argumentos verbales obligatorios para un cierto tipo de predicación verbal. El término diátesis proviene del término griego *diathesis* usado por los gramáticos griegos para referirse a la voz gramatical en griego antiguo. Sin embargo, en tiempos modernos el término diátesis gramatical es un poco más general que el de voz gramatical. En español, se refiere específicamente al número de argumentos de un verbo. En chino, se traduce Diátesis/Valencia como "配价" (pèi jià), donde el "价" (jià) también significa valencia, que proviene del concepto químico de valencia. Por lo tanto, para evitar ambigüedad, en nuestro trabajo, llamamos a esta teoría Teoría de Valencia.

Los Temporales[1] (11). Según Yu (2006), los temporales pueden funcionar como sujeto en 1) oraciones con verbos de acción, como la oración (11a). Más oraciones de este tipo son: dōng tiān guò qù le 冬天 过去了 *(El invierno ha pasado)*, huáng hūn biàn chéng le yè wǎn 黄昏 变成了夜晚 *(El crepúsculo se convirtió en noche)*. Se percibe que en español, estos elementos subrayados son sujetos también, sin embargo, en chino agrupamos estos nombres en el grupo de nombres temporales, mientras que en español, no es un grupo individual, y estos nombres corresponden a nombres abstractos según la clasificación en español.

(11)

Sujetos Sustantivos Temporales
<table><tr><td rowspan="12">Temporales</td></tr></table> a. chūntiān dào le 春天 到 了。(Con verbos de acción)   primavera llegar asp.   Ha llegado <u>la primavera</u>.   b. cóngqián shì zhèyàng de rú jīn bù shì zhèyàng le 从前 是 这样 的, 如今 不 是 这样 了。(Con verbos copulativos)   pasado ser así auxi., ahora no ser así asp.   <u>El tiempo del pasado</u> era así, <u>el de ahora</u> ya no lo es.   c. jīn tiān tè bié lěng 今天 特别 冷。(Con predicados adjetivales)   hoy muy frío   <u>Hoy</u> Ø ha sido muy frío.   d. míngtiān shì xīng qī yī 明天 （是）星期一。(Con verbos copulativos/ predicados nominales)   mañana (ser) lunes   <u>Mañana</u> Ø será lunes.

2) En las oraciones que dan juicios o definiciones, con verbos copulativos como en las

---

[1] Hemos visto en el cuadro de arriba de "categoría sustantiva" unos ejemplos de sustantivos temporales. Cabe mencionar que, *primavera* por ejemplo, en español es un nombre, aunque signifique un espacio temporal; *mañana* es un adverbio en español, y solo puede ser sujeto en oraciones copulativas, al igual que chino. Esta cuestión, otra vez nos recuerda la Cuestión 1, de la difícil definición de categoría de las palabras. En realidad, en los diccionarios de chino, nunca se marcó la categoría de las palabras, hasta el *Diccionario de chino moderno* (Edición 5), del año 2005. La categoría de palabras de nuestro trabajo está todo basada en la Edición 6 de esta obra (2012), considerado como el diccionario estándar de la lengua china. De acuerdo con este diccionario, tanto chūntiān 春天 *(primavera)* como míngtiān 明天 *(mañana)* son sustantivos. Para la definición de sustantivos temporales, diríamos que son sustantivos que hacen referencia a conceptos del tiempo. Paralelamente, los sustantivos locativos, serían sustantivos que hacen referencia a lugares. Así que, podríamos decir que estos sustantivos tienen la propiedad de hacer referencia a conceptos abstractos de tiempo y lugar; a diferencia de los sustantivos que se refieren a personas y cosas.

oraciones de (11b), así como 未来 ^{wèi lái} 是 ^{shì} 光明的 ^{guāngmíng de} (*El futuro será brillante*). Normalmente, estas oraciones son enunciativas y con verbo copulativo 是 ^{shì} *(ser)*, los sujetos de estas oraciones son nombres y son objetos que reciben cierto juicio. Estas oraciones se usan para dar una definición o explicación de alguna propiedad, para aclarar qué es, o qué no es. En español, estos elementos correspondientes también son sujetos, pero son interpretados simplemente como nombres abstractos en vez de temporales.

3) En oraciones con predicados adjetivales. Como hemos mencionado antes, los adjetivos pueden funcionar como predicado en chino en ciertas construcciones, que describen el estado o la propiedad de una cosa. En la oración (11c), el sujeto es 今天 ^{jīn tiān} *(hoy),* se lo considera como el objeto que recibe cierta descripción. La palabra 冷 ^{lěng} *(frío/a)* en chino es un adjetivo y la función descriptiva está implícita en su carácter de ser adjetivo, por lo tanto, es razonable pensar que en estas oraciones con predicados adjetivales, en realidad, son oraciones con verbos copulativos donde los mismos copulativos pueden mantenerse ausentes. Más ejemplos son: 白天 ^{bái tiān} 太热, ^{tài rè} 他 ^{tā} 通常 ^{tōngcháng} 晚上 ^{wǎnshang} 工作 ^{gōng zuò} (*El día es demasiado caluroso, normalmente trabaja por la noche*); 白天 ^{bái tiān} 特别 ^{tè bié} 长, ^{cháng} 从 ^{cóng} 早晨 ^{zǎo chén} 四点 ^{sì diǎn} 到 ^{dào} 晚上 ^{wǎnshang} 八 ^{bā} 点 ^{diǎn} (*El día es muy largo, desde las cuatro de la madrugada hasta las ocho de la noche*). En las correspondencias en español, se nota que las partes subrayadas pueden ser sujetos o complementos, según las diferentes construcciones. Pero en chino, podemos decir que estas oraciones siempre tienen los sustantivos como sujetos y los adjetivos como predicados, donde los verbos copulativos tienen que estar ausentes (si no, se convertirá en una oración del tipo 2) que dan juicios o definiciones).

4) En oraciones con predicados nominales. Los nombres también pueden ser predicados, como en (11d). Otros ejemplos podrían ser: 今天 ^{jīn tiān} (是) ^{shì} 国庆节 ^{guó qìng jié} *(Hoy es Día Nacional).* En estas oraciones, 是 ^{shì} *(ser)* puede estar presente o ser omitido. Teóricamente, cuando está presente el 是 ^{shì} *(ser)*, las oraciones son convertidas en oraciones del tipo 2), que son oraciones que dan definición o juicio, pero en la lengua hablada, no diferenciamos mucho la interpretación de la presencia/ausencia de 是 ^{shì} *(ser)*. En español, creemos que las oraciones de correspondencia también tienen sujeto. Por ejemplo, en la oración *Hoy es Día Nacional, hoy* es sujeto, aunque puede estar implícito gracias a la desinencia del verbo.

Podemos decir que los cuatro tipos de oraciones mencionados anteriormente en las que los temporales pueden ejercer la función de sujeto, pueden ser divididos en dos grupos: 1) oraciones con verbos de acción; 2) oraciones con verbo copulativo 是 ^{shì} *(ser)* (en ocasiones, los copulativos tienen que mantenerse ausentes), en las que los temporales son receptores u objeto de definición, descripción, etc. En ambos casos, los temporales son obligatorios, son requeridos por los predicados y, si no están presentes, las oraciones serán incompletas y agramaticales. No obstante, existe el consenso de que cuando los temporales son prescindibles en la sintaxis, no se interpretarán como sujetos, como se ve en el gráfico siguiente (12). Es decir, la estructura de los verbos en las siguientes oraciones requiere un agente como sujeto, donde la presencia/ausencia de los temporales no afecta a la gramaticalidad de las oraciones.

(12) a. [前天], 我 看见 没人 卖 东西。
           anteayer, yo ver nadie vender cosa
           [Anteayer], yo no vi a nadie vender cosas.

    b. [后天], 老师 们 得 开会。
           pasado mañana, profesor sufijo(pl.) tener que reunir
           [Pasado mañana], los profesores tienen que reunirse.

(13)

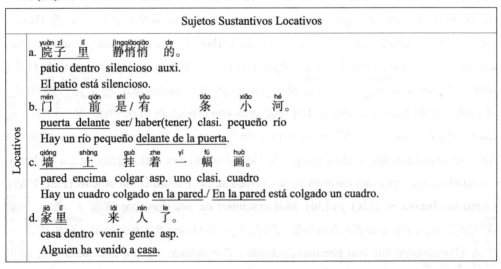

Sujetos Sustantivos Locativos	
	a. 院子 里 静悄悄 的。 patio dentro silencioso auxi. El patio está silencioso.
	b. 门 前 是／有 条 小 河。 puerta delante ser/ haber(tener) clasi. pequeño río Hay un río pequeño delante de la puerta.
Locativos	c. 墙 上 挂 着 一 幅 画。 pared encima colgar asp. uno clasi. cuadro Hay un cuadro colgado en la pared./ En la pared está colgado un cuadro.
	d. 家里 来 人 了。 casa dentro venir gente asp. Alguien ha venido a casa.

Los Locativos. Según el análisis tradicional, todos los ejemplos de (13) tienen sujetos locativos. Según nuestro análisis anterior de los temporales, podemos formular la siguiente hipótesis: lo que decide el sujeto es la estructura verbal de una oración, en vez de la posición inicial. Por lo tanto, deducimos que los casos más frecuentes de sujetos locativos son las estructuras copulativas (al igual que los sujetos temporales), cuando los locativos son el único elemento de la parte A de la estructura "A (是 (ser)) B". Entonces, la oración (13a) tiene sujeto locativo, como afirman los gramáticos. Y eso pasa también en español: *Aquí/ Detrás de las cortinas es un buen sitio para esconderse (* 这里 / 窗帘后 面 是 很好的 藏身 处所 *)*, cuya correspondencia en chino también tiene sujeto locativo. Las oraciones de (13b-d) son oraciones de existencia/ (des)aparición y son casos algo más complicados.

Según Pan (2003), si un elemento es sujeto, debe existir una relación de selección semántica entre este elemento y el predicado, es decir, tiene que ser argumento del verbo principal. Esto también indica la diferencia sustancial entre sujeto y tópico, porque no hace falta esta relación de selección entre el tópico y el verbo, aunque normalmente el tópico tiene mayor prioridad de ocupar la posición inicial de una oración. Por lo tanto, según él, a diferencia de la opinión tradicional, no todos los locativos que aparecen al principio de una oración son sujetos: algunos sí, algunos no, depende de la selección semántica del predicado. Esta teoría también sirve para explicar por qué no son sujetos los temporales del gráfico (12).

Según la clasificación de Pan, las oraciones de existencia/ aparición (desaparición) pueden ser divididas en dos clases: oraciones con sujeto (Oraciones Sujeto-predicado) y sin sujeto (Oraciones No Sujeto-predicado). Las oraciones con verbo 是 *(ser)* y 有 *(haber/ tener)* son oraciones con sujetos, porque son verbos de dos valencias y requieren dos argumentos (un sujeto locativo y un objeto), como se observa en las oraciones de (13b). Más ejemplos son: 山上 有 座 庙 *(En la montaña hay un templo)*, 地 上 是 一 摊 水 *(En el suelo hay un charco de agua)*. Las oraciones con estructura "Locativo+ V+ 了/ 着 / 过 (partículas de aspecto) +SN" así como las de "Locativo+ V (aparición/ desaparición) + SN" son oraciones sin sujetos, porque los locativos no son argumentos de los verbos y, los nombres que aparecen después de los verbos se interpretan como objetos (Fan, 1989). Como se observa en (13c) y (13d). Más oraciones de este tipo son: 衣服上 绣了 一朵 花 *(En la ropa hay una flor bordada / En la ropa está una flor bordada)*, 前面 走着 一 个人 *(Por delante hay una persona andando / Por delante alguien está andando)*, 屋里 飞进 一只 鸟 *(En la habitación entró un pájaro volando)*. Comparando las oraciones en chino y en español, nos damos cuenta de que en español, según los análisis tradicionales, ninguna de estas oraciones tiene sujetos locativos y la razón principal considerada por los gramáticos es que en español el verbo existencial "haber" es impersonal y tiene un sujeto cero. Sin embargo, Fernández Soriano (1999) ha propuesto que al igual que en chino, estas oraciones también podrían tener un sujeto locativo. Esta cuestión la vamos a ver con detalle en el capítulo 3. En cuanto a los análisis de Pan (2003) anteriormente mencionados, estamos de acuerdo parcialmente con sus opiniones, pero no totalmente. En el capítulo 3 presentaremos nuestro análisis sobre esta cuestión.

1.3.2.1.2   Categoría predicativa como sujetos

Categoría predicativa. Ahora vamos a ver las oraciones con sujetos de verbos y de adjetivos. Estas oraciones toman como objeto de predicación cierta acción, estado, etc., como se observa en las oraciones en la tabla (14). Cuando funcionan como sujetos, los verbos y adjetivos pueden mantener su forma original sin cambiar, además los verbos pueden llevar sus propios argumentos y ser modificados por adverbios. En nuestra opinión, todos los verbos y adjetivos que funcionan como sujetos, desde algún punto de vista, disponen de propiedad sustantiva. Según Zhang (2011), cuando los verbos y los adjetivos funcionan como sujetos, los predicados de estas oraciones normalmente son 1) adjetivales; 2) verbos que no denotan acciones sino que solo juzgan, describen, explican o comentan la parte del sujeto: verbos de relación (是 (ser), 等于 (equivaler), etc.); verbos de existencia (有 (haber), 存在 (existir), 包含 (contener), etc.); verbos auxiliares modales (可以 (poder), 应该 (deber), etc.); verbos explicativos (表明 (representar), 说明 (indicar), 意味 (significar), 标志 (simbolizar), 暗示 (implicar), etc.); verbos de comienzo y terminación (开始 (empezar), 停止 (parar), 继续 (continuar), 结束 (terminar), 持续 (durar), etc.); verbos causativos (使 (hacer), 产生 (producir), 引起 (causar), 导致 (conducir), etc.); 3) sintagmas nominales que denotan tiempo, distancia, dinero, etc.

Yang (2006) resume las características del predicado de las oraciones con verbo como sujeto, argumentando que principalmente se pueden agrupar en dos clases: 1) el predicado es un adjetivo o verbo copulativo 是 (ser), para juzgar o definir el sujeto, 2) el predicado es uno de los verbos 有 (haber/tener), 能 (poder), 等于 (equivaler), 说明 (indicar), 体现 (demostrar), 标志 (simbolizar), 开始 (empezar), etc., entre otras posibilidades, para dar información sobre el sujeto.

No obstante, opinamos que cuando estas categorías funcionan como sujeto, aunque demuestran sin duda propiedad verbal y adjetival, por ejemplo, pueden llevar argumentos (14b), modificador adverbial (14c), al mismo tiempo poseen características sustantivas, porque pueden ser modificados por demostrativos como (14e-g) y sus correspondencias en español normalmente son elementos sustantivos o elementos que disponen de propiedad sustantiva. De aquí, surgen otra vez las dos cuestiones que hemos mencionado al principio de este apartado: 1) ¿Cuál es el criterio para decir que una palabra pertenece a cierta categoría? ¿Por qué se dice que *游泳 (nadar)* es un verbo si en algunos casos demuestra propiedad sustantiva sin cambiar de forma ni llevar marcas? 2) ¿Cómo es la relación entre las categorías y las funciones sintácticas? ¿Es verdad que en chino la categoría predicativa puede funcionar como sujeto, o se sustantiva cuando aparezca en posición de sujeto?

(14)

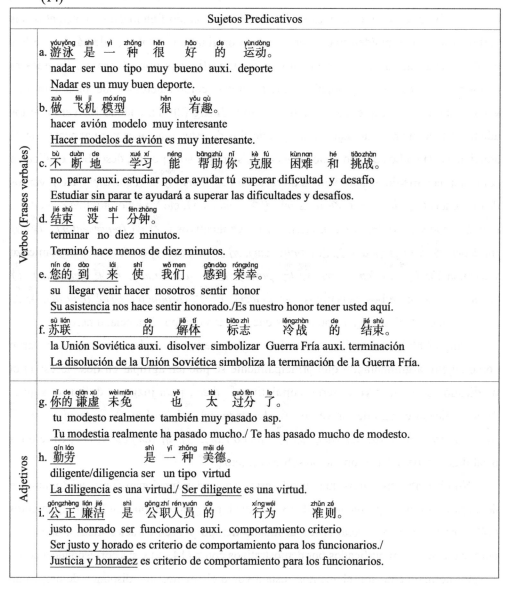

Sujetos Predicativos	
Verbos (Frases verbales)	a. 游泳 是 一 种 很 好 的 运动。 nadar ser uno tipo muy bueno auxi. deporte Nadar es un muy buen deporte. b. 做 飞机 模型 很 有趣。 hacer avión modelo muy interesante Hacer modelos de avión es muy interesante. c. 不 断 地 学习 能 帮助 你 克 服 困难 和 挑战。 no parar auxi. estudiar poder ayudar tú superar dificultad y desafío Estudiar sin parar te ayudará a superar las dificultades y desafíos. d. 结束 没 十 分钟。 terminar no diez minutos. Terminó hace menos de diez minutos. e. 您的 到 来 使 我们 感到 荣幸。 su llegar venir hacer nosotros sentir honor Su asistencia nos hace sentir honrado./Es nuestro honor tener usted aquí. f. 苏联 的 解体 标志 冷战 的 结束。 la Unión Soviética auxi. disolver simbolizar Guerra Fría auxi. terminación La disolución de la Unión Soviética simboliza la terminación de la Guerra Fría.
Adjetivos	g. 你的 谦虚 未免 也 太 过分 了。 tu modesto realmente también muy pasado asp. Tu modestia realmente ha pasado mucho./ Te has pasado mucho de modesto. h. 勤劳 是 一 种 美德。 diligente/diligencia ser un tipo virtud La diligencia es una virtud./ Ser diligente es una virtud. i. 公正 廉洁 是 公职人员 的 行为 准则。 justo honrado ser funcionario auxi. comportamiento criterio Ser justo y horado es criterio de comportamiento para los funcionarios./ Justicia y honradez es criterio de comportamiento para los funcionarios.

El chino es un idioma analítico, no tiene cambios morfológicos, esto hace la clasificación de las palabras en chino un trabajo complicado. Es posible que las palabras como 报告 (informar/ informe), 意外 (accidente/ accidental) tengan diferentes propiedades categoriales cuando ocupen diferentes lugares sintácticos. Es decir, a diferencia de los casos de verbos y adjetivos analizados en el gráfico de arriba, en chino hay un fenómeno que llamamos "palabras pluricategoriales": tienen la misma forma, la misma pronunciación y el significado estrechamente vinculado, pero poseen propiedades categoriales diferentes en diferentes situaciones. Es decir, aunque no se puede decir que una palabra pertenezca a una categoría determinada cuando se queda aislada, pero cuando figura en un contexto oracional, la determinación de su categoría es factible. Lo mismo pasa en inglés y también en español (15).

(15)

Chino	V./Sus.	比赛 (competir/ competición), 挑战 (desafiar/desafío) 计划 (planificar/plan), 命令 (orden/ordenar), 组合 (combinación/combinar), 创 新 (renovar/renovación), …
	Adj./Sus.	保险 (seguro/seguridad), 方便 (conveniente/conveniencia) 热闹 (animado/animación), 秘密 (secreto adj./m.), 困难 (difícil/dificultad), 规矩 (reglado/regla),…
Inglés	V./Sus.	park, challenge, start, graduate, desire, dress, …
	Adj./Sus.	average, cold, orange, offical, major, top, …
Español	V./Sus.	saber, poder, querer, ser, placer, andar, parecer, amanecer, atardecer, titular, sonar, …
	Adj./Sus.	ciego, próximo, científico, criminal, fiel, crítico, …

Sin embargo, el fenómeno de "palabras pluricategoriales" es mucho más frecuente comparado con el inglés y con el español, debido a la falta de desinencias formales. Por ejemplo, según Lu (1995), las palabras que disponen de propiedades verbales así como nominales como 研究 (*investigar/ investigación*) no son pocas, forman un 31% de los verbos en chino; según Guo (1999), estas palabras ocupan un 44% de los verbos más utilizados[1] [2]. Por lo tanto, debido a la gran cantidad de estas palabras, no es adecuado tratarlas como una categoría individual, más bien deben tratarse como una subcategoría de los verbos, denominándolas como verbos nominales (o verbos con usos nominales). Y lo trasladan para tratar los adjetivos nominales (adjetivos con usos nominales).

En cuanto a los verbos y adjetivos (que según el *Diccionario de chino moderno Edición VI,* están registrados solo con una categoría gramatical), cuando funcionan como sujeto, existen en principio cuatro puntos de vista sobre ellos: 1) Los verbos y los adjetivos se convierten en sustantivos cuando aparecen en posición de sujeto (Li y Liu, 1960); 2) Son nombres deverbales o deadjetivales (como las formas "-ing/to do" en inglés cuando un verbo se usa como un nombre) (Lü, 1982); 3) Los verbos y los adjetivos no dejan de ser verbos y adjetivos cuando funcionan como sujeto, no existe la sustantivación (Zhu, 1980); 4) Categorialmente, siguen siendo verbos y adjetivos, pero semánticamente cambian de sentido, es decir, se considera que existe una sustantivación en el plano semántico, pero no en el plano sintáctico (Hu y Fan, 1994). Entre ellos, estamos más de acuerdo con Hu y Fan (1994), por las siguientes razones: 1) No es adecuada la consideración de que "la posición de sujeto/objeto equivale a la categoría sustantiva", porque será una argumentación circular; 2) Lo que considera Zhu (1980) es excesivamente inflexible, es obvio que hay algo que ha cambiado; 3) Estamos de acuerdo con Hu y Fan (1994), quienes opinan que hay que diferenciar los planos sintáctico y semántico, sobre todo cuando estamos frente a un idioma aislante como el chino: en la forma de la palabra no hay nada que haya cambiado, los verbos y los adjetivos siguen siendo verbos y

---

[1] Sin embargo, todavía hay muchos casos pendientes por discutir. Estos autores también mencionan que todavía hay imperfecciones en las investigaciones que existen. Por ejemplo, hemos descubierto que según *Diccionario de chino moderno Edición VI,* publicado por el Instituto de lingüística de la Academia de Ciencias sociales de China en 2012, empezaron a marcar la categoría de las palabras desde la V edición del año 2005. La palabra 对话 (*conversar*) solo se define como verbo, sin uso nominal, pero es muy común el uso como 请朗读下面这篇对话 (*por favor, lean en voz alta* esta conversación *a continuación*) donde 对话 (*conversación/ conversar*) viene modificado por 这篇 (demostrativo+ clasificador), y según nuestra opinión es sin duda un uso nominal. No obstante, es de momento la obra de mayor autoridad, y por eso, la tomamos como referencia en nuestro trabajo.

[2] Podríamos decir que cuando solo están presentes dichas "palabras pluricategoriales" es difícil determinar su categoría, pero cuando tienen complementos, demostrativos así como algunas partículas, se puede diferenciar, por ejemplo, en la siguiente frase, el 学习 (*estudiar/ estudio*) tiene que ser un verbo en vez de sustantivo, y el 对话 (*diálogo/ dialogar*) tiene que ser sustantivo en vez de verbo.

·学习 这 篇 对话。

estudiar este clasi. diálogo

Estudiar este diálogo.

adjetivos, si algo cambia, está en el plano conceptual, es decir, el plano semántico; 4) Con respecto a la consideración de que los verbos y adjetivos en estos casos son una mezcla de nombre y verbo/adjetivo, como las formas de "doing/to do", pensamos que también es razonable, porque en estos casos, tanto en chino como en inglés, estas formas pueden ser modificadas por adverbios como "no" e "inmediatamente", pero sin duda demuestran propiedades sustantivas, lo cual puede ser un cambio semántico como afirman Hu y Fan (1994).

Por lo tanto, podemos sacar las siguientes conclusiones: 1) Cuando los verbos/ adjetivos con usos nominales, o sea, pluricategoriales, (que según el *Diccionario de chino moderno Edición VI,* hay usos lexicalizados como nombres) funcionan como sujeto, se interpretan como sustantivos. Por ejemplo: 比赛 结束 了 (*La competición ha terminado*), 创 新引领 未来 (*La renovación es el guía del futuro*). 2) Los verbos/ adjetivos que todavía no disponen de usos nominales lexicalizados, deben ser interpretados como verbos/ adjetivos sintácticamente, pero semánticamente pierden el significado de ser una acción y la función descriptiva respectivamente y pasan a ser un hecho o una propiedad "conceptualizada". En el caso de los verbos, es lógico pensar que estas oraciones como las de (14a-c) son parecidas a las oraciones con sujetos infinitivos en español, como se ve en las traducciones correspondientes de español y se puede considerar que tienen un sujeto parecido al PRO genérico. Otros ejemplos pueden ser: 控制卡路里的摄入是有必要的 (*Controlar la ingesta de calorías es necesario*), 听音乐 能 使人放松 (*Escuchar música te hace relajar*).

Sin embargo, se debe tener en cuenta, según Lu (2015), que las oraciones que tienen una "estructura sujeto-predicado" como sujeto, mientras que se omite la parte de sujeto y queda solo el predicado en la posición de sujeto. Consideramos que en estas oraciones, la parte de sujeto tiene interpretación como "*pro*-predicado" (el *pro* tiene que ser ligado por cierto elemento concreto en la oración o en el contexto y ser correferencial con este) y sigue siendo una acción. Como en la oración (14d), se debería haber omitido un sujeto de 结束 (*terminar*), como un concierto, una clase, etc., si no, el significado de la oración no puede ser interpretado. Pero sin la omisión de su sujeto, no es posible la "conceptualización". Otros ejemplos podrían ser: 你说吧，（我）干有什么好处，（我）不干 有什么好处? (*Dime, ¿qué beneficios habrá hacerlo y no hacerlo/tendré si lo hago y si no lo hago?*)（我们）休息 一下 也不坏 (*No estará mal descansar/ que descansemos un rato*).

Finalmente nos llama la atención la estructura "N.+ 的 (auxi.)+V./Adj.", como se ve en los ejemplos de (14e)-(14g). Más ejemplos de esto podrían ser: 这本书 的 出版

(la publicación del libro, 出版 v. publicar), 柠檬 的 酸 (lo agrio/el agrio del limón, 酸 adj. agrio). Tradicionalmente, se considera la parte "V./Adj." como el núcleo de la construcción, si siguen siendo verbos y adjetivos, van a violar la obvia característica sustantiva de la estructura entera. Por lo tanto, no pocos gramáticos están de parte de la "sustantivación" en cuanto a los verbos y adjetivos de estas estructuras. Sin embargo, consideramos que en estos casos, la afirmación de Hu y Fan (1994) sigue siendo lógica, puede ser que haya cambio semántico de estos verbos y adjetivos, pero sintácticamente no hay sustantivación y siguen siendo verbos y adjetivos. Los gramáticos generativistas han estudiado mucho sobre esta cuestión, como Cheng (1999), Si (2002), Lu (2003), Xiong (2005), etc. y están de acuerdo en que la estructura "N.+的(auxi.)+V./Adj." es una estructura nominal y la parte "的(auxi.)+V./Adj.", tiene "的", una palabra funcional auxiliar, como núcleo. Xiong (2005) la considera una SD, porque puede ser correspondencia del "-'s" en inglés (como en "the enemy's destruction of the city"), lo que según Chomsky (1970, 1986) y Abney (1987) es un sintagma determinante. Mientras que Si (2002), y Lu (2003) la consideranun SComp. Sea SD o SComp, tiene como núcleo sintáctico del sintagma el carácter " 的 ". Según Xiong (2005) eso no evita que los verbos y adjetivos sean núcleo semántico. Aceptamos el planteamiento de Xiong (2005), quien analizó en su artículo diferentes tipos de construcciones con núcleo " 的 " y a través de la comparación con fenómenos del inglés, argumenta la racionalidad de tomar el sintagma " 的 " como un sintagma funcional SD. Y plantea que la estructura del SD es: [SD[esp.][D'[D][Sn [esp.][n'[n][Sv[esp.][v'[v][SV[esp.] [V]]]]]]]].

Lo que propone principalmente es: " 的 " es la realización fonética de D y hace que el SD tenga sustantividad. El D tiene como complemento un Sn, en el que el "n" es una categoría funcional y puede "sustantivar" los verbos y adjetivos que vienen detrás. Nuestra interpretación de este planteamiento es: la categoría funcional "n" puede ser responsable de la conceptualización de los verbos y adjetivos que lleva, pero no los sustantiva sintácticamente. Pueden ser convertidos en una mezcla de nombre-verbo/adjetivo, porque pierden algunas propiedades originales y demuestran características nominales, pero no es una sustantivación. Comparando el español con el chino, existen casos de total correspondencia, por ejemplo: *Su continuo beber cerveza*.../ 他的连续饮酒 ..., aunque "beber" puede ser modificado por demostrativo y adjetivo, al mismo tiempo puede llevar complemento directo, que es una propiedad verbal y aquí no se habla de sustantivación, lógicamente, el verbo en chino " 饮 (beber)" posee las mismas propiedades. Como afirma Lu (2003), pensar que los verbos/adjetivos han perdido o minimizado su propiedad de ser verbos/ adjetivos no es razonable, porque no podemos exigir que todos los verbos/ adjetivos tengan todas las propiedades verbales/adjetivales en cualquier situación sintáctica. Por ejemplo, en chino aunque los verbos de aquí pierden algunas propiedades verbales, (no pueden llevar "了/着/过", partículas de aspecto, etc.), todavía pueden llevar "不 (no)" y sus argumentos internos y, es prueba suficiente para decir que siguen siendo verbos. Por tanto, opinamos que los verbos y adjetivos de aquí siguen siendo verbos y adjetivos, aunque admitimos que semánticamente hay conceptualización.

Resumiendo esta parte, categorialmente, estamos de acuerdo en que, como afirman los gramáticos, en chino pueden ejercer la función de sujeto tres categorías: los sustantivos, los verbos y los adjetivos. Y no pueden llevar preposiciones. Además, a diferencia de lo que pasa en español, en ciertos casos, admitimos que los (nombres) temporales y locativos sean sujetos, si tienen que rellenar el lugar del argumento del predicado de la oración. En cuanto a los verbos y adjetivos, no pensamos que haya sustantivación, pero sí que admitimos que en el plano semántico, los verbos y adjetivos se ven conceptualizados cuando funcionan como sujeto.

1.3.2.2　Posición del sujeto

La posición de sujeto en chino es menos flexible que español, los predicados no tienen flexiones ni desinencias verbales, ni existe el concepto de concordancia. Y normalmente el sujeto aparece antes del verbo. Según Marco Martínez y Lee (1998: 75), los únicos requisitos imprescindibles del sujeto son dos y uno de ellos es que no vaya marcado por una preposición (y el otro es que posea alguna relación de selección semántica con el verbo). En realidad, se puede decir que la gramática del idioma chino depende mucho del orden de las palabras y de los léxicos funcionales. La relación gramatical entre sujeto y predicado en chino es más libre y laxa que español. Normalmente, hay una restricción posicional para el sujeto en chino, que consiste en que el sujeto debe preceder al predicado y el lugar pospuesto al verbo se ocupa por los objetos. Por ejemplo, en 我打了他 (Yo pegué a él/ Le pegué)/ 他打了我 (Él pegó a mí/ Me pegó), ni 我 (yo) ni 他 (él) lleva marcador de sujeto/objeto, sabemos por la posición de los elementos que en la primera frase 我 (yo) es el sujeto y en el segundo 他 (él) es el sujeto, porque ocupan la posición preverbal. Al igual que lo que pasa en inglés, cuando no existen marcadores de caso nominativo ni desinenciales verbales (morfológicamente débiles), el orden de las palabras funciona para marcar el sujeto, como el contraste observado entre

*John has telephoned (Juan ha telefoneado)/ *Has telephoned John (Ha telefoneado Juan)*; 约翰 笑了 (*Juan sonrió)*/ *笑了 约翰 (*Sonrió Juan)*. Según Li y Thompson (1989: 26), "¿Cuál es el orden de palabras básico de chino mandarín?" es una cuestión difícil de contestar, porque se encuentran tanto ejemplos de SVO como ejemplos de SOV y, según su opinión, parece que el chino mandarín no se encuadra en ningún orden establecido. Marco Martínez y Lee (1998: 92), basándose en lo que dicen los autores anteriormente mencionados, agregan que el chino tiene características evidentes que no lo dejan encajar en ninguno de los tipos señalados por Greenberg, por eso, el mandarín puede ser una mezcla de SOV y SVO. Con esto, queríamos decir que a pesar de la alteración de posición entre verbo y objeto, el sujeto queda fuera de esta discrepancia y normalmente siempre ocupa la posición inicial, o mejor dicho, la posición preverbal.

Sin embargo, el orden de palabras en chino depende también de la clase de verbos. Jin y Wang (2014) estudian la clasificación de verbos y el caso ergativo/ absolutivo y nos ofrecen una posible explicación del orden de palabras que se demuestre en el uso de verbos de diferentes clases. Están de acuerdo con la clasificación de verbos de Huang (2007), en la que hay cuatro tipos de verbos: verbos inergativos, inacusativos, transitivos y causativos, pero dichos autores opinan que denominarlos verbos intransitivos, transitivos, absolutivos y ergativos sería más adecuado y menos ambiguo, partiendo del punto de vista de lengua ergativo-absolutiva/ nominativo-acusativa, además, sería más explicativo en cuanto a ejemplos como 客人 来了 (*Los invitados/El invitado han llegado)/来 客人了 (Han llegado un invitado/unos invitados)*, sobre la posición antepuesta/pospuesta de un mismo elemento.

Tomando como ejemplo la lengua dyirbal (una lengua de orden OSV), Jin y Wang (2014) ilustran que en esta lengua, los sujetos de verbos transitivos llevan marcadores de caso ergativo, mientras que los sujetos de verbos intransitivos y objetos de verbos transitivos no llevan marcadores y tienen caso absolutivo. En cambio, a diferencia de las lenguas ergativo-absolutivas, en las lenguas nominativo-acusativas, como japonés y coreano, los sujetos de verbos transitivos e intransitivos tienen un mismo caso, el caso nominativo, los objetos de verbos transitivos son de caso acusativo. En chino, hay verbos que se encuadran en la disposición de casos como lengua ergativo-absolutiva y otros como lengua nominativo-acusativa. Brevemente, lo que proponen ellos se puede representar con el cuadro (16).

(16) Clasificación de verbos en chino y sus características

(Elaboración propia según Jin y Wang, 2014; Huang, 2007)

	Disposición nominativo-acusativa (Estructura inergativa)		Disposición ergativo-absolutiva (Estructura inacusativa)	
	V. intransitivos	V. transitivos	V. absolutivos	V. ergativos
	笑 (reír), 哭 (llorar), 飞 (volar), 跳 (saltar), …	打 (pegar), 写 (escribir) 欺骗 (engañar) 打胜 (ganar), …	来 (llegar/venir), 出现 (aparecer), 发生 (ocurrir), 躺 (tumbarse), …	打败 (derrotar) 沉 (hundir) 吓 (asustar), 关 (cerrar), …
Nº Arg.	1(intr.)	2(tr.)	1(intr.)	2(tr.)
Libertad Arg.	Su único argumento solo puede aparecer antes del verbo y funcionar como sujeto.	Los dos argumentos tienen posiciones fijas, el que funciona como sujeto, antes del verbo, el objeto, detrás del verbo.	El argumento es absolutivo, su posición es libre, puede aparecer antes (interpretado como sujeto) o después del verbo (como objeto).	Cuando no aparece el agente/ causante (ergativo), el paciente/ tema (absolutivo) puede aparecer antes del verbo (interpretado como sujeto).

Según Huang (2007), la hipótesis de Perlmutter (1978) consiste en que los verbos inergativos no tienen objeto y tienen un sujeto agente como argumento externo, mientras que los verbos inacusativos no tienen sujetos, tienen un objeto paciente-tema como su argumento interno. Por lo tanto, según esta hipótesis, aunque en las oraciones de 张三哭了 *(Zhang San ha llorado)* y 张三来了 *(Zhang San ha llegado)*, el sujeto 张三 *(Zhang San)* aparece antes de los verbos 哭 *(llorar, intransitivo)*/ 来 *(llegar, absolutivo)*, pero sus lugares de generación no son iguales, en 张三来了 *(Zhang San ha llegado)*, 张三 *(Zhang San)* se genera en el lugar de argumento interno del verbo 来 *(llegar)*, pero como tiene caso absolutivo, puede aparecer antes del verbo (17).

(17) 张三 来 了。
<small>zhāng sān   lái   le</small>

Zhang San   llegar asp.

Zhang San ha llegado.

a. [Ø] 来了 张三
<small>   lái le   zhāng sān</small>

b. 张三 来了 h$_i$
<small> zhāng sān   lái le</small>

La diferencia entre verbos transitivos y verbos ergativos también consiste en el lugar de generación del "sujeto". Se puede ver claramente su diferencia a través de los ejemplos siguientes de "intransitivación" (18) y (19), que 打胜 *(ganar)* y 打败 *(derrotar)* tienen comportamiento gramatical diferente. En los ejemplos de 打 胜 *(ganar)*, (verbo transitivo), los sujetos 中国队 *(el equipo chino)* siempre son agentes, es decir, cuando se quita el objeto 韩国队 *(el equipo coreano)*, la semántica de 中国队 *(el equipo chino)* se mantiene igual; mientras en los ejemplos de 打败 *(derrotar)*, (verbo ergativo), cuando desaparece el objeto 韩 国 队 *(el equipo coreano)*, la semántica de 中 国 队 *(el equipo chino)* ha cambiado de sujeto agente a sujeto paciente. Esto significa que en (19b), el lugar de origen del sujeto debería ser el lugar de objeto de (18a) y, cuando el agente del verbo no aparece, el elemento absolutivo puede adelantarse para ocupar el lugar inicial de la oración.

(18) a. 中国 队 打胜 了 韩国 队。
<small>   zhōng guó   duì   dǎ shèng   le   hán guó   duì</small>

    chino equipo ganar asp. coreano equipo

    El equipo chino <u>ha ganado</u> al grupo coreano.   tr.

b. 中国 队 打胜 了。   intr./
<small>   zhōng guó   duì   dǎ shèng   le</small>

    chino equipo ganar asp.   inergativo

    El equipo chino ha ganado.

(19) a. 中国队 打败 了 韩国 队。
<small>   zhōng guó duì   dǎ bài   le   hán guó   duì</small>

    chino equipo derrotar asp. coreano equipo

    El equipo chino <u>ha derrotado</u> al grupo coreano. ergativo

b. 中国队 打败 了。
<small>   zhōng guó duì   dǎ bài   le</small>

    chino equipo derrotar asp.   absolutivo/

    El equipo chino <u>fue derrotado</u>.   inacusativo

Dicho de otra manera, 1) los verbos transitivos e intransitivos denotan acciones y su argumento fundamental es el agente; los verbos absolutivos y ergativos denotan estados y toman como argumento fundamental el paciente/tema. 2) Los verbos transitivos e intransitivos tienen un argumento externo, que es un sujeto profundo y el objeto de los verbos transitivos es un argumento interno; los verbos absolutivos y ergativos tienen un argumento interno, que es un objeto profundo y los verbos ergativos (causativos) pueden tener además un causante, funcionando como sujeto de la oración. 3) En las disposiciones nominativo-acusativas, los agentes suelen ser el sujeto (y coinciden con el tópico); mientras que en las disposiciones ergativo-absolutivas, cuando no aparece el agente, los pacientes/temas suelen ser el sujeto (y coincide con el tópico).

A través de los análisis anteriores, ya entendemos que 客人 来了 (*Los invitados/ El invitado* han llegado) es la oración derivada de 来客人了 (*Han llegado un invitado/ unos invitados*). Como el elemento 客人 *(invitado)* es de caso absolutivo, puede situarse tanto antes como después del verbo absolutivo 来 *(llegar)*. Además, consideramos que existe una relación de sujeto-definitud (posición preverbal) y objeto-indefinitud (posición posverbal). Así que la mayoría de los gramáticos de chino, consideran que la primera oración es una oración con sujeto, mientras que la segunda es una oración impersonal[1], que solo tiene un objeto como argumento.

Resumiendo este apartado, 1) en chino la falta de elementos desinenciales, hace que tengamos que acudir al orden de las palabras para identificar el sujeto, normalmente el sujeto aparece antes del verbo; mientras que en español, con la concordancia, podemos detectar el sujeto sea donde sea su lugar de aparición, aunque al igual que en chino, el orden no marcado en español es tener el sujeto antes del verbo. 2) Sin embargo, consideramos que el chino y el español comparten por lo menos dos puntos en común. Primero, los verbos transitivos e intransitivos tienen un sujeto profundo, que es su argumento externo, mientras que los verbos que tienen estructura inacusativa, tienen un objeto profundo (aunque en español estos cotejan el caso nominativo y mantienen concordancia con el verbo, comportándose como sujetos), que es su argumento interno. Segundo, si un elemento aparece antes del verbo, tanto en español como en chino, tiene la inclinación de ser determinado o definido, mientras que el elemento detrás del verbo puede ser no determinado o definido.

1.3.2.3   Omisión del sujeto

En chino también existen sujetos tácitos, es decir, oraciones en las que no figuren

---

[1] Según Li y Thompson (1989) y Martínez y Lee (1998), ambas oraciones tienen sujetos pero un sujeto definido y un sujeto indefinido. Mientras que Hu (1988), Meng (1987), Fan (1989), Huang y Liao (2007), Liu, Pan y Gu (2004), etc., analizan oraciones del tipo 客人来了 (*Los visitantes* han llegado) como oración con objeto agente. Y estamos de acuerdo con los últimos.

fonéticamente los sujetos. El sujeto tácito se considera un fenómeno típico de los idiomas flexivos, como en italiano, español, portugués, entre otros. Los generativistas han propuesto el parámetro de sujeto nulo y se considera que existen sujetos nulos porque en estas lenguas tienen abundantes desinencias verbales y los sujetos nulos se deducen a través de la conjugación de los verbos, así que son permisibles los sujetos tácitos o nulos. En cambio, en inglés y francés, por la falta de flexión verbal no se permite la omisión del sujeto. Sin embargo, se producen problemas a la hora de explicar ese fenómeno en chino, coreano, japonés, así como en otros idiomas sin concordancia. Según esta teoría, en estos idiomas no debería existir ningún caso de sujeto cero. Sin embargo, por ejemplo, en chino, no solo se permite la ausencia de sujeto, sino que incluso los objetos también pueden estar ausentes en muchas circunstancias.

En cuanto a este problema, Huang (1984) ha planteado una teoría que diferencia los idiomas en "calientes/ medios/ fríos": los Idiomas Calientes son los que exigen poca o ninguna participación por parte de la audiencia, como el inglés y el francés, en los que generalmente no se permite omisión de elementos de una oración gramatical; los Idiomas Fríos requieren una activa participación por parte de la audiencia, como el chino y el japonés, en los cuales los elementos como sujeto pueden ser omitidos (e incluso es más usual que sean omitidos) en oraciones gramaticales y para entender la oración, los leyentes u oyentes deben saber el contexto o tener algún conocimiento del mundo, etc.; los Idiomas Medio-calientes, es decir, Idiomas Medios, como el español, el italiano, o el portugués, por su parte, se situarían entre los dos extremos en cuanto al uso de pronombre vacío, la omisión de elementos puede ser más libre que en las lenguas calientes, pero menos libre que en las lenguas frías. Véase la tabla siguiente de Huang (1984: 546) (20). En idiomas como el inglés, el pronombre nulo puede aparecer en la posición de sujeto de una cláusula no temporal, pero generalmente no se permite que aparezca en ningún otro sitio, se ve el contraste en los siguientes ejemplos (21) y (22). A diferencia del inglés, en español, el sujeto nulo puede aparecer tanto en oraciones temporales como en oraciones no temporales, pero no permiten objeto cero ni tópico cero, como se ve en (23) y (24).

Sin embargo, en chino, además de haber sujetos ceros se observa también la posible omisión de objetos, pero según Huang (1984), en chino, al igual que en los otros idiomas, tampoco se permite la omisión de objeto, lo que ocurre es la omisión del objeto topicalizado, por lo tanto, la peculiaridad de los idiomas fríos es la existencia de tópico cero, como se ve en (25).

(20) Características de idiomas calientes y fríos

(Elaboración según Huang, 1984: 546)[1]

	Idiomas calientes	Idiomas medios	Idiomas fríos
Sujeto cero (PRO)	Sí	Sí	Sí
Sujeto cero (pro)	No	Sí	Sí
Objeto cero (pro)	No	No	No
Tópico cero	No¹	No	Sí

(21) a. John promised Bill [*e* to see Mary].

b. John preferred [*e* seeing Mary].

(22) a. *John promised Bill that [*e* would see Mary].

b. *John promised Bill that [Mary would see *e*].

c. *John promised Bill that [*e* would see *e*].

d. *John promised Bill [*e* see *e*].

(23) a. José prefiere [*e* ver a María].

b. José prometió a Juan que [*e* viniera a ver a María].

(24) a. *José sabe que [María *e* ha visto].

b. *José prometió a Juan que [María *e* viniera a ver].

c. *José prometió a Juan que [*e* viniera a ver *e*]

(25) Hablante A: 张三 看见 李四 了 么?
zhāng sān kàn jiàn lǐ sì le me

Zhang San ver Li Si asp. interrogativo

¿Zhang San ha visto a Lisi?

Hablante B: a. 他 看见 他 了。
tā kàn jiàn tā le

él ver él asp.

Él lo ha visto.

b. e 看见 他 了。
kàn jiàn tā le

ver él asp.

Lo ha visto.

c. 他 看见 e 了。
tā kàn jiàn le

él ver asp.

---

[1] Pensamos que podría existir cierto problema en cuanto a la aparición de tópico, ya que tanto en español como en inglés, hay oraciones téticas, donde todo es información nueva, y no tienen tópico.

Él (lo) ha visto.

d. e 看见 e 了。
　　_{kàn jiàn}　_{le}

ver　asp.

(Él) (lo) ha visto.

e. 我 猜　　　e 看见 e 了。
　_{wǒ} _{cāi}　　　_{kàn jiàn}　_{le}

yo adivinar　ver　asp.

(Yo) supongo que [(él) (lo) ha visto]

Todas las respuestas del hablante B son aceptables. Según el mismo autor, la razón consiste en lo siguiente. Primero, a diferencia de las lenguas "orientadas por la oración", el chino se considera un idioma "orientado por el discurso" (Tsao, 1977), en el que existe el fenómeno de la "cadena de tópicos", es decir, cuando se puede identificar el tópico, este puede estar omitido. Segundo, se considera que el chino es un idioma "tópico-prominente" (Li y Thompson, 1976), al igual que el japonés y el coreano, porque para la interpretación de las oraciones la aparición del sujeto gramatical no es fundamental. Tercero, en las lenguas orientadas por el discurso, la anáfora puede ser ligada en el discurso.

He aquí las diferencias de distribución del pronombre nulo de los tres tipos de idiomas. Es comúnmente aceptado que en chino existen sujetos nulos, pero siempre ha habido discrepancias en los siguientes aspectos: ¿El chino dispone tanto de PRO como *pro* como propone Huang (1984) en el gráfico (25)? ¿O no se puede diferenciar entre ellos debido a la falta de desinencias verbales, al igual que el inglés, el chino también es un idioma sin pro-drop? ¿Si tiene *pro*, tiene las mismas características como en español o italiano? Huang (1982, 1984, 1987a, 1989), Li Y. H. (1985, 1990) y Tang (1990) están de acuerdo que en chino también existen el *pro* y el chino es un idioma de pro-drop, mientras que Wang (1999) propone que en chino existe el PRO pero no el *pro*, Xu (1986, 1994) y Huang (1992) no están de acuerdo con la división y opinan que la categoría "nulo" de chino no encaja en ningún tipo de las correspondientes en inglés o en español.

Antes de tratar estas preguntas, es conveniente conocer las otras características de PRO y *pro* a pesar de su relación con las cláusulas intemporales/ temporales, porque en chino no existe concordancia ni conjugación verbal y la distinción entre los diferentes pronombres nulos no puede basarse en criterios formales. Por lo tanto, consideramos imprescindible pensar desde los siguientes puntos de vista.

Primero, si el elemento nulo puede tener realización fonética, es decir, lexicalizada: se considera que si un elemento nulo es PRO, no puede tener realización fonética en la oración; si es *pro*, puede estar lexicalizado u omitido. Dicho de otra forma, si este elemento nulo puede recuperar su realización fonética en la oración, debería ser un *pro* y, en caso contrario PRO. Por ejemplo, *Juan$_i$ dijo que {pro$_{i/j}$, él$_{i/j}$, María} iba a ir a Pekín./ Juan$_i$ quiere {PRO$_i$, *él$_{i/j}$, *José} ganar el premio*. Segundo, la posible referencia del elemento nulo: el PRO tiene la característica de ser [+anafórico], es decir, su interpretación depende de otro nombre o SN y tiene que llevar el mismo índice que su antecedente, que es su controlador; mientras que el *pro* es [-anafórico] y es relativamente libre en su interpretación, puede tener un antecedente en la oración principal o en el contexto. Como se ve en: *Juan$_i$ pensó PRO$_i$ ganar el premio./ Juan$_i$ pensó que pro$_{i/j}$ ganaría el premio*. Además, el PRO puede tener interpretación genérica, cuando no tiene controlador, pero el *pro* no puede tener esta interpretación: *Juan$_i$ piensa que es importante PRO$_i$/*pro no engañarse a uno mismo. PRO$_{gen}$./*pro engañarse a uno mismo es una estupidez*. En breve, como se demuestra en el siguiente cuadro (26), si el elemento nulo es PRO, tiene que tener un antecedente en la cláusula principal, funcionando como su controlador (que puede ser sujeto o objeto de la principal), y la referencia semántica de PRO no puede tener realización fonética; si no tiene controlador, tiene que tener interpretación genérica. Si es *pro*, puede tener un antecedente en la oración principal o en el contexto, cuyo contenido puede ser recuperado léxicamente. Tiene que tener referencia, pero la referencia no puede ser genérica.

(26)

PRO	pro
+ referencial	+ referencial
+ pronominal	+ pronominal
+ anafórico	-anafórico
+ antecedente en la oración	±antecedente en la oración
+ posiblemente genérico	-posiblemente genérico
-recuperable	+ recuperable

Ahora vamos a ver los casos en chino. La discusión se establece principalmente entre los siguientes. Huang (1984) cree que aunque en chino no hay concordancia formal para diferenciar suboraciones finitas e infinitivas, pero a nivel gramatical, sí que se puede hacer esta distinción. Según él, en chino hay una serie de verbos como 说 (decir): 知道 (saber), 告诉 (decir), 认为 (opinar), etc., a los que siguen oraciones subordinadas finitas; mientras que otra serie de verbos del tipo 劝 (persuadir): 准备 (preparar), 逼 (obligar), 请 (invitar), etc., tiene que llevar oraciones subordinadas infinitivas. El criterio para hacer esta división consiste en que en las subordinadas de los últimos verbos no pueden aparecer verbos auxiliares ni elementos que indiquen aspecto como "了 (asp. perfectivo)/ 着 (asp. progresivo)/ 过 (asp. experiencial)". Considera que la categoría vacía en chino se corresponde básicamente a la clasificación de Chomsky, y en consecuencia, que hay

PRO y *pro* en chino. Aunque posteriormente, en Huang (1989), ha modificado un poco su propuesta, proponiendo que la categoría nula en chino es una categoría "*pro*/PRO"[1] y tanto el *pro* como PRO son variantes de "*pro*/PRO", pero sigue opinando que existen diferencias entre el *pro* y PRO en chino.

En cuanto a la opinión de Xu (1986, 1994) y Huang (1992), rechazan el criterio que tomaba Huang (1984) para hacer la distinción entre cláusulas finitas e infinitas, porque en chino, los verbos auxiliares y partículas de aspecto sí que pueden aparecer sin problema en suboraciones de verbos del tipo de " 劝 persuadir". Tienen razón, pues en chino las partículas de aspecto sí que pueden aparecer en suboraciones "infinitivas", como 妈妈 逼 小明 吃过 药 *(La madre había obligado a Xiaoming a tomar las pastillas)*/ 很抱歉 打扰 了 您 *(Siento mucho haberle molestado)*. Incluso en inglés también es posible la aparición de elementos de aspecto en una oración subordinada infinitiva como *It is silly not to have gone after having accepted the invitation*. Así que el criterio que utilizaba Huang (1984) no funciona para distinguir las oraciones subordinadas finitas/infinitivas. Además, han propuesto contra argumentos para la GCR propuesta por Huang (1989).

Sin embargo, estamos de acuerdo con Wang (1999), según el cual con esto no es suficiente para decir que en chino no exista un límite para definir cláusulas finitas e infinitivas. Lo que propone él es un criterio de "sustitución léxica", el criterio para distinguir una cláusula infinitiva consiste en que a condición de no cambiar el significado original de la oración, el elemento nulo no se puede lexicalizar. Como se ve en los siguientes ejemplos, los de (27) son de oraciones infinitivas mientras que la frase (28) tiene que ser finita.

Desde el punto de vista chomskiano, los elementos nulos de (27) aparecen en posición de sujeto de oraciones infinitivas y son controlados dentro de su categoría rectora, así que es razonable decir que son PRO. Además, en oraciones como *[PRO 吸烟] 有害 (Fumar es perjudicial)*/ *[PRO 酒后驾车] 危险 (PRO Conducir después de beber es peligroso)*, en las posibles categorías rectoras no hay sujeto accesible para los PROs, así que no existe la categoría rectora y en estas oraciones el PRO puede tener interpretación arbitraria o genérica.

---

[1] Huang (1989) ha propuesto una "Generalized Control Rule (GCR)": An empty pronominal is controled in its control domain (if it has one). Si no tiene este categoría rectora, puede tener un antecedente a distancia en el contexto, o puede ser de interpretación arbitraria. Además, toma como ejemplo "…[s PRO to come]"(Ø 来, Ø venir), diciendo "in a clause in which there is no Arg., the minimal S is not a control domain for its null subject, … In such a case, our theory prodicts that a PRO (and chinese pro) is allowed if it has a higher category as its control domain, and is properly controlled in that domain, or if it has no control domain at all."

(27) a. 张三　　　决定 [Ø 戒 烟]。

Zhang San decidir [Ø dejar fumar].

Zhang San ha decidido dejar de fumar.

→ *张三ᵢ　　决定 [他ᵢ 戒 烟]。

Zhang Sani decidir [éli dejar fumar].

Zhang San ha decidido dejar de fumar.

b. 张三　　　禁止儿子 [Ø 吸烟]。

Zhang San prohibir hijo [Ø fumar]./

Zhang San prohíbe su hijo que fume.

→ *张三　　禁止 儿子ᵢ [他ᵢ 吸烟]。

Zhang San prohibir hijoᵢ [éliᵢ fumar].

Zhang San prohíbe su hijo que fume.

c. 我 请 他 [Ø 吃 过 饭]。

Yo invitar él [Ø comer asp. comida].

Le he invitado a comer.

→ *我　请 他ᵢ [他ᵢ吃过饭]。

Yo invitar élᵢ [éliᵢ comer asp. comida].

Le he invitado a comer.

(28) 张三　　说　[Ø/他/李四] 明天 去 北京。

Zhang San decir [Ø/él/Li Si] mañana ir Pekín.

Zhang San dice que mañana [Ø/él/Lisi] va a ir a Pekín.

En cuanto al *pro*, pensamos que es difícil confirmar que en chino exista un *pro* con las mismas características que el *pro* del español y del italiano, debido a la falta de concordancia. Por lo tanto, Wang (1999) considera que en chino es mejor decir que en oraciones como 张三说 [Ø/他/李四] 明天去北京 (*Zhang San dice que [Ø/él/Lisi] mañana va a ir a Pekín*)/ 张三说 [Ø/他/王五] 很喜欢李四 (*Zhang San dice que [Ø/él/Wang Wu] adora mucho a Lisi*), la recuperación de los elementos nulos depende mucho del contexto, parecido al tópico nulo de Huang (1984), en vez de una recuperación gramatical como ocurre en español e italiano. No estamos totalmente de acuerdo con esta opinión, porque si bien es cierto que la recuperación del elemento nulo en chino depende mucho del contexto, en español, por ejemplo en la oración de *"Juanᵢ dice que* proᵢ/ⱼ *va a venir"*, el antecedente del *pro* puede ser Juan y también puede ser otra persona en el contexto, la concordancia nos ayuda a figurar que el antecedente tiene que ser de la 3ª persona del singular, pero exige también conocimiento del contexto por parte del oyente, es decir, la recuperación del sujeto nulo en español además de depender de la concordancia, al igual que el chino, también depende mucho del contexto. Por lo tanto, consideramos que las diferencias establecidas en el gráfico (26) funcionan también para el chino y como afirma Huang (1984), que en chino existen tanto el PRO como el pro.

Resumiendo este apartado, hemos repasado las propuestas sobre elementos nulos en chino y consideramos que se suele poner demasiado énfasis en las características formales del PRO y el *pro*, mientras que sus características gramaticales pueden ayudarnos más en sus definiciones, sobre todo a la hora de tratar un idioma como el chino. A través de nuestro análisis, consideramos que en chino, como opinan Huang (1982, 1984, 1987a, 1989), Li Y. H. (1985, 1990) y Tang (1990), la clasificación de sujetos nulos en PRO y *pro* también funciona y salvo a las características formales de concordancia, comparten el resto de las características mencionadas en (26).

1.3.3) Resumen parcial

La falta de desinencias así como otras características formales hace que el trabajo del análisis de la gramática en chino sea una tarea difícil. Pero aparte de eso, consideramos que según hemos visto en este apartado, podemos llegar a la conclusión de que estos dos idiomas comparten muchos puntos en común a pesar de su considerable distancia lingüística. A continuación vamos a ver las diferencias y las similitudes entre ellos.

Similitudes: 1) Los sujetos no pueden llevar preposiciones; 2) Tanto en chino como en español, los verbos (infinitivos) pueden funcionar como sujetos y una oración también puede ser sujeto de otra; 3) En chino también existen la clasificación de verbos transitivos, intransitivos así como verbos inacusativos: los verbos transitivos e intransitivos suelen tener un sujeto profundo, mientras que los verbos inacusativos tienen un objeto profundo; 4) Si un sustantivo aparece antes del verbo funcionando como sujeto, será determinado, si aparece después del verbo, podrá ser indeterminado cuando se trate de verbos inacusativos; 5) En chino también existen sujetos nulos y consideramos que se puede clasificar como PRO y *pro* como en español y pueden ser muy parecidos.

Diferencias: 1) La diferencia fundamental es que en chino no existe desinencia ni concordancia; En chino, la posición del sujeto es menos flexible comparada con el español, suele ocupar la posición antepuesta; 2) En chino no hay marcas para diferentes categorías léxicas y existe el fenómeno de la pluricagetoría, cuya detección depende del contexto, así que en chino, se puede encontrar en la posición de sujeto tanto sustantivos (los temporales y locativos se encuentran como parte de sustantivos y son interpretados como sujetos cuando son argumentos del predicado), como verbos y adjetivos (en los últimos dos casos, los verbos y adjetivos tienen sus significados conceptualizados); Al revés, las categorías gramaticales en chino son multifuncionales, no tienen una correspondencia como la que existe en español, es decir, en una posición gramatical es posible que aparezcan palabras de diferentes categorías gramaticales y una categoría léxica puede tener más de una función sintáctica; 3) Cuando un verbo funciona como sujeto, existen dos posibilidades, o bien tiene un PRO genérico, o bien tiene un *pro* omitido, ligado por un antecedente en el discurso; En chino se considera que existe el tópico cero.

1.4   El tema y su relación con sujeto sintáctico en español y en chino

Como se ha comentado en el apartado 1.2, se suele distinguir tres clases de funciones, que se corresponden con tres niveles de análisis: sintáctico, semántico e informativo. En el apartado 1.3, repasamos y comparamos las características de sujeto sintáctico en español y chino y, en este apartado vamos a centrarnos en los conceptos informativos: tema, tópico, etc., sus características así como sus relaciones conel sujeto sintáctico.

1.4.1   El tema y su relación con el sujeto sintáctico en español

Desde el punto de vista informativo, los enunciados pueden estar formados por dos partes, la información conocida y la información nueva. Según RAE-ASALE (2009), el Tema (entre otras denominaciones como Soporte, Apoyo, Información conocida, etc.) es la información que el hablante supone conocida por el interlocutor, tanto si ha sido presentada expresamente como si no es así. El tema, por lo tanto, constituye la base sobre la que se apoya la información que se presenta como nueva. De acuerdo con Zubizarreta (1999) cabe distinguir dos tipos de temas: el "tema discursivo" y el "tema oracional". Tomamos el mismo ejemplo de la autora, *El Sr. González es un científico muy erudito, pero su originalidad deja mucho que desear.* Se puede decir que el tema oracional (el Sr. González) debe ser una expresión contenida dentro de la oración, mientras que el tema discursivo (la habilidad científica del Sr. González) proporciona información sobre el tema oracional o comenta sobre ello y puede funcionar como tema de unidades más amplias que la oración y puede ser abstracto.

La misma autora (Zubizarreta, 1999) menciona que la dicotomía información nueva/ conocida con respecto al sintagma definido/ indefinido no es adecuada para definir el tema oracional, porque un sintagma indefinido también puede funcionar como tema, como en *Cuando tenía cinco años,* una niña conocida mía *anunció la teoría de que era habitada por conejos.* Al mismo tiempo, el tema oracional debe ser específico, es decir, el sujeto debe poder interpretarse como antecedente del sujeto implícito en la cláusula adverbial que lo precede, como se ve en el contraste entre las dos oraciones siguientes, el uso de indicativo/subjuntivo demuestra si es posible la correferencia: *Cuando tenga cinco años,* una niña que conozco *anunciará la teoría de que era habitada por conejos./ Cuando tenga cinco años,* una niña que conozca *anunciará la teoría de que era habitada por conejos.* En la oración con relativo que lleva modo indicativo es posible la correferencia, mientras que la de subjuntivo no. Dicho de forma resumida, el tema oracional puede ser un sintagma indefinido, pero tiene que ser específico. Por lo tanto, la estructura de "haber +SN +locativo", por naturaleza propia de no poder ser específica, no cabe la posibilidad de que el SN de esta estructura sea tema oracional.

Además, hay ciertas posiciones dentro de la oración que pueden funcionar exclusivamente como tema. Por ejemplo en español, en las oraciones *El sillón, Pedro lo compró en el mercado de pulgas; A una amiga, Pedro la invitó a bailar*, la posición periférica a la izquierda de la oración de los sintagmas *el sillón* y *a una amiga* hace que se interpreten como temas oracionales. Merece mencionar también que los "sintagmas nominales escuetos" o "sintagmas nominales sin determinante" en posición periférica pueden funcionar también como tema de la oración, según Zubizarreta (1999), estos sintagmas pueden recibir una interpretación genérica y, por lo tanto, no específica y se ilustra con los siguientes ejemplos: *Dinero, todo el mundo necesita; Niños, yo no he visto ninguno.*

En cuanto a la clasificación de los tipos de tema, se puede distinguir dos tipos de construcciones con temas periféricos a la izquierda de la oración: "tema vinculante" y la "dislocación a la izquierda" (Zubizarreta, 1999, Bosque y Gutiérrez Rexach, 2009, etc.). Los primeros tienen ejemplos como (*En cuanto a) el Sr. González, terminaremos la tarea antes de llamarlo; (Con respecto a) el Sr. González, que María lo haya invitado sorprendió a todo el mundo.* Y los segundos tienen como ejemplos como *A sus amigos, María los invitó a cenar; De María, estoy segura de que nadie habla mal.* Desde el punto de vista discursivo, el tema vinculante se distingue de la dislocación a la izquierda en que aquel tiene como función cambiar de tema en un discurso dado; por ello puede estar precedido facultativamente por la expresión *en cuanto a* o *con respecto a*, etc. Zubizarreta

(1999), ha dado un resumen de las propiedades de los dos tipos de temas, que consiste en lo siguiente:

Tema vinculante
1. Introduce un cambio de tema discursivo.
2. Aparece exclusivamente en la periferia izquierda de la cláusula matriz.
3. La relación entre el tema y una cierta posición dentro de la oración es una relación de correferencia; no existe relación de dependencia gramatical.
4. La relación no está restringida sintácticamente: el tema vinculante puede entrar en relación con cualquier posición dentro de la oración.

La dislocación a la izquierda
1. El tema puede aparecer en la periferia izquierda de la cláusula matriz o en la periferia de la cláusula subordinada.
2. Existe una dependencia con la cual se relaciona, como lo indica la presencia de la preposición adyacente al tema nominal en ciertos casos.
3. La relación está restringida sintácticamente: el tema no puede entrar en relación con una posición dentro de una cláusula relativa, de una cláusula adverbial o de una cláusula de sujeto.

Hay un concepto muy parecido a la noción de tema: el tópico. Aquí merece la pena ver sus diferencias. Según RAE-ASALE (2009), el tópico es un elemento del mensaje, aislado normalmente mediante pausas, que acota el marco o ámbito, el punto de vista o algún otro rasgo necesario para interpretar adecuadamente el enunciado: *Estos estudiantes, ¿de dónde vienen? Científicamente, es un objetivo utópico. Con nosotros, trabaja.* Tienden a ocupar la posición inicial de la secuencia y quedan fuera de las interrogaciones y exclamaciones. Según RAE-ASALE (2009), en español, los tópicos finales son raros, *como en No la había oído jamás, esta canción; Ya lo han traído, el sofá*, que se deben a que las perciben como calcos de otras lenguas (del italiano o del catalán, en los que abundan tópicos finales) y en español serán más comunes los tópicos iniciales y mediales. Está de acuerdo Gutiérrez Ordóñez (1997a: 47), diciendo que: "Función tópico. Marca el ámbito de validez de las referencias y del carácter veritativo del enunciado. Su rasgo básico es la separabilidad: los tópicos se parapetan entre pautas y normalmente, eligen la posición inicial."

La noción de tema, información conocida, no siempre coincide con los segmentos sintácticos. A diferencia del tema, el tópico sí que coincide con los segmentos sintácticos.

En este sentido, el concepto de tópico se parece en gran medida a la noción de tema dislocado. Además, hoy el término tópico se usa más para designar los segmentos temáticos destacados o desgajados de la oración. Dicho de otra manera, se puede interpretar la noción de tópico como un subconjunto de la noción de tema, que tiene características de ser enfatizado, aislado por pausa y coincidir con un segmento sintáctico de la oración. El concepto de tema y tópico comparten muchas características comunes, por lo tanto, en muchas referencias no siempre se diferencia entre el tema y el tópico. Como se ilustra en el gráfico siguiente (29), consideramos que el tópico es un tipo de tema, forma parte del conjunto del concepto de tema, pero no todos los temas son tópicos. Además, también se puede usar el término de "tópico" para hacer referencia a la posición sintáctica periférica que estos segmentos ocupan. Como se ilustra en RAE-ASALE (2009), en la oración *La fruta, me dijo Marta que la iba a comprar ella*, consta de dos segmentos separados por la coma, el tópico es "la fruta" y el resto del mensaje introduce cierta información relativa a esa materia, aun cuando es claro que la fruta no es el sujeto de la oración. Añade el mismo autor que el hecho de que el tópico esté desgajado, permite que adquiera ciertas propiedades sintácticas que lo caracterizan como una noción más específica que la de tema.

(29) La relación entre tema y tópico

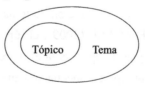

Con respecto a la relación entre tema y sujeto gramatical, podemos decir que el sujeto preverbal suele desempeñar la unión informativa de tema, según RAE-ASALE (2009), esto está determinado en buena medida por su propia estructura interna y por diversos factores extraoracionales, más que por la estructura informativa de la oración. Así es natural que se interprete como temático el sujeto. Y el tópico, específicamente, como siempre ocupa la posición inicial de la oración, suele ser comparado con el sujeto gramatical preverbal.

En primer lugar, el tópico en español, comparado con el sujeto, además de poder ser grupos nominales, pronominales, también puede ser preposiciones, adverbiales y adjetivales: *Técnicamente, la operación había sido correcta; De la rodilla, estoy bien; Muy serio, no creo que lo sea.* Los tópicos pueden ser también oracionales, en particular si las oraciones son de infinitivo, de gerundio o de participio: *Claudicar, no pienso hacerlo; Lamentándote, no consigues nada; Destruida por las invasiones bárbaras, la ciudad se volvió a levantar en el siglo XI.* Es decir, la materia de formación del tópico, categorialmente es mucho más amplia que la noción de sujeto gramatical.

Además, según RAE-ASALE (2009), los tópicos iniciales que se retoman en el interior de las subordinadas sustantivas pueden estar vinculados con la posición de sujeto dentro de ellas, como se ilustra: *Eso me parece que no es correcto; El escenario, pienso yo que ha cambiado poco*; *Luis, creo que está enfermo.* Consideramos que los elementos como *eso, Luis*, constituyen tópicos preoracionales y no sujetos gramaticales, porque en la posición de sujeto de éstos, se hallaría un elemento pronominal nulo, similar al que caracteriza otras muchas oraciones de sujeto tácito. Dicho de otra manera, los tópicos pueden estar semánticamente o informativamente relacionados con los sujetos gramaticales, pero la noción de tópico es una noción en el nivel informativo y no se puede confundir con el concepto de sujeto gramatical. Es posible que coincida el tópico y el sujeto, pero siempre son conceptos de diferentes planos.

Otra diferencia entre el tópico y el sujeto gramatical consiste en la elipsis. La elipsis del tema o el tópico será una elipsis contextual (Brucart, 1999) y la elipsis del sujeto gramatical será una elipsis gramatical. La información temática puede ser elidida cuando el hablante la considera innecesaria. Como ilustra RAE-ASALE (2009), si se considera las tres secuencias: *A su novia; Ha llamado a su novia; Luis ha llamado a su novia*, las primeras dos serían respuestas naturales a la pregunta *¿A quién ha llamado Luis?* La tercera también podría serlo, pero como el segmento *Luis* constituye el tema, es natural que tienda a evitarse en la respuesta, al igual que se evita el verbo *ha llamado*, también parte del tema. Es decir, la información temática tolera la elipsis porque es información supuesta, que se da por conocida y no aporta nada desde el punto de vista informativo. En cuanto a este tipo de elipsis, se trata de una elipsis contextual frente a una elipsis gramatical, que se aplica solamente a aquellas estructuras para las que hay que proponer la presencia de categorías vacías, como *Quien no sepa inglés no entenderá ese juego de palabras; Unos árboles están frondosos, otros secos.*

En estas páginas, hemos visto la noción de tema, tópico y la relación entre el tema y el sujeto gramatical en español. A continuación, vamos a ver cómo es el caso en chino mandarín.

1.4.2 El tema y su relación con sujeto sintáctico en chino

La relación entre el tópico y el sujeto ha sido siempre una cuestión polémica en la investigación de la gramática del chino. La discrepancia consiste principalmente en 1) si hay sujeto/ tema en chino; 2) si lo hay, solo hay uno de ellos, o existen los dos; 3) si existen los dos, ¿en qué consisten sus diferencias? Zhao (1979) y Li (1985), entre otros, opinan que en chino solo existe el tema y el concepto de sujeto equivale al concepto de tema. Li y Thompson (1976) y Shen (1999), en cambio, consideran que el concepto de tema y sujeto son diferentes, los dos tienen diferentes caracteres gramaticales. Por su parte, mientras que Zhu (1985), Lü (1984) defienden que en chino solo hay sujeto ni tema. Con lo que hemos mencionado, se ve de forma suficientemente clara la complejidad de la cuestión. En nuestra opinión, de acuerdo con Shi (2001), pensamos que en chino sí existen diferencias entre el concepto de sujeto y tema, es decir, los dos conceptos coexisten, mientras que disponen de diferentes características gramaticales y comportamientos sintácticos.

Tsao (1977) y Shen (1999: 221) han resumido las características del concepto de tema como sigue:

Tema (Tsao, 1977 y Shen, 1999**)**
1. Ocupa la posición inicial de la oración.
2. Precede a una pausa o interjección.
3. Siempre es definido, es decir, información conocida.
4. Es un concepto discursivo, tiene continuidad, su semántica puede continuar hasta unas oraciones después de la suya.

La comparación de tópico y sujeto de Shi (2001) está basada en los siguientes dos puntos. Primero, comparado con la noción de sujeto, el tópico es un concepto discursivo, solo puede entrar en el nivel oracional y no puede entrar en un nivel suboracional. Es decir si un elemento X es tópico, no puede aparecer en una oración subordinada; además, el tópico siempre es definido y debería ser información conocida. Segundo, el foco es otro concepto que tiene estrecha relación con el tópico y el sujeto, que es la información que recibe más énfasis en la oración, es la información más importante y nueva. Es decir, el foco y tópico tienen características contrarias: el foco representa información nueva, mientras que el tópico aporta información conocida. Dicho de otra manera, se puede poner a prueba el tópico y el sujeto con focalización; si un elemento X es tópico, ya no puede entrar en una estructura de foco, mientras que para los sujetos no existe esta restricción. A continuación vamos a ver con detalle las diferencias entre sujeto gramatical y tópico.

En chino, como hemos visto en el apartado anterior, pueden aparecer antes del verbo muchos tipos de sintagmas nominales. Semánticamente, además de agente o paciente, hay locativos, tiempo, instrumentos, etc. Aquí tomamos el modelo más típico como ejemplos, que son los agentes y pacientes. El primer criterio para distinguir tópico y sujeto es la posibilidad de entrar en una oración subordinada. En las oraciones (30) y (31), se ve un contraste muy obvio: el sujeto es un elemento sintáctico y, puede aparecer tanto en una oración principal como en una oración subordinada; el tópico, en cambio, es un concepto discursivo, solo puede entrar en el nivel oracional y no suboracional.

(30) a. 小王　看　完　了　书。

     Xiaowang leer teminar asp. libro

     Xiaowang ha terminado de leer el libro.

     → 这　就　是　小王　看　完　书　的　地方。

     → aquí asertivo ser Xiaowang leer terminar libro auxi. sitio

     Aquí es donde Xiaowang ha terminado de leer el libro.

   b. 书，小王　看　完　了。

     libro Xiaowang leer terminar asp.

     El libro, Xiaowang ha terminado de leerlo.

     → *这　就　是　书　小王　看　完　的　地方。

     → aquí asertivo ser libro Xiaowang leer terminar auxi. sitio

     Aquí es donde el libro, Xiaowang ha terminado de leerlo.

(31) a. 她　正在　叠　被子。

     ella adv. (asp.) doblar manta

     Ella está doblando la manta.

     → 她　正在　叠被子　的　时候。

     → ella adv. (asp.) doblar manta auxi. momento

     El momento cuando ella está doblando la manta.

   b. 被子，她　正在　叠。

     manta ella adv. (asp.) doblar

     La manta, ella está doblándola.

     →*被子她　正在　叠　的　时候。

     →manta ella adv. (asp.) doblar auxi. momento

     El momento cuando la manta, ella está doblándola.

Hemos visto que una oración en chino puede tener en la primera posición a un agente o un paciente, pero solo las oraciones (30a) y (31a), del gráfico anterior que tienen la estructura "agente (A) + verbo (V)+ paciente (P)", puede generar una oración subordinada. Como se ve en (30b) y (31b) las oraciones subordinadas son agramaticales. Es decir, diferentes órdenes de palabras tienen diferentes funciones, solo el orden AVP puede entrar en los dos niveles (oracional y suboracional), mientras que la estructura PAV solo tiene el nivel oracional y no suboracional. Por lo tanto, según nuestro criterio, solo el agente de la estructura AVP puede ser sujeto, mientras que será más adecuado considerar que el paciente de la estructura PAV es tópico.

El segundo criterio es la compatibilidad con el marcador de foco. El tópico y el foco tienen características contradictorias: el tema representa información ya establecida o conocida en el contexto, mientras que el foco es la información nueva y enfatizada. Por lo tanto, el tema y el marcador de foco son incompatibles. Al contrario, el sujeto es un elemento de la estructura gramatical, no es un elemento informativo, no se exige de manera obligatoria que sea información conocida y, por lo tanto, es compatible con el marcador de foco. En chino moderno, el marcador de foco más típico es el "是 (ser)" gramaticalizado. En el gráfico siguiente podemos ver el comportamiento diferente de "agente" y "paciente" con el marcador "是 (ser)" (32)-(33). A través de estos ejemplos, se nota la diferencia del elemento inicial agente y paciente en su comportamiento con el marcador de foco "是 (ser)". solo los agentes son compatibles con "是 (ser)", mientras que el paciente no lo es. Se puede afirmar que solo los agentes de la estructura AVP se pueden interpretar como sujetos gramaticales, mientras que los pacientes iniciales de la estructura PAV son tópicos. Los ejemplos que hemos visto hasta ahora, toman como ejemplo el agente y el paciente, pero los tópicos también pueden ser de tiempo, locativos, de instrumentos, etc. y pueden ser topicalizados a su vez.

Los ejemplos de temas que hasta aquí hemos mencionado están todos marcados por sus respectivos marcadores gramaticales. En general, el mecanismo de tematización en chino suele ser de dos tipos. Uno es el cambio de orden de palabras, el otro es añadir marcadores de tema. Primero, el cambio de orden de palabras, de orden no marcado a orden marcado, pues las mismas palabras en diferentes órdenes suelen llevar un significado semántico-informativo diferente. Los órdenes marcados tienden a expresar un significado semántico informativo especial. Concretamente, la tematización consiste en trasladar el elemento que se interpreta como tópico o tema al inicio de la oración desde su posición no marcada. El orden que se puede mantener en una oración subordinada es el orden básico sin estar marcado, mientras que los otros órdenes son marcados. Por ejemplo, los elementos pacientes que aparecen en la primera posición son temas marcados, porque a través de la prueba de la posibilidad de entrar en oración subordinada y la compatibilidad con marcadores de foco, ya sabemos que esta posición no es su posición original. Estos criterios funcionan también para otros sintagmas, por ejemplo los instrumentos y los sintagmas de tiempo, como se observa en (34)-(35).

(32) a. 小王 看 完了 书。
Xiaowang leer asp. perfetivo libro
Xiaowang ha terminado de leer el libro.
→ 是 小王 看 完了 书。
→ ser Xiaowang leer asp. perfetivo libro
Es Xiaowang el que ha terminado de leer el libro.

b. 书 小王 看 完了。
libro Xiaowang leer asp. perfetivo
El libro, Xiaowang ha terminado de leerlo.
→ *是书 小王 看 完了。
→ ser libro Xiaowang leer asp. perf.
Es el libro, Xiaowang lo ha terminado de leer.

(33) a. 她 正在 叠 被子。
ella adv. (asp.) doblar manta
Ella está doblando la manta.
→ 是 她 正在 叠 被子。
→ ser ella adv. (asp.) doblar manta
Es ella, la que está doblando la manda

b. 被子 她 正在 叠。
manta ella adv. (asp.) doblar
La manta, ella está doblándola.
→ *是被子 她 正在 叠。
→ ser manta ella adv. (asp.) doblar
Es la manda, ella la está doblando.

(34) a. 我用这把 刀 切 肉。
yo usar este clasi. cuchillo cortar carne
Yo corto carne usando este cuchillo.

→ 当 我 用 这 把 刀 切 肉 的 时候。
dāng wǒ yòng zhè bǎ dāo qiē ròu de shí hou

→ cuando yo usar este clasi. cuchillo cortar carne auxi. momento

Cuando yo corto carne es usando este cuchillo.

→ 是我 用 这 把 刀 切 肉 的。
shì wǒ yòng zhè bǎ dāo qiē ròu de

→ ser yo usar este clasi. cuchillo cortar carne auxi.

Soy yo la que corta carne usando este cuchillo.

b. 我昨天 写 好了 一 封 信。
wǒ zuó tiān xiě hǎo le yī fēng xìn

yo ayer escribir asp. perf. uno clasi. carta

Yo, ayer, escribí una carta.

→ 当 我 昨天 写 好 信 的 时候。
dāng wǒ zuó tiān xiě hǎo xìn de shí hou

→ cuando yo ayer escribir asp. carta auxi. momento

Cuando yo ayer escribí la carta.(Ayer cuando escribí la carta.)

→ 是我 昨天 写 好了 一 封 信。
shì wǒ zuó tiān xiě hǎo le yī fēng xìn

→ ser yo ayer escribir asp. perf. uno clasi. carta

Fui yo ayer la que escribió una carta.

(Ayer fui yo la que escribió una carta.)

(35) a. 这 把 刀 我用它切 肉。
zhè bǎ dāo wǒ yòng tā qiē ròu

este clasi. cuchillo yo usar él cortar carne

Este cuchillo, corto carne usándolo.

→ *当 这 把 刀 我 用 它 切 肉 的 时候。
dāng zhè bǎ dāo wǒ yòng tā qiē ròu de shí hou

→ cuando este clasi. cuchillo yo usar él cortar carne auxi. momento

Cuando este cuchillo, corto carne usándolo.

→ *是 这 把 刀 我 用它切 肉。
shì zhè bǎ dāo wǒ yòng tā qiē ròu

→ ser este clasi. cuchillo yo usar él cortar carne

Es este cuchillo, corto carne usándolo.

b. 昨天我 写 好了 一 封 信。
zuó tiān wǒ xiě hǎo le yī fēng xìn

ayer yo escribir asp. perf. uno clasi. carta

Ayer, yo escribí una carta.

→ *当 昨天我 写 好信 的 时候。
dāng zuó tiān wǒ xiě hǎo xìn de shí hou

→ cuando ayer yo escribir asp. perf. carta auxi. momento

Cuando ayer yo escribí la carta. (Cuando yo escribí la carta ayer.)

→ *是昨天我 写 好了 一 封 信。
shì zuó tiān wǒ xiě hǎo le yī fēng xìn

→ * ser ayer yo escribir asp. perf. uno clasi. carta

Fue ayer cuando yo escribí una carta.

Y a través de la (a)gramaticalidad de los ejemplos ya mencionados, sabemos que el orden no marcado es el orden de (32a) y (33a) y el orden con tema marcado es el orden de (32b) y (33b). El segundo mecanismo de tematización en chino consiste en añadir marcadores de tema: 1) interjección 啊, 吧, 嘛, 呢, etc.+ pausa; 2) anáfora. Por ejemplo (36), los elementos delante de la pausa son tópicos. Hay que tener en cuenta que un elemento que tiene el mismo papel temático, por ejemplo 这孩子 (este niño) y 他爸爸 (su padre) en las oraciones (36b) y (36c), puede tener carácter gramatical diferente en oraciones con estructura no marcada, sin pausa ni interjección: 这孩子 认 不 出 他 妈妈 (Este niño no puede reconocer a su madre), 他爸爸 从早到晚 都 不在家 (Su padre siempre no está en casa). En estas últimas oraciones 这孩子 (este niño) y 他爸爸 (su padre) son sujetos, porque pueden ser focalizados por el marcador "是 (ser)", como se ve en los ejemplos siguientes (37) y (38), mientras que los mismos elementos de las oraciones de (36b) y (36c) no pueden ser focalizados:

(36) a. 他 吧, 从 小 就 爱 看 小说。

él interj. desde pequeño ya amar leer novela

A él, le gusta leer novelas desde niño.

b. 这 孩子 啊, 竟然 认 不 出 他 妈妈。

este niño interj. incluso reconocer…no…reconocer su madre

Este niño no puede reconocer incluso a su madre.

c. 他爸爸 嘛, 从 早 到 晚 都 不 在 家。

su padre interj. desde mañana hasta noche todo no estar casa

Su padre nunca está en casa.

(37) a. 这 孩子 认 不 出 他 妈妈。

este niño reconocer…no…reconocer su madre

Este niño no puede reconocer a su madre.

→ 是 这孩子 认 不 出 他 妈妈。

→ ser este niño reconocer…no…reconocer su madre

Es este niño el que no puede reconocer a su madre.

b. 他爸爸 从 早 到 晚 都 不 在 家。

su padre desde mañana hasta noche todo no estar casa

Su padre nunca está en casa.

→ 是 他爸爸 从 早 到 晚 都 不 在 家。

→ ser su padre desde mañana hasta noche todo no estar casa

Es su padre el que nunca está en casa.

(38) a. 这 孩子 啊， 认 不 出 他 妈妈。

este niño interj. reconocer…no…reconocer su madre

Este niño no puede reconocer a su madre.

→ *是 这孩子 啊， 认 不 出 他 妈妈。

→ ser este niño interj.(a) reconocer…no…reconocer su madre

Es este niño, el que no puede reconocer a su madre.

b. 他爸爸 嘛， 从 早 到 晚 都 不 在 家。

su padre interj. desde mañana hasta noche todo no estar casa

Su padre nunca está en casa.

→ *是他爸爸 嘛， 从 早 到 晚 都 不 在 家。

→ ser su padre interj. desde mañana hasta noche todo no estar casa

Es su padre, el que nunca está en casa.

Hablado de la estructura "interjección + pausa", ahora vamos a ver el mecanismo de la anáfora. Concretamente consiste en que hay un elemento anafórico detrás del tema y este elemento anafórico puede ser (sintagma) sustantivo o (sintagma) pronominal (39). Los elementos subrayados son anafóricos y la estructura anafórica hace que los elementos al inicio de las oraciones sean tópicos y pierdan sus características de sujetos, en el sentido de que no pueden ser enfatizados en la estructura focalizada con el marcador "是 (ser)" (40)– (41).

(39) a. 他 这个 人 就 知道 吃。

él este persona solo saber comer

Él, (esta persona,) solo sabe comer.

b. 济南 省 城， 那 是 个 大 地方, 不 用 说。

Jinan provincia ciudad, aquél ser calsi. grande sitio, no necesitar decir

Jinan, capital de la provincia, es un gran sitio, claro.

c. 他们 这些 学生 也 得 上 战场。

ellos estos estudiantes también tener que subir batalla campo

Ellos, los estudiantes, también tienen que ir a la batalla.

(40) a. 他 就 知道 吃。

él solo saber comer

Él solo sabe comer.

→ 是他 就 知道 吃。
shì tā jiù zhī dào chī

→ ser él solo saber comer

Es él el que solo sabe comer.

b. 他们 也 得 上 战场。
tā men yě dei shàng zhànchǎng

ellos también tener que subir batalla

Ellos también tienen que ir a la batalla.

→ 是 他们 也 得 上 战场。
shì tā men yě dei shàng zhànchǎng

→ ser ellos también tener que subir batalla

Son ellos, los que también tienen que ir a la batalla.

(41) a. 他这个 人 就知道 吃。
tā zhè ge rén jiù zhī dào chī

él este persona solo saber comer

Él, esta persona, solo sabe comer.

→*是他这个 人 就 知道 吃。
shì tā zhè ge rén jiù zhī dào chī

→ er él este persona solo saber comer

Es él, esta persona, la que solo sabe comer.

b. 他们 这些 学生 也 得 上 战场。
tā men zhè xiē xué shēng yě dei shàng zhànchǎng

ellos estos estudiantes también tener que subir batalla

Ellos, los estudiantes, también tienen que ir a la batalla.

→ *是他们 这些 学生 也 得 上 战场。
shì tā men zhè xiē xué shēng yě dei shàng zhànchǎng

→ ser ellos estos estudiantes también tener que subir batalla

Ellos, los estudiantes, también tienen que ir a la batalla.

Shi (2001) menciona además que según Trask (1993:266) y Langacker (1991:317), entre otros, "el tema no marcado y el sujeto gramatical coinciden" y que "en el caso de que no exista ningún marcador de tema, el sujeto asume automáticamente la función de tema en el discurso". Zhao (1979) propone que en las oraciones en chino del tipo de "doble sujeto", por ejemplo 窗子我打碎了 *(La ventana, yo la rompí)*, hay un sujeto mayor y chuāng zǐ wǒ dǎ suì le otro menor. Shen (1987) está de acuerdo con esta división y profundiza desde la teoría de la Gramática Funcional. De aquí, se produce el problema de la relación entre sujeto y tópico, así como la cuestión de "Si el tópico en chino es una función sintáctica". Xu y Liu (1998) argumentan que el tópico es una función sintáctica en chino y proponen que el orden básico de chino mandarín es TSVO, aunque He (1955) ya propuso que no todos los verbos necesitaban el elemento tópico, pese a que se podía considerar el tópico un concepto sintáctico, no podía ser subcategorizado. Ahora está aceptado en gran medida lo que propone Yuan (2006), que en algunas construcciones el uso de tópico ya está gramaticalizado, pero el tópico no se puede ser definido como una función sintáctica. Todas estas consideraciones manifiestan en realidad, que los gramáticos están de acuerdo con que el sujeto debe de ser un concepto sintáctico, pero el problema es de difícil solución si partimos de un punto de vista exclusivamente sintáctico y hay que acudir a conceptos relacionados de otros planos. Por lo tanto, la relación "agente-paciente" y el concepto de "tópico" del plano semántico e informativo son utilizados para resolver este problema.

1.5 Algunas consideraciones sobre el sujeto semántico

A nivel semántico, queríamos añadir unas consideraciones sobre el papel temático que pueden aparecer en la posición de sujeto. Según la lingüística cognitiva (Ungerer y Schmid, 1996), el principio más importante y famoso es el de "role archetypes (arquetipos de roles)". Como hemos visto, en la posición de sujeto pueden aparecer muchos tipos de papeles semánticos, agente, experimentante, instrumento, paciente, etc. Pero es comúnmente reconocido que, comparado con el paciente y el instrumento, el agente aparece con más frecuencia en el lugar de sujeto. ¿Pero ocurre eso? Langacker (1991) propuso una respuesta, que consiste en "action chain (cadena de acciones)" y el "energy flow (flujo de energía)". El elemento que es más prominente funciona como "figura sintáctica" mientras que el resto de la oración funciona como "fondo sintáctico". Una cadena de acciones se caracteriza por una "cabeza" de energía, un objeto que es el origen de la energía. La energía fluye del origen a la segunda entidad y se transmite hasta la última entidad donde la energía deja de emitirse y se consume la energía que queda. Y este último elemento se llama "cola" de la cadena de acciones. El sujeto coincide con el primer elemento que se expresa lingüísticamente en la cadena de acciones, que es el elemento más cerca del origen de energía, más "río arriba". Por ejemplo, entre *Juan rompió el cristal con un martillo* y sus variantes *El martillo rompió el cristal* y *El cristal se rompió,* como se ilustra en el siguiente gráfico, los sujetos son respectivamente "Juan-agente", "el martillo-instrumento" y "el cristal-tema/ paciente", que se sitúan en la posición "superior" de la cadena de acciones. En estas tres oraciones los sujetos son más prominentes, mientras que el resto de los elementos funcionan como fondo.

(42) a. **Juan** rompió el cristal con un martillo.

agente　　　instrumento　　paciente
sujeto　　　　　　　　　　　objeto
Juan　　　　un martillo　　el cristal

b. **El martillo** rompió el cristal.

instrumento　　paciente
sujeto　　　　　objeto
El martillo　　el cristal

c. **El cristal** se rompió.

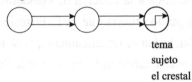

tema
sujeto
el crestal

De forma resumida, podemos decir que en la cadena de acciones, el agente, la "cabeza" provee energía y es la fuente de energía de la cadena. Con esto, se explica lo afirmado por Fillmore (1968:33), la existencia de una jerarquía de papeles semánticos cuando aparecen en posición de sujeto: agente> instrumento> paciente. Y además puede explicar la intransitividad de la oración como *El cristal se rompió*, porque el elemento *cristal* ya se sitúa en la "cola", al final de la cadena de acciones y se absorbe o se consume la energía.

Sin embargo, las oraciones mencionadas denotan contactos físicos. Si no hay contactos físicos, ¿cómo será la situación? Por ejemplo, ¿cómo se analizan oraciones como *Juan quiere bananas, Susana tiene muchos libros, Susana recibió un regalo*? Según Ungerer y Schmid (1996), como no se trata de contactos físicos, no se puede considerar que haya una cadena de energía en oraciones como "Juan quiere bananas", ni hay absorción o consumición de energía. Pero sí que hay una actividad mental y el sujeto de esta oración es el "experiencer (experimentante)" de esta actividad mental, mientras que la segunda entidad de esta actividad se denomina "theme/ experienced (tema/

experimentado)". La relación entre las dos entidades de "Juan quiere bananas" puede ser representada por el siguiente gráfico (43).

(43) Juan quiere bananas.

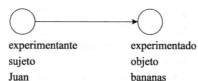

experimentante   experimentado
sujeto   objeto
Juan   bananas

Como podemos ver, el enlace entre los dos elementos de la oración citada es indicado por solo una flecha, a diferencia de las oraciones de (42), en las que son marcados por flechas dobles. Esto significa que el enlace mental es más "débil" que el enlace de contacto físico. Pero en esta actividad mental, el experimentante "Juan" sin duda es más prominente y el tema "bananas" funciona como fondo.

En cuanto a la relación de posición, como en *Susana tiene muchos libros, Susana recibió un regalo,* es muy parecida a la relación de contactos físicos. Sin embargo, este tipo de relación implica un punto crucial que es la posesión del objeto y el poder de disfrutar de su beneficio. Por lo tanto, temáticamente, será mejor describir los papeles implicados como experimentante y experimentado. Se puede ilustrar la oración de "Susana tiene muchos libros" como sigue (44):

(44) Susana tiene muchos libros.

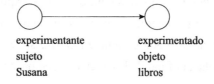

experimentante   experimentado
sujeto   objeto
Susana   libros

Respecto a *Susana recibió un regalo*, no parece muy adecuado decir que es una actividad mental, porque implica transferencia física de un objeto. Según el análisis de Friedrich y Schmid (1996), el verbo *recibir* está estrechamente vinculado con *dar*. Dicho de otra manera, *Susana recibió un regalo* puede ser otra forma de decir *Emilia le dio un regalo a Susana.* Por lo tanto, en vez de agente, Susana debería ser interpretada como experimentante. Se puede ver con más claridad la relación temática con los siguientes gráficos.

(45) Emilia le dio un regalo a Susana.

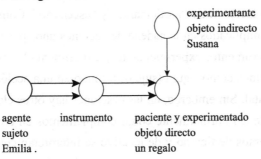

experimentante
objeto indirecto
Susana

agente   instrumento   paciente y experimentado
sujeto   objeto directo
Emilia .   un regalo

(46) Susana recibió un regalo.

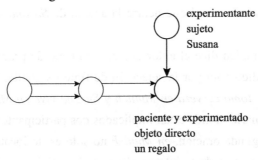

experimentante
sujeto
Susana

paciente y experimentado
objeto directo
un regalo

Con lo ilustrado en los gráficos (45) y (46), se ve una combinación de acción de contacto físico y una acción mental. En las dos oraciones, cada uno de los elementos puede tener diferente función sintáctica en la oración, pero siempre mantienen sus papeles temáticos. Por lo tanto, en la oración *Susana recibió un regalo*, el sujeto Susana se interpreta como experimentante, en el sentido de que es la beneficiaria del regalo y del acto de *dar*. Si comparamos las dos oraciones, en la oración de *Emilia le dio un regalo a Susana*, descubrimos que el agente es el elemento más prominente y es el primer candidato para sujeto. La segunda prioridad la tiene el paciente, que se expresa en la oración como objeto directo. Según los mismos autores, en la teoría de "figura y fondo", solo está implicado un objeto (objeto directo), así que el experimentante (objeto indirecto) es considerado como un elemento externo y no afecta a la selección del agente como sujeto ni el paciente como objeto directo, porque la estructura cognitiva se identifica por *dar*. Mientras tanto, en la oración de *Susana recibió un regalo*, la estructura cognitiva se identifica por *recibir*, pero de forma muy parecida a la estructura de *dar*. La acción de *dar* es presupuesta, pero no es explícita. En esto consiste su mayor diferencia. Solo se expresa la interacción mental entre el experimentante (*Susana*) y el experimentado (*el regalo*). Y en relación con la figura y fondo, el experimentante es más prominente y funciona como sujeto, mientras que el experimentado en el fondo lo hace como objeto directo.

Además de la cadena de acciones, en la misma obra se mienciona otro tipo de metáfora, que es la relación entre "participante" y "escenario". Como hemos mencionado anteriormente, están implicados en la cadena de acciones unos papeles prototípicos como agente, paciente, instrumento, experimentante y experimentado. Todos estos elementos pueden ser seleccionados como figura (sujeto) o fondo en una acción de contacto físico o en una actividad mental. Sin embargo, en las oraciones hay otros elementos como tiempo y locativo, que funcionan normalmente como complementos en comparación con sujeto y objeto, estos elementos de tiempo y de locativo se interpretan como escenario y los de sujeto y objeto se interpretan como participantes. Por ejemplo, en *Susana estaba comiendo una banana en la cocina a las 9 de la mañana, en la cocina* y *a las 9 de la mañana* es el escenario, es el contexto en el que ocurre la acción de *Susana estaba comiendo una banana.*

Sin embargo, también dice el autor que el fenómeno de prominencia es gradual y no debería estar decidido solo por la selección de figura y fondo. Toma como ejemplo oraciones de *La gente toma cerveza en Munich* y *Susana vive en Munich.* En la primera, *en Munich* es un escenario, donde están implicados dos participantes: *la gente* y *cerveza*; mientras que en la segunda oración, *en Munich* no solo es un locativo o escenario, sino también una parte necesaria de la interacción con el participante *Susana*, el cual es la figura sintáctica, por lo tanto, se considera *en Munich* de la segunda oración como fondo identificable. No obstante, *en Munich* no es un participante, porque a diferencia de los pacientes, no sufre ningún cambio de estado ni de locación. Se ilustra la oración con el gráfico siguiente (47).

(47) Susana vive en Munich.

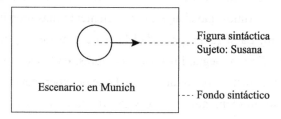

Como se observa, a diferencia de lo que se ilustra en la cadena de acciones o actividades mentales, en este caso, la figura no está especialmente separada del fondo. Aquí el círculo que denota figura está dentro del fondo, está "contenida" dentro del segundo elemento. Dicho de otra manera, la relación sintáctica de los componentes de oraciones como *Susana vive en Munich* es más bien la de "estar dentro" en vez de un esquema de "dinámico", lo cual es más típico para cadenas de acciones y actividades mentales.

En resumen, el sujeto prototípico es el agente de una cláusula transitiva; otros sujetos pueden ser su variante de algún modo. Los análisis de este apartado son otra manera de ver la definición del concepto de "sujeto" y su relación con los papeles temáticos desde el punto de vista cognitivo. Y consideramos que funciona tanto para el español como para el chino. Otra vez, podemos observar que no existe una correspondencia fija entre sujeto y algún papel temático: los elementos pueden aparecer en diferentes posiciones sintácticas de una oración, sus funciones sintácticas pueden ser cambiadas, pero siempre mantienen su papel temático. Por lo tanto, la posición sintáctica del sujeto puede corresponder a varios papeles temáticos como agente, instrumento, paciente, experimentante y tema. Como resumen del análisis, el sujeto semántico puede ser definido como lo sigue:

1) Realización del papel arquetípico de agente (sujeto agente en cláusulas transitivas)
2) El primer elemento de una cadena de acciones, el origen del flujo de energía de las acciones (instrumento o paciente en cláusulas intransitivas como sujeto)
3) Participante activo de las actividades (experimentante como sujeto de actividades mentales)
4) Figura sintáctica (tema, elemento prominente del escenario)

Sin embargo, dependiendo del predicado que esté en las oraciones, podríamos tener a veces el fondo como figura, o al revés. Tomando como ejemplo la famosa imagen de la lingüística cognitiva (48), podríamos decir que hay predicados que toman la copa grande (la parte blanca) como figura, hay predicados que toman la parte de dos perfiles humanas (la parte negra) como figura. Incluso, podría ser que un mismo predicado pueda tomar diferentes estructuras, la parte blanca o la parte negra como figura y la otra parte como el escenario.

(48)

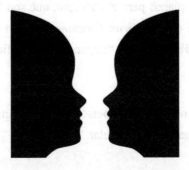

Es cierto que el papel semántico de un elemento es decidido por la semántica inherente del verbo así como la estructura de la oración, no consideramos que la definición de sujeto semántico deba ser restringida por ello (sobre todo la posición sintáctica), merece una definición exclusivamente semántica, bien diferenciada al concepto de sujeto sintáctico. Y podemos decir que estos análisis son aplicables tanto para el español como para el chino, ya que existe bastante diferencia en cuanto a la forma sintáctica, pero en el fondo, los conceptos cognitivos y semánticos son fundamentales y compartidos por ambos idiomas.

1.6 ¿Qué es una oración impersonal?

En los apartados anteriores de este capítulo, hemos visto el concepto de sujeto desde el punto de vista sintáctico, informativo y semántico. En esta parte, vamos a ver el concepto de impersonalidad, las propiedades de las oraciones impersonales, así como su clasificación, tanto en español como en chino. Se considera que en estas oraciones no hay sujeto, porque a diferencia de los casos de omisión del sujeto, el sujeto de estas oraciones es imposible o difícil de recuperar. Pero al igual que el concepto del sujeto, el conceptode la impersonalidad también se deber analizar desde diferentes niveles: sintáctico, semántico, etc.

1.6.1 En español

A lo largo de los apartados anteriores, hemos visto el concepto de sujeto en español y en chino. El concepto de "impersonalidad" se ve estrechamente vinculado con el concepto de sujeto. Sobre el sujeto, podemos decir que tiene tres planos gramaticales, que son el plano sintáctico, el plano semántico y el plano informativo. La definición de sujeto la hacemos analizando los sujetos más típicos, es decir, no exigimos que todos los sujetos cumplan todos los requisitos de estos tres niveles. Entonces, a la hora de analizar la impersonalidad, es natural pensar que también hay tres planos para el concepto, que son los sintácticos, semánticos y informativos. Según DRAE (2014), *Gran Diccionario de la Lengua Española* (2016), y *Diccionario Enciclopédico Vox 1* (2009), "impersonal" significa:

DRAE (2014):
1. adj. Que no tiene o no manifiesta personalidad u originalidad.
2. Que no se aplica a nadie en particular.

3. GRAMÁTICA Dicho de una oración: que carece de sujeto, sea expreso o tácito. En muchas oraciones impersonales se describen fenómenos atmosféricos.

Gran Diccionario de la Lengua Española (2016):

1. adj. Que no tiene personalidad propia o es poco original: Me hizo unos comentarios muy impersonales. ≠personal, original

2. Que no se refiere a nadie en concreto: No me dio nombres sino que habló de forma impersonal.

3. *GRAMÁTICA* Se aplica al verbo que solo se usa en infinitivo y en la tercera persona del singular, como lo que se trata de fenómenos atmosféricos.

4. *GRAMÁTICA* Se refiere a la oración en la que no se determina el sujeto que realiza la acción: Se come bien aquí.

5. *RETÓRICA* Se aplica al tratamiento de respeto en el que se usa la tercera persona para referirse a la persona con la que se habla.

Diccionario Enciclopédico Vox 1 (2009):

1. adj. Que no tiene o no manifiesta personalidad.

2. Que no se aplica a nadie en particular.

3. Díc. del tratamiento que se da a alguien en tercera persona.

4. *GRAMÁTICA* Díc. de la oración en que se omite el sujeto gramatical o el agente de la acción verbal.

5. Díc. del verbo del que solo se usan las formas singulares de tercera persona por lo que también recibe el nombre de unipersonal.

Comparando las definiciones, aparte del significado elemental de ser lo contrario de "personal", "impersonal" significa que no se aplica o no se refiere a nadie en concreto, lo que implica que la referencia puede ser genérica o inespecífica. Gramaticalmente, puede significar la carencia de la característica de persona, por ejemplo, los infinitivos y los verbos meteorológicos que solo tienen forma de 3ª persona singular. Además, en la gramática, hace referencia a las oraciones que no tienen sujeto/agente realizado fonéticamente y a las oraciones en las que no se determina el sujeto que realiza la acción. Retóricamente, es un tratamiento impersonal, según *DRAE* (2014), "un tratamiento que se da a alguien en tercera persona, eludiendo el de *merced, señoría,* etc."

Las oraciones impersonales son las oraciones que no tienen sujeto sintáctico o sujeto semántico. Es comúnmente reconocido que las oraciones impersonales más típicas son las que contienen verbos meteorológicos como *llover, nevar, relampaguear,* etc., verbos gramaticalizados como de *haber, hacer, ser, estar, haber que, tratarse, bastar, sobrar,* etc. Solo tienen la forma de la 3ª persona del singular, por lo tanto, también se llaman "verbos unipersonales". Estas oraciones no necesitan sujeto desde el punto de vista tanto sintáctico como semántico y la conjugación de la 3ª persona del singular es puramente formal.

Por otro lado, en español hay unas estructuras típicas impersonales, que son estructuras de *se* más verbo en 3ª persona del singular y estructuras de 3ª persona del plural. La diferencia entre estos dos tipos de oraciones consiste en que en las oraciones del segundo tipo, los verbos son activos, es decir, diferentes al primer tipo, semánticamente se requiere un sujeto; sin embargo, sintácticamente no es permisible la aparición de ningún sujeto. Este sujeto existente pero no visible tiene un significado incompleto, pues es "genérico" o "inespecífico/ existencial". Cuando el sujeto se interpreta como "inespecífico/ existencial", puede que el sujeto no se conozca, o sea innecesario mencionarlo, o se desee ocultarlo.

Ahora bien, hemos encontrado casos impersonales en oraciones copulativas (con *ser/ estar* unipersonales etc.) y en oraciones activas (estructuras de *se* más verbo en 3ª persona del singular y estructuras de verbos en 3ª persona del plural, etc.). ¿Las oraciones pasivas son impersonales? Según nuestra referencia, no están incluidas las oraciones pasivas perifrásticas en Fernández Soriano y Táboas Baylín (1999) y en Mendikoetxea (1999), tampoco hay análisis impersonales sobre oraciones pasivas con *se*. RAE-ASALE (2011) también considera que las oraciones pasivas y las oraciones impersonales son dos tipos de oraciones y no se mezcla el análisis de impersonal y pasiva en la obra. No obstante, en Gómez Torrego (1998) están incluidas las oraciones pasivas reflejas y las oraciones segundas de pasiva. Porque según el autor, estas oraciones son "impersonales exclusivamente semánticas", en el sentido de que aunque tienen sujetos sintácticos, no llevan agente, que es el prototipo de sujeto semántico.

Según nuestra opinión, estamos de acuerdo con Gómez Torrego (1998), porque a) desde el punto de vista sintáctico formal, aunque las oraciones como *Los ladrones fueron detenidos* y *Se entregaron los deberes a última hora* llevan sujetos formales, que son los elementos con los que los verbos mantienen concordancia *los ladrones* y *los deberes*, sin embargo, según nuestro análisis del 1.3, en realidad se generan en posición de objeto profundo, en lugar de sujeto. Coteja el caso nominativo porque la morfología de participio pasivo o el clítico *se* absorbe el caso acusativo y el papel temático de agente. Entonces, para satisfacer el filtro de caso, el argumento interno tiene que ser asignado con caso nominativo y funcionar como sujeto.

En segundo lugar, el sujeto de las oraciones pasivas es tema/paciente y recibe una acción. Por lo tanto, b) desde el punto de vista cognitivo, como hemos visto en 1.5, las acciones son como unas cadenas, a través de las que pasa la energía, con el denominado "flujo de energía". En *Se entregaron los deberes a última hora* significa que "[los estudiantes/ los niños que no querían estudiar/ algunos/ ...] entregaron los deberes", "[los estudiantes/ los niños que no querían estudiar/ algunos/ ...]" es el origen de la energía de la acción de entregar y pasa por algún posible instrumento (manos, por ejemplo) y llega a la cola de la cadena, *los deberes*, donde termina el flujo de energía. Entonces, diríamos que en estas oraciones, los "temas/ pacientes" pueden ser sujeto, porque son el elemento más prominente y el único elemento sintácticamente figurado en la oración, es decir representado en la cadena de acciones. Aún así, el origen del flujo de energía es imprescindible en la comprensión de la acción, por estar omitido el elemento de "agentividad", es lógico considerar la oración como impersonal.

Finalmente, puede producirse la inadecuación entre el significado gramatical y la referencia. Se considera oraciones impersonales como *En esta vida, si uno no espabila, lo pasa mal, Realmente puedes contar los amigos de verdad con los dedos de una mano, En España, [somos/sois/son] muy hospitalarios*, etc., que tienen *uno, tú, [nosotros/vosotros/ ellos]* como sujeto sintáctico, pero semánticamente son genéricas, es decir, tienen un sujeto generalizado. Por otro lado, al contrario de generalización, se considera también oraciones impersonales las siguientes como *¿Qué tal estamos?, ¿Qué tal? Pues vamos tirando..., Lo que queremos demostrar en este trabajo...* donde la 1ª persona plural en realidad significa respectivamente *tú/usted, yo* y *yo*.

Resumiendo, hemos agrupado en el concepto de oraciones impersonales las oraciones de 1) los verbos unipersonales, que son los verbos de fenómenos naturales, de tiempo, etc., así como los verbos gramaticalizados de los que solo se usa la forma de 3ª persona del singular; 2) las oraciones con estructura "se+ 3ª persona del singular" y "3ª persona del plural"; 3) las oraciones pasivas; 4) las oraciones de sujeto con inadecuación entre el significado gramatical y la referencia.

1.6.2 En chino

Hemos visto ya la impersonalidad de español, ¿cómo es la impersonalidad del chino? Como hemos analizado en los apartados anteriores, el concepto de sujeto en chino es aún más complicado que en español. Sin embargo, en chino es bastante común agrupar las oraciones simples en " 主谓句 , oraciones de sujeto-predicado" y " 非主谓 句 , oraciones no sujeto-predicado": las segundas son las oraciones en las que no se puede diferenciar el sujeto en ellas mismas. Bajo estas dos categorías, hay subcategorías que se hacen según el predicado (predicado verbal, predicado nominal, predicado adjetival, etc.). Generalmente, a pesar de las discrepancias existentes en aspectos muy concretos, la clasificación de las oraciones en chino es bastante unánime, aunque también hay lingüistas que hacen la clasificación según diferentes criterios, como Tsao (2005) (según tópico) y Shen (1988) (según la función de las oraciones).

Por ejemplo, Tsao (2005: 53) clasifica las oraciones según el "tópico". Las oraciones simples son las oraciones que solo tienen una suboración en "la cadena de tópico". Por ejemplo 鸟 飞走了 *(El pájaro se ha ido volando)*, 那本书 我 看完了 *(Este libro, ya lo he terminado)*, donde el tópico de la primera oración también es sujeto gramatical, mientras que en la segunda "este libro" es tópico y "yo" es sujeto. Cuando hay más de una suboración en la cadena, se la considera compuesta, por ejemplo, 那本书 *i* 我 看 完了，Ø*i* 你想看，Ø*i* 你就拿去 *(Este libro₍ᵢ₎ ya lo he terminado, si lo₍ᵢ₎ quieres leer tú, quédate con él₍ᵢ₎)*. Las oraciones simples se pueden clasificar en 1) oraciones que denotan estado, posesión, existencia, sentimiento, actividad psicológica, 2) oraciones que denotan acciones agentivas y 3) oraciones pasivas.

Reflexionando sobre este tipo de clasificación, nos damos cuenta de que en realidad es una clasificación que está basada en la modalidad oracional y la relación copulativa/ predicativa. En estas oraciones coinciden el sujeto y el tópico (Tsao, 2005: 93). Entonces para las oraciones simples agrupadas por "criterio de tópico", no tiene mucho sentido enfatizar que la clasificación se hace según un nuevo criterio de tópico. En realidad, esta forma de clasificación es solo una clasificación de las 主谓句 (oraciones de sujeto-predicado), excluyendo las " 非主谓句 (oraciones no sujeto-predicado)" y, por lo tanto, " 无主句 (oraciones sin sujeto)", no son tratadas como oraciones que denotan fenómenos naturales, ni oraciones típicas de sujeto genérico.

Entonces, de momento, nos conformamos con la clasificación comúnmente aceptada, dejando de lado la discrepancia sobre sujeto y tópico en chino. De manera resumida, basándonos en la clasificación de Huang y Liao (2007), Liu, Gu y Pan (2004), Fan (2009), la clasificación de las oraciones simples en chino se puede hacer de la siguiente manera: primero vamos a ver las " 主谓句 (oraciones sujeto-predicado)" (49).

(49) 主谓句 Oraciones Sujeto-predicado
Predicados verbales

续表

1. Oraciones con verbos intr.	tā men yóu yǒng　wǒ men　diào yú 他们 游泳，我们　钓鱼。 ellos nadar nosotros pescar Ellos nadan y nosotros pecamos.
2. Oraciones con verbos tr.+CD	wǒ　mǎi　le　liǎng běn　shū 我 买 了 两 本 书。 yo comprar asp. dos clasi. libro Yo he comprado dos libros.
3. Oraciones con verbos tran.+ CD + CI	zhāng　lǎo shī　jiāo　wǒ men　hàn yǔ 张 老师 教 我们 汉语。 Zhang profesor enseñar nosotros chino El profesor Zhang nos enseña chino.
4. Oraciones de carácter 是 shì	biàn huà　shì　bì rán de 变化 是 必然的。 cambiar ser inevitable Cambiar es inevitable. hòu mian　shì yī　gè　zú qiú chǎng 后面 是 一 个　足球场。 detrás ser uno clasi. campo de fútbol Detrás hay un campo de fútbol.
5. Oraciones de carácter 有 yǒu	wū　lǐ　yǒu　rén 屋 里 有 人。 habitación dentro haber/tener gente Hay gente en la habitación. zhè ge　rén　hěn　yǒu　qián tú 这个 人 很 有 前途。 este persona mucho tener futuro Esta persona va a tener mucho futuro.
6. Oraciones de carácter 把 bǎ	zuó tiān tā　bǎ　zì xíng chē　diū　le 昨天他 把 自行车 丢 了。 ayer él bǎ bicicleta perder asp. Ayer perdió su bicicleta. wǒ yǐ jīng bǎ　zhè　gè　xiāo xi　gào su　tóng xué men　le 我 已经把 这 个 消息 告诉 同学们 了。 yo ya bǎ esta clasi. noticia decir compañeros asp. Ya les he dicho esta noticia a mis compañeros.
7. Oraciones de carácter 被 bèi	dí rén　bèi　gǎn zǒu　le 敌人 被 赶走 了。 enemigos bèi expulsar asp. Los enemigos fueron expulsados. tā　zhú jiàn　bèi　rén　wàng jì　le 他 逐渐 被 人 忘记 了。 él gradualmente bèi gente olvidar asp. Fue olvidado por la gente poco a poco.

8. Oraciones con verbos en serie	wǒ qù wèn 我 去 问。 yo ir preguntar Yo voy a preguntar.	
	zhōngguó rén yòng kuài zǐ chī fàn 中国人用 筷子 吃 饭。 chinos usar palillos comer comida Los chinos comen usando palillos.	
9. Oraciones pivotales	dà jiā qǐng tā tiào wǔ 大家 请 她 跳舞。 todos invitar ella bailar Todos la invitan a bailar.	
	wǒ men rèn wéi tā hěn fù zé 我们 认为 他 很 负责。 nosotros considerar él muy responsable Nosotros lo consideramos muy responsable.	
10. Oraciones de existencia y aparición	qiáng shàng guà zhe yǐ zhǐ zhōng 墙 上 挂 着 一 只 钟。 pared en colgar asp. uno clasi. reloj Hay un reloj colgando en la pared. qiánmian zǒu zhe yí gè rén 前面 走 着 一 个 人。 delante andar asp. uno clasi. persona Hay una persona andando delante.	
Predicados adjetivales		
	wǒ men de xiàoyuán hěn dà 我们的 校园 很 大。 nuestro campus muy grande Nuestro campus es muy grande.	
Predicados nominales		
	jīn tiān xīng qī èr míngtiān zhōng qiū jié 今天 星期二, 明天 中秋节。 hoy martes, mañana fiesta de medio otoño Hoy es martes y mañana será la fiesta de la luna.	

Aquí queríamos aclarar nuestra razón de omitir la discrepancia entre sujeto y tópico a la hora de hacer la clasificación de oraciones. La diferenciación más compleja entre sujeto y tópico es el caso de las oraciones con dos nombres antes del predicado. Anteriormente se han denominado estas oraciones "oraciones con predicado de sujeto-predicado", bajo la categoría de "oraciones sujeto-predicado". Como por ejemplo 这本书, 我看完了 (Este libro, yo lo he terminado), 看完了 (terminar en leer) se considera predicado y 这本书 (este libro) se considera a veces como sujeto. No hemos incluido este tipo de oraciones en nuestra clasificación, porque según Fan (2009) y su clasificación de oraciones basada en la estructura verbal, es mejor considerar estas oraciones variantes de oraciones de verbos transitivos, en las que los objetos directos se adelantan funcionando como tópico de la oración a nivel infomativo. Además, para detectar la función sintáctica de un elemento, y saber si la estructura es de orden natural y no marcado, como hemos analizado en 1.4, hay métodos sintácticos y criterios como si "la estructura puede entrar en una oración subordinada" así como otros. Salvo en este tipo de oraciones y las oraciones con locativos/tiempo en posición inicial, creemos que ya no existen muchos problemas en cuanto a la diferenciación de sujeto y tópico.

En cuanto a las oraciones no sujeto-predicado, las clasificamos como se observa en la tabla (50) que sintetiza a Liu, Gu y Pan (2004) y Li L. D. (1985), Chen (1986), Qi (2005). Se observa de la tabla que ninguna de las oraciones lleva sujeto gramatical. Sin embargo, es algo forzado hablar de tener sujeto o no si solo hay una palabra o un solo sintagma en la oración, como en muchos casos de los ejemplos. Es decir, en chino y en español, la definición de oración no es la misma. Se considera que 好大的胆子! / 多漂亮的孩子! (¡Qué osadía!/ ¡Qué niño más precioso!) 好 / 行 / 对 (Bien/ Vale/ Correcto), 好极了! / 好险啊! (¡Fantástico!/¡Qué peligroso!) son oraciones, porque "estas oraciones también pueden transmitir significado completo, e independiente del contexto" (Liu, Gu y Pan, 2004).

(50)	Oraciones no Sujeto-predicado
Verbales	下 雨 了。/刮 风 了。 caer lluvia asp./ soplar viento asp. Llueve./ Hace viento.
	禁止 吸烟。 prohibir fumar Se prohíbe fumar. 活 到 老，学 到 老。 vivir hasta viejo estudiar hasta viejo Uno debería aprender por toda la vida.
	起床 了! /开会 了! levantarse asp./ Reunirse asp. Es hora de levantarse./ Es hora de reunirse. 开 饭 了!/ 着 火 了! empezar comida asp./ encender fuego asp. La comida está preparada./ ¡Fuego! (Ocurre un incendio.)

Adjetivales	^{sù}肃 ^{jìng}静! serio silencioso ¡Silencio!
	^{hǎo}好 ^{jí}极 ^{le}了! / ^{hǎo}好 ^{xiǎn}险 ^ā啊! bueno extremo asp. / muy peligroso interj. ¡Fantástico!/¡Qué peligroso!
Nominales	^{huǒ}火! / ^{lǎo}老 ^{wáng}王! fuego/ Lao Wang ¡Fuego! (Hay un incendio.)/ ¡Lao Wang!
	^{hǎo}好 ^{dà de dǎn zi}大的胆子! / ^{duō piāoliàng de hái zi}多漂亮的孩子! muy grande osadía/ muy bonito niño ¡Qué osadía!/ ¡Qué niño más precioso!"
Otros	^{hǎo}好。/ ^{xíng}行。/ ^{duì}对。 bien/ vale/ correcto Bien./ Vale./ Correcto.
	^{qǐng}请。 / ^{láo jià}劳驾。 por favor/ disculpa Por favor./ Perdone, perdón, por favor.

Podemos decir que en esta clasificación, el criterio y el énfasis es que no se puede deducir un sujeto de las oraciones, bien porque en realidad no tienen sujeto, como las oraciones de no sujeto-predicado de predicados verbales, o bien porque solo hay un sintagma en la oración y sin poder sacar una relación con el resto de los elementos, es difícil decir qué función tiene. Por lo tanto, todas estas oraciones de la tabla anterior se denominan oraciones no sujeto-predicado, en vez de oraciones sin sujeto u oraciones impersonales. En nuestro trabajo, no nos interesan las oraciones que solo contienen un elemento, porque mantenemos la duda sobre la definición y la explicación que abarcan las oraciones estas como "oraciones", sobre todo cuando este único elemento sea adjetival o nominal. 1) Si el sintagma es adjetival, en la mayoría de los casos existe la posible omisión de un elemento nominal sujeto, como 好极了! /好险啊! *(¡Fantástico!/¡Qué peligroso!)*; 2) Si el sintagma en sí es nominal, también existe una posible omisión de elemento nominal sujeto cuando este elemento explícito funciona como predicado nominal, como en 好大的胆子! /多漂亮的孩子! *(¡Qué osadía!/ ¡Qué niño más precioso!)*, o en otros casos, este elemento explícito es simplemente para llamar la atención como en 火! /老 王! *(¡Fuego! / ¡Lao Wang!)*, 3) En el resto de los casos como 好 / 行 / 对 (Bien/ Vale/ Correcto), así como los otros, consideramos que es mejor tomar estos ejemplos como interjecciones en vez de oraciones.

Ya hemos visto la diferencia entre oraciones no sujeto-predicado y oraciones sin sujeto. Ahora bien, vamos a centrarnos en 无主句 (oraciones sin sujeto). Parecido al análisis que hemos hecho anteriormente, Chen (1986) hace una subclasificación de oraciones no sujeto-predicado de " 主语不说出来的句子 (oraciones con sujetos implícitos)" que hacen referencia a las oraciones con sujetos omitidos y las oraciones imperativas; y " 主语说不出来的句子 (oraciones con sujeto imposible de decir)", por ejemplo oraciones que denotan fenómenos naturales y oraciones con referencia genérica como eslóganes, refranes, etc. Las últimas, " 主语说不出来的句子 (oraciones con sujeto imposible de decir)", las consideramos igual que las " 无主句 (oraciones sin sujeto)" y se percibe que abarcan las oraciones con verbos imposibles de tener sujeto por la naturaleza del mismo verbo y las oraciones con sujeto de referencia indeterminada y, por lo tanto, también con sujetos imposibles de determinar. Según Liu, Gu y Pan (2004), Li L. D. (1985), Chen (1986), Qi (2005), en principio, se extraen las oraciones sin sujeto según criterios sintácticos, es decir, en las oraciones sin sujetos no hay sujeto gramatical fonéticamente realizado en estas oraciones. A continuación vamos a ver la clasificación que hacen estos autores (51).

(51)	Oraciones sin sujeto
Con verbos que no tienen posibilidad/ necesidad de llevar sujeto	Verbos del tipo de " 是 ser", " 有 haber", " 亏 gracias a.../ fantástico que...(ironía)", " 轮 tocar...", " 多 sobrar", " 缺 faltar" y otros.
	是我没说清楚，不是你没听清楚。 ser yo no decir claro no ser tú no escuchar claro Es que no lo he dicho bien, no es que no escuches bien. 亏　你提醒我，我才　　想起来。 gracias a ti recordar yo yo adv.(tarde) acordarse auxi. Gracias a que me lo has recordado, si no, no me lo habría acordado.
	Verbos que denotan fenómenos naturales.
	下雨了。/ 刮风了。 caer lluvia asp./ soplar viento asp. Llueve./ Hace viento.

	En eslóganes y refranes.
	_{jìn zhǐ xī yān} 禁止 吸烟。 prohibir fumar Se prohíbe fumar. _{huó dào lǎo xué dào lǎo} 活 到 老, 学 到 老。 vivir hasta viejo estudiar hasta viejo Uno debería aprender por toda la vida.
	Para ocasiones cotidianas o casos imprevistos.
Con sujetos genéricos/ indeterminados	_{qǐ chuáng le shàng kè le} 起 床 了! / 上 课 了! levantarse asp./ empezar clase asp. Es hora de levantarse./ Es hora de clase. _{lòu shuǐ le zháo huǒ le} 漏 水 了! / 着 火 了! fugar agua asp. / encender fuego asp. ¡Hay fuga de agua!/ ¡Fuego! (Hay un incendio.)
	Otros casos.
	_{zhǐ zhī dào zhè piàn shù lín wàng bù dào biān} 只 知道 这 片 树林 望不 到 边, solo saber este clasi. bosque ver no llegar límite _{què bù zhī dào shì sōngshù hái shì bǎi shù} 却 不知道 是 松树 还是 柏树。 pero no saber ser pino o ser ciprés Solo se sabe que la vista no llega al límite del bosque, pero no se sabe si son pinos o cipreses. _{yù jiàn nà yàng de shè huì} 遇见 那 样 的 社会, encontrar aquello tipo auxi. sociedad _{jiù yǒu nà yàng de shì qíng} 就 有 那 样的 事情。 entonces haber/tener aquello tipo auxi. asunto Si uno se encuentra en una sociedad así, entonces le pasarán este tipo de cosas.

Sin embargo, con solo estas oraciones, no consideramos que ya esté completo nuestro ámbito de estudio de "无人称句 (oraciones impersonales)". En realidad, en la gramática del chino, apenas se habla del concepto de "impersonalidad" y solo se habla de "无主句 (oraciones sin sujeto)". En *Sintaxis del español* de Dong (1999), cuando analiza las oraciones impersonales en español, Dong hace unas comparaciones entre las oraciones impersonales en español con las construcciones de correspondencia en chino. Por ejemplo respecto al uso del pronombre indeterminado *uno*, en chino también existe la interpretación de "uno (一个人 una persona, 有人 hay quien)" de referencia genérica o de referencia a sí mismo/misma, con cierto sentido pragmático o estilístico. Paralelamente, el uso de la 2ª persona del singular también se puede usar en chino con referencia genérica, o con referencia a sí mismo/a. Así como otros casos como el uso de nosotros y los nombres colectivos. Es decir, las oraciones impersonales del español de este tipo tienen correspondencias casi totalmente congruentes en chino. Entonces creemos apropiado considerar las oraciones con sujeto con inadecuación entre el significado gramatical y la referencia.

En cuanto a las oraciones pasivas, en chino tenemos las oraciones con marcador de pasividad " 被 ", que según el análisis generativo debería ser un verbo, en vez de una preposición como el *por* en español o *by* en inglés. Las estructuras básicas son "SN$_1$+ 被 +SN$_2$ +V" o "SN$_1$(+ 被)+V" y se denominan respectivamente oración pasiva larga y oración pasiva corta. En las pasivas largas figura el agente (SN$_2$) de la acción, mientras que en las pasivas cortas solo aparece el elemento que sufre de la acción (SN$_1$). Sin embargo, está comúnmente aceptado que estas dos estructuras no tienen relación de derivación, aunque estructuralmente parece que la pasiva corta sea resultado de la omisión del elemento agente de la pasiva larga, en realidad no está relacionada con estas dos estructuras según datos históricos y otras pruebas gramaticales. Sin duda alguna, estas oraciones tienen sujetos gramaticales, pero desde el punto de vista semántico, si podemos considerar las oraciones pasivas como oraciones impersonales cuando no aparezca el complemento agente, ¿porqué no abarcamos también las oraciones de correspondencia en chino en este ámbito? Disponemos de las razones siguientes para hacerlo.

Primero, según Ting (1995, 1998), el sujeto gramatical de las oraciones pasivas cortas viene del objeto profundo del predicado, porque tiene que moverse a la posición de especificador del sintagma flexivo. Según Tang (2004), la estructura de pasiva es un proceso de ergativilización, que consiste en que el marcador " 被 " absorbe el caso acusativo del argumento interno del verbo y la estructura transitiva "[...V$_{tr.}$...]" se convierte en una estructura intransitiva " 被 [...V$_{intr.}$...]", entonces, de forma similar a lo que ocurre en las oraciones pasivas en español, por necesidad de cotejar un caso, el objeto profundo tiene que moverse de su lugar original y pasa al lugar del especificador del SF para tener el caso nominativo. Mientras tanto, en el proceso de ergativilización, la posición de especificador del SF pierde el papel temático de agente y este papel temático una vez perdido, no se recupera en la misma estructura. Por este motivo pensamos que es apropiado considerar esta estructura de "SN$_1$(+ 被)+V" impersonal.

Segundo, desde el punto de vista cognitivo, al igual que las pasivas en español, los verbos de estas oraciones son transitivos originalmente, lo que implica un agente que realiza una acción y un paciente que sufre la acción. Y este proceso es una cadena de energía, que pasa el flujo de energía desde la fuente hasta el final donde se absorbe toda esta energía. Entonces, en este modelo cognitivo que denota acciones y el primer elemento que aparezca en la realización sintáctica se considera sujeto gramatical de la oración. Sin embargo, cuando solo aparece la "cola" de la cadena de acción, podemos decir que este elemento (tema o paciente) puede ser sujeto, porque es el elemento más prominente y es el único elemento sintácticamente figurado en la oración, representando la cadena de acciones, pero el origen del flujo de energía es imprescindible en la comprensión de la acción. Al estar omitido el elemento de "agentividad", es lógico considerar la oración como impersonal.

Resumiendo esta parte, basándonos en el concepto de "impersonalidad" en español, hemos analizado los posibles tipos de oraciones impersonales en chino, que son los siguientes: 1) los verbos meteorológicos y los demás verbos que nunca llevan sujeto; 2) oraciones con sujeto de semántica genérica, como en los eslóganes y refranes, así como los otros casos; 3) oraciones pasivas cortas donde no aparecen los agentes; 4) oraciones con sujeto con inadecuación entre el significado gramatical y la referencia.

(52) Oraciones impersonales

	Sujeto	Agente
1. Verbos de fenómenos naturales y resto de verbos	No	No, además, sin referencia semántica
2. Se + 3ª persona del singular/ 3ª persona del plural, en chino tipo de refranes	No	No, pero con referencia semántica genérica o indefinida
3. Oraciones pasivas con se u oraciones segundas de pasiva, en chino oraciones pasivas cortas	Sí	No, pero con referencia semántica indefinida
4. Inadecuación de referencia léxica y semántica de los pronombres	Sí	Sí, pero con referencia diferente a la referencia léxica

Consideramos que hasta aquí podemos decir que la clave para entender la impersonalidad consiste en "la carencia de alguna propiedad del sujeto", como dice Fernández Soriano y Táboas Baylín (1999) y observamos que todas las oraciones que hasta aquí hemos analizado son oraciones SIN AGENTE, o sin ningún elemento que tenga agentividad por la naturaleza, en el sentido de que el agente no puede tener o simplemente no tiene realización fonética en la sintaxis (con o sin referencia semántica) o se realiza en la oración pero con un cierto significado pragmático (de genericidad, encubrimiento, metonimia…), que no es el mismo que su significado léxico.

En este apartado hemos revisado la definición de impersonalidad y las oraciones correspondientes en español y en chino. Sin embargo, no vamos a tratar con detalle todas las estructuras impersonales que hemos resumido. Concretamente, veremos más adelante dos tipos de oraciones impersonales: las de fenómenos naturales y las de existencia y aparición.

1.7 Recapitulación

En este capítulo, hemos visto y explicado unas cuestiones que consideramos importantes para los análisis posteriores. Concretamente, son cuestiones que tienen que ver con el concepto de sujeto, su definición desde diferentes niveles: sintáctico, semántico-cognitivo e informativo (1.2). Además, hemos visto respectivamente las características de sujeto desde los puntos de vista de estos tres niveles. Sintácticamente, hemos visto la cuestión de la categoría léxica del sujeto, su posible posición y su posible omisión (1.3). Informativamente, hemos visto la relación entre tema/ tópico y sujeto gramatical (1.4). Semántico-cognitivamente, hemos ilustrado que irrespectivamente de cómo se cambie la estructura de las frases, lo que no cambia es el papel temático de los mismos elementos y su posición en la "cadena de energía" (1.5). Finalmente, hemos visto la clasificación y análisis de un tipo de oración estrechamente vinculado con el concepto de sujeto, que son las "oraciones impersonales". Además, a lo largo de este capítulo, hemos hecho una comparación entre el español y el chino. A continuación, vamos a ver dos subtipos de estas oraciones, las de fenómenos naturales y las de existencia y (des)aparición. Porque aunque estas oraciones no tienen ni sujeto nominativo ni sujeto agente, nos interesa comprobar si podrían tener un tipo de sujeto menos convencional, un sujeto locativo o temporal.

CAPÍTULO 2

LOS PREDICADOS DE FENÓMENOS NATURALES

2.1 Introducción

En esta parte vamos a tratar los predicados de fenómenos naturales, tanto en español como en chino. En español, las oraciones con predicados de fenómenos naturales suelen ser analizados como impersonales; en chino, en muchos casos, se analizan como "oraciones sin sujeto". En principio, nuestra idea general es proponer un análisis a favor de que estas "oraciones sintácticamente impersonales", en realidad, no son impersonales. Además, a diferencia del análisis de la gramática tradicional, según el cual se trata de verbos de valencia cero, queríamos indicar que estos predicados tendrían dos valencias: por un lado, un locativo/ temporal, que se porta en muchos casos como los sujetos convencionales y que puede aparecer en la posición de argumento externo; por otro lado, un argumento interno parecido al argumento de los verbos inacusativos, que se genera en posición de objeto directo pero su comportamiento es diferente al de los objetos directos convencionales.

En síntesis, nuestra propuesta consiste en que, a pesar de todas las diferencias que haya, tanto en español como en chino se puede considerar que las oraciones consideradas impersonales o sin sujeto son, en realidad, oraciones con sujeto y este sujeto sería un sujeto locativo/ temporal (con caso oblicuo) y, además, también tendría un argumento interno (sin caso acusativo).

La organización de este capítulo es la siguiente: en la parte de 2.2, vamos a ver los predicados de fenómenos naturales en español y en la parte de 2.3, los predicados correspondientes en chino. En cada parte, seguimos una organización de 1) estructuras básicas (2.2.1, 2.3.1); 2) análisis gramaticales (2.2.2, 2.3.2) y 3) nuestras propuestas (2.2.3, 2.3.3).

En los apartados de estructuras básicas (2.2.1 y 2.3.1), expondremos primero una revisión bibliográfica, y resumiremos respectivamente las construcciones de español y de chino de nuestra investigación. En los apartados de análisis gramaticales (2.2.2 y 2.3.2), veremos cuestiones que tienen estrecha vinculación con nuestro estudio, por ejemplo: la cuestión de sujeto, los análisis existentes sobre locativos, el análisis sobre la parte posverbal de los predicados, etc.

En los apartados de nuestras propuestas (2.2.3 y 2.3.3), primero, respectivamente, vamos a ver los criterios para clasificar los predicados de fenómenos naturales. En concreto, vamos a clasificar a los predicados de fenómenos naturales de español en cuatro grupos: predicados simples denominales, predicados simples deadjetivales, predicados complejos con verbos ligeros y predicados complejos con verbos copulativos; y los predicados de chino en tres grupos: predicados verbales, predicados adjetivales y predicados nominales. Seguidamente, formularemos nuestras propuestas sobre las estructuras generativas. Además, a lo largo de la parte de chino (2.3), haremos una comparación entre los diferentes fenómenos correspondientes entre el español y el chino.

A continuación, vamos a empezar con los predicados de fenómenos naturales en español.

2.2 Predicados de fenómenos naturales en español

En este apartado vamos a analizar los predicados de fenómenos naturales en español. Primero, en 2.2.1 se describirán las propiedades básicas de los predicados de fenómenos naturales y su estructura. A continuación, en 2.2.2, se explicarán los análisis gramaticales que se han propuesto para responder a tres cuestiones centrales de estos predicados: a) cuál es el sujeto gramatical, b) qué tipo de predicado (transitivo, intransitivo o inacusativo) constituyen y c) qué función podrían tener los locativos y temporales en estas estructuras. En el apartado 2.2.3 se presenta una propuesta de análisis. Por último, en 2.2.4, se presenta un resumen de este apartado.

2.2.1 Estructuras básicas de predicados de fenómenos naturales en español

De acuerdo con Fernández Soriano y Táboas Baylín (1999), los predicados que denotan fenómenos naturales crean estructuras impersonales a las que no se puede atribuir un sujeto ni lógico ni gramatical. Se suelen dividir estos predicados generalmente en dos clases: simples y complejos.

Los predicados simples de fenómenos naturales son piezas léxicas intransitivas que llevan incluido en su significado un fenómeno concreto, como los ejemplificados en (1):

(1) a. Llueve mucho.

  b. Está {torneando/ escarchando/ lloviznando/ diluviando}.

  c. Está {amaneciendo/ anocheciendo/ alboreando/ oscureciendo}.

  d. Ya ha oscurecido/ ha amanecido/ ha anochecido.

Los predicados complejos de fenómenos naturales llevan verbos ligeros, o verbos de soporte, como los verbos transitivos *haber* y *hacer* (2), los verbos copulativos *ser* y *estar*, como en los ejemplos de (3), y algunos otros verbos pronominales que funcionan como copulativos o pseudocopulativos, como en los ejemplos de (4):

(2) a. Hay {sol/ viento/ lluvia/ diluvio/ niebla/ tormenta/ mucha nube}.

  b. Hace {sol/ viento/ mucho calor/ un día espléndido}.

  c. Hace 20 grados (de temperatura).

  d. Está haciendo unos calores terribles.

(3) a. Es {primavera/ viernes/ mediodía}.

  b. Es {tarde/ pronto/ caluroso}.

  c. Es {de día/ de noche}.

  d. Está {oscuro/ nublado/ soleado/ sereno/ ventoso/ despejado}.

  e. Parece {primavera/ tarde/ soleado/ de día/ de noche}.

(4) a. Se hace {tarde/ de noche}.

  b. Se puso {nublado/ soleado/ de noche}.

El cuadro siguiente resume las clases de predicados que expresan fenómenos naturales en español (5):

(5) Clases de predicados de fenómenos naturales en español
    1. Predicados simples
        · *llover, nevar, diluviar, granizar, lloviznar,...*
        · *tronar, relampaguear, aventear,...*
        · *amanecer, anochecer, atardecer, oscurecer, alborear,...*
    2. Predicados complejos
        2.1 Con *haber* y *hacer*, transitivos
            · *haber* + SN de fenómenos naturales
            · *hacer* + SN de fenómenos naturales/ de temperatura
        2.2 Con *ser* y *estar*, copulativos
            · *ser* + SN/ SA/ SP de fenómenos naturales
            · *estar* + SA de fenómenos naturales
            · *parecer* + SA/ SP de fenómenos naturales
        2.3 Con verbos pseudo-copulativos
            · *hacerse* + SA/ SP de fenómenos naturales
            · *ponerse* + SA/ SP de fenómenos naturales

A continuación se describen las principales propiedades de los cuatro grupos de predicados. Los predicados simples de fenómenos naturales (5.1) abarcan los verbos de precipitaciones como *llover* o *nevar*, y los verbos que indican fenómenos naturales cíclicos como *amanecer, anochecer* u *oscurecer.* Estos verbos se construyen siempre como impersonales, porque no tienen un sujeto expreso. Los predicados de fenómenos naturales complejos (5.2) se caracterizan por contener un nombre que denota algún elemento natural o meteorológico y un verbo de escaso contenido conceptual. Los tres tipos que se han distinguido se diferencian por tener distintos tipos de verbos: verbos ligeros, verbos copulativos y verbos pseudocopulativos.

Los verbos ligeros (también llamados verbos soporte, verbos de apoyo) son verbos parcialmente desemantizados y se usan con sustantivos que aportan el contenido léxico que caracteriza a la construcción (RAE-ASALE, 2009: 2653). Las construcciones con verbos ligeros son los grupos verbales semilexicalizados de naturaleza perifrástica, construidos por un verbo y un sustantivo abstracto que lo complementa. Los verbos que aparecen en estas construcciones reciben normalmente una interpretación abstracta relativa a la manifestación de la noción designada por el sustantivo (RAE-ASALE, 2009:

57). Hay dos verbos ligeros que se usan para crear predicados complejos de fenómenos naturales: *haber* y *hacer* (5.2.1). Ambos son verbos transitivos que llevan un SN como complemento y argumento interno; se diferencian en que *haber* tiene usos como auxiliar de perfecto pero no tiene en el español actual usos bi-argumentales, de manera que no toma sujeto y objeto. En cambio, *hacer* tiene usos personales en los que selecciona dos argumentos: un sujeto y un objeto.

Los predicados complejos de estructura copulativa toman los verbos *ser* y *estar* (5.2.2). Los verbos copulativos son los verbos *ser, estar* y *parecer*, porque sus propiedades consisten en ligar o vincular el predicado con el sujeto (RAE-ASALE, 2009: 2774). La diferencia entre *ser* y *estar* suele explicarse diciendo que: 1) semánticamente, se distinguen porque el verbo *ser* se combina con atributos que designan características permanentes de los sujetos, mientras que *estar* lo hace con atributos que indican propiedades transitorias y, por ello, accidentales (RAE-ASALE, 2009: 2811). Su distinción también tiene que ver con la propiedad caracterizadora o individual y la propiedad de estadio o episódicos (RAE-ASALE, 2010: 713). 2) En cuanto al uso con locativos, el verbo *ser* no se usa en la lengua común con el sentido de "existir", se construyen con *estar* los atributos de las oraciones en las que se especifica el lugar que ocupa alguien o algo (*El jefe está en la oficina*). Pero cuando el sujeto denota acciones o sucesos, los atributos locativos se combinan con el verbo *ser* (*La reunión no es aquí, La conferencia es en el auditorio*) (RAE-ASALE, 2010: 713). 3) Además, también, se distinguen en sus aspectos sintácticos y léxicos, ya que existen cambios en la significación del adjetivo cuando los adjetivos combinan con *ser* o con *estar*: *ser fresco* ("desvergonzado") ~ *estar fresco* ("recién cogido, hecho"); *ser listo* ("inteligente") ~ *estar listo* ("dispuesto", "preparado", "terminado"), etc. La selección de la cópula también depende de la naturaleza léxica del sujeto, la influencia de complementos de adjetivos calificativos o la aparición de complementos preposicionales, entre otros. En cuanto al verbo *parecer*, este presenta propiedades gramaticales que corresponden a tres clases sintácticas: la de los verbos copulativos (como *ser*), la de los auxiliares de perífrasis (como *poder*) y la de los verbos de juicio u opinión (como *creer*) (RAE-ASALE, 2010: 716).

Los verbos pseudocopulativos, también llamados verbos semicopulativos, son verbos que vinculan un sujeto con un atributo añadiendo algún contenido, generalmente aspectual o modal, a la predicación en la que actúan como nexos. Los verbos pseudocopulativos se diferencian de los copulativos en que admiten también usos como verbos plenos en los que seleccionan sus argumentos (*Luis se puso el sombrero en la cabeza*). En cambio, en los verbos copulativos es la expresión predicativa que ejerce de atributo la que selecciona los argumentos en la oración. Los verbos pseudocopulativos que dan lugar a predicados meteorológicos son *hacerse,* y *ponerse* (5.2.3).

Los verbos copulativos y los pseudocopulativos toman un atributo que designa un fenómeno natural. Generalmente, los mismos atributos pueden combinarse con copulativos y pseudocopulativos (*es de día, se hizo de día*). Para determinar el predicado que va con cada verbo es pertinente. En los ejemplos de abajo (6), ejemplificamos las posibles combinaciones de verbos (pseudo)copulativos y atributos.

(6) a. Ser {primavera/ viernes/ mediodía/ noche cerrada/ de día/ de noche/
  * la noche/ *el día/ tarde/ pronto/ caluroso/ oscuro/ nublado/ soleado/
  sereno/ ventoso/ despejado/ tormentoso}.

b. Estar {oscuro/ nublado/ soleado/ sereno/ ventoso/ despejado/ tormentoso}.

c. Parecer {primavera/ viernes/ mediodía/ *noche cerrada/ de día/
  de noche/ *la noche/ *el día/ tarde/ pronto/ caluroso oscuro/ nublado/
  soleado/ sereno/ ventoso/ despejado/ tormentoso}.

d. Hacerse {tarde/ de noche/ la noche/ el día/ *noche cerrada}.

e. Ponerse {caluroso/ oscuro/ nublado/ soleado/ sereno/ ventoso/ despejado/
  tormentoso/ nublado/ soleado/ de día/ de noche/ tarde}.

Según estos datos, no todos los atributos van con todos los verbos (pseudo) copulativos. Con el verbo *ser* se combinan atributos del tiempo (nominales, preposicionales o adjetivales: *primavera, mediodía, noche cerrada*; *de día, de noche; tarde, pronto,* etc.) y de la atmósfera (adjetivales: *caluroso, nublado, soleado,* etc.), que denotan propiedades individuales. Con *estar* se combinan solo atributos de la atmósfera (adjetivales: *caluroso, nublado, soleado,* etc.), porque pueden denotar estados de la atmósfera. Con *hacerse, la noche* y *el día* son el sujeto: *se hizo la noche,* pero la siguiente construcción es impersonal: *se hizo de día, de noche.* Esto se explica porque *la noche* y *el día* no pueden aparecer con otros verbos de arriba. Con *ponerse* los usos no son impersonales o no está claro si lo son o no: *(el cielo) se puso oscuro.* Estos dos verbos semicopulativos, *hacerse* y *ponerse,* denotan cambios pero *hacerse* tiende a usarse con atributos del tiempo (preposicionales y adjetivales: *de noche, tarde,* etc.), mientras que *ponerse* puede combinar con atributos del tiempo (preposicionales y adjetivales: *de noche, tarde,* etc.) y de la atmósfera (adjetivales: *caluroso, nublado, soleado,* etc.). El verbo *parecer*, como hemos mencionado, presenta propiedades gramaticales como los verbos copulativos (como *ser*), pero su combinación con atributos episódicos es menos frecuente (RAE-ASALE, 2010: 716).

De forma resumida, hasta ahora hemos visto tres estructuras básicas de predicados de fenómenos naturales: 1) predicados simples intransitivos, 2) predicados complejos con verbos ligeros transitivos y 3) predicados complejos con verbos (semi)copulativos. En casi todos los ejemplos de arriba los verbos son de tercera persona singular, que corresponden al requisito formal fundamental de oraciones impersonales. Sin embargo, algunos verbos arriba mencionados permiten sujetos léxico-sintácticos fonéticamente realizados, siempre que se trate de empleos metafóricos (7) o metonímicos (8) (Gómez Torrego, 1998: 29). Según RAE-ASALE (2009: 3062), el verbo *amanecer* puede emplearse con sujetos de persona y, a veces, de cosa, en el sentido de "aparecer o estar en un lugar, una condición o un estado al nacer la luz del día". Este uso, según Fernández Soriano y Táboas Baylín (1999: 1745–1746), es un fenómeno que aparece desde antiguo, aunque en menor medida, frecuentemente en primera persona y también en tercera persona. Cabe mencionar que este uso al verbo *amanecer* y raras veces se da con *atardecer* y *anochecer*. Asimismo, algunos de estos verbos admiten usos figurados, en construcciones con sujeto y con sentido metafórico. En todos estos casos, no se puede hablar de impersonalidad, son usos personales.

(7) Metáfora

    a. Truenan incesantemente los cañones.

    b. Escamparon las dudas que lo atormentaban.

    c. Relampaguean sus ojos verdes.

    d. Le llovieron {críticas/ elogios/ insultos/ ofertas}.

(8) Metonimia

    a. Amanecimos {temprano/ en París}.

    b. Amanecí con dolor en ambas piernas.

    c. Buenos días, ¿cómo amaneció usted?

    d. ?? {Anochecemos/ atardecemos} {tarde/ en la montaña}.

Los verbos *amanecer* y *alborear* pueden además tener un argumento sujeto expreso, que puede aparecer antepuesto o pospuesto al predicado. Pero esto no es posible con los verbos *anochecer* o *atardecer*. En estos casos también son usos personales en vez de impersonales (9).

(9) a. El día amaneció.

   b. Amaneció un día espléndido.

   c. Alboreaba {el día/ la mañana}.

   d. * La noche anocheció/ *Atardeció una tarde agradable.

Hay más casos en los que el verbo no se presenta en tercera persona singular, por ejemplo, los verbos copulativos *ser* y *estar* (10). Por un lado, en la oración de *ser* (10a) la concordancia se mantiene entre el verbo y el SN que lo sigue. Este hecho nos podría llevar a pensar que el SN funciona como sujeto, pero la verdad es que en construcciones de *ser* la concordancia puede establecerse con el atributo, no necesariamente con el sujeto. Por otro lado, las oraciones de *estar* (10b)-(10d) no son impersonales sino personales. Siempre se conjugan en 1ª persona del plural, pero no se permite la realización fonética de "nosotros", en otras palabras, el sujeto debe ser siempre tácito (a no ser que tenga un fuerte acento contrastivo).

(10) a. Es la una/ Son las dos.

   b. Estamos en primavera.

   c. Estamos a jueves.

   d. Estamos a 20 grados.

En realidad, las oraciones personales con *estar* tienen variantes impersonales. *Estamos en primavera* y *Estamos a jueves* son equivalentes a impersonales como *Es primavera* y *Es jueves,* respectivamente, con el copulativo *ser*; mientras que *Estamos a 20 grados* puede alternar con *Hace 20 grados*, con estructura de predicado transitivo con *hacer*.

Los predicados complejos con el verbo ligero *hacer* tienen propiedades particulares que merecen ser destacadas. En primer lugar, el SN que aparece tras *hacer* nunca concuerda con el verbo; a diferencia de los verbos intransitivos de fenómenos naturales y verbos copulativos, el verbo *hacer* solamente se conjuga en tercera persona singular en su uso de predicado de fenómenos naturales. En segundo lugar, la posición del SN suele ser posterior al verbo, así que sería raro oír frases como *Frío hizo, *Ayer 18 grados de temperatura hizo*. En tercer lugar, el verbo *hacer* tiene, en muchos casos, el mismo significado que el verbo *haber*: *Hace sol* y *Hace viento* equivalen a *Hay sol* y *Hay viento*.

Sin embargo, esta equivalencia no se da siempre y hay ocasiones en que estos verbos no se pueden intercambiar. Por ejemplo, se dice *Hace 20 grados, Hace un día espléndido*, pero no se dice **Hay 20 grados, *Hay un día espléndido*; se dice *Hay lluvia, Hay niebla*, pero no se dice **Hace lluvia, *Hace niebla*[1].

Además de los usos personales mencionados cabe destacar que, generalmente, los predicados de fenómenos meteorológicos y de fenómenos naturales admiten usos perifrásticos (11) y admiten complementos predicativos, en los casos de (12). También admiten complementos circunstanciales de lugar y de tiempo (locativos y temporales) (13) y dativos (14). Queríamos mencionar que las oraciones con locativos y temporales suenan más naturales cuando los locativos y temporales figuran al principio de las oraciones, es decir, los complementos de lugar y de tiempo deberían preceder al predicado (13).

(11) Con perífrasis

    a. {Puede/ suele/ debe (de)/ tiene que/ ha de} llover.

    b. {Puede/ suele/ debe (de)/ tiene que} hacer muchos grados de temperatura.

    c. Va a ser {primavera/ de noche}.

    d. Lleva lloviendo todo el día.

(12) Con complementos predicativos

    a. Llueve fino.

    b. Amaneció temprano.

---

[1] En la lengua antigua, según Fernández Soriano y Táboas Baylín (1999: 1746), los verbos *hacer* y *haber* sí daban oraciones con concordancia, que hoy nos suenan extrañas (cita Pérez Toral, 1988):

  a. Fazíe nieve e granizava;

  b. Yo andava la noche que fazía luna et mis compañeros conmigo.

Asimismo, García Fernández y Camus Bergareche (2011) han analizado los usos históricos del temporal de "desde hace", y proponen la estructura de "hacer +SN" viene de "haber +SN"; Fernández Soriano y Táboas Baylín (1999: 1751) también citan que históricamente la construcción temporal con *hacer* procede de la de haber:

  a. Veinte y más años ha que nos conoçemos y andamos por el mundo juntos. [*Viaje de Turquía*, 100]

  b. Ha días que su despensa espera el domingo de casi ración. [*El diablo cojuelo*, 50]

  c. Si es el Duque, como vos decís, no hay una ora que le dejé bueno, sano y salvo. [*La señora Corenelia*, 166]

  d. Vuesa merced me conozca por su servidor; que hay muchos días que le deseaba conocer. [*El diablo cojuelo*, 24]

Según nuestra opinión, aunque lo que analizan los gramáticos son usos temporales del verbo *hacer*, se ve claramente su relación con el verbo *haber* y, por ello, podríamos deducir que el uso de *hacer* impersonal de nuestro estudio también tiene que ver con *haber*.

(13) Con locativos y temporales

    a. {Ahora/ aquí} {llueve/ nieva}/ ?? {Llueve/ nieva}{ahora/ aquí}

    b. {Mañana/ en el pueblo} lloverá/ ?? Lloverá {Mañana/ en el pueblo}.

    c. Hoy hace {viento/ mucho calor}/ ?? Hace {viento/ mucho calor} hoy.

    d. Fuera hace 20 grados / ?? Hace 20 grados fuera.

    e. Hoy {es/ parece} lunes/ ?? {Es/ parece} lunes hoy.

(14) Con dativos

    a. Nos llovió fuertemente en la carretera.

    b. Nos anocheció en el bosque.

    c. Se {nos/le} hace muy tarde.

    d. Se {nos/le} puso nublado.

Resumamos este apartado de predicados de fenómenos naturales en español. Hemos distinguido tres tipos básicos de predicados de fenómenos naturales, que son 1) predicados simples intransitivos, como *llover, nevar*, etc.; 2) predicados complejos con los verbos ligeros transitivos *hacer* y *haber* y 3) predicados complejos con verbos copulativos *ser* y *estar*, y otros parecidos como *parecer, hacerse*, etc. Algunos de estos predicados permiten usos personales, sobre todo los verbos intransitivos y los verbos copulativos, pero nunca permiten este uso los verbos transitivos del tipo *hacer* y *haber*. Aparte del uso personal, los predicados de fenómenos naturales, como muchos de los otros verbos, entran en construcciones con perífrasis, con complementos predicativos, con locativos/ temporales y dativos.

2.2.2) Análisis gramaticales

A continuación se van a presentar los análisis propuestos en la literatura especializada a propósito de los predicados de fenómenos naturales en español. El propósito es presentar un estado de la cuestión de la investigación que se ha realizado a este respecto y, también, presentar los principales problemas de la investigación relacionados con este tema.

La organización de este estado de la cuestión no es por autores o teorías sino que adoptamos un enfoque por problemas. Vamos a tratar tres asuntos que son fundamentales en cualquier análisis de estos predicados: el sujeto de la construcción, las propiedades del verbo y la naturaleza de posibles argumentos. El primer problema tiene que ver con la pregunta de si estas construcciones son impersonales y por qué; en general se ha propuesto que estas oraciones son impersonales y tienen un sujeto formal nulo $pro^{expl.}$, característico de las estructuras impersonales. Todo ello se desarrollará en el apartado 2.2.2.1. La segunda cuestión que nos ocupará será el problema de la función que podrían desempeñar los locativos/ temporales que opcionalmente pueden acompañar a los predicados de fenómenos naturales, a ello se dedicará el apartado 2.2.2.2. Finalmente, en el apartado 2.2.2.3 se desarrollará el problema de la naturaleza de los predicados de fenómenos naturales, para algunos de los cuales diferentes autores han propuesto que se trata de predicados inacusativos. Al hacer esta revisión iremos presentando cuáles son, a nuestro parecer, los principales asuntos que deben analizarse en estas estructuras, al tiempo que destacamos cuáles han sido abordados en la bibliografía y cuáles no.

2.2.2.1   El sujeto gramatical de los predicados de fenómenos naturales

En primer lugar, vamos a tratar el tema de sujeto gramatical. Desde el punto de vista de la gramática tradicional, los gramáticos están a favor de que las construcciones bajo nuestro estudio sean oraciones impersonales, unipersonales o terciopersonales. Gili Gaya (1986: 41) los llama verbos unipersonales: "Algunos verbos, especialmente lo que expresan fenómenos de la naturaleza, no se usan ordinariamente más que en infinitivo y en la tercera persona del singular de todos los tiempos; por ejemplo *llover, relampaguear, granizar, nevar*. Por esta causa se llaman unipersonales". Según Salvá (1988: 269), el uso impersonal es una irregularidad de los verbos, que se usan solo en las terceras personas del singular, ya que no les rige un supuesto sujeto con el que han de concertar en número y persona. Bello (1988: 499) describe las oraciones impersonales también como irregulares o anómalas:

> En ellas no se expresa ni se subentiende sujeto. Puede a la verdad en muchos casos suplírseles alguno; pero no es porque en el uso común se piense en él. Las unas son intransitivas, o si tienen acusativo, es regularmente oblicuo; las otras son cuasi-reflejas.
>
> A las primeras pertenecen las proposiciones en que figuran los verbos *amanecer, anochecer, llover, lloviznar, nevar, granizar, tronar* y otros, que en su significado natural no llevan ordinariamente sujeto, que se suelen llamar *impersonales*, aunque tal vez les convendrían mejor la denominación de *unipersonales*, porque parecen referirse siempre a una tercera persona de singular, bien que indeterminada. Hay en ellos a la verdad un sujeto envuelto, siempre uno

mismo, es a saber, *el tiempo, la atmósfera, Dios* u otro semejante, y de aquí es que se dice alguna vez *Amaneció Dios, Amaneció el día*; pero ésta es más bien una locución excepcional, que no se emplea sino en muy limitados casos: el uso corriente es no poner a estos verbos sujeto alguno.

Gómez Torrego (2002: 268) dice que las oraciones impersonales son aquellas que carecen de sujeto léxico, ni explícito ni implícito (no recuperable), y cuyo sujeto es cero. Los verbos de fenómenos naturales como *llover, tronar, relampaguear* o *nevar* son verbos unipersonales. Resumiendo, se puede decir que en las oraciones impersonales el sujeto debería ser vacío, podría tener significado semántico y lógico, por ejemplo, *el tiempo, la atmósfera, Dios*, pero no son recuperables por su propiedad indeterminada. Además, Gómez Torrego solo incluye en sus análisis y descripciones los verbos meteorológicos, es decir, solo los verbos simples de acuerdo con nuestra clasificación; los predicados complejos, en cambio, no están incluidos.

Los gramáticos funcionalistas también han estudiado problemas relacionados con nuestro tema, sobre la falta de sujeto explícito. Gutiérrez Ordóñez (1997b:332) ha estudiado además los casos en los que la presencia del sujeto no es absolutamente necesaria: *trabaja, duerme, vigila, veranea*, etc., también ha mencionado las ocasiones en las que su presencia no es ni siquiera posible y este es el caso de las impersonales. Según Gutiérrez Ordóñez (1997b: 333), Emilio Alarcos propuso una solución inteligente para explicar la situación de falta de sujeto: distinguir entre *sujeto léxico* y *sujeto gramatical*. El primero puede faltar (por elipsis o por imposibilidad) pero el segundo es necesario: se concreta en los morfemas "número" y "persona" del verbo finito. Entonces, la relación entre el sujeto léxico y el núcleo del predicado es una relación de selección, mientras que la relación entre el sujeto gramatical y el núcleo del predicado es interdependencia.

Esta solución implica que los verbos conjugados conllevan necesariamente la presencia del sujeto, con el que mantienen concordancia. En otras palabras, supone que los verbos con sujetos no recuperables, en el sentido de Gómez Torrego (2002: 268), tienen el sujeto en la flexión verbal. Sin embargo, Gutiérrez Ordóñez (1997b: 333) no está totalmente de acuerdo con esta solución y menciona los siguientes problemas: 1) se trata de una explicación morfológica, no sintáctica: la relación que el llamado sujeto gramatical pueda mantener con el núcleo del predicado no es inter-sintagmática, sino intra-sintagmática y 2) si la relación predicativa se establece entre el sujeto morfológico y el núcleo del predicado se asistiría a la paradoja de que el sujeto gramatical pertenece al mismo tiempo al sujeto y al predicado. En definitiva, tanto los gramáticos tradicionales como los funcionalistas ofrecen análisis interesantes sobre la cuestión de la ausencia de sujeto pero, como se ha dicho, no proporcionan una explicación completamente satisfactoria.

Desde el punto de vista de la Gramática Generativa, según Bosque y Gutiérrez

Rexach (2009), se considera que las oraciones impersonales sintácticas[1] en español tienen como sujeto un pronombre nulo expletivo (*pro* expletivo o *pro*$^{expl.}$), que es un pronombre sin realización fonética y, además, sin contenido semántico alguno. En inglés, observamos que en las correspondientes oraciones de predicados meteorológicos aparece un elemento pronominal en la posición de sujeto (15).

      (15) a. It snowed.   → Nevó.

         b. It is hot.   → Hace calor.

         c. It is late.   → Es tarde.

Los pronombres *it* en estas oraciones del inglés no son argumentos del verbo y carecen de contenido semántico, es decir, no se refieren a ninguna entidad, hecho o propiedad. Sin embargo, en español, los pronombres explícitos poseen siempre un contenido semántico y, con frecuencia, tienen significado enfático o contrastivo. Por lo tanto, los pronombres explícitos como *él* o *ello* no pueden funcionar como pronombres expletivos fonéticamente realizados como *it*: *Él/ ello nevó, *Él/ Ello es sábado, *Él/ Ello hace calor. Si se considera que la oración debe tener siempre un sujeto formal y, dado que los pronombres explícitos no pueden ser expletivos en español, es preciso considerar que en español exista un *pro* expletivo sin contenido léxico, que ocuparía la posición de especificador de SFlex de los verbos léxicamente impersonales y que sería el equivalente a los expletivos *it* y *there* de inglés (16).

      (16) a. pro$^{expl.}$ nevó.

         b. pro$^{expl.}$ hace calor.

         c. pro$^{expl.}$ es tarde.

En cuanto a las características de este *pro*$^{expl.}$, podríamos destacar los puntos siguientes: 1) El *pro*$^{expl.}$ y los pronombres de otras lenguas se diferencian en sus rasgos

---

[1] Según Sánchez López (2016: 773), se puede recoger bajo la denominación de oraciones impersonales todas aquellas oraciones que poseen sujetos con una interpretación defectiva o semánticamente incompleta. Se suelen distinguir dos tipos de impersonales: impersonales sintácticas e impersonales semánticas. Las impersonales sintácticas se representan por oraciones con predicados de fenómenos naturales, que no pueden tener sujetos semánticamente plenos debido a que el predicado no les atribuiría ninguna interpretación o función semántica, véase también Gómez Torrego (1998), sobre impersonales léxicas/ naturales.

fonológicos, es decir, el *pro*$^{expl.}$ de español no puede tener realización fonética. 2) A diferencia del *pro* que aparece en las oraciones personales con sujeto tácito (como *Llamó ayer*), el *pro*$^{expl.}$ carece de contenido semántico. 3) Este *pro*$^{expl.}$ sí que posee rasgos morfológicos, concretamente [3ª persona] y [neutro]. Diríamos que la especificación de 3ª persona del *pro*$^{expl.}$ se entiende como una especificación morfológica por defecto, sin contenido referencial. En otras palabras, el *pro* puede haar referencia a personas concretas, pero el *pro*$^{expl.}$ es solo una marca de impersonalidad sin contenido semántico.

RAE-ASALE (2009) está de acuerdo con esta teoría y argumenta que en español no se permite en estas oraciones un sujeto explícito (dioses o fuerzas de la naturaleza) o cognitivo (*la lluvia, la nieve*), porque en la lengua española no se registran frases como **La lluvia llueve, *La nieve nieva, *Dios relampaguea*, etc. No tienen sujeto semántico pero se admite un sujeto gramatical *pro*$^{expl.}$ (equivalente al pronombre expletivo *it* en inglés), que no tiene realización fonética en la sintaxis, con el cual mantiene concordancia el predicado. Por lo tanto, estos predicados solo se conjugan en tercera persona de singular y se denominan verbos terciopersonales. Siguiendo esta teoría, podríamos decir que los predicados de fenómenos naturales carecen de sujeto semántico, tienen sujetos con una interpretación defectiva y, por lo tanto, no exigen argumento externo. El sujeto formal *pro*$^{expl.}$ aparece ocupando finalmente la posición [Esp, SFlex] solamente para satisfacer el Principio de Proyección Extendida (conocido como PPE), que es una condición que exige que todas las oraciones deban tener un sujeto.

(17) Predicados simples con verbos intransitivos. Llueve.

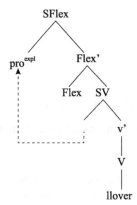

Basándonos en Bosque y Gutiérrez Rexach (2009: 258) elaboramos las figuras (17)-(19), que podrían ser estructuras arbóreas de las tres estructuras básicas de predicados de fenómenos naturales[1]. Hasta aquí parece que todo está bien. Digamos que el sujeto gramatical formal de las oraciones con predicados de fenómenos naturales tiene un sujeto *pro*ᵉˣᵖˡ·, que no tiene contenido semántico ni tiene realización fonética; este tipo de sujeto es incompleto semántico-sintácticamente y no hay manera de complementarlo.

(18) Predicados complejos con verbos ligeros transitivos. Hace calor.

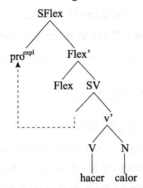

(19) Predicados complejos con verbos copulativos. Es tarde.

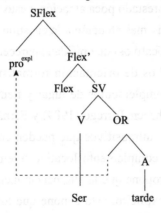

Sin embargo, nos ha llamado la atención el hecho de que los complementos espacio-temporales casi siempre ocupen la posición inicial si aparecen en oraciones con predicados de fenómenos naturales, o, por lo menos, nos resultan más naturales cuando están preverbales, como se ve en los ejemplos (13), repetidos aquí en (20). Nos preguntamos ¿a qué se debe este fenómeno? Y ¿por qué los complementos espacio-temporales figuran

---

[1]   Las estructuras arbóreas las hemos dibujado según la hipótesis de que el sujeto se genera en posición interior del SV, adaptada por Bosque y Gutiérrez Rexach (2009). Por esta razón, hemos puesto unas flechas estableciendo uan relación entre la posición de [Esp, SV] y [Esp, SFlex]. Pero mantenemos la opinión de que existe la posibilidad de que el *pro* expletivo se inserta directamente en la posición de [Esp, SFlex], para satisfacer el PPE, sin experimentar movimiento de ningún tipo. En realidad, la inserción directa sería una operación más económica.

en posiciones que normalmente ocupan los sujetos? ¿Cuáles son sus funciones en estas oraciones? En el siguiente apartado vamos a concentrarnos en esta cuestión.

(20) Predicados de fenómenos naturales con locativos y temporales

    a. {Ahora/ aquí} {llueve/ nieva}/ ?? {Llueve/ nieva} {ahora/ aquí}

    b. Mañana {lloverá/ helará}/ ?? {Lloverá/ helará} mañana.

    c. Hoy hace {viento/ mucho calor}/ ?? Hace {viento/ mucho calor} hoy.

    d. Fuera hace 20 grados / ?? Hace 20 grados fuera.

    e. Hoy {es/ parece} lunes/ ?? {Es/ parece} lunes hoy.

2.2.2.2   La función de los locativos

Los sintagmas adverbiales y preposicionales son los sintagmas que suelen llevar el significado de lugar y de tiempo. Normalmente no se considera que estos sintagmas sean aptos para la posición de sujeto y lo prototípico es analizarlos como complementos espacio-temporales. En la mayoría de los estudios tradicionales dedicados a los predicados de fenómenos naturales se ha prestado poca atención a estos complementos. Las obras que citamos más arriba han prestado más atención a la cuestión del sujeto, sin tener mucho en cuenta los demás elementos (locativos) que puedan aparecer en su estructura.

En cambio, en los estudios de orientación formalista, se ha llamado la atención sobre la posibilidad de que complementos de lugar y tiempo puedan tener propiedades similares a los sujetos. Así lo hacen Torrego (1989) y Fernández Soriano (1999). Torrego (1989) estudia algunos verbos intransitivos que pueden comportarse como inacusativos cuando van precedidos de un complemento locativo o temporal que, según esta autora, tiene propiedades de sujeto. Propone que la alternancia inergativo-inacusativa requiere un argumento espacio-temporal explícito, esto supone que los verbos inacusativos podrían tener un argumento espacio-temporal pero oculto y este argumento oculto se denomina en su artículo "argumento-d" (Torrego, 1989: 258). Fernández Soriano (1999) ha hecho un análisis sobre dos tipos de oraciones impersonales en español: oraciones impersonales con locativos y dativos. A través de su trabajo ha demostrado que los locativos se portan como sujetos auténticos. Al contrario de lo que sucede en las construcciones con locativos invertidos, se generan en posición de argumento interno y finalmente se realizan en posición preverbal con caso oblicuo. En este apartado vamos a mostrar que los complementos de lugar y tiempo son importantes para el análisis de las construcciones con predicados meteorológicos.

En español, en la mayoría de los casos, la posición de los complementos espacio-temporales debería ser relativamente libre, es decir, pueden figurarse en posición preverbal o posverbal, como se puede ver en (21) y (22).

(21) a. Cristóbal Colón descubrió América en 1492.

　　　b. En 1492, Cristóbal Colón descubrió América.

　　　c. Los cisnes vuelven del sur al norte en primavera.

　　　d. En primavera, los cisnes vuelven del sur.

(22) a. Se está celebrando el Año Nuevo Chino en el salón.

　　　b. En el salón, se está celebrando el Año Nuevo Chino.

　　　c. Se colocan mesas y sillas fuera del aula.

　　　d. Fuera del aula, se colocan mesas y sillas.

Todas estas oraciones de arriba son gramaticales aunque es obvio que, cuando los complementos espacio-temporales figuran en el inicio de las oraciones, resultan enfatizados y aportan una información que se interpreta como un tópico discursivo (21b), (21d), (22b), (22d). Pero son perfectas las oraciones en las que los complementos espacio-temporales están en posición posverbal (21a), (21c), (22a), (22c). Además, en realidad, la posición posverbal se considera como su posición no marcada. Al contrario, cuando los locativos y temporales aparecen en posición posverbal de las oraciones con predicados de fenómenos naturales, las oraciones suenan menos naturales que si ocuparan la posición preverbal. Es decir, la posición posverbal, que normalmente es apta para locativos y temporales, no es aceptable para ellos en oraciones de predicados de fenómenos naturales; en cambio, en estas oraciones, la posición preferible de los locativos y temporales es la posición inicial. En otras palabras, para las oraciones con predicados de fenómenos naturales, la posición inicial es una posición no marcada. Ello nos lleva a pensar que los locativos y temporales están en posición de sujeto.

　　Fernández Soriano (1999) ha propuesto más pruebas que demuestran que los elementos espacio-temporales[1] en oraciones con predicados de fenómenos naturales están en posición de sujeto. Estas pruebas son: su comportamiento en construcciones de ascenso, en extracción de estructura coordenada, su posición en interrogativos y su

---

[1] En este apartado de análisis, de acuerdo con lo que propone Fernández Soriano (1999), consideramos que el elemento es espacio-temporal y, efectivamente, los sucesos meteorológicos ocurren en un cierto espacio en cierto tiempo, por lo que es difícil decir que un acontecimiento tiene solo carácter locativo y no contiene un carácter temporal. En el siguiente apartado de propuesta vamos a intentar a hacer unos análisis de este elemento desde el punto de vista de estructura argumental y hacer una diferenciación de argumento locativo y argumento temporal.

comportamiento en nominalizaciones. A continuación, veremos con detalle su análisis.

Primero, en construcciones de ascenso, cuando participan verbos transitivos agentivos, son los sujetos agente los que suben a la posición inicial; cuando participan predicados de fenómenos naturales, son los locativos los que suben, al igual que los sujetos agente, suben a la posición inicial de las oraciones (24). Efectivamente, de acuerdo con la autora, estos locativos y temporales son algo más que meros complementos, en comparación con los ejemplos de (23), cuyos sujetos agentes son los elementos que normalmente pueden subir a la posición inicial, mientras que los locativos complementos no. Por lo tanto, se puede decir que los locativos bajo nuestro estudio comparten esta propiedad con los sujetos convencionales.

(23) Construcciones de ascenso con sujetos

    a. Juan parece tener razón en esto.

    b. Juan parece estar en casa.

    c.* En esto parece Juan tener razón.

    d. *En casa parece Juan estar.

(24) Construcciones de ascenso con locativos

    a. En Barcelona parece llover mucho.

    b. Fuera parece hacer {20 grados/ mucho viento/ mucho calor}

    c. Hoy parece haber {lluvia/ tormenta}.

Segundo, Fernández Soriano (1999), basándose en el paralelismo de restricción sobre la extracción de estructuras coordinadas, muestra que los sujetos locativos-temporales se portan de forma diferente que los complementos locativos. De acuerdo con Bresnan (1990), cita la autora que solo los sujetos pueden ser extraídos de los dos miembros de una coordinación[1]. Pero como se ve en los sujetos de (25), los locativos pueden ser extraídos y ocupar la posición inicial de las oraciones, mientras que los demás complementos locativos tienen diferentes comportamientos. Este análisis, según nuestra opinión, sería interesante si tomáramos como correcta la hipótesis de Bresnan pero, en realidad, lo que demuestra los ejemplos (25a)-(25c) es que hay un paralelismo entre la coordinación de predicados que se puede aplicar al mismo sujeto, y la coordinación de predicados que pueden tener el mismo complemento locativo o temporal. Pero los

---

[1] Según aclara Fernández Soriano (1999: 110), de acuerdo con lo que dicen Den Dikken y Naess (1993), no está claro que este diagnóstico sea adecuado para la detección de sujeto.

ejemplos (25d) y (25e) sí que demuestran que hay alguna diferencia entre los locativos que participan en la estructura de verbos impersonales y en la estructura de verbos personales.

(25) Extracción de locativos de estructura coordinada

    a. Aquí es donde hace mucho frío y llueve mucho.

    b. En esta ciudad es donde nieva y hace menos 20 grados.

    c. A la una en la madrugada era cuando relampagueó y

       llovió tremendamente.

    d. *Aquí es donde llueve y acampan los turistas.

    e. *Aquí es donde huele a podrido y estudian los chicos.

En cuanto a la posición en oraciones interrogativas, los locativos de (26) también aparecen en posición donde normalmente aparecen los sujetos, es decir, los sujetos pueden ocupar la posición entre verbo auxiliar/ modal y verbo principal, pero en oraciones con predicados de fenómenos naturales los espacio-temporales pueden aparecer en esta posición también.

(26) Posición en interrogativos

    a. ¿Habrá aquí llovido? (vs. ¿Habrá Juan hecho lo mismo?)

    b. ¿Cómo puede en un sitio así hacer solo 5 grados?

    c. ¿Cómo puede hoy ser lunes?

Por último, la autora (1999) ha propuesto pruebas relacionadas con la nominalización, que también indican que los locativos y temporales de oraciones con predicados de fenómenos naturales funcionan de forma parecida a un sujeto. En la nominalización en español, los sujetos y objetos directos son precedidos por la preposición de genitivo *de*; otros argumentos internos y adjuntos mantienen su preposición correspondiente a la construcción verbal, por ejemplo: *el descubrimiento de América en 1492, la entrega de premios a los ganadores, el paseo de Juan por el parque*. Pero cuando los predicados de fenómenos naturales están dentro de un SD que contiene una nominalización, los locativos y temporales tienen que ser introducidos por *de*, nunca por *en*, portándose como sujetos. El ejemplo dado por la autora que tiene que ver con verbos de fenómenos naturales es (27a)-(27c) y, de forma paralela, podemos añadir los ejemplos (27d) y (27e). Creemos que este diagnóstico no es definitivo para decir que los locativos o temporales se portan como sujetos porque, según nuestra opinión, primero, solamente se puede aplicar a los verbos simples y, más concretamente, a los verbos denominales; no son aplicables a las demás estructuras de fenómenos naturales. Además, según hablantes nativos, no serían necesariamente agramaticales las frases si la preposición fuera *en*, que puede alternar con *de*. Sin embargo, seguimos pensando que este diagnóstico sirve de algo para nuestra hipótesis, en el sentido de que ha demostrado que los locativos de los ejemplos de abajo se portan de forma diferente a los demás locativos puramente complementarios.

(27) Nominalización
    a. La nevada de/ *en Sevilla
    b. La lluvia de/ *en Madrid
    c. El granizo de/ *en el campo
    d. El descubrimiento de América en/*de 1492
    e. La colocación del libro en/*de la estantería

Todas estas pruebas parecen confirmar que los elementos espacio-temporales de oraciones con predicados de fenómenos naturales se portan diferente a los adjuntos espacio-temporales en otros casos y que su comportamiento es más parecido al de los sujetos. De hecho, Fernández Soriano (1999) ha propuesto un análisis parecido para las oraciones con verbos meteorológicos en español. Según la autora, la posición de [Esp, SFlex] estaría ocupada por un argumento locativo de carácter espacio-temporal. Fernández Soriano y Táboas Baylín (1999: 1748) también han mencionado que los verbos de fenómenos naturales no presentan sujeto gramatical pero sí incluyen todos en su significado "un argumento espacio-temporal del que se predica el evento descrito por el predicado".

Partiendo de esta idea, podríamos decir que los predicados de fenómenos naturales seleccionan semánticamente un argumento espacio-temporal, de forma explícita (cuando se realizan fonéticamente en un SP) o implícita/ nula (cuando el argumento espacio-temporal no aparece en la oración). Y este argumento espacio-temporal, ocupando la posición inicial de las oraciones, podría funcionar como sujeto, con un caso gramatical menos prototípico, debido a que le falta la propiedad de poder concordar como los SSNN, pues no puede concordar con el verbo, ni tiene caso nominativo.

Entonces, ¿estos elementos espacio-temporales se generan en la misma posición que los sujetos convencionales? La gramática tradicional ha dado ejemplos de usos causativos de los verbos de fenómenos naturales como *Zeus {llovió/ hizo llover}*, incluso podemos encontrar oraciones gramaticales con argumento externo que no sea de carácter religioso o mitológico *Los hombres de ciencia hicieron llover* (Calzado Roldán, 2013: 29, cita de Suñer, 1982: 68). En comparación con el concepto de sujeto prototípico agentivo causativo, obviamente los espacio-temporales tienen características diferentes. Podríamos decir que los sujetos de estos ejemplos *Zeus* y *los hombres de ciencia* se generan en posición de [Esp, SV] y luego, para recibir caso nominativo y satisfacer el PPE, se mueven a la posición inicial de las oraciones, ocupando la posición de [Esp, SFlex] finalmente. Así pues, se puede proponer que los locativos y temporales se generarían en la misma posición de los sujetos agentivos prototípicos, pero apenas nos convencemos, porque los locativos y los sujetos agentivos llevan diferencia semántica y sintáctica que nos hace difícil igualarlos y será muy forzado tratarlos de una misma manera.

Otra idea que puede aducirse es que los verbos de fenómenos naturales exigen un sujeto semántico o lógico de lugar o de tiempo, porque las predicaciones tienen que predicar sobre algún espacio o tiempo, si no, la predicación no existe. En realidad, no solos los predicados de fenómenos naturales, sino todos los predicados tienen que ocurrir en un cierto espacio o tiempo. Pero ¿por qué los complementos espacio-temporales de los predicados de fenómenos naturales tienen un estatus más especial, en el sentido de que tienen que, en la mayoría de los casos, ser preverbales?

Fernández Soriano (1999) propone que los predicados meteorológicos seleccionan un argumento que está situado en posición preverbal como argumento externo de la construcción y la posición en la que se genera este argumento sería una posición más alta del SV, desde el cual se mueve al [Esp, SFlex] para satisfacer el PPE. Estos sujetos tendrían caso oblicuo o caprichoso. Para nosotros, el punto más interesante consiste en que esta autora propone, basándose en las teorías de Kratzer (1996), Hale y Keyser (1994, 1997) y Harley (1995), que encima del nudo de SV hay un nudo Sintagma Evento (SEv), el núcleo de Ev es "BECOME/ HAPPEN" y, la posición de generación de los locativos puede estar en el [Esp, SEv], porque los argumentos locativos, en algún sentido, expresan el iniciador del Ev, denotando el lugar o tiempo donde el evento o estado se origina.

Esta propuesta nos parece central para analizar los predicados de fenómenos naturales y será desarrollada con detalle en la siguiente sección. Según esta hipótesis, todos los actos o predicados tienen un nudo SEv encima del nudo SV y la respuesta a nuestra última pregunta sería la siguiente: la posición de [Esp, SFlex] posiblemente tiende a ser ocupada por un sintagma que tiene realización fonética y contenido semántico. En oraciones con predicados de fenómenos naturales, la posición de [Esp, SV] está vacía, supuestamente ocupada por un *pro*[expl.], que es apto para subir a [Esp, SFlex], pero cuando haya un locativo en la posición de [Esp, SEv], otra posición apta para subir, los locativos obtienen la prioridad para subir y ocupar la posición inicial. Es decir, en oraciones con orden no marcado, la posición de [Esp, SFlex] tiende a ser ocupada, preferiblemente, por un elemento que tenga contenido semántico y realización fonética, más apto que un *pro^{expl.}* sin contenido semántico ni realización fonética. Por lo tanto, en oraciones con sujetos agentivos, los sujetos convencionales agentivos ocupan la posición de sujeto, los locativos y temporales ceden la posición inicial a los agentes (o mejor dicho, quizá los agentes son más potentes para dicha posición), salvo en casos cuando funcionen como focos o tópicos. Entonces, digamos que la estructura generativa de oraciones con predicados simples con verbos intransitivos de fenómenos naturales (28) sería la siguiente:

(28) Predicados simples con verbos intransitivos. Aquí ha llovido.

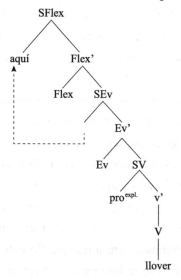

En caso de los verbos copulativos, digamos que son unas estructuras no eventivas, que denotan unos estados predicados sobre un sitio o cierto tiempo, entonces parece que no hay razón para suponer que esté presente un nudo de SEv. Pero también consideramos que llevan un elemento de significado locativo o temporal en su estructura. Se generaría originalmente en la posición de sujeto bajo el nudo OR, porque, según nuestra opinión, el sujeto en OR tiene que tener contenido semántico, y cuando está vacío es porque está sobreentendido y omitido. Vamos a ver la estructura copulativa con más detalle más adelante.

Resumiendo este apartado, hemos examinado la función de los elementos espacio-temporales en oraciones con predicados de fenómenos naturales. Propondremos que estos los locativos son aptos para ocupar la posición de sujeto y ocupan la posición inicial en oraciones con orden no marcado. En oraciones con predicados de verbos intransitivos, en comparación con un sujeto formal de carácter *pro^{expl.}*, que no tiene ni contenido semántico ni realización fonética, los locativos tienden a sustituir a los sujetos $pro^{expl.}$ y a ocupar la posición de sujeto. Pensamos que debido a la propiedad informativa de los sujetos, estos tienden a tener realización fonética y contenido semántico, por lo tanto, podríamos decir que en oraciones impersonales los sujetos están ausentes (representados por $pro^{expl.}$, que es solamente formal) y los sustituyen los elementos espacio-temporales, generándose en posición más alta que SV; son los secundarios aptos para la posición de sujeto, porque todos los actos o eventos tienen que ocurrir en cierto lugar y tiempo. En cuanto a los predicados que no denotan eventos, en oraciones de predicados complejos con verbos copulativos, aunque no tienen un nudo SEv, también llevan en su estructura elementos espacio-temporales que funcionarían como sujetos y cuando está vacía su posición es porque está sobreentendido y omitido.

Hay otro fenómeno que nos ha llamado la atención. La oración *Le llovieron {críticas/ elogios/ insultos/ ofertas}* es uno de los ejemplos del uso metafórico del verbo *llover*. Aparte del uso metafórico, también existen oraciones gramaticales del tipo *Llueve una lluvia muy fina*. Estas oraciones conducen a que nos preguntemos: ¿qué es este elemento que llueve? A continuación, nos vamos a concentrar en este tema.

2.2.2.3   La expansión argumental de *llover* y *amanecer*

En el apartado de 2.2.1 hemos mencionado unos usos personales de los verbos meteorológicos y verbo cíclicos, la mayoría de ellos son de usos metafóricos y metonímicos, entre otros. Aquí los repetimos en (29)-(31).

(29) Metáfora

    a. Truenan incesantemente los cañones.

    b. Escamparon las dudas que lo atormentaban.

    c. Relampaguean sus ojos verdes.

    d. Le llovieron {críticas/ elogios/ insultos/ ofertas}.

(30) Metonimia

    a. Amanecimos {temprano/ en París}.

    b. Amanecí con dolor en ambas piernas.

    c. Buenos días, ¿cómo amaneció usted?

    d. ?? {Anochecemos/ atardecemos} {tarde/ en la montaña}.

(31) a. El día amaneció.

    b. Amaneció un día espléndido.

    c. Alboreaba {el día/ la mañana}.

    d. * La noche anocheció/ *Atardeció una tarde agradable.

Sobre estas oraciones, Fernández Soriano y Táboas Baylín (1999:1744) dicen que los verbos de fenómenos naturales pueden tener un argumento cognado y, en construcciones de sentido figurado, estos argumentos cognados pueden aparecer explícitamente. Además, también mencionan el trabajo de Lope Blanch (1981), según el cual, por el contrario, los verbos unipersonales son el resultado de un proceso morfológico que forma verbos a partir de los sustantivos que denominan al fenómeno natural, esto es, que "el nombre designador del fenómeno genera un verbo cognado". A pesar de esta discrepancia, observando estas oraciones, digamos que el punto común que tienen es que ya no son oraciones impersonales, sino que llevan sujetos; los verbos en otros casos unipersonales mantienen concordancia con ellos. Cuando se comportan como verbos impersonales, frecuentemente se analizan como verbos con cero valencia, que no exigen ningún argumento, ni argumento interno ni argumento externo. Pero estas oraciones de arriba son pruebas de que los verbos meteorológicos y cíclicos sí pueden llevar argumento, con el cual mantienen concordancia.

Para analizar los usos personales de los predicados meteorológicos, vamos a intentar clasificarlos. En primer lugar, los verbos meteorológicos pueden tener una sub-clasificación según su significado: 1) un grupo de verbos meteorológicos atmosféricos que indican precipitación, como *llover, nevar, diluviar, granizar, lloviznar*, etc., y 2) otro grupo de verbos meteorológicos que no implican precipitación, como *tronar, relampaguear*, etc. Los verbos de precipitación semánticamente llevan sentido de "caer algo" del cielo; los que no implican precipitación, llevan sentido de "emitir algo" (*tronar, relampaguear*, etc.). Aparte de los verbos meteorológicos, tenemos 3) verbos cíclicos (*amanecer, anochecer, atardecer, oscurecer, alborear*, etc.), que implican el cambio de las condiciones de la luz de un día. Así pues, según su significado conceptual, es decir, según el tipo de fenómeno natural que describen, los verbos de fenómenos naturales denotan dos conceptos: de precipitación y emisión de algo y de cambio de estado.

Entonces, para facilitar nuestro estudio, vamos a hacer una nueva agrupación de los verbos de los tres grupos de arriba porque, desde otro punto de vista, los verbos de arriba, según su semántica, podrían ser considerados 1) verbos de movimiento, los verbos que indican "caer algo y emitir algo", como *llover, nevar, diluviar, granizar, lloviznar, tronar, relampaguear*, etc. y 2) verbos de cambio de estado, como *amanecer, anochecer, atardecer, oscurecer, alborear*, etc. De los dos grupos, vamos a tomar a *llover* y *amanecer* como representantes, ejemplos prototípicos de nuestro análisis. Esta nueva agrupación nos lleva a pensar en una de las dos clases semánticas de los verbos inacusativos (Levin y Rappaport, 1995): verbos inacusativos de cambio de estado o ubicación.

Los predicados simples de fenómenos naturales, en otras palabras, los verbos meteorológicos, son intransitivos puesto que no tienen sujeto semántico. La pregunta que debemos formularnos a continuación es si se trata de verbos intransitivos puros o si son verbos inacusativos. A continuación vamos a aplicar algunos diagnósticos de inacusatividad para poder responder a esta pregunta.

Según Mendikoetxea (1999: 1582), los diagnósticos de inacusatividad para el español actual serían los siguientes: A) los participios de verbos inacusativos pueden aparecer en cláusulas de participio absoluto: *Agotado el ozono de la atmósfera, el fin de la vida en la tierra es inminente.* B) Los participios adjetivales pueden actuar como modificadores de un sintagma nominal con función de sujeto sintáctico de un verbo inacusativo: *Un tesoro recientemente aparecido.* C) El sujeto sintáctico de un verbo inacusativo puede ser un SN sin determinante: *Siempre vienen mujeres, Todos los años llegan cigüeñas, Existen problemas.* Si aplicamos estos diagnósticos a los verbos de fenómenos naturales los resultados son los siguientes. Como el objeto de este apartado es el estudio de la expansión de argumento de los verbos de *llover* y *amanecer*, los ejemplos de abajo (32) y (33) no son usos impersonales. Pensamos que en principio, las oraciones de los dos grupos de abajo son gramaticales[1].

(32) Llover
   a. Llovida una gran cantidad de agua, se arruinaron todas las cosechas.[2]
   b. Un regalo llovido del cielo.[3]
   c. Llueven {piedras/ críticas/ elogios/ ofertas}.

(33) Amanecer
   a. De regreso a su habitación, ya amanecido el día, Krieger sintió que de repente cumplía años, aunque no sabía cuántos[4].
   b. Muchos viejos y caducos ven enterrar niñeces y juventudes recién amanecidas y florecientes. [5]
   c. Amanecieron gran virtudes en su interior.

---

[1]   Aunque según hablantes nativos, podrían ser extraños. Así que creemos que es oportuno decir que son gramaticales, pero no son habituales.

[2]   Meulleman y Stockman (2013: 118); Colzado Roldán (2000: 88).

[3]   Calzado Roldán (2013: 42).

[4]   CREA: Giménez-Arnau, Joaquín: *Las Islas Transparentes.* Barcelona: Destino, 1977

[5]   Calzado Roldán (2013: 41), dice que con algunos ejemplos del verbo *amanecer*, se puede utilizar *recién*. Cuervo cita este ejemplo de Quevedo.

El trabajo de Meulleman y Stockman (2013) mantiene la misma opinión que la nuestra, y es que disponen en algún sentido la propiedad inacusativa. En este trabajo, se hacen unas estadísticas estudiando la frecuencia de los usos personales e impersonales de *llover* y *amanecer*. Según su estudio, *llover* tiene un 79% de usos impersonales y un 21% de usos personales. Queda de manifiesto que *llover* es fundamentalmente un verbo impersonal, aunque puede aparecer perfectamente en construcciones personales. En construcciones de usos personales, generalmente aparece un SN que sufre un movimiento de caída: *Sobre el tejado llovía el polen de los campos* (CREA, literatura, 1982) o puede tratarse de la abundancia de alguna sustancia: *Llueven realmente los contraargumentos* (CREA, prensa, 1988). En nuestra opinión, estaría bien hacer esta diferenciación detallada, pero en muchos casos del uso metafórico, sería difícil separar el concepto de caída y el concepto de abundancia de la semántica de *llover*. Cuando es metafórico el concepto de *llover*, las frases pueden ser parafraseadas, por ejemplo, *el polen es como lluvia, los contraargumentos son como lluvia*. Si pensamos ¿cómo es la lluvia?, según nuestra opinión, es abundante y cae de lo alto encima de alguien a la vez e, incluso el sentido de caer de lo alto es predominante, enfatizando el sufrimiento del lugar o persona encima del cual cae la lluvia. Pero estamos de acuerdo con estos autores y con Ruwet (1989), Calzado Roldán (2000), que *llover* puede seleccionar un SN como argumento interno, semánticamente es un paciente y el verbo se comporta como un verbo inacusativo. En otras palabras, en general, estamos de acuerdo con que el verbo *llover* se comporta fundamentalmente como un verbo impersonal, aunque tiene usos personales también: cuando su uso es metafórico el SN en su expansión suele asumir el papel semántico de paciente (o tema) y el verbo se comporta como un verbo inacusativo de cambio de ubicación.

Según el mismo estudio (Meulleman y Stockman, 2013), en cuanto a *amanecer*, hay un 48% de usos personales. En los usos personales, el SN de la construcción puede referir a un referente inhumano, frecuentemente, el fenómeno natural de la llegada de la luz: *Porque la poca libertad goza el sol, que ha de amanecer todos los días a unas horas fijas* (CREA, literatura, 2001), *Para obligar al cielo a amanecer en plena noche* (CREA, literatura, 2002). También puede hacer referencia a un referente humano y el verbo tiene significado parecido a despertarse: *Pelayo amaneció en un hospital francés* (CREA, prensa, 1997), *Sin embargo, casi podríamos afirmar que el primer Homo sapiens amaneció como tal tras acostarse siendo un Homo erectus* (CREA, literatura, 1990). Además, existe un uso metafórico de *amanecer* en el sentido de "despertarse": *El sistema circulatorio en la capital amaneció con un único cambio respecto al martes* (CREA, prensa, 2004). En otras palabras, en todos los usos personales, *amanecer* es sinónimo de un verbo inacusativo, sea *aparecer*, sea *despertarse*. En nuestra opinión, en los usos personales no metafóricos, sea el mismo fenómeno natural de amanecer o sea el despertar de una persona, indica un cambio de estado, del día o de una persona; en sus usos personales metafóricos, hace referencia a la aparición de alguna entidad concreta o abstracta, que se puede entender también como un cambio de estado, de no existir a existir. Por lo tanto, podríamos decir que en todos los casos personales de *amanecer*, la expansión de SN, que rige la concordancia del verbo se puede considerar semánticamente como el paciente (o tema) y el verbo se comporta como un verbo inacusativo de cambio de estado.

Ahora podríamos decir que en sus usos personales, *llover* y *amanecer* se comportan como verbos inacusativos, exigen un SN como su argumento interno, con el que concuerdan, y semánticamente es un tema. Según (Bosque y Gutiérrez Rexach, 2009), los verbos inacusativos tienen un "objeto profundo", y seleccionan un tema (o paciente) como su único argumento y este único argumento es un argumento interno. Se denominan "verbos inacusativos" justamente porque no tienen la propiedad de asignar caso acusativo a su argumento interno. Según estos autores, se puede establecer una cadena entre la posición de sujeto [+caso, -θ] y la del objeto [-caso, +θ]. Entonces, la estructura generativa de *llover* y *amanecer* en su uso personal sería la siguiente (34)-(35).

Resumiendo este apartado, en los usos personales, *llover*, *amanecer* y el resto de los verbo que representan ellos, pueden tener expansión argumental. Este argumento SN lleva concordancia con el verbo y semánticamente puede ser analizado como tema. Y los verbos se portan como verbos inacusativos. Los del grupo de *llover* funcionan en general como verbos inacusativos de cambio de ubicación, o sea, verbos de movimiento; los del grupo de *amanecer* funcionan como verbos inacusativos de cambio de estado.

(34) *Llover* como verbo de cambio de ubicación. Llueven críticas.

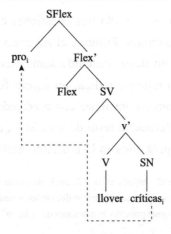

(35) *Amanecer* como verbo de cambio de estado. Amaneció un día espléndido.

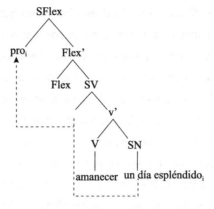

En cuanto a la pregunta que hemos hecho al final del último apartado, "¿qué es el elemento que llueve?", podríamos decir que "lo que llueve" es algo que lleva en la semántica del verbo *llover*, *la lluvia*, que se permite semánticamente estar en su estructura argumental, es algo no agentivo que, se ve afectado por el verbo. En otras palabras, es algo que cae (abundantemente) desde lo alto encima de una persona o un sitio. Partiendo de este punto de vista, si en el uso metafórico la expansión argumental es factible y razonable significa que hay una posición de complemento[1] accesible en la estructura interior del verbo *llover*, sea en su uso personal o en su uso impersonal. En realidad, la semántica del verbo *llover* implica la caída de lluvia, si reconocemos que hay una posición posible para un complemento en el interior del SV, podríamos decir que en la estructura del verbo *llover* tiene una posición interna para *lluvia,* "lo que llueve" es "lluvia" y, fonéticamente, por alguna razón, solo se realiza en la gramática una palabra, que es *llover*.

2.2.2.4   Resumen parcial

En este apartado hemos revisado tres cuestiones centrales para el análisis de los predicados de fenómenos naturales. Primero, el supuesto sujeto gramatical de los verbos impersonales, *pro$^{expl.}$*, que no tiene contenido semántico ni tiene realización fonética; es, simplemente, como su nombre indica, un sujeto formal expletivo. Segundo, los elementos espacio-temporales en oraciones con predicados de fenómenos naturales, que se comportan de manera diferente al resto de los SSPP que funcionan como adjuntos, ya que la posición preferible para ellos es la posición inicial. Tercero, los usos personales

---

[1] En este apartado no hemos puesto énfasis en la diferencia de verbo y núcleo verbal y, por lo tanto, sobre la diferencia de complemento del verbo y complemento del núcleo verbal. En la parte de propuesta, veremos que *lluvia* y *crí*ticas no están en la misma posición en oraciones de "Llueve" y "Llueven críticas".

de los verbos de fenómenos naturales; hemos visto que en su uso personal, los verbos meteorológicos tienen un argumento interno y funcionan como verbos inacusativos de cambio de estado y ubicación.

Estos datos permiten pensar que la propuesta tradicional de que los verbos impersonales son verbos de cero valencia debe ser revisada. En el apartado siguiente propondremos un análisis según el cual estos verbos podrían llevar dos expansiones de argumento, uno interno de tema y otro externo de locativo o temporal. Nuestra propuesta sería la siguiente: los predicados de fenómenos naturales tendrían una misma construcción: espacio-temporal + V+ {N/ A/ ...}. Concretamente, la estructura generativa sería diferente, dependiendo del tipo de verbo (intransitivo, transitivo o copulativo) pero, en cualquier caso, el verbo exigiría dos argumentos: uno preverbal con semántica locativa o temporal y otro elemento posverbal. A continuación vamos a ver con detalle nuestra propuesta.

2.2.3 Propuesta de análisis de los verbos de fenómenos naturales en español

Como hemos descrito en la primera parte de este capítulo, los predicados de fenómenos naturales se dividen en tres grupos: predicados simples con verbos meteorológicos intransitivos, predicados complejos con verbos ligeros transitivos y predicados complejos con verbos copulativos. La propuesta que trataremos de defender aquí puede sintetizarse del siguiente modo: pese a sus diferencias aparentes, los predicados de fenómenos naturales en español disponen de unas estructuras sintácticas homogéneas. Las diferencias superficiales entre ellos dependen de las características de los respectivos núcleos verbales.

El desarrollo de este apartado será como sigue: en primer lugar, en 2.2.3.1, se presenta de forma muy sintética la propuesta. En 2.2.3.2 vamos a analizar los locativos y temporales de los predicados simples de fenómenos naturales; en 2.2.3.3 se analizan los "argumentos internos" de los predicados simples de fenómenos naturales. En 2.2.3.4 se analizan los predicados complejos formados por verbos ligeros, con especial atención a ambos argumentos preverbal y posverbal. Finalmente, en 2.2.3.5, se analizan los predicados complejos con verbos copulativos.

2.2.3.1   Nuestra propuesta en síntesis

En el apartado anterior hicimos una sub-clasificación para los verbos de fenómenos meteorológicos en dos grupos: los que denotan precipitación, y los que denotan cambios cíclicos.

Los verbos de precipitación denotan la caída de un meteoro, como *nieve* o *lluvia*, que se produce en la atmósfera y recorre un movimiento generalmente vertical desde lo alto hacia la tierra. En cierto sentido, estos verbos significan algo así como el movimiento de caída de algo que se genera en lo alto. Calzado (1997) expresa esta idea diciendo que la semántica de los verbos de precipitación consiste en que "X cae sobre Y". Según esta autora, los verbos de precipitación pueden clasificarse en diversos grupos según el meteoro que realiza el movimiento de caída. Se muestra a continuación su clasificación (36):

(36) · Lluvia abundante: *diluviar, arroyar, chaparrear, chucear, descargar, jarrear,* …
   · Lluvia escasa: *chirimirear, chispear, garbear, gotear, lloviznar, rociar,* …
   · Nieve: *cellisquear, nevar, ventiscar, algaracear, trapear, zaracear,* …
   · Granizo: *acantalear, apedrear cascarrinar, granizar,* …
   · Escarcha o rocío: *escarchar, rociar, rosar, helar,* ...

Algunos de estos verbos pueden tener usos personales y, entonces, no expresan fenómenos naturales. Por ejemplo, *gotear* puede construirse como verbo personal en *el grito gotea* y tanto *rociar* como *helar* pueden tener usos transitivos-causativos como en *El jardinero roció las plantas con insecticida, el intenso frío heló los charcos de la calle.* No nos referiremos aquí a estos usos, que no describen fenómenos naturales. Como se dijo más arriba, suele incluirse dentro del grupo de verbos de precipitación aquellos verbos que denotan la emisión de algo, como *atronar, relampaguear,* etc. Estos otros verbos denotan también fenómenos meteorológicos, pero no indican precipitación, sino que describen algún meteoro que se produce o se desplaza en la atmósfera. Se recogen a continuación algunos de estos verbos, clasificados según el meteoro que se produce (37):

(37) · Viento: *aventear, cercear, huracanear, sarracear, ventar, ventear,* ...
   · Truenos: *atronar, tonar, tronar,* ...
   · Relámpagos: *fusilar, fulgurar, fulgurear, lostregar, relampaguear,* …

Entonces, para facilitar nuestro análisis de abajo, aquí hacemos una clasificación más detallada: 1) verbos meteorológicos de precipitación, 2) los demás verbos meteorológicos que no implican precipitación, 3) verbos de fenómenos cíclicos[1], 4) predicados de fenómenos naturales con verbos ligeros y 5) predicados de fenómenos naturales con verbos copulativos.

La propuesta que vamos a hacer puede sintetizarse como sigue: los predicados de fenómenos naturales son intrínsecamente predicados de dos argumentos que toman un argumento externo, que es un locativo o temporal, que expresa el lugar o el tiempo del que se predica el evento natural descrito por el predicado, y un argumento interno, que expresa la naturaleza esencial del fenómeno meteorológico. Hay cuatro estructuras de los predicados de fenómenos naturales según nuestra propuesta: estructura de verbos denominales, de verbos deadjetivales, de verbos ligeros (*haber/ hacer*) y de verbos copulativos (*ser/ estar…*). Son muy parecidas en cuanto a la posición final de los locativos/ temporales (parte preverbal de la estructura) y la posición de los argumentos (morfológicos/ sintácticos) (parte posverbal de la estructura), pero cada una de las estructuras disponen también de sus propias características en la parte del núcleo verbal.

Basándonos en la hipótesis de Hale y Keyser (2002), según la cual la proyección de los léxicos denominales se forma por el fenómeno conocido como "conflation", "fusion of syntactic nuclei" (Hale y Keyser, 2002: 47) y su propuesta de la estructura de los verbos deadjetivales (Hale y Keyser, 2002: 9), propondremos que los verbos simples de fenómenos naturales pueden tener un argumento interno que es un N o A, que describe el meteoro y se relaciona con un núcleo verbal a su izquierda, en forma abstracta (desinencia verbal). En el caso de los predicados compuestos, los verbos que ocupan esta posición del núcleo verbal tampoco tienen semántica completa, sino que son verbos ligeros o copulativos, como ya se ha analizado anteriormente. Según la relación entre el núcleo verbal y el complemento puede suceder que se realicen léxicamente en un mismo predicado y, entonces, tenemos los predicados simples o que se realicen como una estructura transitiva con verbos ligeros *haber* y *hacer*, o como una copulativa con verbos copulativos como *ser, estar,* etc.

A continuación, vamos a examinar si nuestra propuesta de estructura encaja con los tres tipos de predicados: los simples, los compuestos con verbos ligeros, y los compuestos con verbos copulativos. En primer lugar, en 2.2.3.2 vamos a argumentar a favor de que

---

[1]　Según Meulleman y Stockman (2013) y Calzado Roldán (1998), la categoría de los verbos meteorológicos abarca tanto verbos que indican fenómenos atmosféricos como *llover, granizar, helar* y *tornar*, como verbos que indican fenómenos naturales cíclicos como *amanecer, alborear* y *anochecer.* Lo que hacemos nosotros en nuestra clasificación consiste en distinguir, con respecto al primer grupo, los verbos que denotan precipitación (por ejemplo, *llover, nevar, granizar,* etc.) de los verbos de fenómenos atmosféricos que no denotan precipitación (como *ventear, tronar, relampaguear,* etc.).

los locativos y temporales ocupan la posición de sujeto en la estructura de los tres tipos de predicados. En 2.2.3.3 se analizan los "argumentos internos" de los predicados simples de fenómenos naturales. En 2.2.3.4 se analizan los predicados complejos formados por verbos ligeros, con especial atención a ambos argumentos preverbal y posverbal. Finalmente, en 2.2.3.5, se analizan los predicados complejos con verbos copulativos.

2.2.3.2 Los locativos/ temporales como argumento externo

En el apartado donde analizamos la función de los locativos ya hemos revisado aquellos análisis que están a favor de que en oraciones con predicados de fenómenos naturales existe un argumento de carácter espacio-temporal que funcionaría como argumento externo. Este argumento se generaría en una posición más alta que el SV, supuestamente en la posición de especificador de un nudo evento, y se mueve a la posición de [Esp, SFlex] para satisfacer el PPE. En este apartado intentaremos justificar que, dependiendo del tipo del núcleo del SV, la posición de [Esp, SEv] es accesible para temporales o locativos. Concretamente, por un lado, para los verbos meteorológicos de precipitación y los demás verbos meteorológicos que no implican precipitación, [Esp, SEv] es una posible posición de generación de locativos; por otro lado, para verbos de fenómenos cíclicos, [Esp, SEv] es una posible posición de generación de temporales. En otras palabras, lo que queríamos proponer es que puede hacerse una diferenciación entre locativos y temporales, de tal manera que las oraciones impersonales de fenómenos naturales siempre pueden tener un argumento espacio-temporal en posición de [Esp, SEv]; en caso de los verbos de los grupos 1) y 2), esta posición la ocupa un locativo, mientras que en el caso de los verbos del grupo 3), la ocupa un elemento temporal. La estructura de los predicados de fenómenos naturales con verbos ligeros y con verbos copulativos será analizada en apartados más adelante.

2.2.3.2.1 Los locativos

En primer lugar, vamos a ver los locativos. La cuestión de "locación" ha estado presente en muchas descripciones de los verbos meteorológicos. Bühler (1934: 550) proponía que el sujeto del tipo de *En Madrid está lloviendo*, el sujeto es *En Madrid*. En el caso de que el sujeto no aparezca explícito se mantiene su significado de "situación", o de donde estén los hablantes (por ejemplo, *aquí*). Según este autor, ante un verbo meteorológico, por la intuición, se preguntaría *¿dónde y cuándo?* en vez de *¿quién?* o *¿a quién?*, porque "el verdadero sujeto de estas frases nombra en realidad la situación en que sucede el acontecimiento". Otros autores, por ejemplo, Fernández Soriano y Táboas

Baylín (1999) y Fernández Soriano (1999), como hemos mencionado antes, desde el punto de vista de gramática descriptiva y generativa, también confirman que los locativos pueden ser sujeto en oraciones impersonales de fenómenos naturales.

Asimismo, otros autores, como por ejemplo Recanati (2006) y Collins (2011), rechazan la idea de que los lugares de estas oraciones funcionan como sujeto, porque todos los sucesos o acontecimientos tienen que suceder en un lugar determinado (y un tiempo determinado). Según estos autores, al tratarse de un hecho metafísico común para cualquier tipo de evento y, por tanto, una propiedad general de todos los predicados, no se refleja en la estructura argumental de los verbos, en cuya proyección no hay posición para los locativos. Sin embargo, Recanati (2006: 12) reconoce al mismo tiempo que los verbos como *llegar*, *durar* sí que tienen respectivamente un complemento de lugar y de tiempo. El mismo autor (Recanati 2006: 37) también concluye que los predicados meteorológicos conllevan una característica pragmática diferente comparado con el resto de los eventos, de tal manera que la locación de los eventos meteorológicos es más relevante, porque es bastante típico que haya una referencia tácita de lugar en las ocurrencias de eventos meteorológicos, más típica que en los demás predicados eventivos.

Nuestra propuesta consiste en que, de acuerdo con la nueva agrupación de arriba, el locativo es argumento de los verbos meteorológicos de precipitación y de los demás verbos meteorológicos que no implican precipitación. Nuestra opinión es diferente a lo que propone Calzado (2013: 97), cuyo punto de vista es que los temporales y los locativos son adjuntos circunstanciales y su función es paralela en las oraciones de los siguientes grupos (38) y (39); las primeras (38) de predicado atmosférico de precipitación, las segundas (39) que no está relacionadas con precipitaciones meteorológicas:

(38) a. Está nevando.

　　b. En la cima de la montaña está nevando.

　　c. Ayer nevó.

(39) a. Se oyen golpes.

　　b. En el sótano se oyen golpes.

　　c. Ayer se oyen golpes.

Insistimos en que en el caso de las segundas (39), la construcción semántica del verbo "oír" es "X (humano/ animado; genérico/ específico) oye Y (sonido)", por lo tanto, los elementos locativos/ temporales no forman parte de su semántica léxica, pero los verbos de precipitación, tienen construcción de (X cae sobre Y), aquí en el caso de *nevar* su construcción semántica es "X (nieve) cae sobre Y (lugar)". Al igual que los verbos de cambio de ubicación, el elemento de lugar sí forma parte de su semántica, y tendría que ser un argumento en su estructura gramatical. En el caso de (39c), *Ayer nevó*, en principio opinamos que el temporal también es apto para ser argumento del verbo. Cuando no hay locativo, el temporal sería posible aparecer en la posición del argumento.

No faltan referencias que argumentan que los verbos meteorológicos de precipitación se comportan como verbos inacusativos, por ejemplo Ruwet (1991), Calzado (1999, 2013), Fernández Soriano (1999), Meulleman y Stockman (2013), entre otros. Y se portan de forma parecida a verbos de movimiento, que denotan dirección inherente: todos los verbos de fenómenos atmosféricos, como *llover, diluviar, nevar, rociar, granizar*, etc., implican un movimiento de entidades que caen desde el cielo hacia la tierra. Entonces, pensamos que es razonable considerar el locativo como su argumento y, cuando no está presente, está implícito u omitido este argumento, pero en la gramática sí que hay una posición para el locativo[1].

En cuanto a los verbos atmosféricos que no denotan precipitación, como *ventear, tronar, relampaguear,* etc., consideramos que estos verbos tienen una estructura constructiva básicamente como los verbos de existencia, al igual que los predicados de fenómenos meteorológicos con el verbo *haber*, que es el verbo existencial más prototípico, y muy parecidos también a los demás verbos de aparición y de acaecimiento, del tipo *ocurrir, suceder, acaecer.* Como ya hemos analizado antes, en la mayoría de los casos, los verbos ligeros *haber* y *hacer* se pueden intercambiar sin ocurrir mucho cambio de sentido. En cuanto a los verbos de viento, truenos y relámpagos, los predicados simples pueden ser metidos en predicados complejos con *haber/ hacer* también, como se ve en las definiciones dadas en RAE-ASALE (2009) (40) son de forma parafraseada con verbos complejos *haber/ hacer. Ventear, tronar* y *relampaguear* son los más prototípicos y el resto de la clasificación del trabajo de Calzado (37), como *cercear, fusilar,* etc., serían usos metafóricos.

---

[1] Según nuestra propuesta, de acuerdo con Fernández Soriano (1999), hay una posición de [Esp, SEv] para los locativos en la estructura de los verbos de precipitación. En cambio, no ha dejado claro dónde sería la posición de generación de los dativos como, por ejemplo: *Aquí llueve, Me llueve,* los dativos y los locativos parecen que no se generan en un mismo lugar. Entonces, ¿dónde se generan los dativos? La opción más extendida es que los dativos se generan como núcleo de un núcleo aplicativo (Harley, 1995; Cuervo, 2003, 2008).

(40) a. *ventear* intr. impers. Soplar el viento o hacer aire fuerte.

    b. *tronar* intr. impers. Sonar o haber truenos.

    c. *relampaguear* intr. impers. Haber relámpagos.

Por lo tanto, desde este punto de vista, podríamos decir que estos verbos en realidad exigen un argumento locativo: al igual que los verbos de existencia y de acaecimiento: si algo existe, tiene que existir en un sitio, si algo ocurre, tiene que ocurrir en algún lugar. Fernández Soriano (1999) ha propuesto dos estructuras para los verbos impersonales, una de verbos que denotan estado estativo, como los verbos existenciales del tipo *haber*, otra de verbos que denotan hecho eventivo, como verbos de acaecimiento del tipo *suceder, ocurrir*, y verbos meteorológicos: ambas estructuras tienen que tener una posición para un locativo. De acuerdo con esta autora, cuyo análisis asumimos aquí, podríamos decir que, sean estativos o eventivos, al igual que los verbos de existencia y de aparición, los verbos bajo análisis tendrían que tener una posición de locativo en su estructura gramatical.

2.2.3.2.2   Los temporales

En segundo lugar, vamos a ver los temporales. Para los verbos cíclicos, queríamos proponer que tienen un argumento temporal. No es algo nuevo la opinión de que los verbos cíclicos pueden llevar un argumento espacio-temporal, por ejemplo hay argumentaciones parecidas en estudios existentes como en Ruwet (1991), Fernández Soriano y Táboas Baylín (1999), Meulleman y Stockman (2013) y Fábregas (2014). Lo que nosotros queríamos proponer es que los verbos de este grupo, *amanecer, anochecer, atardecer, alborear, aclarar*, etc., llevan en su significado un concepto de tiempo y en su proyección léxica habría una posición argumental para un elemento temporal, sea expreso u omitido. En Fábregas (2014) se han citado unos usos personales del verbo *amanecer*, que reproducimos aquí (41).

(41) a. Aquí amanece a las cinco.

    b. Ahora parece amanecer a las seis y media.

    c. El día amaneció nublado.

    d. El martes amanecí muy deprimida.

Nuestra opinión consiste en que en las primeras dos oraciones (41a) y (41b) de arriba, el argumento externo es respectivamente *a las cinco* y *a las seis y media*, en las últimas dos oraciones (41c) y (41d) este argumento está implícito. De acuerdo con el mismo autor (Fábregas, 2014), *amanecer* designa el momento del día en el que el sol sale, *atardecer* indica el punto en el que el sol comienza a ponerse. Este autor propone que precisamente debido a este significado los verbos del tipo *amanecer* son verbos temporales, porque indican un momento concreto y preciso en la línea temporal, con referencia al movimiento del sol. Una explicación alternativa sería decir que los verbos como *amanecer, atardecer, anochecer* serían verbos de movimiento y lo que se mueve sería algo inherente de la semántica de estos verbos, algo intangible y no material, que es la luz del día. Según la definición de RAE-ASALE (2014), *amanecer, atardecer, anochecer* significan lo siguiente (42).

(42) a. *amanecer* intr. impers. Empezar a aparecer la luz del día.

b. *atardecer* intr. impers. Empezar a caer la tarde.

c. *anochecer* intr. impers. Empezar a faltar la luz del día, venir la noche.

Se tienen que emplear verbos de cambio de ubicación y verbos de existencia y aparición para la definición de estos verbos, esto significa que estos verbos sí que tienen algo en común comparados con los verbos de movimiento y existencia. Y la diferencia consiste en que aquí lo que aparece, lo que cae y lo que viene, en vez de algo material, es un concepto de tiempo, la mañana, la tarde y la noche. Según nuestro análisis, los verbos de cambio de ubicación y de existencia llevan inherentemente en la semántica un lugar concreto para los objetos materiales. Paralelamente, sería razonable pensar que los verbos bajo análisis aquí, los del tipo *amanecer, atardecer, anochecer* llevan en su semántica conceptos parecidos, pero conceptos temporales: los objetos no materiales temporales existen o aparecen o llegan a unas ubicaciones temporales concretas y determinadas en la línea del tiempo. Por lo tanto, diríamos que los momentos concretos serían el argumento de estos verbos, en lugar de *aquí* y *ahora* aparecidos en las primeras oraciones de (41a) y (41b) de arriba.

No obstante, queríamos desarrollar una explicación para la oración (41b) *Ahora parece amanecer a las seis y media*, sobre ¿por qué la hora concreta *a las seis y media* es el argumento externo en vez de *ahora*, que también es un temporal? Esta pregunta, nos recuerda otra vez el punto de vista de Recanati (2006) y Collins (2011) acerca de que todos los sucesos y acontecimientos tienen que suceder en un tiempo determinado, por lo tanto no se refleja en la estructura argumental y no hay posición para los temporales. Queríamos decir, con respecto a esta opinión, en principio con la que estamos de acuerdo, además, en español los verbos llevan propiedad de Flex y el tiempo siempre es un elemento participante. En la oración (41b) *Ahora parece amanecer a las seis y media*, *ahora* sería la realización de la propiedad de Flex, que indica al presente, es deíctico pero no determinado en este caso. Semánticamente, este *ahora* de la oración haría referencia a "los días de ahora, estos días", entonces tendría una función más o menos igual que el elemento *el día* de la oración (41c) *El día amaneció nublado*, pero en posición adjunta. Por dicha razón, pensamos que los dos temporales *a las seis y media* y *ahora* ocupan diferente posición en la proyección y reflejan propiedades diferentes: *a las seis y media* refleja el momento concreto y determinado cuando llega la mañana, que refleja la semántica del verbo; *ahora* refleja propiedad de Flex y sería adjunto circunstancial[1].

En cuanto a oraciones (41c) y (41d), *El día amaneció nublado, El martes amanecí muy deprimida*, como hemos analizado en la parte primera, son usos personales y metafóricos. Como ya hemos visto, estos argumentos sujetos concordados con el verbo se generarían en posición interna de los verbos. En estas oraciones existen además de forma implícita un argumento temporal: *El día amaneció nublado*: Amaneció a las x horas y el día era nublado; *El martes amanecí muy deprimida*: El día de martes amaneció a las x horas y yo estaba muy deprimida. Es decir, explícito o expreso, habría una posición para temporales en la proyección léxica de los verbos como *amanecer*, indicando el momento concreto y determinado cuando sale o se pone el sol. Y los temporales, al igual que los locativos que hemos analizado anteriormente, ocuparían la posición de [Esp, Ev] porque, según nuestra propuesta, se entiende como un locativo temporal, una ubicación temporal, una posición abstracta que existe en la línea temporal.

2.2.3.2.3   Resumen parcial

En este apartado hemos analizado la función de los locativos y temporales. Nuestra propuesta consiste en que los predicados de fenómenos atmosféricos (predicados simples de precipitación y de otros fenómenos atmosféricos) y los verbos cíclicos tienen una estructura como los verbos de existencia o de cambio de ubicación, que llevarían una posición argumental de locativo en la proyección léxica, supuestamente generado en posición de [Esp, SEv]. Cabe enfatizar que los verbos cíclicos, como no predican sobre ningún elemento concreto, sino el concepto del tiempo, la ubicación que llevan en la semántica es temporal. Sería, por tanto, una locación abstracta en la línea temporal que

---

[1] De hecho, todos los predicados pueden tener dos complementos temporales, uno al comienzo de la oración y otro posverbal. El primero se interpreta como un complemento de marco temporal y el segundo como un complemento de punto; el primero denota un intervalo y el segundo un instante dentro de ese intervalo: *En invierno empiezo a trabajar a las 8 de la mañana*. Véase García Fernández (1999) sobre la diferencia entre los dos temporales. Aquí, para los verbos bajo nuestro estudio, lo que queríamos es dar a los complementos temporales de punto un estatus de papel argumental: argumento que requiere los predicados de suceso, en los que se producen los sucesos. En cambio, los complementos de marco temporal se mantienen su estatus de complemento temporal.

indica un momento determinado.

En este apartado no está incluido el análisis de predicados complejos con verbos ligeros y con verbos copulativos, que analizaremos más adelante. Pero creemos que la estructura de predicados complejos con verbos ligeros es existencial, por lo tanto tendría que haber una posición en su estructura para locativos. Además, los predicados complejos con verbos ligeros y con verbos copulativos, siendo estructuras copulativas, no podrían tener en la posición de sujeto de OR un $pro^{expl.}$, sino que tendrían que tener un sujeto con contenido semántico y significado locativo o temporal. Ambas estructuras serán analizadas en diferentes apartados de este capítulo.

Antes de terminar, queríamos añadir una reflexión sobre el caso que tendrían los elementos locativos y temporales. Desde el punto de vista de la construcción semántica hemos argumentado que los predicados simples de fenómenos atmosféricos y los predicados complejos con verbos ligeros pueden tener en su estructura una posición para locativo, que podría ser la posición de [Esp, SEv]. Según nuestros análisis anteriores, desde esta posición, los locativos se mueven a [Esp, SFlex] para satisfacer el PPE, sin embargo, no mantienen concordancia con los verbos: los verbos siempre son de tercera persona singular, concuerdan con el $pro^{expl.}$ Entonces, ¿qué caso tendrían los locativos? Suele distinguirse entre casos estructurales e inherentes. Los casos estructurales son nominativo y acusativo, son asignados por un núcleo funcional y la asignación es independiente del papel temático. En cambio, los casos inherentes se asignan por un núcleo léxico que también es asignador de papel temático. Son inherentes el partitivo y probablemente también el locativo. Se puede pensar que los complementos locativos y temporales llevan un caso oblicuo inherente (Fernández Soriano, 1999; Torrego, 1989): no son SSNN sino SSPP o SSAdverbiales; solo necesitan caso los SSNN y estos elementos llevarían caso locativo inherente.

A favor de esta hipótesis, Fernández Soriano (1999) ha propuesto diversos argumentos a favor de que el núcleo del PP locativo, en oraciones impersonales, en realidad es un marcador de caso y los locativos están marcados como caso oblicuo, porque: 1) solo las SSPP con preposición *en* pueden subir a la posición inicial; 2) hay evidencias de datos de cuantificador flotante; 3) también existen evidencias de ligamento. Vamos a introducir unos predicados de fenómenos naturales en estos diagnósticos, por ejemplo (43)–(45).

(43) Preposición *en* en comparación con las demás preposiciones

   a. En la montaña/ *por la montaña nieva mucho.

   b. En esta zona/ *contra esta zona tronaron bastante.

(44) Cuantificador flotado

   a. En los pueblos de la zona, llueve en todos lluvia muy fina.

   b. En estas zonas, ventea en todas viento fresco.

   c. En las ciudades de Madrid y Barcelona nieva en ambas bastante poco.

(45) Ligamento

   a. Este verano habrá llovido sus buenos 40 litros por metro cuadrado.

   b. En la sierra habrá nevado sus buenos 10 centímetros de nieve[1].

Pensamos que en principio esta propuesta sería razonable. Los locativos en oraciones con predicados de fenómenos naturales aprueban los diagnósticos de caso oblicuo, entonces podríamos decir que los locativos en dichos predicados tendrían caso oblicuo. Sin embargo, nos falta todavía justificar que los locativos temporales (*a las x horas*) también tienen caso oblicuo como los locativos espaciales en dichos predicados. Aparte de los locativos espaciales y temporales que hemos estudiado, según nuestra opinión, hay otro tipo de locativo: un locativo humano, que se realiza en oraciones en forma de dativo. Es compatible con los predicados de fenómenos naturales que hemos desarrollado, siempre que haya persona afectada por el predicado. Ocuparían la misma posición que los locativos espaciales y tendrían también caso oblicuo.

En fin, hemos analizado y justificado que los predicados de fenómenos meteorológicos tendrían un argumento externo que sería locativo o temporal. Sean locativos o temporales, se generarían en posición externa de SV, supuestamente en [Esp, SEv], un nudo más alto que el nudo SV. Desde dicha posición se mueven al principio de la oración. Llevan caso oblicuo pero pueden satisfacer el PPE, y la concordancia se mantiene entre el verbo y el sujeto gramatical *pro*$^{expl.}$. Suponemos que los elementos con contenido semántico son más aptos para la posición inicial de las oraciones, entonces, para oraciones impersonales con predicados de fenómenos naturales, los argumentos locativos serían más potentes para la posición inicial porque tienen contenido semántico, además están más

---

[1]   Estas oraciones tratan de usos enfáticos del posesivo. Según hablantes nativos son posibles, pero no se trata realmente de uso frecuente. Probablemente se deba a que estos verbos no admiten fácilmente un complemento que admita ser ligado por el locativo.

cerca de [Esp, SFlex], su posición de generación [Esp, SEv] es más alta que la de *pro*$^{expl.}$ [Esp, SV] y, por lo tanto, en oraciones resultantes los locativos siempre ocupan la posición inicial.

Después de ver la cuestión de argumento externo, a continuación, vamos a desarrollar otra idea: los predicados de fenómenos naturales tienen un argumento interno.

2.2.3.3 Predicados simples meteorológicos

En este apartado vamos a analizar los verbos de los grupos 1) verbos meteorológicos de precipitación, 2) los demás verbos meteorológicos que no implican precipitación y 3) verbos de fenómenos cíclicos. Ya hemos visto que muchos de estos verbos pueden tener uso personal, que implicaría el fenómeno de expansión argumental, y en su uso personal metafórico los verbos meteorológicos se portan como verbos inacusativos de cambio de ubicación o de existencia. Inspirado en esta idea, en este apartado vamos a proponer y justificar que, en realidad, en la estructura léxica de estos verbos siempre existe una posición para un complemento nominal, que podría ser considerado como un argumento tema que se ve afectado por el núcleo verbal.

La idea general de esta propuesta, aparte de ser inspirada en el análisis de los usos personales de dichos verbos, ha sido inspirada también en la teoría de conflación de Hale y Keyser (2002). De forma sucinta, han propuesto en principio los siguientes puntos de vista de nuestro interés. a) Conflación supone la fusión que ocurre para núcleos sintácticos, generalmente es el proceso de derivación de verbos denominales y deadjetivales, "the phonological matrix of the head of a complement is inserted into the head, empty or affixal, that governs it, giving rise to a single word" (Hale y Keyser, 2002: 47), por ejemplo, para un verbo denominal, el núcleo conflado es N; para un verbo deadjetival, el núcleo conflado es A. b) La realización fonética final es un verbo en posición del núcleo V, en lugar de su complemento N o A. c) El proceso de conflación consiste en copiar la propiedad del complemento y pegarla a la propiedad de su núcleo, en la posición del último su propiedad es defectiva. Y ser defectiva significa que el núcleo es totalmente vacío (eg. *laugh (sust.)* →*laugh (v.)* o el núcleo es solo un afijo (eg. *red (adj.)* → *redden (v.)*).

Es decir, lo que queríamos proponer es que el núcleo V de los verbos de fenómenos meteorológicos exige un complemento N o un complemento A. Este complemento no puede tener realización fonética, porque va incorporado en el núcleo V (con propiedad defectiva). En caso de verbos deadjetivales, por la propiedad de ser derivados de adjetivos y tener complemento adjetival, exigen un N en su estructura, en posición de especificador.

Para facilitar nuestro análisis de este apartado, reagrupamos los verbos en 1) verbos meteorológicos de precipitación, 2) los demás verbos meteorológicos que no implican precipitación, 3) verbos de fenómenos cíclicos (46). La nueva agrupación es la siguiente: 1) verbos denominales: *llover, nevar, tronar, relampaguear, amanecer, anochecer,* etc. y 2) verbos deadjetivales: *oscurecer, aclarar,* etc.

(46) Predicados simples de fenómenos naturales, intransitivos
· llover, nevar, granizar, …
· tronar, relampaguear, amanecer, anochecer, …
· oscurecer, aclarar, clarear, …

(47) a. Llueve mucho.
  b. Está {torneando/ escarchando/ lloviznando/ diluviando}.
  c. Está {amaneciendo/ anocheciendo/ alboreando/ oscureciendo}.
  d. Ya ha oscurecido/ ha amanecido/ ha anochecido.

2.2.3.3.1   *Verbos meteorológicos denominales*

Vamos a tomar *llover* como nuestro ejemplo de análisis de verbos denominales. A la hora de examinar el comportamiento de los predicados de fenómenos naturales, muchos gramáticos ya han hecho esta pregunta, como se nota en un apartado anterior de nuestro trabajo, ¿qué llueve? ¿Existe algún participante en el proceso que denota este predicado? Nuestra respuesta es que sí. Nuestro punto de vista, en realidad, ha sido argumentado de diferente manera en referencias existentes. Por ejemplo Seco (1954: 186): "En estos verbos lo que hay es un sujeto interno, sacado de su propia raíz; la lluvia es la que llueve y el trueno es el que truena"; Pérez Rioja (1965: 367) también menciona que las oraciones con verbos meteorológicos tienen un sujeto indeterminado o interno incluido en la idea verbal; por otra parte, Gili Gaya (1973: 75) argumenta que "en la representación mental de estas acciones, el sujeto está incluido en la acción misma: *la lluvia, la nieve, el trueno,* etc."; Vivas (1976) pone en relación los sustantivos de *lluvia, nieve, granizo,* etc. con los verbos de *llover, nevar, granizar,* etc. y argumenta la derivación y lexicalización para explicar los verbos meteorológicos. También queríamos mencionar que Bleotu (2012: 76) también, basándose en la teoría de Hale y Keyser (2002), al analizar diferentes idiomas, incluido el chino, afirma que los verbos del tipo *llover* sí que tienen argumentos participantes.

Calzado Roldán (2013: 105), después de hacer unas comparaciones sintácticas del verbo *llover* y el sustantivo *lluvia*, llega la conclusión de que "el predicado *llover* implica 'algo que cae', que es la propia lluvia. Dado que la lluvia no es una sustancia independiente del proceso de llover, sino que es la precipitación misma que expresa el verbo, en una oración como *Llueve* resulta prácticamente imposible separar un argumento de un predicado". En otras palabras, no se puede separar un argumento "lluvia" del verbo "llover", porque la sustancia de lluvia solamente existe en el proceso de llover, fuera del proceso no se llamaría lluvia, sino sustancias como agua o agua de lluvia. Este análisis recuerda la teoría de Hale y Keyser (2002) de la conflación. Basándonos en la teoría de estos autores, queríamos proponer que los predicados denominales de fenómenos meteorológicos tienen una estructura de $[V[V_{afijo}, N]]$ y la estructura arbórea de *llover* sería la siguiente (48).

(48)

El núcleo es sufijo verbal "-er", al cual el complemento "lluvia" se inserta, y el resultado final de este proceso es el verbo "llover" (49), y se realiza fonéticamente bajo V en vez de N, elemento que está asociado con el verbo en el lexicón. Debido a que los sustantivos se ven conflados en el núcleo verbal, no se puede decir las siguientes frases, porque la semántica de *lluvia, nieve* ya la lleva el verbo: **La lluvia llueve, *La nieve nieva.*

(49)

Nuestra opinión es diferente de lo que propone Calzado (2013: 111), quien opina que "los verbos meteorológicos de precipitación tienen un argumento, referido a la propia precipitación o sustancia o bien a objetos acontecimientos. Este argumento, semánticamente un tema, forma parte de la estructura argumental el verbo y es generalmente el sujeto gramatical de la oración. El argumento interno de llover puede ser implícito (usos impersonales) o explícito (usos personales)". Según nuestro análisis, la "propia precipitación" y "sustancia o bien objetos acontecimientos" debería ocupar diferente posición en la proyección, aunque en ambos casos temáticamente son temas. Las oraciones de *Llueve* y *Llueven piedras* tendrían las siguientes estructuras (50) y (51). Es decir, a nuestro parecer, la "propia precipitación" en realidad no es separable del núcleo verbal y la "sustancia o bien objetos acontecimientos" en su uso metafórico es un concepto perfectamente separable y sería mejor ser considerado como caso de expansión argumental.

(50) Llueve.

(51) Llueven piedras.

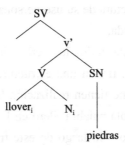

Según el análisis de estructuras de argumentos hipónimos de Hale y Keyser (2002: 88) "dance a jig" tendría la misma estructura que "play a jig". Paralelamente, podríamos pensar que, en realidad, la estructura del uso metafórico de llover del tipo de Llueven piedras (donde consideramos que piedras es un tipo de lluvia, en vez de lluvia de agua, aquí es lluvia de piedra), debería ser la misma que Caen piedras. Es decir, podríamos señalar que, realmente, el verbo *llover* de las dos figuras de arriba son dos *llover*: *llover₁* y *llover₂*. El *llover₁* significa 'caer agua del cielo' y el *llover₂* significa 'caer del cielo'. Pensando en esta manera, quedaría más clara la cuestión de la concordancia. Sus estructuras se representan de la siguiente manera (52) y (53).

(52) Llueve.

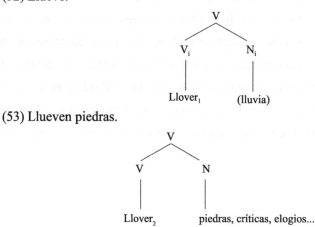

(53) Llueven piedras.

En su uso metafórico, los SSNN del tipo *piedra* serían bien considerados como hipónimos de *lluvia*, figurado en la posición expandida[1], y el concepto de la propia lluvia está incorporado en el núcleo verbal de *llover*. Lo que queríamos proponer es que hay una estructura morfológica que hay tener en cuenta para el uso impersonal del verbo *llover* y no se debe confundir con la estructura de su uso personal, en el último caso, el argumento explícito está en posición expandida.

Desde nuestro punto de vista, todos los verbos impersonales de este grupo *llover, nevar, tronar, relampaguear,* etc. tienen una estructura léxica de [V [V_{afijo}, N]]. En las oraciones resultantes, los SSNN no tienen realización fonética, porque han conflado con el núcleo verbal formando una sola palabra. Pero en la semántica léxica, este SN sí que existe, como hemos comprobado a lo largo de este trabajo. Además, queríamos decir que este SN está en posición de complemento de V_{afijo}, entonces no es la misma posición que los argumentos expandidos, que se generan en posición de complemento del V. A continuación, vamos a ver el caso de los verbos deadjetivales, que también exigen un participante en su semántica léxica, pero es diferente al caso de los denominales.

2.2.3.3.2   *Verbos meteorológicos deadjetivales*

Vamos a tomar *aclarar* como nuestro ejemplo de análisis de verbos deadjetivales. Forman parte de predicados simples de fenómenos cíclicos. Según la definición dada

---

[1]   Hale y Keyser (2002), en "3.6 Hyponymous arguments and a revision of the theory of conflation", ha propuesto un análisis sobre argumentos hipónimos. En forma resumida, se puede decir que el caso de verbos con argumento hipónimo consiste en la situación en la que un verbo dotado de cierto contenido semántico tiene el mismo índice que su argumento nominal, que está en una posición estructural donde sea permitido en ser ligado por el verbo.

por RAE-ASALE (2009), los verbos *aclarar* y *oscurecer* significan lo siguiente (54). Se puede decir que básicamente tienen el mismo significado que *amanecer* y *oscurecer,* respectivamente.

(54) a. *aclarar* intr. impers. Amanecer, clarear.

b. *oscurecer* intr. impers. Ir anocheciendo, falta la luz y claridad desde que el sol empieza a ocultarse.

De acuerdo con el análisis de Mendikoetxea (1999), los verbos *aclarar* y *oscurecer* son verbos de cambio de estado que expresan eventualidades de causa interna. Los verbos *aclarar* y *oscurecer* se consideran verbos de causa interna cuando se refieren, por ejemplo, a fenómenos naturales de carácter meteorológico (Mendikoetxea, 1999: 1599) y no permiten variantes causativas transitivas, ni el adjunto *por sí solo/a*, como se ejemplifica en las siguientes oraciones (55).

(55) a. El día ha aclarado.

b. El día ha oscurecido de repente.

c. ?? El sol ha aclarado el día.

d. ?? Las nubes han oscurecido la tarde.

e. * El día ha aclarado por sí solo.

f. * El día ha oscurecido por sí solo.

Los predicados de estas oraciones indican un cambio de estado, el cambio de las condiciones de la luz del día. Cuando hablamos de estado, debería haber una sustancia (material o no material) que lleve este estado funcionando como el portador de este estado. De aquí surge nuestra idea de que los verbos impersonales del tipo *aclarar* y *oscurecer* tendrían que exigir un argumento SN por su semántica léxica, por ejemplo *el día, la tarde, el cielo*, etc., algo que puede ser el portador del cambio de estado de la luz del día. De igual forma, debido a que no pueden tener variantes causativas transitivas, ni el adjunto *por sí solo/a*, pensamos que estos SSNN argumento tendrían un papel temático de tema afectado o paciente, la oración de *El día ha aclarado* equivaldría a *El día está aclarado*, parafraseada con estructura copulativa.

De hecho, pensamos que los verbos *aclarar* y *oscurecer* tienen estos comportamientos gramaticales debido a su propiedad de ser verbos deadjetivales. Basándonos en la propuesta de la estructura de verbos deadjetivales de Hale y Keyser (2002), queríamos proponer que los verbos deadjetivales de fenómenos naturales tendrían una estructura de [V[SD V[V$_{afijo}$, A]]], concretamente el verbo *aclarar* tendría la estructura siguiente (56).

(56)

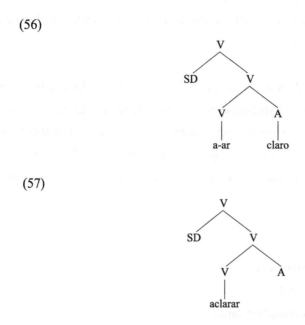

(57)

El núcleo es afijo, al cual el complemento A "claro" se inserta, y el resultado final de este proceso es el verbo "aclarar" (57) y se realiza fonéticamente bajo V, en vez de A, elemento que está asociado con el verbo en el lexicón. Esta estructura, a diferencia de la de los verbos denominales, exige tanto un complemento como un especificador, la proyección del último es debido a la propiedad del A que exige que exista un SD como especificador.

El SD generalmente podría estar oculto, porque según el contexto y el significado de *aclarar* puede ser sobreentendido. Diferente al caso de los denominales, el N de los verbos deadjetivales se genera en posición de especificador, a veces no tiene realización fonética porque está omitido o implícito, pero no es debido a que esté conflado con el verbo; lo que sí está conflado es el núcleo A.

Entonces, a nuestro parecer, los verbos de fenómenos naturales deadjetivales siempre exigen un SD en la posición de especificador en la estructura del verbo, lo exige el núcleo conflado A. Entonces, las oraciones como *Ha aclarado, Ha oscurecido*, en realidad llevan un argumento omitido, del tipo *el día, la tarde, el cielo* u otros que puedan ser portadores del cambio de estado de la luz del día. Este argumento existe en la semántica léxica del verbo, diferente al caso de expansión argumental de usos metafóricos de verbos del tipo *llover*, aquí la posición de SD no es expandida, ya que el SD existe porque lo exige el núcleo A, aunque pueda estar implícito, pero la posición de este argumento siempre existe y tiene que ser ocupada por algo que tenga contenido semántico.

2.2.3.3.3   Resumen parcial

En este apartado hemos argumentado que en la estructura semántica de los predicados simples de fenómenos naturales, aparte del núcleo verbal, siempre existe un N relacionado con el significado del verbo.

En el caso de verbos denominales hemos propuesto que el núcleo verbal sería un afijo, al cual conflado un N que lleva el significado radical del verbo resultante, es decir, una estructura de $[V[V_{afijo}, N]]$. Podríamos pensar que este núcleo verbal afijo tiene características muy parecidas a los verbos ligeros en el sentido de que son semánticamente defectivos. Casi todos los verbos denominales de nuestro análisis pueden tener estructura de V+N, por ejemplo (58).

(58) a. llover = {caer/ hacer/ haber…} lluvia

b. nevar = {caer/ hacer/ haber…} nieve

c. tronar = {producirse/ haber…} truenos

d. relampaguear = {producirse/ haber…} relámpagos

…

Imaginando que los afijos verbales sean verbos ligeros, el N que está generado en su posición complemento tendría el papel temático de tema afectado. Sean como sean sus otras características semánticas (fenómenos de precipitación, no de precipitación o de fenómenos cíclicos), llevan en su semántica léxica un tema afectado. Entonces, si imaginamos que los afijos son un tipo de verbos ligeros, los SSNN que se generan en su posición de complemento podrían ser considerados como argumentos internos, pero estrictamente dicho, no lo son, porque están incorporados a su núcleo verbal y el resultado es una sola palabra; en términos de Hale y Keyser (2002), la conflación de verbos denominales no forma parte de la teoría de estructura argumental.

En cuanto a los verbos deadjetivales, digamos que también tienen en su semántica un tema afectado, pero en la posición de especificador de la estructura de los verbos. Tendrían una estructura de $[V[SD\ V[V_{afijo}, A]]]$. Al igual que los verbos denominales, los verbos deadjetivales también tienen un núcleo verbal en forma de afijo, al cual se confla un núcleo A, que lleva su significado radical. Justo por el núcleo A se exige la existencia de la posición de un especificador dentro de la estructura del verbo. Este requisito sí que forma parte de la teoría de estructura argumental. Y digamos que este SD tema que está en posición de especificador puede estar implícito u omitido, pero tiene que tener contenido semántico, debido a que el núcleo A exige que haya algo que pueda ser portador del estado que denota. Y dicho SD porta y sufre el cambio de estado y, por lo tanto, tendría tema como papel temático.

En fin, opinamos que los predicados simples de fenómenos naturales, sean denominales o deadjetivales, llevan un elemento N en su estructura, exigido por su semántica. En los denominales, este N no tiene realización fonética, porque está conflado en su núcleo verbal en su realización final; en los deadjetivales, este SN también puede estar sin realización (estar sobrentendido y omitido), pero siempre existe una posición en la estructura para él y sería recuperable: aunque no del todo, pero su contenido semántico sería algo que pueda portar el cambio de estado de la luz del día.

A continuación, vamos a estudiar el caso de los predicados complejos con verbos ligeros. Se tratará de mostrar que estos predicados complejos pueden ser explicados mediante un análisis similar al de los predicados simples denominales.

2.2.3.4 Predicados complejos con verbos ligeros

En este apartado vamos a concentrarnos en los predicados del tipo 4) de nuestra nueva clasificación: predicados de fenómenos naturales con verbos ligeros. La estructura de los predicados de este grupo se ve de forma más clara que es [V [V$_{ligero}$, N]]. Aquí en los ejemplos (59) y (60).

(59) Predicados complejos de fenómenos naturales con *haber* y *hacer*, transitivos
   · haber + SN de fenómenos naturales
   · hacer + SN de fenómenos naturales/ de temperatura

(60) a. Hay {sol/ viento/ lluvia/ diluvio/ niebla/ tormenta/ mucha nube}.
   b. Hace {sol/ viento/ mucho calor/ un día espléndido}.
   c. Hace 20 grados (de temperatura).
   d. Está haciendo unos calores terribles.

En este apartado no vamos a argumentar su estructura de V$_{ligero}$ +N, sino que vamos a hacer una comparación de los predicados de este grupo con los verbos simples denominales de fenómenos meteorológicos, que supuestamente tienen una estructura [V[V$_{afijo}$ +N]]. Lo que queríamos proponer consiste en que los verbos ligeros *haber/ hacer* ambos tienen significado existencial, por lo tanto, denotan estados, en vez de actos eventivos.

Como ya hemos analizado en la parte de estructura básica de los predicados de fenómenos naturales, en la mayoría de los casos, los verbos ligeros *haber* y *hacer* se pueden intercambiar sin que se produzca un cambio sustancial de sentido. Además, sus comportamientos sintácticos en estos casos también son iguales: el SN que aparece tras *hacer/ haber* nunca induce concordancia, es decir, el verbo *hacer* solamente se conjuga en tercera persona de singular en su uso de predicado de fenómenos naturales. Al igual que *haber*, la posición del SN suele ser pospuesta al verbo, así sería raro oír frases como **Frío hizo, *Ayer 18 grados de temperatura hizo*. El verbo *haber* se considera naturalmente como existencial, denota un estado existencial, pero se pregunta por qué *hacer* denota un estado también, que no lo parece en el resto de sus usos por ejemplo *hacer la cama, hacer un viaje, hacer fotos*, etc. Sin embargo, si traducimos los ejemplos de arriba de *hacer* a inglés (61), se nota que lo que denotan son estados en vez de actos, porque se tiene que acudir a estructuras con adjetivos, por ejemplo con estructura copulativa, que demuestran que lo que denotan estas oraciones es estado.

(61) a. Hace sol → It's sunny.

　　 b. Hace viento → It's windy.

　　 c. Hace calor → It's hot.

　　 d. Hace un día espléndido → It's a splendid day.

Vivas (1977) menciona que los verbos denominales de fenómenos meteorológicos llamándolos "verbos meteorológicos", mientras que los predicados complejos con verbos ligeros los denomina "verbos de condiciones meteorológicas". Hernández Alonso (1970) y Ahumada Lara (1989) opinan que existen oraciones como *Hace frío* debido a que no existen en español verbos correspondientes unipersonales: "Funciona como si se tratara de una locución verbal, ya que en el acervo léxico de la lengua española falta una forma verbal para expresar ese concepto" (Ahumada Lara, 1989: 182). Estamos de acuerdo con Vivas (1977) y Calzado (2013: 30) también dice, en contra de Hernández Alonso (1970) y Ahumada Lara (1989), que "la existencia de *hacer* +SN no es debida a la falta de ciertos verbos unipersonales, prueba de ellos son los fenómenos naturales que tienen dos posibilidades: *refrescar* y *hacer refresco*, *ventear* y *hacer viento*". Si aceptamos los conceptos de "verbos meteorológicos" y "verbos de condiciones meteorológicas" ya suena razonable que la estructura "hacer + SN" denota estados en vez de eventos, porque son predicados que denotan unas condiciones, y las condiciones son estativos, en otras palabras, podríamos incluso llamarlos "verbos de estados meteorológicos".

Si esto todavía suena un poco tajante y falto de base, vamos a ver los siguientes análisis. Suñer (1982) y Calzado (1998, 2013) han puesto unos diagnósticos para demostrar que *Llueve* selecciona un argumento, mientras que *Hace frío* no tiene ni argumento ni sujeto de ningún tipo. Por un lado, no estamos de acuerdo con esta hipótesis, por otro lado los diagnósticos que se han propuesto en Calzado (2013: 30) para nosotros también serían problemáticos.

Vamos a intentar probar si la agramaticalidad de las siguientes oraciones es debida a que la estructura de *hacer* denota estado, en vez de acto eventivo. Los diagnósticos que no nos parecen razonables son los siguientes. Primero, los verbos del tipo de *llover* aceptan estructura causativa, *hacer frío* no (62a) y (62b) y, según nuestra opinión, este contraste no es debido a la cuestión de argumento, sino más bien tiene que ver con la eventualidad: *llover* denota un evento y *hacer frío* denota un estado, unas condiciones meteorológicas, por lo tanto, le falta la posibilidad de llevar un causante. Segundo, se trata de oraciones como las siguientes (62c) y (62d). Para nosotros, el mayor problema no consiste en que en la oración (62c) exista un argumento que controla el PRO de infinitivo *cesar* y en la (62d) no, sino consiste en que la oración (62d) denota un estado, por lo tanto no es compatible con la semántica de *cesar*. Tercero, el tercer punto tiene que ver con las construcciones de ascenso con el verbo *parecer*, (62e) y (62f). Para la autora, el problema de la oración (62f) es debido a que le falta un argumento que pueda desplazarse para el cotejo del caso en posición de sujeto. Pero a nuestro parecer, el problema es aspectual: la estatividad de *hacer frío* no es compatible con el pretérito perfecto.

(62) a. Zeus llovió[1].

b. * Zeus hizo frío.

c. Tronó sin cesar durante toda la noche.

d. * Hubo truenos sin cesar durante dota la noche.

e. Parece haber llovido esta noche.

f. * Parece haber hecho frío esta noche.

---

[1] Citado de Calzado Roldán (2013: 30), aunque a juicio de otros hablantes nativos podría ser agramatical.

En cuanto a la hipótesis de que *"Llueve* selecciona un argumento, mientras que *Hace frío* no tiene ni argumento ni sujeto de ningún tipo", no estamos de acuerdo, porque pensamos que *Hace frío* tiene un argumento interno, que es el *frío*, en el sentido de que es una condición meteorológica que existe. En otras palabras, los predicados simples denotan actos meteorológicos eventivos en el sentido de "ocurrir algo, suceder algo, aparecer algo", los predicados complejos denotan condiciones meteorológicas estativas, en el sentido de "existir algo". Entonces, los predicados complejos de fenómenos naturales podrían tener la siguiente estructura, no importa cuál sea el verbo ligero, *hacer* o *haber*, la estructura sería igual de estativa (63) porque, según nuestro análisis, ambos denotan existencia.

(63)

En fin, en este apartado hemos hablado de la estructura de los predicados complejos de fenómenos naturales con verbos ligeros y hemos propuesto que lo que denotan estos predicados no son actos eventivos, sino estados estativos de condiciones meteorológicas. Por lo tanto, tienen relación con los predicados simples de fenómenos naturales y al mismo tiempo se diferencian de ellos en su aspecto léxico, pues denotan diferentes tipos de eventualidades. Los predicados complejos tendrían una estructura igual que los predicados existenciales, pues tienen un argumento interno en la posición de complemento del verbo cuyo papel temático es el tema. Además, en comparación con los verbos meteorológicos denominales, digamos que las dos estructuras son parecidas, en el sentido de que ambas tendrían unas estructuras verbales como V+ N, solo difieren en que los denominales tienen el N conflado en el núcleo verbal. El N tiene caso partitivo, hay efecto de definitud parecido al de las construcciones presentacionales *(hay gente)*[1]; el N no puede ser definido, pero sí admite determinantes indefinidos y también modificadores: **hace el/ese calor, hace un calor tremendo/ mucho calor, no hace nada de calor, hace más calor que ayer.* Más análisis sobre el efecto de definitud, los veremos en la parte de predicados existenciales.

A continuación, veamos los predicados complejos con verbos copulativos, digamos que tienen relación con los predicados simples de fenómenos naturales deadjetivales.

---

[1]   Véase también la nota 1, sobre usos históricos de *hacer*.

2.2.3.5 Predicados complejos con copulativos

En este apartado vamos a concentrarnos en los predicados del tipo 5) de nuestra nueva clasificación, predicados de fenómenos naturales con verbos copulativos. La estructura de los predicados de este grupo se ve de forma más clara, como ya hemos hablado en la parte de análisis, que son [V[V$_{copulativo}$ $_{OR}$ [h, SN/SA...]]]. En este apartado vamos a tomar los copulativos más convencionales de *ser* y *estar* como ejemplos (64) y (65).

(64) Predicados complejos de fenómenos naturales con *ser* y *estar*
· ser + SN/ SA/ SP de fenómenos naturales
· estar + SA de fenómenos naturales

(65) a. Es {primavera/ viernes/ mediodía}.
b. Era {tarde/ pronto/ de día/ de noche}.
c. Está {oscuro/ nublado/ soleado/ sereno/ ventoso/ despejado}.

En la parte de la propuesta sobre locativos/ temporales no hemos hablado de predicados complejos de verbos copulativos todavía. Aquí queríamos proponer que en oraciones de fenómenos naturales hay un elemento, dependiendo del predicado de OR (oración reducida), que tiene carácter nominal pero indicaría concepto locativo o temporal y se genera en la posición de sujeto de OR realizándose fonéticamente al final en la posición de [Esp, SFlex]. Digamos que existe un elemento en la posición de sujeto de la OR que tiene contenido semántico, porque tiene que haber una sustancia (abstracta) que porta la característica que predica el predicado de OR.

Además, cuando el copulativo es *ser*, este elemento suele ser de significado temporal, indicando un tiempo (de hora); cuando el copulativo es *estar*, este elemento suele ser de significado locativo, indicando a dónde aparecen o existen unas condiciones meteorológicas también puede ser de tiempo. Por ejemplo, si es un predicado nominal del tipo *primavera, viernes, mediodía*, como en la oración a) de arriba, el elemento sujeto, aunque no se realice fonéticamente, tendría que tener una semántica temporal, como "ahora, hoy", etc.; si la propiedad de Flex es del pasado, como en la oración b), y los predicados de OR son de tiempo, entonces, el elemento sujeto tendría un significado temporal pasado como "ayer, aquel día, en aquel entonces, en aquel momento", etc. Si el predicado denota condiciones meteorológicas, como la oración c), este elemento sujeto sería locativo como "aquí, el cielo, por esta zona", etc.; también podría ser de tiempo, como "ahora, en este momento", etc., cuando el predicado adjetival se refiere al cambio cíclico.

Según nuestra opinión, no sería problemático suponer que los SSNN y demás elementos pronominales con significado locativo/temporal se generan originalmente en la posición de sujeto de la OR, funcionando como sujeto gramatical, siendo el elemento de predicación del predicado nominal o predicado adjetival que le sigue. De hecho, son analizados como sujetos los locativos y temporales en las siguientes oraciones (66), porque, según RAE-ASALE (2009: 2534), los adverbios demostrativos como *ayer, hoy, mañana, aquí, allí,* etc. poseen propiedades referenciales o deícticas que comparten con las que caracterizan a los pronombres personales.

(66) a. Ayer fue un gran día para Nicaragua.

b. Ahora es la mejor hora para estar serenas.

c. A las cuatro sería la mejor hora para comenzar la reunión.

d. Aquí/ detrás de las cortinas es un buen sitio para esconderse.

Desde nuestro punto de vista, si los locativos o temporales no están presentes se refieren a un concepto sobrentendido, porque para un verbo copulativo tiene que poner en relación dos entidades; sean abstractas o concretas, de característica sustantiva o adjetiva, sean temporales o locativas, ninguna de las dos entidades puede estar semánticamente vacía. Es decir, de acuerdo con nuestro análisis, las oraciones con predicados complejos con verbos copulativos no pueden tener un sujeto nulo de carácter expletivo, en otras palabras, la posición tiene que ser ocupada por un elemento que lleva contenido semántico; cuando no tiene realización fonética estaría sobrentendido y omitido. Entonces, para nosotros, la posición de sujeto de oraciones con predicados complejos con verbos copulativos siempre es recuperable y los elementos que recuperamos serían elementos espacio-temporales, el ámbito espacial y temporal que denotan ellos está relacionado con lo que predican los SA, SN, SP. Por lo tanto, para nosotros, la estructura predicados complejos con verbos copulativos sería la siguiente (67): en oraciones con orden no marcado, los locativos/ temporales ocupan la posición inicial de sujeto.

(67) Predicados complejos con verbos copulativos. Hoy es lunes.

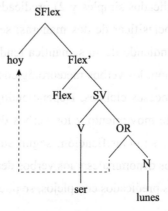

En comparación con los verbos meteorológicos deadjetivales, digamos que son parecidos, en el sentido de que ambas tendrían estructuras del tipo de N+ V+ N/A, pero difieren en que los deadjetivales tienen el A conflado en el núcleo verbal. En otro sentido, difieren en que los verbos deadjetivales al fin y al cabo son verbos, tendrían una estructura eventiva y tendrían nudo SEv, pero la estructura copulativa tiene una estructura estativa y no tendría el nudo SEv.

Se puede decir que hasta aquí, hemos hablado de las tres partes de los predicados de fenómenos naturales. Sean predicados simples o predicados complejos, hemos analizado tres partes de la formación de las estructuras: 1) parte preverbal locativo/ temporal, 2) parte verbal y 3) parte posverbal nominal o adjetival. A continuación, vamos a hacer un resumen global de nuestros análisis y propuestas.

2.2.4 Resumen de predicados de fenómenos naturales en español

A lo largo de este apartado dedicado a los predicados de fenómenos naturales en español hemos analizado las estructuras básicas, centrándonos en algunos fenómenos de mayor interés para nuestra propuesta, entre ellos, el sujeto formal $pro^{expl.}$, la posición inicial de los locativos/ temporales, así como el fenómeno de expansión de argumento. Además de revisar las propuestas realizadas hasta la fecha, hemos propuesto un análisis basado en la hipótesis de Hale y Keyser (2002). A continuación, vamos a resumir nuestras propuestas y a comparar los respectivos análisis de los distintos tipos de predicados de fenómenos naturales.

Ante todo, queríamos revisar sobre las diferentes agrupaciones que hemos hecho durante nuestro estudio. Primero, la agrupación de estructuras básicas de predicados de fenómenos naturales: 1) predicados simples y 2) predicados complejos. Los predicados simples se pueden hacer subclasificar de dos maneras: según su semántica y según su expansión argumental. Dependiendo de su semántica tendríamos tres tipos: los verbos meteorológicos de precipitación, los verbos meteorológicos que no denotan precipitación y los verbos que denotan procesos cíclicos. Dependiendo de su expansión argumental, distinguiríamos los verbos de movimiento y los verbos de cambio de estado. Hay una tercera manera de hacer esta sub-clasificación; según su formación morfológica, que permitiría distinguir los verbos denominales y los verbos deadjetivales.

Por lo que respecta a los predicados complejos, se puede hacer una sub-clasificación en dos tipos: predicados transitivos, con los verbos ligeros *haber/ hacer*, por un lado y, por otro, los predicados no transitivos, con los verbos copulativos de *ser/ estar* y con otros verbos pseudocopulativos. Se resume en el gráfico siguiente (68).

(68) 1. Predicados simples:

Criterio 1) Según la semántica léxica:

Fenómenos meteorológicos de precipitaciones: *llover, nevar, granizar*, etc.

Fenómenos meteorológicos de no-precipitaciones: *tronar, relampaguear.*

Fenómenos cíclicos: *amanecer, anochecer, oscurecer*, etc.

Criterio 2) Según su expansión argumental:

Verbos de movimiento/ emisión: *llover, nevar, tronar, relampaguear*, etc.

Verbos de cambio de estado: *amanecer, anochecer, oscurecer*, etc.

Criterio 3) Según su formación:

Denominales: *llover, nevar, tronar, relampaguear, anochecer*, etc.

Deadjetivales: *oscurecer, aclarar*, etc.

2. Predicados complejos:

1) Con verbos ligeros: *hacer, haber*

2) Con verbos copulativos: *ser, estar, ponerse, parecer*, etc.

El criterio 1 ha sido importante para nosotros en cuanto a la existencia de un argumento externo de locativo/temporal. El criterio 2 ha sido muy útil a la hora de proponer que los verbos de fenómenos meteorológicos pueden tener expansión argumental en su uso metafórico personal. El criterio 3 ha sido imprescindible cuando argumentábamos que, en realidad, los verbos de fenómenos meteorológicos tenían un N conflado (en caso de denominales) u omitido (en caso de deadjetivales) en su estructura verbal. Los de (68.2.1) son básicamente de estructura existencial y los de (68.2.2) tendrían un N sujeto omitido también. A continuación veamos las cuatro estructuras que estábamos proponiendo. Como hemos mencionado al terminar el último apartado, se puede dividir el análisis en tres partes: 1) una parte preverbal locativa/ temporal, 2) una parte verbal y 3) una parte posverbal nominal o adjetival.

Primero, sobre la parte preverbal. Hemos propuesto que todos los predicados tendrían un elemento espacio-temporal preverbal: los predicados simples denotan eventos, aunque no agentivos causativos, pero tendrían en su estructura un nudo SEv también, cuyo especificador sería del tipo espacio-temporales de locativos o temporales; los predicados complejos, como no denotan eventos sino estados, entonces no tienen el nudo SEv, pero según su estructura semántica, tendrían posición para locativos también o, por lo menos, sería un elemento nominal o deíctico de significado espacio-temporal. Segundo, en cuanto a la parte verbal los predicados simples tienen un núcleo verbal de forma de afijos, al cual se inserta una raíz nominal (denominales) o una raíz adjetival (deadjetivales); los predicados complejos tienen en la posición del núcleo verbal verbos ligeros y verbos copulativos. El punto común que tienen los predicados consiste en que el núcleo verbal nunca tiene significado semántico completo, sino defectivo. Tercero, con respecto a la parte posverbal, digamos que los predicados simples tienen un elemento conflado en el núcleo verbal, que son respectivamente sustantivo (denominales) y adjetivo (deadjetivales). Los predicados complejos con verbos ligeros tienen argumento interno nominal y los predicados complejos con verbos copulativos tienen detrás del verbo copulativo un predicado nominal o adjetival. De forma sintética, las estructuras arbóreas de los predicados de fenómenos naturales son las siguientes (69)–(72).

(69) Predicados simples denominales

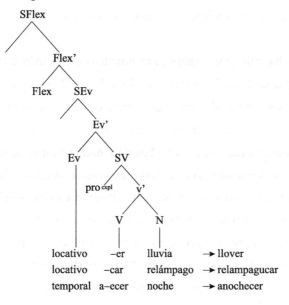

La primera estructura de predicados simples denominales (69). En nuestra opinión, los verbos meteorológicos de precipitación (*llover, nevar, diluviar*, etc.), de emisión (*relampaguear, tronar, ventear*, etc.) y algunos de los verbos cíclicos (*anochecer,*

amanecer, etc.) son de esta estructura. Como ya hemos analizado, denotan acciones eventivas no agentivas, entonces tienen en la estructura un nudo SEv, cuya posición de espesificador está ocupada por un elemento espacio-temporal. Concretamente, los verbos atmosféricos llevan en esta posición un argumento locativo, y los verbos cíclicos tienen un argumento temporal: consideramos que ambos tipos de predicados son verbos de movimiento y aparición y los fenómenos atmosféricos tienen que "llegar" en un lugar concreto, los fenómenos cíclicos tienen que "llegar" en un momento concreto, por lo tanto, llevan argumentos locativos y temporales respectivamente. Digamos que esta posición siempre existe para los argumentos espacio-temporales, fonéticamente podrían estar implícitos, pero siempre tienen contenido semántico.

En cuanto a la estructura verbal, digamos que en su proyección léxica no se exige especificador, es decir, tienen estructura monádica, que solamente se exige un complemento. Podríamos decir que los núcleos verbales de esta estructura son afijos verbales, que requieren complementos nominales para completar su significado semántico y el resultado final es un solo verbo.

Con respecto a la concordancia, debido a que los locativos y temporales no poseen propiedad de concordancia, nunca concuerdan con el verbo. Entonces, para satisfacer el PPE tenemos que acudir a un pronombre expletivo, que tiene la propiedad formal de 3ª persona del singular. Podríamos decir que este *pro$^{expl.}$* se genera en la posición de especificador de SV y se establece una cadena entre esta posición y la posición de [Esp, SFlex] para que coteje el caso nominativo, también sería posible que se inserte un *pro$^{expl.}$* para que tenga el caso nominativo directamente de la posición.

En cuanto a la posición final de realización de los locativos y temporales, digamos que normalmente, en su orden no marcado, los locativos y temporales se figuran en la primera posición de sus oraciones, teóricamente existen dos posibilidades para explicar este fenómeno: una posibilidad consiste en que los locativos y temporales se muevan a la posición de [Esp, SFlex], con caso oblicuo, según hipótesis de Fernández Soriano (1999), los elementos con caso oblicuo pueden moverse a una posición con caso y el *pro$^{expl.}$* se queda en su posición de generación; otra posibilidad sería que la posición [Esp, SFlex] está ocupada por *pro$^{expl.}$*, los locativos temporales se quedan en su posición de generación. Debido a que el *pro$^{expl.}$* no tiene realización fonética, en las oraciones resultantes los locativos y temporales siguen siendo los primeros elementos fónicos. Desde nuestro punto de vista, siendo un elemento con contenido semántico, los locativos y temporales son más aptos para la posición de [Esp, SFlex] porque, de todas maneras, esta posición se considera posición de sujeto y, debido a factores semánticos e informativos, esta posición sería preferiblemente para elementos con contenido sintáctico-semántico, en vez de un sujeto solamente formal. En fin, las oraciones resultantes tienen una estructura de Locativo/ Temporal + V$_{afijo}$ + N.

(70) Predicados simples deadjetivales

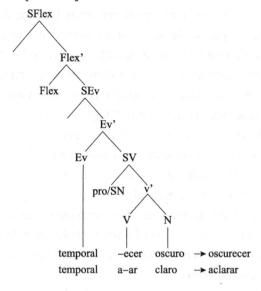

La segunda estructura, la de los predicados simples deadjetivales (70). En nuestra opinión, algunos de los verbos cíclicos (*oscurecer, aclarar*, etc.) participan de esta estructura. Consideramos que al igual que la última estructura, denotan acciones eventivas no agentivas, entonces tienen en la estructura un nudo SEv, cuya posición de especificador está ocupada por un elemento espacio-temporal. Consideramos que estos predicados son como verbos de cambio de estado y aparición, los fenómenos cíclicos tienen que "aparecer" en un momento concreto, por lo tanto llevan argumentos temporales, al igual que sus sinónimos *anochecer* y *amanecer*. Digamos que esta posición siempre existe para los argumentos espacio-temporales, fonéticamente podrían estar implícitos, pero siempre tienen contenido semántico.

En cuanto a la proyección léxica, esta es una estructura diádica. Exige, además de un complemento, un especificador, debido a la propiedad del complemento adjetival y este elemento tendría que tener contenido semántico, un SN o un *pro* que, aunque no pueda ser recuperado del todo, tendría que ser algo apto para portar el significado de los complementos adjetivales. Podríamos decir que los núcleos verbales de esta estructura también son afijos verbales, que requieren complementos adjetivales para completar su significado semántico y el resultado final es un solo verbo.

Con respecto a la concordancia, tenemos que reconocer que el elemento que ocupa la posición [Esp, SV] tiene que tener propiedad de 3ª persona del singular, debido a los siguientes contrastes: *El día está oscureciendo, * Los días están oscureciendo; Ya ha oscurecido, *Ya han oscurecido.* Aquí no nos hace falta el *pro*[expl.], porque en la estructura de *pro*yección léxica, ya tenemos en el especificador un elemento potente para cotejar el caso nominativo.

En cuanto a la posición final de realización de los temporales, digamos que en esta estructura los temporales son menos competentes para la posición inicial, porque tenemos unos elementos nominativos con contenido semántico, que son más aptos para la posición [Esp, SFlex] y los temporales en estas estructuras. En realidad, están omitidos generalmente, su realización fonética se ve reprimida por su competente. Entonces, podríamos pensar que, cuando hay dos elementos aptos para la posición [Esp, SFlex], la realización del elemento menos potente se ve reprimida por el más potente, y se realiza al final en las oraciones solamente uno de los dos elementos. En el último caso de los denominales, los locativos y temporales (con contenido semántico, caso oblicuo) de posición [Esp, SEv] y el *pro*$^{expl.}$ (sin contenido semántico, posible de cotejar el caso nominativo) de [Esp, SV] son dos elementos posibles para subir a la posición [Esp, SFlex] y solo se puede realizar fonéticamente al final el elemento con contenido semántico, que son los locativos temporales. En este caso de los deadjetivales, los dos elementos, los temporales (con contenido semántico, caso oblicuo) de posición [Esp, SEv] y el *pro*/SN (con contenido semántico, posible de cotejar el caso nominativo) de [Esp, SV] son dos elementos posibles para subir a la posición [Esp, SFlex] y ambos tienen contenido semántico. Se realiza fonéticamente el elemento que puede cotejar caso nominativo y el temporal está reprimido y omitido, salvo en caso de uso especial informativo. En fin, las oraciones resultantes de estas oraciones tienen una estructura de N+ V_{afijo} + A.

(71) Predicados complejos con verbos ligeros

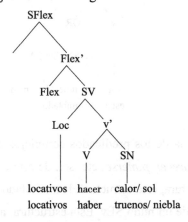

La tercera estructura, de predicados complejos con verbos ligeros (71). Se ve que es más sencilla esta estructura. Los núcleos verbales pueden ser *hacer/ haber* y digamos que ambos denotan eventos existenciales, es decir, son eventos estativos, entonces no llevan el nudo SEv. Los locativos, argumentos de verbos existenciales, se generan en posición de [Esp, SV].

En cuanto a la estructura verbal, digamos que en su proyección léxica se exige un especificador que es el locativo, además se exige un complemento, un argumento interno tema, que es algo o unas condiciones meteorológicas que existen. Los núcleos verbales son verbos ligeros que, en realidad, al igual que los afijos verbales, no tienen contenido semántico completo, por lo tanto, sus complementos completan la semántica. Pero a diferencia de los verbos denominales, el resultado es un sintagma verbal, en vez de solo un verbo.

Con respecto a la concordancia, debido a que los locativos y temporales no poseen propiedad de concordancia, nunca concuerdan con el verbo. Entonces, para satisfacer el PPE, se inserta un *pro*$^{expl.}$, que tiene propiedad formal de 3ª persona del singular y el verbo mantiene concordancia con el *pro*$^{expl.}$. Finalmente las oraciones resultantes de estas oraciones tienen una estructura de "Locativo + V_{ligero} + N".

(72) Predicados complejos con verbos copulativos

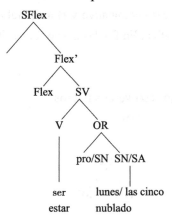

La cuarta estructura, la de los predicados complejos con verbos copulativos (72). Los verbos de *ser, estar, parecer, ponerse*, etc. son de esta estructura. Consideramos que, al igual que la última estructura, esta estructura denota estado en vez de acciones, entonces esta estructura no dispone de un nudo SEv. Esta estructura, a diferencia de las estructuras arriba mencionadas, tiene un OR en posición de complemento del núcleo verbal, que es un verbo copulativo. Los verbos copulativos, al igual que los verbos ligeros, tampoco tienen semántica completa, su función es poner en relación una entidad (concreta o abstracta) y ciertos elementos que les describen o prediquen, que suelen ser considerados predicados: predicados nominales, adjetivales, en ocasiones, también preposicionales. En nuestra opinión, la posición de sujeto de la OR no puede estar vacía, es decir, no es posible que sea un expletivo porque, a nuestro parecer, esta posición es paralela a la posición de especificador de los verbos deadjetivales, es decir, si los predicados nominales y adjetivales existen, tienen que predicar sobre algo, sea concreta o abstracta, tiene que haber algo para portar la semántica y estado que denotan los predicados nominales y adjetivales. Entonces, esta posición estaría ocupada por un SN (o pronombres deícticos) o un *pro* que aunque no pueda ser recuperado del todo, tendría que ser algo apto para portar el significado de los complementos.

Con respecto a la concordancia, no es totalmente igual que en el caso de los deadjetivales, el elemento que ocupa la posición [Esp, OR] podría tener propiedad de 3ª persona del singular o plural: si el predicado es adjetival, este elemento sería de 3ª persona del singular: *El día está nublado, *Los días están nublados; Está soleado, *Están soleados*; si el predicado es nominal, este elemento podría ser de 3ª persona del singular o plural: *Mañana será el Día Nacional, Los días siguientes/ La semana que viene serán vacaciones del Día Nacional*. Este último ejemplo también implica que en las oraciones copulativas, la concordancia se puede mantener entre el verbo y el sujeto o entre el verbo y el atributo[1]. Igualmente, para satisfacer el PPE, los elementos de posición de sujeto de OR tienen que subir a la posición de [Esp, SFlex] para el caso nominativo y, al final, sucintamente podríamos decir que las oraciones resultantes de estas oraciones tendrían una estructura de N+ $V_{copulativo}$ + N/A.

Para terminar la parte de predicados de fenómenos naturales en español, hacemos una comparación final de las cuatro estructuras. Horizontalmente, podríamos decir que la primera (69) y segunda estructura (70) tienen un nudo SEv, denotan actos eventivos de fenómenos naturales, pero el argumento temporal de la segunda se ve reprimido y normalmente no tiene realización fonética. La tercera (71) y cuarta estructura (72) no tienen el nudo SEv, porque denotan estados de fenómenos naturales. Verticalmente, digamos que la primera y tercera estructura tienen una construcción de Locativo/ Temporal + V + N, la segunda y la cuarta tienen una construcción de N+ V + N/A. Se puede decir

[1] Aunque está al margen de nuestro estudio, queríamos mencionar que la concordancia de oraciones copulativas se mantiene según la jerarquía de SSNN, según un estudio de Alsina y Vigo (2014), la jerarquía sería: 1ª persona/ 2ª persona> 3ª persona pl. > 3ª sing. Con esta jerarquía también quedaría explicado el fenómeno de: (La hora de) ahora es la una, (La hora de) ahora son las dos.

que estas cuatro estructuras se forman con tres partes: parte preverbal, parte verbal y parte posverbal. La parte preverbal, no importa en qué forma se realice finalmente, lleva significado locativo o temporal; ningún núcleo verbal de estas construcciones tiene contenido semántico completo, les completan la parte posverbal su significado semántico.

2.3 Predicados correspondientes en chino: Comparación con el español

En este apartado vamos a ver los predicados de fenómenos naturales en chino. Primero, en 2.3.1 veremos las estructuras básicas de los predicados de fenómenos naturales. Segundo, en 2.3.2 veremos los análisis gramaticales propuestos sobre tres cuestiones relevantes de estos predicados: la posición de los locativos; los elementos preverbables; la posible existencia de un argumento interno de algunos de los predicados y la función de los adjetivos y nombres. Tercero, en 2.3.3 se presentará nuestra propuesta de análisis. Por último, en 2.3.4 se resumen los contenidos de este apartado.

2.3.1 Estructuras básicas

Antes de empezar a ver estructuras básicas de predicados de fenómenos naturales en chino, consideramos oportuno ver la clasificación de las oraciones en chino. Como en las obras gramaticales les sobre el chino no se habla específicamente de oraciones con predicados de fenómenos naturales, los predicados de nuestro interés se dispersan en diferentes estructuras: algunos en oraciones con sujeto, otros en oraciones sin sujeto. Después de una breve presentación de la clasificación de las oraciones en chino y sus características, veremos con detalle los predicados con verbos de fenómeno naturales.

2.3.1.1 Clasificación de las oraciones en chino

Antes de empezar a analizar las estructuras básicas de predicados de fenómenos naturales, vamos a ver sucintamente la clasificación de las oraciones en chino. Generalmente, las oraciones en chino se dividen en "Oraciones simples" y "Oraciones compuestas". Las Oraciones simples se dividen en "Oraciones sujeto-predicado" y "Oraciones no sujeto-predicado". Las oraciones del tipo sujeto-predicado se clasifican según el tipo de predicado en oraciones con predicado verbal, con predicado adjetival, con predicado nominal, y oraciones con predicado "sujeto-predicado"[1], etc. Las oraciones del tipo no sujeto-predicado son oraciones sin sujeto. Estas oraciones sin sujeto también se clasifican según el tipo de predicado en oraciones verbales sin sujeto, oraciones adjetivales sin sujeto, oraciones nominales sin sujeto y oraciones interjeccionales sin sujeto. Se ejemplifican en las oraciones siguientes (73). Con respecto a esta clasificación, no existe mucha discrepancia entre los gramáticos, por ejemplo Zhu (1982), Hu (1995), Xing (1996), Liu *et alii* (2004), Huang y Liao (2007).

(73) Clasificación de Oraciones simples

a. 张 三 哭 了。　　Oración con predicado verbal
zhāng　sān　kū　le

Zhang San llorar asp.[2]

Zhang San lloró/ ha llorado.

b. 这个 房间 很 冷。　Oración con predicado adjetival
zhè ge　fáng jiān　hěn　lěng

esta habitación muy frío

En esta habitación hace mucho frío.

---

[1] Las oraciones con predicado "sujeto-predicado" son un tipo peculiar de oraciones en chino, se usan relativamente más en la oralidad. Su estructura es "sujeto$_1$ + frase predicativa (sujeto$_2$ +predicado)". El sujeto$_1$ y el sujeto$_2$ normalmente tienen cierto tipo de relación semántica. La frase predicativa (sujeto$_2$ +predicado) se usa principalmente para describir el sujeto$_1$ (Liu Yuehua *et alii*, 2004). Por ejemplo, podrían tener entre ellos relación posesiva (a), relación partitiva (b), relación referencial (c), relación temática (d), etc.

a. 我 $_{sujeto1}$ 身体 $_{sujeto2}$ 很 好。
wǒ　shēn tǐ　hěn hǎo

Yo　　　salud　　muy bien

Tengo muy buena salud.

b. 咱们 俩 $_{sujeto1}$ 谁 $_{sujeto2}$ 也 别 去。
zánmen　liǎng　shuí　yě　bié　qù

Nosotros dos　quien sea　no(imperativo negativo) ir

No vayamos ninguno de nosotros dos.

c. 小 王 $_{sujeto1}$, 他 $_{sujeto2}$ 是 我们的 班长。
xiǎo　wáng　tā　shì wǒ men de　bānzhǎng

Pequeño Wang,　él　ser nuestro jefe de clase

Wang, él es nuestro jefe de clase.

d. 那 个 地方 $_{sujeto1}$, 他 $_{sujeto2}$ 认识。
nà　gè　dì fāng　tā　rèn shi

Aquel clasi. sitio,　él　　conocer

Aquel sitio, él lo conoce.

e. 白菜 $_{sujeto1}$ 一 公斤 $_{sujeto2}$ 五 块 钱。
bái cài　yī　gōng jīn　wǔ　kuài qián

Col china　uno kilo　cinco yuan dinero

Col china, cinco yuan por kilo.

[2] El clítico aspectual 了 en principio tiene dos usos: uno que significa terminación y realización final de una acción, que es el que se aparece aquí. El otro uso indica cambio de la situación. Aquí se trata de uno de sus usos, que indica la terminación y realización final de una acción.

c. 今天 星期三。 　　Oración con predicado nominal
    _{jīn tiān xīng qī sān}

hoy miércoles

Hoy es miércoles.

d. 这件事情 大家 都 赞成。 Oración con predicado sujeto-predicado
    _{zhè jiàn shì qíng dà jiā dōu zàn chéng}

este asunto todos todo acordar

En este asunto todos están de acuerdo.

e. 下 雨 了。 　　Oración verbal sin sujeto
    _{xià yǔ le}

caer lluvia asp.[1]

Ha caído lluvia. Ha llovido.

f. 好！ 　　Oración adjetival sin sujeto
  _{hǎo}

bueno

¡Bien!

g. 张三！ 　　Oración nominal sin sujeto
  _{zhāng sān}

Zhang San

¡Zhang San!

h. 啊！ 　　Oración interjeccional sin sujeto
  _ā

Ah

¡Ah!

La oración (73a) es una oración con predicado verbal. La oración (73b) tiene un adjetivo en posición de predicado: como hemos analizado en el primer capítulo (1.3.2.1.), las palabras en chino son multifuncionales, pueden funcionar como atributos y, además, como sujeto, objeto, predicado y circunstancial. La oración (73c) tiene un sustantivo como predicado; al igual que los Sintagmas Adjetivales, en chino, los Sintagmas Nominales pueden funcionar también como sujeto, objeto, predicado y circunstancial (1.3.2.1.). La oración (73d) tiene una estructura "sujeto-frase predicativa (sujeto-predicado)", la frase predicativa es 大家_{sujeto2} 都赞成 (todos_{sujeto2} están de acuerdo). Tradicionalmente se analiza como una oración con sujeto y el sujeto es 这件事情_{sujeto1} (este asunto_{sujeto1}) y, al mismo tiempo, tiene un predicado de "sujeto-predicado": 大家_{sujeto2} 都赞成 (todos_{sujeto2} están de acuerdo), por lo tanto se define como una oración con predicado "sujeto-predicado". Esto quiere decir, utilizando los análisis más actuales, que en esta oración 大家 (todos) es realmente el sujeto y el elemento inicial de la oración 这件事情 (este

---

[1] El clítico aspectual 了 en principio tiene dos usos, aquí se trata del otro de sus usos, que indica el cambio de la situación.

asunto) sería mejor considerado como tópico, es decir, como el objeto directo adelantado por razones discursivas. Por eso la tradición gramatical del chino considera que se trata de una oración cuyo predicado no es un predicado simple, sino que tiene la forma de sujeto-predicado. Las oraciones (73e) y (73h) tienen un punto en común, que consiste en que no hay sujeto o no se puede diferenciar un sujeto y un predicado. Tradicionalmente se considera que los sujetos de estas oraciones no pueden ser recuperados o no necesitan ser recuperados, esto es, no son simplemente sujetos omitidos sino que no existe sujeto. Pero también hay gramáticos, por ejemplo Tang (2010: 168), que piensan que estas oraciones también tienen sujeto, aunque sea no recuperable, por razones estructurales, es decir, tienen un sujeto que ocupa una posición en la sintaxis. Desde este punto de vista, no existirían en realidad oraciones sin sujeto, o sea, no existirían Oraciones no sujeto-predicado. Las oraciones así consideradas por la gramática tradicional responderían a la misma estructura de oraciones simples, que son Oraciones sujeto-predicado.

Dejando al margen de momento la discrepancia de clasificación de oraciones en chino, digamos que las oraciones de fenómenos naturales son analizadas en los siguientes sub-grupos: Oraciones con predicado adjetival, Oraciones con predicado nominal y Oraciones verbales sin sujeto. A continuación, vamos a ver con detalle los predicados con fenómenos naturales en chino de estas tres estructuras.

2.3.1.2 Estructuras básicas de predicados de fenómenos naturales en chino

Ahora, dejando al lado la discrepancia de la clasificación de oraciones en chino, las oraciones de fenómenos naturales son analizadas unánimemente bajo la estructura de (73b), (73c) y (73e), es decir, Oraciones con predicado adjetival, Oraciones con predicado nominal y Oraciones verbales sin sujeto. Tenemos la clasificación de predicados de fenómenos naturales, basándonos en Liu, *et alii* (2004), Huang y Liao (2007) y vamos a nombrar estos predicados simplemente según la formación de su predicado: Predicados de fenómenos naturales con predicado verbal (74), de predicado adjetival (ejemplificado en páginas más adelante (78)) y de predicado nominal (ejemplificado en páginas más adelante (80)), dejando de momento al lado si tienen sujetos o no.

(74) Predicados verbales de fenómenos naturales en chino

　　·下　　雨,　下　大　雨,　下　小　雨,

　　caer lluvia,　caer grande lluvia,　caer pequeño lluvia,

　　llover,　　diluviar,　　lloviznar,

下 雪，下 霜，下 冰雹，etc.

caer nieve, caer escarcha, caer granizo, etc.

nevar, escarchar, granizar, etc.

· 打 雷， 闪 电 / 打 闪， 刮 风，

emitir trueno, chispear relámpago/ emitir chispa, soplar viento,

tronar, relampaguear, ventear,

起 风， 起 雾， 出 太阳，etc.

levantar viento, levantar niebla, salir sol etc.

ventear/ levantarse viento, levantarse niebla, salir sol, etc.

· 有 雨， 有 雪， 有 暴风雨，

haber/tener lluvia, haber/tener nieve, haber/tener tormenta,

hay/hace lluvia, hay/hace nieve, hay/hace tormenta,

有 太阳， 有 风， 有 雾， etc.

haber/tener sol, haber/tener viento, haber/tener niebla, etc.

hay/hace sol, hay/hace viento, hay/*hace niebla, etc.

(75) a. { 下 雪 / 打 雷 / 起 风 / 出 太阳 } 了。

caer nieve/ emitir trueno/ levantar viento/ salir sol asp.

Ha nevado/ Ha tronado/ Se ha levantado el viento/ Ha salido el sol.

b. 正在 { 下 小 雨 / 下 冰雹 /? 起 雾 /? 出 太阳 }。

adv. (asp.) caer pequeña lluvia/ caer granizo/ levantar niebla/ salir sol

Está lloviznando/ Está granizando /?Se está levando la niebla / ?Está saliendo el sol.

c. 有 { 雨 / 雪 / 风 / 雾 }。

haber/ tener lluvia/ nieve/ viento/ niebla

Hay lluvia/ Hay nieve/ Hay viento/ Hay niebla.

En primer lugar, vamos a ver los predicados verbales. Todos ellos tienen una característica en común, que consiste en que disponen de una estructura de V+N. Los verbos que pueden aparecer en esta estructura son 下 *(caer)*, 刮 *(soplar)*, 打 *(emitir)*, 起 *(levantar)*, 出 *(salir)*, 有 *(tener, haber)*, etc., y los nombres que les siguen son sustantivos de fenómenos naturales 雨 *(lluvia)*, 雪 *(nieve)*, 风 *(viento)*, 霜 *(escarcha)*, 冰雹 *(granizo)*, 雷 *(trueno)*, 电 *(relámpago)*, etc. Hemos agrupado los predicados en tres grupos: 1) los que denotan precipitaciones, que contienen el verbo 下 *(caer)* junto con sustantivos de fenómenos de precipitación; 2) los que denotan los demás fenómenos meteorológicos, fenómenos que se producen, se desplazan o se mueven en la atmósfera y, dependiendo de su forma de moverse o producirse, se emplean diferentes verbos como 刮 *(soplar)*, 打 *(emitir)*, 起 *(levantar)*, 出 *(salir)*, etc. y 3) el verbo 有 *(tener/ haber)* en general se puede combinar con todos sustantivos de fenómenos naturales, en el sentido de que en algún sitio existen las condiciones meteorológicas.

Merece mencionar que la combinación de los verbos y los sustantivos que les siguen son relativamente fijos: están inmovilizados formalmente y permiten poca variación sintáctica y además corresponden con significados figurados, de tal manera que ciertos sustantivos se combinan con ciertos verbos y no con otros. Por lo tanto no se dice * 打 风 *(emitir viento)*, * 下雷 *(caer truenos)*, * 刮雾 *(soplar niebla)*, etc. Aunque los verbos de estos predicados son polisémicos, su significado es meteorológico y, por lo tanto, la combinación con el correspondiente sustantivo está decidido por su semántica. Según Lü (1981: 566, 136), el verbo 下 *(caer)* tiene en total 12 entradas, el uso meteorológico es el número 2 en (76); el verbo 打 *(emitir)* tiene en total 12 entradas también, el uso meteorológico se encuentra en el número 4 en (77). Se puede decir que el significado básico de los dos verbos es, respectivamente, " 下 , bajarse de arriba abajo" y " 打 , golpear y producirse sonido" pero disponen de significados variados en diferentes ámbitos semánticos, ya que cada uno de estos verbos puede tener hasta 12 significados. Desde este punto de vista, los sustantivos que vienen detrás de los verbos tienen la función de completar la semántica de los predicados. Por lo tanto, es lógico decir que los verbos de estos predicados tienen semántica incompleta, igual que los verbos ligeros como el verbo 有 *(tener/ haber)* existencial.

(76) 下

1. Bajarse de arriba a abajo:
   下山 (bajar montaña), 下船 (bajar barco);

2. (Llueve, nieve) precipitarse, caerse:
   下雨 (caer lluvia, llover), 下雪 (caer nieve, nevar);

3. (Superiores a inferiores) publicar, transmitir:
   下命令 (transmitir un orden, ordenar), 下通知 (transmitir aviso, avisar).

4. Entrar en un sitio:
   下乡 (entrar en el pueblo), 下工厂 (entrar en la fábrica);

   ...

(77) 打^{dǎ}

1. Chocar, batir:

   打锣^{dǎ luó} (batir el gong), 打鼓^{dǎ gǔ} (batir el tambor);

2. Romperse por golpe o choque:

   打了玻璃^{dǎ le bō li} ((alguien) ha roto el cristal);

3. Golpear, tundir:

   打人^{dǎ rén} (golear a una persona);

4. Irradiar, emitir:

   打枪^{dǎqiāng} (emitir una pistola, disparar), 打雷^{dǎ léi} (emitir truenos, tronar),
   打电话^{dǎ diàn huà} (emitir llamadas, telefonear);

5. Cazar, agarrar:

   打鸟^{dǎ niǎo} (cazar pájaros), 打鱼^{dǎ yú} (cazar peces: pescar);

   …

En comparación con el español, los fenómenos naturales también se pueden describir con un predicado con la estructura de V+N, como se describió en 2.2.3.3. Pero en la mayoría de los casos, en español hay un verbo correspondiente al fenómeno natural (los predicados simples de fenómenos naturales denominales descritos en 2.2.3.3.1), y estos predicados simples coexisten con predicados complejos con verbos personales: *amanece/sale el sol*; otras veces solo existen los predicados complejos y no hay un verbo simple correspondiente, como, por ejemplo, *se levantó niebla/viento/aire*, equivalentes a los ejemplos del chino 起雾^{qǐ wù} *(se levanta la niebla)*, 出太阳^{chū tài yáng} *(sale el sol)*. También existe un paralelismo en el caso del verbo 有^{yǒu} *(tener/ haber)*: en español existen predicados complejos de fenómenos naturales y se puede usar "*haber/ hacer* + N" para expresar el significado correspondiente. En chino se usa el verbo existencial 有^{yǒu} *(tener/ haber)* y en español en todos los casos se puede usar el verbo existencial *haber* también. Además, en muchos casos se sustituye con *hacer*, como ya hemos dicho en 2.2.1, en español, la posibilidad de tener predicados de fenómenos naturales con *haber* y con *hacer* da lugar a un contraste entre los nombres que requieren uno y otro. *Haber* va con *niebla, nieve, lluvia, tormenta, truenos, rayos, relámpagos, nubes, ventisca, huracán...* mientras que *hacer* se combina con *sol, frío, calor, viento*. Las mayores restricciones del segundo verbo podrían estar en que el verbo *hacer* al fin y al cabo no es totalmente existencial, sino que tiene fundamentalmente un uso transitivo agentivo. Podría pensarse que cuando uno dice *hacer viento*, en vez de pensar en un fenómeno natural estático se trata más bien de un fenómeno natural dinámico provocado por algo que ocasiona el que haya viento. Y lo mismo con hace calor/frío. Como es sabido, el uso de *hacer* como verbo ligero en este tipo de predicados es relativamente reciente (Fernández Soriano y Táboas Baylín, 1999; García Fernández y Camus Bergareche, 2011) y se debe a una sustitución de *haber* por *hacer*, lo cual explicaría que *hacer* tenga más restricciones que *haber*. En chino no se dispone de otro verbo ligero con el mismo uso, por lo tanto, usamos en todos los casos el verbo existencial 有 *(tener/ haber)*.

En segundo lugar, veamos los predicados adjetivales. En chino, antes de los adjetivos casi nunca se usan verbos copulativos del tipo 是 *(ser)*, pero la relación de los ejemplos (79) es copulativa, de tal manera que los sustantivos 天气 *(tiempo de clima)*, 天 *(cielo, día)*, 时间 *(tiempo de hora)* van modificados por los adjetivos correspondientes y estos elementos en posición inicial de las oraciones son obligatorios. Es decir, estos nombres dan lugar a oraciones que tienen la estructura de N+ (V+) A. Este fenómeno nos lleva a pensar otra vez que en español, los Adjetivos normalmente exigen un especificador N en su estructura, entonces las oraciones de fenómenos naturales también tendrían que tener una posición para los Nombres que portan el significado de los adjetivos.

(78) Predicados adjetivales

· 冷,　　热,　　晴,　　多云,　　多风,　　好,　　不好,　　etc.

　　frío, caliente/ caluroso, soleado, nublado, ventoso, bueno, no bueno, etc.

· 早,　　晚,　　亮,　　黑,　　明,　　暗,　　etc.

　　temprano, tarde, luminoso, negro, clareado, oscurecido, etc.

(79) a. 天气　　　　{很 冷 / 不好 / 多云}。

　　tiempo (clima) muy frío/ mal/ nublado

　　Hace mucho frío/ Hace mal tiempo/ Hay mucha nube.

　　b. 天　　　{晴 / 冷 / 亮 / 黑} 了。

　　día (cielo) soleado/ frío/ clareado/ oscurecido asp.

　　Está soleado/Está fresco/ (El día) Ha clareado/ (El día) Ha oscurecido.

　　c. 时间　　　　　{还早 / 已晚}。

　　tiempo (hora) {aún temprano/ ya tarde.

　　Aún es temprano/ Ya es tarde.

En cuanto a la estructura, como se ve en los ejemplos, en español también se puede usar adjetivos para los mismos significados, usando los verbos copulativos *ser* y *estar*;

también se puede emplear los verbos ligeros *hacer* y *haber* y, además, usando predicados simples deadjetivales como *clarear/oscurecer*. Es decir, en español, estas estructuras básicamente también son adjetivales, pero a veces en español se suele usar la construcción con N, como *Hace frío* en vez de *Está frío* refiriéndose al tiempo. Esta diferencia quizá se puede explicar de la siguiente manera. En español, como se suele omitir el sujeto, la oración *Está frío* resultaría ambigua entre una interpretación impersonal de fenómeno natural y una interpretación personal de sujeto no natural omitido. De hecho, la oración *está frío* podría interpretarse como el resultado de la omisión de *el ambiente/el tiempo/ el aire* en la posición de sujeto. En cambio, la oración *Hace frío* no resulta ambigua y la única interpretación posible es aquella en que expresa un fenómeno meteorológico impersonal. En chino, al contrario, no se omite nunca el sujeto de los predicados adjetivales, por lo tanto se diferencian fácilmente 天气很冷 *(tiempo muy frío→ Hace mucho frío)*, 床很冷 *(cama muy frío → La cama está muy fría)*, 他很冷 *(él muy frío→ Él es muy frío)*, etc.

En tercer lugar, veamos los predicados nominales. En chino, el verbo copulativo 是 *(ser)* no se usa entre sustantivo y adjetivo, pero sí se puede usar entre dos sustantivos, poniendo en relación los dos elementos, y, como se ve en los ejemplos siguientes (80) y (81), indica también relación copulativa. Las expresiones temporales 今天 *(hoy)* y 现在 *(ahora)* son elementos sobre los que predican los predicados nominales y su presencia es obligatoria. Sin embargo, a nuestro juicio, cuando se realiza el 是 *(ser)*, las oraciones llevan acento enfático y la oración se interpreta como una definición. Cuando se omite el copulativo, las oraciones también son perfectas e incluso suenan más naturales para fenómenos del tiempo (clima y hora). Por lo tanto, podríamos decir que estos predicados tienen una estructura de N+ (V+) N. Digamos que en estas estructuras los predicados nominales exigen también un argumento en su estructura, debido a su propiedad copulativa. Considerando las oraciones correspondientes en español, podríamos decir que estas oraciones en chino serían otra evidencia para decir que las oraciones como *Son las doce, Es lunes* exigen un argumento externo, porque hace falta un nombre que porte el significado de los predicados nominales.

(80) Predicados nominales
- 星期一, 春天, 中午, 12点, 白天, 晚上, etc.

  lunes, primavera, mediodía, 12 hora, día, noche, etc.
- 20度, 晴天, 阴天, 天气好, etc.

  20 grado, día soleado, día nublado, buen tiempo, etc.

(81) a. 今天 (是) 星期一 / 现在 12 点。

      hoy ser lunes / ahora 12 hora

      Hoy es lunes/ Ahora son las 12.

   b. 现在 (是) 春天 / 白天 / 晚上。

      ahora ser primavera / día / noche

      Ahora es primavera/ de día/ de noche.

   c. 外面 (是){ 好 天气 / 20 度 / 晴 天/ 阴 天 }。

      fuera ser { bueno tiempo / 20 grados/ soleado día / nublado día}

      Fuera hace buen tiempo/ 20 grados/ un día soleado/ día nublado.

En cuanto a la estructura, como se ve en los ejemplos, en español también se pueden usar predicados nominales para los mismos significados, usando los verbos copulativos *ser/ estar*. También se puede emplear los verbos ligeros *hacer/ haber*. Es decir, en español estas estructuras básicamente tienen la misma estructura que las estructuras en chino, pero a veces en español se suele usar la construcción con V_{ligero}+ N como en *Hace buen tiempo, Hace un día soleado, Hace 20 grados*, en vez de **Es de buen tiempo, Es de día/ de noche, Es un día soleado, (La temperatura) es de 20 grados*. En español, como hemos analizado en el apartado anterior, los predicados complejos de fenómenos naturales con el verbo copulativo *ser* suelen expresar un significado temporal con nominales, por lo tanto oraciones de $V_{copulativo}$ +N como en *Es de día/de noche/primavera, Es un día soleado, (La temperatura) es de 20 grados*. Por lo tanto, los predicados meteorológicos con *ser* no son tan comunes como aquellos otros que tienen la forma $V_{ligeros}$ +N como en *Hace buen tiempo, Hace un día soleado, Hace 20 grados*.

Hasta ahora, hemos visto las tres estructuras básicas de predicados de fenómenos naturales en chino. Aparte de las estructuras básicas, en comparación con el español, conviene hacer algunas observaciones adicionales. En primer lugar, los predicados verbales de fenómenos naturales en chino, igual que en español, tienen usos metafóricos. Pueden tener también la estructura de V+ N, pero hay verbos muy limitados que puedan estar en posición del V, por ejemplo con 下 *(caer)*, 刮 *(soplar)*, etc. (82), y los elementos con significado metafórico los lleva el elemento N.

(82) a. 对 , 要是敌人来了 , 就是 下 刀子 也要投入战斗 !

                           caer cuchillo

     Sí, si vienen los enemigos, ¡tenemos que lanzarnos en la batalla, aunque

     lluevan cuchillos! (——Corpus BCC, literatura).

b. 激光炮将整块巨石打成漫天碎石，
从空中落下一阵石头雨。

       caer   piedra lluvia

El cañón de láser rompe la piedra gigante en trozos, y cae desde el cielo una lluvia de piedra. (——Corpus BCC, literatura).

c. 那么急急忙忙做什么嘛，又不是天上下珍珠雨。

       caer perla lluvia

Qué haces con tanta prisa, que no ha caído lluvia de perla desde el cielo.
(——Corpus BCC, literatura).

d. 东南亚刮金融风暴，福建也摇晃不止。

    soplar finanzas tempestad

En Sureste de Asia está soplando la tempestad financiera, Fujian también está agitando sin parar (por la tempestad).
(——Corpus BCC, periódico)

e. 你说我们向你刮官僚主义风？怎么会有这种事呀？

    soplar burocratismo viento

¿Tú dices que nosotros te soplamos viento burocrático?
¿Cómo es posible?
(——Corpus BCC, literatura).

Las tres primeras oraciones son, obviamente, el mismo caso de *llover piedras, llover críticas*, tenemos en chino las correspondientes metáforas de "llover cuchillos, llover piedras, llover perlas", refiriéndose a que algo cae desde lo alto en abundancia sobre un sitio o sobre alguien. Las oraciones (82d) y (82e) son ejemplos de "viento", que simboliza algo que afecta a un sitio o a una persona con rapidez. Estos dos modelos pueden ser resumidos como 下···雨 *(caer lluvia de algo, llover una lluvia de algo)*, 刮···风 *(soplar viento de algo, ventear un viento de algo)*. Como en chino no existen predicados simples de fenómenos naturales y la parte verbal de la estructura porta poca información, el contenido metafórico lo tiene que portar la parte nominal de la estructura "V+ N". Lo que es más común, en realidad, es que las metáforas de fenómenos naturales se expresan directamente con un nombre, por ejemplo 挥汗如雨 *(sudor cae como si fuera lluvia)*, 鼾声如雷 *(sonido de roncar como si fuera truenos)*, etc. Aparte de estas, hay muchísimas más frases figuradas con cuatro caracteres en chino con significado metafórico o metonímico. Como está muy al margen de nuestro estudio, no vamos a detallar esta cuestión, pero queríamos enfatizar que los elementos nominales de la estructura "V+ N" son los elementos que llevan el significado metafórico.

En segundo lugar, queríamos destacar que en chino, igual que en español, la posición preferible de los locativos, temporales y pronombres (parecidos a dativos) es la posición preverbal, que es también la posición inicial de las oraciones, como se ve en los ejemplos de (83). Las segundas oraciones de los ejemplos son posibles en el habla oral pero no son gramaticales según criterios estrictos. Además, antes de los predicados, es posible la aparición de frases aspectuales y modales, como se ve en las siguientes oraciones (84).

(83) Con locativos, temporales

a. 外面　起　风　了。　*起　风　了　外面。

Fuera levantar viento asp.　*Levantar viento asp. fuera.

Fuera se ha levantado viento. ?Se ha levantado viento fuera.

b. 上海　经常　下　雨。　*经常　下　雨　上海。

Shanghái frecuentemente caer lluvia.*Frecuentemente caer lluvia Shanghái.

En Shanghái frecuentemente llueve. *Frecuentemente llueve en Shanghái.

c. 今天　天气　很　凉爽。　*天气　很　凉爽　今天。

Hoy tiempo muy fresquito. * tiempo muy fresquito hoy

Hoy está muy fresquito. ? Está muy fresquito hoy.

d. 六点　天亮。　*天亮　六点。

Seis hora día claro. *Día claro 6 hora

A las seis aclara. ?Aclara a las seis.

e. 我们　这里今天　下　雨　了。*今天下　雨　了　我们　这里。

Nosotros aquí hoy caer lluvia asp.　*Hoy caer lluvia asp. nosotros aquí.

Nos ha llovido hoy. *Hoy ha llovido a nosotros.

(84) Con frases aspectuales y modales

a. 正在　{下　雨 / 刮　大　风}。

En proceso de   caer lluvia/ soplar grande viento

Está {lloviendo/ venteando mucho}.

b. 天　还　没有 {亮 / 黑}。

día(cielo) todavía no claro/ negro

El día todavía no ha aclarado/ oscurecido.

c. 天气　会　不　会　{很冷 / 很热}?

tiempo posible no posible muy frío/ muy caliente

¿Es posible que haga mucho frío/ calor?

d. { 可能 / 大概 / 也许 } 要 下 雨。
_{kě néng} _{dà gài} _{yě xǔ} _{yào} _{xià} _{yǔ}

posible/ probable/ quizá ir a caer lluvia

Es posible/ probable que llueva, Quizá llueva.

De forma resumida, podríamos decir que en chino en principio tenemos tres estructuras de predicados de fenómenos naturales, que son respectivamente predicados verbales (V+ N), predicados adjetivales (N+ (V+) A), predicados nominales (N+(V+) N). En comparación con el español, podríamos llegar las siguientes conclusiones.

1) En chino no existen predicados simples. Todos estos predicados son predicados complejos. 2) En español la estructura de los predicados complejos con verbo ligero tiene uso con mayor cobertura; todos los predicados en chino pueden ser expresados con verbos ligeros en español. 3) Las estructuras de Predicados adjetivales (N+ (V+) A) y Predicados nominales (N+(V+) N) implican relación copulativa pero el verbo copulativo no suele tener realización, porque los adjetivos y nombres en chino ejercen la función de predicados. 4) En las estructuras copulativas en chino siempre debe haber un sujeto, es decir, son siempre oraciones con sujeto. Como hemos analizado anteriormente, en español las estructuras con verbos copulativos son también oraciones con sujeto que expresa tiempo (clima y hora) o lugar, igual que en chino. La tabla siguiente (85) resume y ejemplifica estas conclusiones:

(85) Predicados de fenómenos naturales en español y chino

Chino	Español	
Predicados verbales (V+ N)	Pred. simples denominales (V(+ N))	Pred. complejos $V_{ligeros}$ (V+ N)
下雨 _{xià yǔ} caer lluvia	llover	haber lluvia
刮风 _{guāfēng} soplar viento	ventear	hacer viento
打雷 _{dǎ léi} emitir truenos	tronar	haber truenos
有雪 _{yǒu xuě} haber nieve	nevar	haber nieve
Predicados adjetivales (N+(V+) A)	Pred. simples deadjetivales (V(+ A))	Pred. complejos $V_{ligeros}$ y $V_{copul.}$ ($V_{ligeros}$+ N/ $V_{copul.}$+ A)

Chino	Español	
tiān liàng 天亮　　　día luminoso	aclarar	/
tiān qì bù hǎo 天气不好　tiempo mal	/	hacer mal tiempo
tiān qì qínglǎng 天气晴朗　tiempo soleado	/	estar soleado
shí jiān wǎn 时间晚　　tiempo tarde	/	ser tarde
Predicados nominales (N+(V+) N)	Pred. simples	Pred. complejos $V_{ligeros}$ y $V_{copul.}$ ($V_{ligeros}$+ N/ $V_{copul.}$+ N)
jīn tiān xīng qī yī 今天星期一　hoy lunes	/	ser lunes
xiànzài　　diǎn 现在 12 点　ahora 12 hora	/	ser las 12
wàimiàn　　dù 外面 20 度　fuera 20 grado	/	hacer 20 grados
jīn tiān qíng tiān 今天晴天　hoy soleado día	/	hacer un día soleado

Además de las estructuras, hemos visto también otras observaciones en comparación con el español, por ejemplo el uso metafórico de los predicados verbales y el fenómeno de que los locativos y temporales suelen ir delante de los verbos y ocupar la posición inicial de las oraciones, lo que también pasa en español. A continuación, vamos a analizar unas cuestiones que nos han llamado la atención sobre la posición de los locativos, los elementos que pueden aparecer en posición preverbal, y los posibles argumentos internos de algunos de los predicados.

2.3.2　Análisis gramaticales

Seguidamente, se van a presentar los análisis propuestos en la literatura especializada sobre tres cuestiones. Las tres tratan sobre los predicados verbales cuyo comportamiento sintáctico ha causado mayor discrepancia entre los gramáticos: a) la posición de los locativos, b) los elementos que pueden aparecer en posición preverbal y c) si existen argumentos internos en la estructura de algunos de los predicados.

La organización de este apartado, al igual que hicimos en la parte de análisis del español, no es por autores o teorías, sino que adoptamos un enfoque por los problemas que consideramos fundamentales a la hora de examinar el comportamiento sintáctico de los verbos bajo nuestra investigación. En 2.3.2.1 se habla de la posición de los locativos; en 2.3.2.2 veremos unos análisis sobre los elementos preverbales de los predicados verbales de nuestro estudio; en 2.3.2.3 nos centraremos en el comportamiento de los elementos posverbales de los predicados verbales de fenómenos naturales. Aparte de los predicados verbales, como ya hemos dicho, en chino los sintagmas adjetivales y nominales también pueden funcionar como predicados. Así que al final de la parte de análisis, en 2.3.2.4 también veremos unos análisis sobre la función predicativa de los adjetivos y sustantivos. A continuación, vamos a ver estas tres cuestiones detalladamente, al tiempo que haremos una comparación y veremos diferencias y similitudes entre el chino y el español.

2.3.2.1 La posición de los locativos

En chino el orden de las palabras conlleva cierta función gramatical, por lo cual existe diferencia semántica y funcional cuando los locativos se encuentran en diferentes posiciones. Zhu (1981) hizo un análisis de oraciones con locativos (在 (en)+lugar), así como la alternancia estructural. Otros estudios sobre el tema son los de Fan (1982), Qi (1994, 1999), Jin (1990, 1993) y Fan (1996), entre otros. Nos interesan los siguientes contrastes que hemos sacado del estudio de Zhu (1981). Basándonos en este estudio, distinguiremos tres tipos de predicados que se ejemplifican a continuación (86)–(88). Las segundas oraciones de cada grupo son estructuras de "carácter 把": "把 + objeto directo + V", que es una estructura tienen los predicados transitivos agentivos, y se puede decir que el carácter "把" es el marcador del prototípico objeto paciente.

(86) Grupo A

a. 在 黑板 上 写 字, 把 字 写 在 黑板 上

en pizarra encima escribir carácter, bă carácter escribir en pizarra encima

En (la) pizarra escriben letras, Las letras están escritas en (la) pizarra.

b. 在 墙 上 贴 海报, 把 海报 贴 在 墙 上

en pared encima pegar cartel, bă cartel pegar en pared encima

En (la) pared pegan carteles, Los carteles están pegados en (la) pared

c. 在 绳子 上 晒 衣服, 把 衣服 晒 在 绳子 上

en cuerda encima extender ropa, bă ropa extender en cuerda encima

En (la) cuerda extienden ropa, La ropa están extendida en (la) cuerda.

(87) Grupo B

a. zài shí táng chī fàn   bǎ fàn chī zài shí táng
在 食堂　吃　饭，*把　饭　吃　在 食堂

en cantina comer comida, bǎ comida comer en cantina

En (la) cantina comen, La comida se come en (la) cantina.

b. zài qì chē shàng kàn shū   bǎ shū kàn zài qì chē shàng
在 汽车　上　看　书，*把 书 看 在 汽车　上

en coche encima leer libro, bǎ libro leer en coche encima

En (el) coche leen libros, El libro se lee en (el) coche.

c. zài wū lǐ   kāi   huì   bǎ huì kāi   zài wū lǐ
在 屋 里 开　会，*把 会 开 在 屋 里

en cuarto dentro sostener reunión, bǎ reunión sostener en cuarto dentro

En (la) habitación sostienen reuniones, Las reuniones se sostienen en (la) habitación.

(88) Grupo C

a. zài shí tou shàng kǎn dāo   bǎ dāo kǎn zài shí tou shàng
*在石头　上 砍 刀，把 刀 砍 在 石头　上

en piedra encima tajar hacha, bǎ hacha tajar en piedra encima

En la piedra tajan hachas, El hacha se taja en (la) piedra.

b. zài shuǐ lǐ   rēng shǒubiǎo bǎ shǒubiǎo rēng zài shuǐ lǐ
*在水 里　扔手表，把 手表 扔 在 水　里

en agua dentro tirar reloj, bǎ reloj tirar en agua dentro

En el agua tiran relojes, El reloj se tira en (el) agua.

c. zài shuǐ hú   lǐ guàn shuǐ bǎ shuǐ guàn zài shuǐ hú   lǐ
*在　水壶　里 灌　水，把水 灌 在　水壶　里

en cantimplora dentro verter agua, bǎ agua verter en cantimplora dentro

En la cantimplora vierten agua, El agua se vierte en la cantimplora.

Brevemente, los ejemplos del Grupo A son oraciones que tienen dos posibilidades, con los locativos preverbales y posverbales. En nuestra opinión, los locativos y los sustantivos pacientes de las mismas oraciones mantienen una "relación adhesiva", es decir, el resultado final de las oraciones consiste en que el objeto paciente está "pegado/ fijado" en el lugar por un agente. Y los locativos de estas oraciones serían argumentos de los predicados.

Las segundas oraciones del Grupo B no son gramaticales, en ellas los locativos solamente pueden estar delante del verbo, como veremos más abajo. La razón por la que no son gramaticales consiste en que los locativos de estas oraciones no forman parte de la estructura argumental de los predicados, por lo tanto serían modificadores locativos. En chino, la posición habitual de los modificadores es preverbal.[1] Ambos predicados del Grupo A y Grupo B son verbos transitivos agentivos, así que la preposición del objeto directo introducido por el carácter " 把 " funcionaría igual para todos los verbos y la diferencia de comportamiento sintáctico se debe a los locativos.

Las oraciones del Grupo C no son correctas, los locativos de estas oraciones solamente pueden estar en posición posverbal porque los locativos propuestos es un modificador general de la acción de los predicados, entonces las primeras oraciones del Grupo C significan respectivamente: alguien hace la acción de "tajar hacha" y está en una piedra; alguien está dentro del agua y tira reloj; estando dentro de una cantimplora, uno vierte agua. En estas oraciones, los locativos también son argumentos y son un tipo de argumento locativo direccional.

Según análisis de Zhu (1981), las oraciones del Grupo A tienen locativos que indican lugar de existencia, las oraciones del Grupo B tienen locativos que indican lugares en los que ocurren ciertos eventos, las oraciones del Grupo C tienen locativos que indican localización final de algún movimiento direccional. Estamos de acuerdo con su análisis y queríamos añadir unas observaciones nuestras.

1) Las primeras oraciones del Grupo A son agentivas y se pueden entender de una manera como "(alguien) pone algo en algún sitio de alguna manera": poner escribiendo caracteres en pizarra, poner pegando carteles en pared, poner extendiendo ropa en la cuerda. Las segundas oraciones de este grupo no son agentivas, pero la agentividad se mantiene: "por alguien, algo está en algún sitio de alguna manera": por alguien, los caracteres están escritos en la pizarra; por alguien, los carteles están pegados en la pared; por alguien, la ropa está extendida en la cuerda. Aunque tengan estructura diferente, se puede decir que las segundas son variantes de las primeras. La función de los locativos

---

[1] Más ejemplos sobre la posición de los modificadores en chino. Se ve más claramete, que el elemento preverbal se considera modificadores, sobre todo en la c), que surge cambio de significado dependiendo de la posición de los elementos.

a. modificador locativo: 学 生 在 学校 学习。*学生 学习 在 学校。

　　　　　　　Alumno en colegio estudiar. Alumno estudiar en colegio.

　　　　　　　Alumnos, en colegio estudian. Alumnos estudian en colegio.

b. modificador temporal: 我 七 点 起床。*我 起床 七 点。

　　　　　　　Yo siete punto levantarme. Yo levantarme siete punto.

　　　　　　　Yo, a las sierte me levanto. Yo me levanto a las siete.

c. modificador modal: 我 乘 船 去上海。我去 上海 乘 船。

　　　　　　　Yo coger(transporte) barco ir Shanghái. Yo ir Shanghái coger(transporte) barco.

　　　　　　　Yo, cogiendo barco, voy a Shanghái. Yo, yendo a Shanghái, cojo barco.

es la misma: indican un lugar donde existen unos objetos (caracteres, carteles, ropa, etc.). Además, los locativos son lugares donde normalmente pueden existir o estar dichos objetos. Estos locativos no se sustituyen lógicamente por 在 床 上 *(en cama encima* → *en (la) cama)*", "在书包里 *(en mochila dentro* → *dentro de (la) mochila*, etc. Los locativos de estas oraciones son semánticamente imprescindibles y pensamos que son argumentos de estas oraciones.

2) En las oraciones del Grupo A, en comparación con las oraciones del Grupo B, los objetos que existen tienen contacto físico con el lugar donde están ellos, tienen una "relación adhesiva": los caracteres y la pizarra; el cartel y la pared; la ropa y la cuerda. Es cierto que hay objetos existentes que no tienen contacto con nada físico, digamos que sería una relación adhesiva más abstracta, por ejemplo en las oraciones siguientes (89) sí que se puede hablar de cierta relación adhesiva entre la cometa y el espacio exterior, la ropa y luz solar, el dibujo y el aire. Considerando la relación existencial adhesiva, ya queda explicado porque las segundas oraciones del Grupo B no son gramaticales. La razón consiste en que el objeto directo de las primeras oraciones no tiene relación adhesiva con los locativos. Y las primeras oraciones del Grupo B también son agentivas, pueden ser consideradas como "(alguien) hacer algo en algún sitio", los locativos indican lugares donde alguien hace algo: comer en la cantina; leer en el coche; reunirse en la habitación. En estas oraciones agentivas pensamos que la semántica de los locativos no es imprescindible para los actos que denotan los predicados, entonces los locativos estarían en posición adjunta.

(89) a. 彗星　飘 在 外 太空。

Cometa flotar en exterior espacio

'La cometa está flotando en el espacio exterior'

b. 衣服　晒　在太阳下。

Ropa extender en sol   debajo

'La ropa está extendida bajo el sol'

c. 画　　挂 在 空 中。

Dibujo colgar en aire dentro

'El dibujo está colgado en el aire'

3) Las oraciones del Grupo C, en comparación con las oraciones anteriores, se caracterizan porque los objetos sí que tienen relación adhesiva con los locativos, por lo tanto las segundas oraciones son gramaticales. Pero esta relación adhesiva no es de carácter existencial, sino que indica el lugar final de realización de una acción: algo taja,

se tira y fluye y llegar a un sitio. Las oraciones del Grupo C indican el movimiento de algo que finaliza en un sitio, como *en la piedra*, *en el agua*, *en la piscina*. En este caso, los locativos tendrían papel temático de meta. Suelen ser analizados como complementos direccionales y solamente pueden estar al final de las oraciones. El orden de estas frases tendría que seguir el orden del proceso del movimiento: el hacha se mueve y taja al final en la piedra; se tira el reloj y llega al final al agua; el agua se vierte y llega al final a la cantimplora. Estas oraciones tendrían un modelo del tipo de "algo mueve de alguna manera y llega a algún sitio", y los locativos meta tienen que ser argumento requerido por los predicados de este grupo. Aunque podemos añadir agentes para las oraciones del Grupo C, lo tendríamos que hacer basándonos en la estructura de las segundas oraciones, es decir, poniendo los locativos en posición posverbal, en vez de preverbal (90). Como se ve en los ejemplos de arriba (87), los locativos de las primeras oraciones indicarían "lugar donde alguien hace algo", en vez de tener sentido direccional. Son, por tanto, incorrectas a no ser que se utilicen la estructura causativa con el carácter " 把 " u otras estructuras causativas.

(90) a. 张三　把刀　砍在石头上。
　　　Zhang San　bă　hacha tajar en piedra encima
　　　Zhang San taja el hacha en (la) piedra.

b. 张三　　把手表扔　在水　里。
　　Zhang San　bă　reloj　tirar　en agua dentro
　　Zhang San tira el reloj en (el) agua.

c. 张三　　把水　灌在　水壶　里。
　　Zhang San　bă　agua verter en cantimplora dentro
　　Zhang San vierte el agua en la cantimplora.

4) Merece mencionarse que en las segundas oraciones de los tres grupos de arriba todos tienen estructura con objeto adelantado, es decir, las primeras oraciones tienen estructura Loc.+ V+ N y las segundas tienen estructura de N +V+ Loc. Si mantenemos el orden dentro del sintagma verbal (V+N) y adelantamos el locativo (V+N +Loc.), ninguna de las segundas oraciones suena bien (91). Es decir, si se mantiene el orden de SV de V+ N, el locativo tiene que ir siempre delante del verbo. Este fenómeno implicaría, teniendo en cuenta de los fenómenos de antes, que los locativos pueden estar antes de los verbos junto con el sujeto, pero no pueden estar detrás de los verbos junto con los objetos directos.

(91) a. 在 黑板 上 写 字, ? 写 字 在 黑板 上

(pinyin: zài hēi bǎn shàng xiě zì, ? xiě zì zài hēi bǎn shàng)

en pizarra encima escribir carácter, ?escribir caracteres en pizarra encima

En (la) pizarra escriben caracteres, Escriben caracteres en (la) pizarra

b. 在 食堂 吃 饭, ? 吃 饭 在 食堂

(pinyin: zài shí táng chī fàn, ? chī fàn zài shí táng)

en cantina comer comida, ? comer comida en cantina

En (la) cantina comen, ? La comida se como en (la) cantina.

c. *在 水 里 扔手表, ? 扔 手表 在 水 里

(pinyin: zài shuǐ lǐ rēng shǒubiǎo, ? rēng shǒubiǎo zài shuǐ lǐ)

*en agua dentro tirar reloj, ? tirar reloj en agua dentro

En el agua tiran relojes, Tiran relojes en (el) agua.

Resumamos la relación entre el significado de la oración y la posición de los elementos locativos. Se nota que las primeras oraciones de los tres grupos son agentivas y las segundas oraciones son no agentivas (de voz pasiva o media). Entonces, se puede concluir lo siguiente:

1) Los locativos suelen aparecer en posición preverbal cuando las oraciones son activas. En estos casos, si el locativo no tiene relación adhesiva con el objeto, no se considera argumento de la estructura, sino que son adjuntos o modificadores locativos. Una excepción es el Grupo C, cuando las oraciones activas tienen un complemento direccional, los locativos tienen que estar siempre en posición posverbal.

2) De acuerdo con Zhu (1981), en general, los locativos preverbales indican lugares donde existe algo y lugares donde alguien hace algo. Los locativos posverbales indican también existencia y, además, indican lugares meta, es decir, lugares donde termina un movimiento direccional. En otras palabras, generalmente, si las oraciones son agentivas, los locativos tendrían que estar en posición preverbal, y el significado de los locativos depende de si el objeto directo tiene contacto físico con el lugar: si lo tiene, el locativo es el lugar donde existe algo, y si no lo tiene, el locativo es el lugar donde alguien hace algo. Si las oraciones son no agentivas, los locativos estarían en posición posverbal. Si el verbo indica movimiento, el lugar indica localización final del movimiento y si el verbo no es de movimiento, el locativo es existencial.

3) Otro fenómeno del que hemos dado cuenta consiste en que los locativos no son compatibles con un objeto directo en posición posverbal (oración no agentiva: N+ V+ Loc., *V+ N+ Loc.), pero son compatibles con un sujeto en posición preverbal (en oración agentiva: Agente (sujeto) +Loc.+V+N).

A continuación, veamos la posición de los locativos en oraciones con predicados verbales de fenómenos naturales, así como los otros elementos que pueden aparecer en posición preverbal.

2.3.2.2 Elementos preverbales en oraciones con predicados verbales

En español, como hemos visto en el parte anterior, existe un *pro^{expl.}* que funciona como sujeto formal de oraciones impersonales de fenómenos naturales, manteniendo concordancia con los predicados. Digamos que su existencia es totalmente formal, su posición estaría finalmente en [Esp, SFlex] para satisfacer el filtro de caso y el PPE. En chino, sin embargo, no existe propiedad de caso ni concordancia, por lo tanto es natural que no exista tampoco el concepto de *pro^{expl.}*. Como ya hemos visto en los ejemplos de los predicados de fenómenos naturales, tampoco existen en chino elementos paralelos a *it, il* de inglés y francés, es decir, no se necesitan pronombres expletivos para ocupar la posición de sujeto. En este último sentido, hay una similitud entre el chino y el español, que consiste en que los pronombres siempre tienen referencias concretas, de modo que ni *ello*[1], él ni 它 (tā) (*él, no humano*), 他 (tā) (*él, humano*) ni los demás pronombres pueden ejercer la función de expletivo, como se ve en los siguientes ejemplos (92).

En la posición inicial de las oraciones sí que se permite la aparición de un sujeto del tipo de "Zeus", es decir, con sentido religioso y mitológico: 老天爷 (lǎo tiān yé) / 天公 (tiān gōng) (*Señor Cielo, Dios*), 天 (tiān) (*Cielo*), 雷公 (léi gōng) (*Señor de truenos, Dios de truenos*), 电母 (diàn mǔ) (*Señora de relámpagos, Diosa de relámpagos*), 龙王 (lóng wáng) (*Rey Dragón, Dios de lluvia*), etc. Las siguientes oraciones son gramaticales (93), igual que los casos figurados del español *Zeus llovió, Dios llovió* son usos agentivos. Según hemos analizado, en su uso meteorológico no agentivo, las frases del tipo 下雨 (xià yǔ) (*caer lluvia*) forman parte de oraciones sin sujeto con predicados verbales, en el sentido de que no necesita, no tiene ni puede tener sujeto. Teniendo en cuenta que en chino no existe el concepto de concordancia, no hace falta sujeto ni formalmente ni semánticamente En este sentido, en comparación con el español, las oraciones en chino son las verdaderas oraciones impersonales, como se ve en las siguientes oraciones (94), el signo Ø representa el "sujeto formal", que no tiene rasgo ni fonético ni semántico ni sintáctico.

(92) a. 下 (xià) 雪 (xuě) 了 (le) 。 *他 (tā) / 它 (tā) 下 (xià) 雪 (xuě) 了 (le) 。
       Caer nieve asp.　　él　caer nieve asp.
       Nevó. *Ello/ Él nevó.

---

[1] Se excluye el caso de *ello* usado como expletivo en algunas variedades americanas del español, que no estudiaremos aquí.

b. <ruby>正在<rt>zhèng zài</rt></ruby> <ruby>下<rt>xià</rt></ruby> <ruby>雨<rt>yǔ</rt></ruby>。*<ruby>他<rt>tā</rt></ruby> / <ruby>它<rt>tā</rt></ruby> <ruby>正在<rt>zhèng zài</rt></ruby> <ruby>下<rt>xià</rt></ruby> <ruby>雨<rt>yǔ</rt></ruby>。

En proceso caer lluvia. él en proceso caer lluvia.

Está lloviendo. *Ello/ Él está lloviendo.

c. <ruby>刮<rt>guā</rt></ruby> <ruby>风<rt>fēng</rt></ruby>。*<ruby>他<rt>tā</rt></ruby> / <ruby>它<rt>tā</rt></ruby> <ruby>刮<rt>guā</rt></ruby> <ruby>风<rt>fēng</rt></ruby>。

Soplar viento. él soplar viento.

Hace viento. *Ello/ Él hace viento.

(93) a. <ruby>天<rt>tiān</rt></ruby> <ruby>要<rt>yào</rt></ruby> <ruby>下<rt>xià</rt></ruby> <ruby>雨<rt>yǔ</rt></ruby>，<ruby>粮<rt>liáng</rt></ruby> <ruby>要<rt>yào</rt></ruby> <ruby>解<rt>jiě</rt></ruby> <ruby>营<rt>yíng</rt></ruby>。

Cielo ir a caer lluvia, víveres ir a servir cuartel

El Cielo llueve, víveres se entregan al cuartel.

(—Dicho antiguo, se expresa la situación de dilema de los campesinos.)

b. <ruby>天<rt>tiān</rt></ruby> <ruby>下<rt>xià</rt></ruby> <ruby>雨<rt>yǔ</rt></ruby> <ruby>了<rt>le</rt></ruby>。

cielo caer lluvia asp.

El Cielo ha llovido.

c. <ruby>雷公<rt>léi gōng</rt></ruby> <ruby>打<rt>dǎ</rt></ruby> <ruby>雷<rt>léi</rt></ruby>。

Señor Trueno emitir trueno

El Señor Trueno truena.

(94) a. pro^{expl.} Nevó.　　　Ø<ruby>下<rt>xià</rt></ruby> <ruby>雪<rt>xuě</rt></ruby> <ruby>了<rt>le</rt></ruby>。

Caer nieve asp.

Nevó.

b. pro^{expl.} Está lloviendo.　　Ø<ruby>正在<rt>zhèngzài</rt></ruby> <ruby>下<rt>xià</rt></ruby> <ruby>雨<rt>yǔ</rt></ruby>。

En proceso caer lluvia

Está lloviendo.

c. pro^{expl.} Hace viento.　　Ø<ruby>刮<rt>guā</rt></ruby> <ruby>风<rt>fēng</rt></ruby>。

Soplar viento

Hace viendo.

Sin embargo, nos llama la atención el hecho de que los locativos también prefieren la posición inicial en oraciones con predicados de fenómenos naturales y rechazan otras posiciones, como hemos visto anteriormente en ejemplos de (83). Y, de hecho, es tradición analizar los locativos como sujetos. A diferencia de la tradición gramatical española, en chino se considera que los locativos poseen propiedades nominales y son aptos para la posición de sujeto. Efectivamente, la gramática suele considerarlos como nombres locativos, de la misma forma que los locativos deícticos:

(95) a. 马德里 下 雪 了。? 下 雪 了 马德里。
mǎ dé lǐ xià xuě le xià xuě le mǎ dé lǐ

Madrid caer nieve asp. ? Caer nieve asp. Madrid.

En Madrid ha nevado. ?Ha nevado en Madrid.

b. 那里下 大 雨。? 下 大 雨 那里。
nà li xià dà yǔ xià dà yǔ nà li

Allí cae grande lluvia. ? Caer grande lluvia allí.

Allí llueve mucho. ?Llueve mucho allí.

c. 东南 亚 刮 台风。? 刮 台风 东南亚。
dōng nán yà guā tái fēng guā tái fēng dōng nán yà

Sureste Asia soplar tifón. ? Soplar tifón Sureste Asia.

En el Sureste de Asia sopla tifón. ?Sopla tifón en el Sureste de Asia.

Como se ha explicado en la primera parte del capítulo, en español el orden no marcado de las oraciones de arriba es locativo-verbo, mientras que el orden verbo-locativo tendría un orden marcado de naturaleza discursiva y son mucho menos usadas en comparación con las primeras. En cuanto a las oraciones en chino, los locativos tienen que estar obligatoriamente en la posición inicial, pues el orden predicado-locativo da lugar a oraciones no gramaticales. Los locativos casi siempre están al principio de las oraciones de fenómenos naturales en oraciones con orden no marcado. La agramaticalidad de las segundas oraciones de (95) se debe a que no se han adelantado los objetos directos y en chino, según hemos observado anteriormente, no se permiten oraciones con orden V+N+Loc. Cuando intentamos adelantar los objetos indirectos, nos damos cuenta de que no se puede emplear los locativos como lugar de existencia (96), sino que hay que considerarlos como el lugar donde finaliza un movimiento y tenemos las oraciones de (97).

(96) Locativos pospuestos

a. ?雪 下 在马德里了。
xuě xià zài mǎ dé lǐ le

? nieve caer en Madrid asp.

? La nieve ha caído en Madrid.

b. *大 雨 下 在那里。
dà yǔ xià zài nà li

*grande lluvia caer en allí.

?Mucha lluvia ha caído allí.

c. *台风 刮 在 东南 亚。
tái fēng guā zài dōng nán yà

* tifón soplar en Sureste Asia.

? Tifón sopla en el Sureste de Asia.

(97) Locativos pospuestos, con sentido direccional, oraciones no agentivas

a.
xuě　　zì　　běi　xiàng　nán　cóng　fǎ guó　　xià　　dào　xī bān yá
雪　　自　　北　向　南，从　法国　　下　　到　西班牙。

Nieve desde norte hacia sur, desde Francia caer hasta España

Desde norte hacia sur, la nieve cae desde Francia hasta España.

b.
jīn　nián　méiyǔ　　qījiān　　yǔ　cóng guǎngdōng　xià　dào　　zhè jiāng
今　年　梅雨　期间，雨　从　广东　　下　　到　　浙江。

Este año lluvia época, lluvia desde Cantón caer hasta Zhejiang

En la época lluviosa de este año, la lluvia cae desde Cantón hasta Zhejiang.

c.
tái fēng　cóng　dōngnán yà　　guā　　dào　zhōng guó　dōng nán　yán hǎi　dì qū
台风　从　东南亚　刮　　到　中国　东南　沿海　地区。

Tifón desde Sureste Asia raspa hasta China sureste coste zona

Tifón sopla desde Sureste de Asia hasta la zona costera del sureste
de China.

En nuestra opinión, el hecho de que los locativos tengan que ser lugar meta en las oraciones de (96) y (97) en vez de ser el lugar de existencia se debe a que los verbos de fenómenos naturales no denotan estados estativos como "estar escrito, estar pegado, estar extendido", etc., sino que denotan actos eventivos de movimiento, de manera que podrían ser interpretados como "estar cayendo lluvia, estar cayendo nieve, estar soplando viendo", etc. Por lo tanto, los locativos que les siguen no son posibles lugares de existencia sino más bien lugares donde llegan los fenómenos meteorológicos. Es decir, los locativos en estructuras con predicados con fenómenos naturales pueden aparecer en posición pospuesta, a condición de que se adelanten los objetos directos y los locativos no indican lugares de existencia, sino lugares meta. Además, estos lugares meta son argumentos imprescindibles en estas estructuras: pueden estar omitidos pero siempre existen en la estructura.

En cuanto a las oraciones con orden no marcado con locativos preverbales (98), desde nuestro punto de vista, encaja mejor con oraciones del Grupo B que con oraciones del Grupo A, es decir, indican unos actos eventivos, en vez de estados de existencia. El Grupo A, como hemos dicho, representaría un modelo de "poner algo en algún sitio de alguna manera", cuyo resultado es un estado estativo de algo en algún lugar. El Grupo B representaría una estructura de "hacer algo en algún sitio", cuyo resultado no es estativo, sino un proceso, como se nota en las oraciones de (94), lo que denotan las oraciones son mejor consideradas como "hacer algo en algún sitio", más que "poner algo en algún sitio".

(98) Locativos antepuestos, oraciones agentivas

a. 雷 公 大 怒, 在 海 上 做 法 打 雷。

Trueno señor grande furioso, en mar encima hacer magia emitir trueno

El Dios de Trueno está furioso, conjura en el mar y emite truenos.

b. 龙 王 终于 前来 相助, 在 村里 降下 大 雨。

Dragón Rey finalmente venir ayudar, en pueblo caer grande lluvia.

El Rey Dragón finalmente vino a ayudar, y cayó en el pueblo gran lluvia.

Ahora podemos decir que los predicados de fenómenos meteorológicos con usos mitológicos con sujeto agente y encajan perfectamente en el modelo de oraciones del Grupo B (es decir, en el modelo de "hacer algo en algún sitio"). Además, los verbos de fenómenos naturales comparten características con los verbos de movimiento ("algo se mueve de alguna manera y llega a algún sitio"). Entonces podríamos decir que los predicados de fenómenos naturales tienen un modelo híbrido resultante de la mezcla de modelos de verbos del Grupo B y del Grupo C, y se podrían interpretar como "hacer algo mover y llegar a algún sitio". En este sentido, consideramos que los locativos también tienen carácter hibrido, pues indicarían tanto el lugar donde ocurre algo como el lugar al que llega algo. Y los locativos de estas oraciones son argumentos y debería haber un sitio para ellos.

Obviamente, también tenemos que tener en cuenta que, en la mayoría de los casos, los predicados de fenómenos naturales arriba analizados tienen una estructura verbal del modelo agentivo de V+ N, pero sin sujeto agente recuperable. En total, con respecto a los elementos que pueden aparecer en posición preverbal, tenemos cuatro estructuras, como se ejemplifican en las oraciones siguientes: con un sujeto cero (99), con un sujeto agente (100), con un locativo (101), con sujeto agente y locativo (102). Estas cuatro posibilidades son los posibles elementos preverbales de predicados verbales de fenómenos naturales.

(99) a. Ø 下 雪 了。

Caer nieve asp.

Nevó.

b. Ø 刮 风。

Soplar viento

Hace viendo.

(100) a. 天 下 雨 了。
       ^{tiān} ^{xià} ^{yǔ} ^{le}

cielo caer lluvia asp.

El Cielo ha llovido.

     b. 雷公 打 雷。

Señor Trueno emitir trueno

El Señor Trueno truena.

(101) a. 马德里 下 雨 了。

Madrid caer lluvia asp.

En Madrid ha llovido.

     b. 东南 亚 刮 台风。

Sureste Asia soplar tifón.

En el Sureste de Asia sopla tifón.

(102) a. 龙 王 经常 在 村子 下 雨 。

Dragón Rey frecuentemente en pueblo caer lluvia

El Rey Dragón frecuentemente cae lluvia en el pueblo.

     b. 雷 公 在海 上 打 雷。

Señor Trueno en mar encima emitir trueno

El Señor Trueno truena en el mar.

Como ya hemos mencionado anteriormente, en las oraciones con predicados verbales de fenómenos naturales debería haber una posición para los locativos en su estructura semántica, debido a su característica compartida con los verbos de movimiento, con significado de "caer, llegar", etc. y su posible uso con complementos direccionales como se ejemplifican en (97). Entonces, queríamos proponer que en posición preverbal de predicados verbales de fenómenos naturales siempre hay una posición disponible para los locativos, pueden estar bien audibles como en (101) o bien omitidos como en (99) y (100). Cuando aparecen sujetos agentivos en su uso mitológico, los sujetos agentes ocupan la posición inicial de las oraciones (100) y pueden estar seguidos por los locativos (98). Después de tratar los elementos preverbales, a continuación, nos vamos a centrar en la parte posverbal de los predicados verbales de fenómenos naturales.

2.3.2.3   Elementos posverbales en oraciones con predicados verbales

A lo largo de nuestro análisis hemos considerado que los predicados verbales de fenómenos naturales tienen un argumento interno que funciona como objeto directo. Sin embargo, al igual que sucede en el estudio de predicados meteorológicos en español y en otros idiomas, hay gramáticos en chino que opinan que dichos predicados son de valencia cero. En chino la discrepancia consiste principalmente en los siguientes predicados (103) (los predicados con verbo existencial 有 (haber/ tener) son analizados con uniformidad como estructuras existenciales).

(103) Predicados verbales

· 下 雨, 下 大 雨, 下 小 雨,

caer lluvia, caer grande lluvia, caer pequeño lluvia,

llover, diluviar, lloviznar,

下 雪, 下 霜, 下 冰雹, etc.

caer nieve, caer escarcha, caer granizo, etc.

nevar, escarchar, granizar, etc.

· 打 雷, 闪 电 / 打 闪, 刮 风,

emitir trueno, chispear relámpago/ emitir chispa, soplar viento,

tronar, relampaguear, ventear,

起 风, 起 雾, 出 太阳, etc.

levantar viento, levantar niebla, salir sol etc.

ventear/ levantarse viento, levantarse niebla, salir sol, etc.

Chen (2002) describe los "verbos sin valencia" como "verbos en cuya estructura sintáctica solo hay un sujeto expletivo, pero sin participante semántico". Según los estudios existentes, se da en inglés, en francés, en alemán, y en muchos otros idiomas este concepto de "verbos sin valencia", y se considera generalmente que los pronombres *it, il, es,* etc. son sus sujetos expletivos: I*t rains, Il Pleut, Es regent.* En español e italiano, como hemos dicho en el apartado 2.2.2.1., en oraciones como *Llueve, Piove,* también se consideran verbos sin valencia y llevan un *pro*^{expl.} solo para satisfacer el PPE. En otras palabras, todos estos elementos que ocupan la posición inicial de las oraciones funcionan como sujeto sintáctico, pero son semánticamente vacíos, así que no pueden recibir papel temático , y no son argumentos, por lo tanto, no son sujetos de verdad y se llaman sujetos expletivos. Como la mayoría de estos verbos denotan fenómenos naturales y meteorológicos, con mucha frecuencia estos verbos de valencia cero también se llaman verbos meteorológicos.

Podríamos decir que lo que reflejan los verbos meteorológicos son fenómenos comunes en el mundo objetivo que comparten todos los pueblos de mundo, forman parte del mundo real, y es lógico que existan verbos meteorológicos en todas las lenguas. En chino, como hemos dicho anteriormente, también los tenemos. Hay lingüistas de chino que opinan que 下雨 (caer lluvia), 下雪 (caer nieve), 刮风 (soplar viento) tienen una estructura parecida a rain, snow del inglés y son "verbos de cero valencia" (Guo, 1995; Yuan y Guo, 1998; Zhan, 2000), es decir, verbos que no tienen complemento ni llevan ningún argumento. Lo que proponen ellos consiste en que los predicados son en realidad verbos compuestos de estructura "verbo+sustantivo" y el resultado de la composición es una sola palabra verbal. Pero también hay expertos que opinan diferentemente (Lu, 2001; Chen, 2002), con los cuales estamos de acuerdo en que estos predicados en chino son como sintagmas verbales, la parte de 下 (caer), 刮 (soplar), 打 (emitir) es el verbo y los sustantivos que vienen detrás son sus objetos directos[1].

Según Zhou (2006), el estudio de la valencia de los verbos debe dividirse en dos niveles: un nivel basado en el mundo objetivo en el que vivimos, del que extraemos un concepto de "valencia lógica", y otro nivel basado en el idioma, en el que estudiamos la "valencia gramatical". Al igual que en el caso del sujeto, la valencia gramatical es un concepto tanto sintáctico como semántico, basado en la relación entre el verbo (acto) y sus argumentos (participantes del acto), que se da en el nivel de interfaz entre sintaxis y semántica.

Al mismo tiempo, Zhou (2006) opina que los verbos meteorológicos denotan movimientos. De acuerdo con el Materialismo dialéctico, según el cual el movimiento es el atributo básico de la materia, el movimiento solo puede predicarse de seres materiales y no hay movimiento sin materia. Si consideramos, como hace el materialismo dialéctico, que la lengua es reflejo del mundo real, de la misma forma que no hay movimiento sin materia, tampoco habrá en la lengua actos de movimiento sin participante. Según Lu (2001), esto es la base filosófica de que en realidad no existen "verbos sin valencia". Las construcciones de fenómenos naturales expresan los mismos actos, entonces estos verbos de todos los idiomas deberían compartir un mismo esquema (o *image schema*[2]): el movimiento absoluto de una existencia natural (participante del movimiento). La

---

[1] Pensamos que se puede decir que la posición de generación de estos nominales es la posición de objetos directos, pero debido a que no se puede saber el caso de los nominales en chino, tampoco se sabe qué función sintáctica tienen, por lo que podrían ser sujetos y también tienen la propiedad de ser objetos directos. Según Fernández Soriano y Táboas Baylín (1999: 1745) en algunas lenguas, como el chino, el turco o el ruso, los fenómenos meteorológicos se expresan por medio de un verbo y un nombre con la misma raíz (turco *yamur yagur*, lit. 'llueve lluvia', ruso *grom gremit*, lit. 'trueno truena'). Citan en el mismo trabajo que, como señala Ruwet (1989), es difícil determinar en estos casos si el nombre funciona como sujeto o como objeto de la construcción.

[2] Johnson, 1987:xiv; Gibbs and Colston, 1995: 349.

consecuencia inmediata de este enfoque es que todos los verbos meteorológicos tienen que tener una valencia. La manera en que se materialice ese principio podrá variar: al entrar en el nivel de la lengua, la misma estructura lógica puede tener diferente proyección gramatical por intervención subjetiva de los humanos, por lo tanto surgen diferentes significantes con un mismo significado.

Podríamos decir que en chino 下雨 *(caer lluvia)*, 下雪 *(caer nieve)*, 刮风 *(soplar viento)* no pueden llevar sujeto expletivo explícito, como hemos explicado antes, pero tienen una valencia que son los sustantivos que denotan fenómenos naturales 雨 *(lluvia)*, 雪 *(nieve)*, 风 *(viento)*. Aunque el verbo de movimiento y el nombre que describen el fenómeno natural formen parte de un verbo compuesto, su semántica puede ser separada perfectamente y el significado de la secuencia se obtiene composicionalmente. El nombre denota la materia que participa en el movimiento y constituye el argumento del verbo de movimiento, de tal modo que los predicados de fenómenos naturales se comportan como verbos de una valencia. Esta valencia en inglés y español queda "invisible", de modo que los verbos aparentan ser verbos sin valencia. Pero dicho desde el punto de vista morfológico, según nuestro análisis del español, también tienen una valencia, porque el nombre se fusiona con la raíz verbal, de manera que el elemento que está en posición de objeto en chino, en español está en la raíz.

En cuanto a la "invisibilidad" de la valencia de estos idiomas, nos parece interesante lo que propone Zhou (2006). Opina que se produce una "fusión" del verbo y su argumento. Argumenta su punto de vista con ejemplos de la lengua Chuklai (una lengua de la zona de Siberia), diciendo que en este idioma la incorporación del sustantivo es un fenómeno muy común. En esta lengua es frecuente que un argumento nominal se incorpore en el núcleo del SV y el resultado directo es la reducción de valencia del verbo. De forma análoga, los verbos que expresan fenómenos naturales como *llover, nevar*, que lógicamente tienen una valencia, se ven obligados a reducir su argumento para satisfacer los requisitos gramaticales.

El análisis de Zhou (2006) coincide con lo que proponen Hale y Keyser (2002) y con el que hemos propuesto aquí para los predicados meteorológicos del español. En síntesis, creemos que tanto en chino como en español existen participantes en los movimientos meteorológicos. La diferencia entre las dos lenguas es que en chino los participantes son gramaticalmente más visibles y separables, mientras que en español, como hay un proceso de incorporación de las raíces nominales, los participantes son menos visibles y separables a nivel formal gramatical.

Aparte de los análisis de arriba, es preciso subrayar que diversas pruebas gramaticales permiten concluir que los elementos 雨 *(lluvia)*, 雪 *(nieve)*, 风 *(viento)* etc. son objetos directos y valencia de verbos de 下 *(caer)*, 刮 *(soplar)*, etc. La prueba más importante es que se pueden adelantar los elementos 雨 *(lluvia)*, 雪 *(nieve)*, 风 *(viento)* etc. separándolos de los verbos y las oraciones son perfectas (104) y (105).

(104) a. 雪　自　北　向　南，从　法国　下　到　西班牙。
<small>xuě　zì　běi　xiàng　nán　cóng　fǎ guó　xià　dào　xī bān yá</small>

Nieve desde norte hacia sur, desde Francia caer hasta España

Desde norte hacia sur, la nieve cae desde Francia hasta España.

b. 今　年　梅雨期间，雨　从　广东　下　到　浙江。
<small>jīn　nián　méi yǔ qī jiān　yǔ　cóng　guǎng dōng　xià　dào　zhè jiāng</small>

Este año lluvia época, lluvia desde Cantón caer hasta Zhejiang

En la época lluviosa de este año, la lluvia cae desde Cantón

hasta Zhejiang.

c. 台风　从　东南　亚　刮　到　中国　东南　沿海　地区。
<small>tái fēng　cóng　dōng nán　yà　guā　dào　zhōng guó　dōng nán　yán hǎi　dì qū</small>

Tifón desde Sureste Asia raspa hasta China sureste coste zona

Tifón sopla desde Sureste de Asia hasta la zona costera del sureste

de China.

(105) a. 刮　台风　了。台风　刮　过　来　了。
<small>guā　tái fēng　le　tái fēng　guā　guò　lái　le</small>

Soplar tifón asp. Tifón soplar pasar venir asp.

Ya está soplando el tifón. El tifón ya está soplando viniendo.

b. 下　暴　雨　了。暴　雨　下　到　广东　了。
<small>xià　bào　yǔ　le　bào　yǔ　xià　dào　guǎng dōng　le</small>

Caer torrencial lluvia asp. Torrencial lluvia caer llegar Cantón asp.

Ya está cayendo lluvia torrencial. La lluvia torrencial ya cae llegando

a Cantón.

c. 严　寒　的　一月　下　了　两　场　大　雪。
<small>yán　hán　de　yī yuè　xià　le　liǎng　chǎng　dà　xuě</small>

Riguroso frío adj. enero caer asp. dos vez grande nieve

En el enero de frío riguroso, ya ha caído dos veces de nieve grande.

d. 两场雪　下过了，　农民　心　里　却　热腾腾的。
<small>liǎng chǎng xuě　xià guò le　nóng mín　xīn　lǐ　què　rè téng téng de</small>

dos vez nieve caer asp., campesinos corazón dentro pero caliente

Dos veces de nieve ha caído, pero los campesinos se sienten caliente

en el corazón.

El hecho de que el complemento nominal pueda separarse del verbo y tener una posición flexible nos lleva a pensar en construcciones parecidas en español, en las que el argumento interno del verbo puede ser tanto complemento directo como sujeto, en predicados verbales caracterizados como inacusativos. Por ejemplo, los verbos de cambio de estado causativos *Rompió un vaso / El vaso se rompió* y los verbos de movimiento y aparición del tipo *Ha llegado un invitado/ El invitado ha llegado*. De acuerdo con nuestro análisis, los predicados meteorológicos obviamente no disponen, aparte del caso de uso metafórico y mitológico, de alternancia transitiva, por lo tanto consideramos que serían más parecidos a verbos del tipo *llegar*. Una cuestión que debe ser planteada es si los predicados meteorológicos del chino tienen las propiedades de estos verbos inacusativos.

Esta cuestión ha sido ya planteada en el ámbito de gramática en chino, que ha aplicado la hipótesis de la inacusatividad a ciertos predicados. Entre los trabajos que han analizado construcciones inacusativas en chino podemos citar los de Jin y Wang (2014), Huang (2007), Tang (2004), Shen, *et alii* (2002), entre otros.

En Huang (2007), por ejemplo, se analizan los verbos del tipo " 来 (venir)/ 到 (llegar)" como verbos inacusativos de existencia, ocurrencia y aparición. En Jin y Wang (2014) denominan estos verbos inacusativos del tipo " 来 (venir)/ 到 (llegar)" como *verbos absolutivos*, en sentido de que estos verbos no tienen alternancia transitiva y su único argumento puede aparecer tanto en posición de sujeto como en posición de objeto directo y lleva un caso absolutivo. Más verbos de este tipo, según han listado Jin y Wang (2014) y Huang (2007), serían 去 *(ir)*, 走 *(andar/ irse)*, 出现 *(aparecer)*, 发生 *(ocurrir)*, 死 *(morir)*, 有 *(tener/ haber)*, 是 *(ser)*, entre otros.

En nuestra opinión, los predicados verbales (103) que mencionamos al principio de este apartado pueden ser incluidos en el grupo considerado como de "verbos absolutivos" por Jin y Wang (2014). Aparte de los verbos de 下 *(caer)*, 刮 *(soplar)*, el resto de los verbos como 出 *(salir)*, 起 *(levantar)*, 打 *(emitir)* también cuadran en este modelo, como se ve en los siguientes ejemplos (106).

Desde nuestro punto de vista, el verbo 下 *(caer)* sería un verbo inacusativo de cambio de lugar, en el sentido de que lo que denota es un movimiento, que consiste en la caída o precipitación de un meteoro (雨 *(lluvia)*, 雪 *(nieve)*, 冰雹 *(granizo)*, etc.), sobre la tierra. El resto de los verbos indican en principio aparición de un fenómeno atmosférico, pero también pueden denotar movimiento de cierto fenómeno, porque la mayoría de estos verbos pueden llevar complemento direccional del tipo 出来 / 起来 *(subiendo)*, 下来 *(bajando)*. Sin embargo, según nuestro juicio, la anteposición, o sea, la posición flexible del argumento no es decisiva para decir que estos verbos se portan como verbos inacusativos. Según se ve en las oraciones de abajo (107), los verbos transitivos también pueden tener su argumento interno en posición preverbal. Esta estructura consiste en la estructura de " 得 ", al que sigue un complemento adverbial, que describe el resultado o manera del predicado. Lo peculiar de esta estructura es que el sintagma de " 得 " tiene que estar enseguida detrás del núcleo verbal, es decir, si el SV lleva complemento directo, el complemento directo tiene que estar adelantado, como se ve en las estructuras ejemplificadas en (107) con verbos transitivos. Por lo tanto, digamos que la anteposición, o sea, la posición flexible del argumento, no es decisiva para decir que unos verbos se portan como verbos inacusativos.

(106) a. 下 暴 雨 了。 暴 雨 下 到 广东 了。

xià bào yǔ le　bào yǔ xià dào guǎngdōng le

Caer torrencial lluvia le (asp.) Torrencial lluvia caer llegar Cantón le (asp.)

a está cayendo lluvia torrencial. La lluvia torrencial ya cae llegando

a Cantón.

b. 出 太阳 了。太阳 出 来 了。

chū tài yáng le　tài yáng chū lái le

Salir sol asp.　Sol salir subir asp.

Ya ha salido el sol. El sol ya ha salido subiendo.

c. 刮 起 风 了。风 刮 起来 了。

guā qǐ fēng le　fēng guā qǐ lái le

Soplar levantar viento asp.　viento soplar levantar asp.

Se ha levantado viento. El viento ya se ha levantado subiendo.

d. 打 闪电 / 雷 了。 一 个 闪电 / 雷 打 下来 了。

dǎ shǎndiàn léi le　yí gè shǎndiàn léi dǎ xià lái le

Emitir relámpago/trueno asp.　uno clas. relámpago/trueno emitir bajar asp.

Se ha remitido un relámpago/trueno. Un relámpago/trueno se emite bajando.

(107) a. 弹 钢琴。钢琴 弹 得 很 好 听。

dàn gāng qín　gāng qín dàn dé hěn hǎo tīng

Tocar piano.　Piano tocar auxi. muy bien escuchar

Tocar piano. Se tocan piano muy bonitamente.

b. 踢 足球。足球 踢 得 很 好。

tī zú qiú　zú qiú tī dé hěn hǎo

patear fútbol. Fútbol patear auxi. muy bien

Jugar fútbol. Se juegan el fútbol muy bien.

c. 说 中文。中文 说 得 很 流利。

shuō zhōngwén　zhōngwén shuō dé hěn liú lì

Hablar chino.　Chino hablar auxi. muy fluido

Hablar chino. Se hablan chino muy fluidamente.

d. 洗 衣服。衣服 洗 得 很 干净。

xǐ yī fu　yī fu xǐ dé hěn gān jìng

Lavar ropa.　ropa lavar auxi. muy limpio

Lavar ropa. Se lavan ropa muy limpiamente.

No obstante, existen otras pruebas que pueden demostrar que los predicados meteorológicos se portan de manera especial. Concretamente, los sustantivos que se combinan con ellos, en vez de comportarse como objetos directos, se portan más como el argumento de los "verbos absolutivos" descritos en Jin y Wang (2014). Primero, la estructura " 把 " es marcador de objetos directos, pero ninguna de las oraciones de (108) son correctas. Esto se debe a que les falta a estos predicados en su semántica el papel de agente[1], como se ve en (109), por lo que tampoco pueden tener sujeto agente. Por último, tampoco pueden entrar en estructuras pasivas (el marcador de pasividad es el carácter "被") (110), lo que normalmente deberían poder hacer si fueran objetos directos, es decir, las oraciones podrían ser pasivizadas.

(108) a. 下雨了。 *把雨下了。

Caer lluvia asp.　bǎ lluvia caer asp.

Ha caído lluvia.　(Bǎ) lluvia ha caído.

b. 刮风了。 *把风刮了。

Soplar viento asp.　bǎ viento soplar asp.

Ha soplado viento.　(Bǎ)viento ha soplado.

c. 出太阳了。 *把太阳出了。

Salir sol asp.　bǎ sol salir asp.

Ha salido el sol.　(Bǎ) sol ha salido.

(109) a. 下雨了。 *张三下雨了。

Caer lluvia asp.　Zhang San caer lluvia asp.

Ha caído lluvia.　Zhang San ha caído lluvia.

b. 刮风了。 *张三刮风了。

Soplar viento asp.　Zhang San soplar viento asp.

Ha soplado viento.　Zhang San ha soplado viento.

c. 出太阳了。 *张三出太阳了。

Salir sol asp.　Zhang San salir sol asp.

Ha salido el sol.　Zhang San ha salido el sol.

(110) a. 下雨了。 *雨被下了。

Caer lluvia asp.　lluvia bèi caer asp.

Ha caído lluvia.　Lluvia ha sido caído.

b. 刮风了。 *风被刮了。

Soplar viento asp.　viento bèi soplar asp.

Ha soplado viento.　El viento ha sido soplado.

c. 出太阳了。 *太阳被出了。

Salir sol asp.　sol bèi salir asp.

Ha salido el sol.　El sol ha sido salido.

---

[1] Si se trata de uso mitológico, podría llevar sujeto, como hemos analizado en 2.3.2.2.

Merece mencionarse que estas operaciones no son el método para diagnosticar la inacusatividad, pero sí que es verdad que los verbos transitivos/ intransitivos siempre pueden llevar en la posición inicial un agente animado, mientras que los predicados de fenómenos naturales no pueden llevar agente en su uso meteorológico. Lo cual indicaría que teniendo en cuenta nuestras últimas observaciones (108)-(110) para diferenciar los verbos inacusativos (absolutivos) de los verbos intransitivos/ transitivos, la posición flexible del argumento interno no es decisiva, sino que es la imposibilidad de tener agente.

Resumamos este apartado. En las referencias de predicados de fenómenos naturales en chino existen análisis que intentan aplicar los mismos criterios que las lenguas indoeuropeas, argumentando que los predicados verbales de fenómenos naturales en chino no tienen valencia, o sea, no disponen de argumentos internos en su estructura. Para encajar los predicados del chino en esta estructura afirman que se trata de verbos compuestos en vez de sintagmas verbales. Nuestra opinión, al contrario, consiste en que los predicados verbales de fenómenos naturales en chino son sintagmas en vez de verbos y hemos hecho análisis con el fin de comprobar la separabilidad de este elemento y hemos comprobado que estos elementos son separables, y se comportan como argumentos internos de verbos inacusativos de movimiento y aparición. Además, hemos dado cuenta de que en chino muchos complementos directos no animados de verbos transitivos pueden estar en posición inicial de las oraciones sin llevar marcador de ningún tipo. Entonces podríamos decir que la posición flexible del argumento interno no es decisiva para el diagnóstico de verbos inacusativos, sino que sería la imposibilidad de tener agente.

2.3.2.4 Función predicativa de los adjetivos y sustantivos

En chino, como mencionamos anteriormente, los adjetivos y sustantivos pueden funcionar como predicados, fenómeno que raramente ocurre en idiomas occidentales. Los adjetivos se consideran más aptos para funcionar como predicados y, de hecho, en muchos estudios gramaticales se incluyen dentro de la categoría de predicado tanto los adjetivos como los verbos (Zhao, 1955, 1979, 2002; Long, 1958; Zhu, 1982; Shen, 2007, 2009; etc.). Sin embargo, los análisis discrepan en este punto. En el cuadro siguiente (111) se recoge la clasificación que hacen diversos gramáticos del chino a propósito de los adjetivos. El cuadro (111), tomado de Guo (2012), presenta cuál es la consideración de los distintos estudios a propósito de resumir el uso y función de los sintagmas adjetivales.

Entonces, ¿cuáles son las características de los adjetivos en chino? ¿Por qué pueden funcionar como predicados? ¿Y los sustantivos? Guo (2012), después de estudiar 72 idiomas, incluido el español, llega a la conclusión de que en el idioma chino, así como en muchos idiomas de minoría étnica de China, como el indonesio entre otros, los adjetivos funcionan bien como predicados bien como modificadores. En cambio, en español y en el resto de lenguas indoeuropeas, los adjetivos funcionan solamente como modificadores. Es decir, los adjetivos en chino tienen tanto característica de modificador como predicativa. Un ejemplo del uso de los adjetivos como predicados en chino se puede ver en (112). Cuando van delante de los sustantivos suelen ser modificadores, con o sin marcador " 的 " (marcador adjetival); cuando van detrás de los sustantivos, suelen tener función predicativa, sin ningún marcador. Estos ejemplos, además, demuestran que el orden es un factor importante en chino, porque determina la función que tienen los elementos. En concreto, cuando los adjetivos están antes de los sustantivos se entienden como modificadores, cuando están detrás de los sustantivos, se entienden como predicados y llevan significado copulativo.

(111) Predicados adjetivales en la gramática china

	Característica	Función
Li Jinxi (1924)	modificador/ distinguidor	modificador
Zhao Yuanren (1948)	predicativa	predicado
Long Guofu (1958)	predicativa	predicado
Zhao Yuanren (1968)	verbal	predicado
Zhu Dexi (1982)	predicativa	predicado
McCawley(1992)	verbal	predicado
Zhang Bojiang (1996)	modificador/ verbal	modificador/ predicado
Shen Jiaxuan (1997)	modificador	modificador
Shen Jiaxuan (2009)	predicativa	predicado

(112) a. 干净 衣服   (Adj. funcionando como modificador, sin marcador)

       limpio ropa

       Ropa limpia

   b. 干净 的 衣服   (Adj. funcionando como modificador, con marcador)

       limpio auxi. ropa

       Ropa limpia

   c. 衣服 干净   (Adj. funcionando como predicado, sin marcador)

       ropa limpio

       La ropa está limpia.

Según Lu (2010), la semántica de las palabras afecta directamente a su comportamiento sintáctico. En el caso de los adjetivos, existen diferencias entre los adjetivos respecto de su posibilidad de ser modificadores o predicados, según sus propiedades léxicas. Por ejemplo, los adjetivos que indican características estables son más aptos para ser modificadores, por ejemplo 大 (grande), 干净 (limpio), etc., los que indican características menos estables son menos aptos para funcionar como modificadores, por ejemplo 高兴 (contento), 痛 (doliente, doloroso). En el caso de que se usen en una posición para la que sean menos aptos hay que usar marcadores.

Guo (2012) también menciona que cuando un adjetivo se utiliza en un uso contrario al más usual, requiere un marcador que indique si es modificador o predicado En concreto, este autor describe tres casos, dependiendo de las características concretas de los adjetivos:

1) Algunos adjetivos son más aptos para ser modificadores y tienen que llevar marcador "是 (ser)" cuando funcionan como predicados.
2) Algunos adjetivos son más aptos para ser predicativos y tiene que llevar el marcador "的" cuando funcionan como modificadores.
3) Algunos adjetivos son libres de llevar o no llevar modificadores, como los ejemplos de arriba de 干净 (limpio/a).

En las construcciones de fenómenos naturales es muy común el uso de adjetivos, como se muestra en los ejemplos (113). Los adjetivos aparecen en su posición posverbal de predicado (114) y todos ellos llevan característica predicativa, es decir, son intrínsecamente predicados porque no llevan marcador "是 (ser)". Además, si añadimos el marcador "是 (ser)", este es redundante y hace que las oraciones sean agramaticales. La mayoría de estos adjetivos, cuando están delante de los sustantivos, requieren usar el marcador "的" (115a)–(115c), aunque algunos también pueden aparecer sin marcador en posición de modificador (115d). Es decir, todos ellos tienen característica predicativa y algunos tienen también característica de modificador. Sin embargo, en general, todos pueden funcionar como predicados y modificadores.

(113) Predicados adjetivales de fenómenos de tiempo
- 冷，　热，　　晴，　多云，　多风，　好，　不好，etc.
  frío, caliente/ caluroso, soleado, nuboso, ventoso, bueno, no bueno, etc.
- 早，　晚，　亮，　黑　明，　暗，etc.
  temprano, tarde, luminoso, negro, clareado, oscurecido, etc.

(114) a. <ruby>天气<rt>tiān qì</rt></ruby> (*<ruby>是<rt>shì</rt></ruby>) <ruby>热<rt>rè</rt></ruby>。

Tiempo (*ser) caluroso

Hace calor, Está caluroso.

b. <ruby>天气<rt>tiān qì</rt></ruby> (*<ruby>是<rt>shì</rt></ruby>) <ruby>多云<rt>duō yún</rt></ruby>。

Tiempo (*ser) nublado

Hay mucha nube, Está nublado.

c. <ruby>天<rt>tiān</rt></ruby> (*<ruby>是<rt>shì</rt></ruby>) <ruby>黑<rt>hēi</rt></ruby> <ruby>了<rt>le</rt></ruby>。

Cielo (*ser) oscuro asp.

El cielo ha oscurecido.

d. <ruby>时间<rt>shí jiān</rt></ruby> (*<ruby>是<rt>shì</rt></ruby>) <ruby>早<rt>zǎo</rt></ruby>。

Tiempo (*ser) temprano

Es temprano.

(115) a. <ruby>多云<rt>duō yún</rt></ruby> <ruby>的<rt>de</rt></ruby> <ruby>天气<rt>tiān qì</rt></ruby>。

Nuboso auxi. tiempo

Tiempo nublado.

b. <ruby>不好<rt>bù hǎo</rt></ruby> <ruby>的<rt>de</rt></ruby> <ruby>天气<rt>tiān qì</rt></ruby>。

No bueno auxi. tiempo

Mal tiempo.

c. <ruby>晚<rt>wǎn</rt></ruby> <ruby>的<rt>de</rt></ruby> <ruby>时间<rt>shí jiān</rt></ruby>。

Tarde auxi. tiempo

Horas tardes.

d. <ruby>晴天<rt>qíng tiān</rt></ruby>, <ruby>阴天<rt>yīn tiān</rt></ruby>。

Soleado día, nublado día

Día soleado, Día nublado

Veamos ahora las oraciones con predicados nominales (116). En general, estas oraciones son gramaticalmente similares a las que tienen predicados adjetivales, si bien el uso predicativo de los sustantivos es mucho menos común que el uso predicativo de adjetivales. Según Huang y Liao (2007), los sustantivos pueden funcionar como predicado con las siguientes condiciones:

1) La oración es afirmativa, no negativa;

2) La oración es simple, no compuesta;

3) La oración expresa tiempo (hora y clima), origen, edad, etc.

Además, en la mayoría de las oraciones que tienen predicados nominales se puede añadir un verbo antes de los sustantivos, por ejemplo 是 (ser) o 有 (haber/ tener) (117). En el caso de tener un verbo realizado fonéticamente las oraciones llevan normalmente un tono enfatizado.

(116) Predicados nominales de fenómenos de tiempo

· 星期一 , 春天 , 中午 , 12点 , 白天 , 晚上 , etc.

lunes, primavera, mediodía, las 12, día, noche, etc.

· 20度 , 晴天 ,   阴天 ,   天气好 , etc.

20 grado, día soleado, día nublado, buen tiempo, etc.

(117) a. 今天 (是) 星期一。

Hoy (ser) lunes

Hoy   es lunes.

b. 现在 (是) 春天。

Ahora (ser) primavera

Ahora es primavera.

c. 现在   (有) 20   度。

Ahora (tener) 20 grado

Ahora es de 20 grados. Ahora hace 20 grados.

d. 爷爷 (有) 80 岁。

Abuela (tener) 80 año

Abuela tiene 80 años.

En comparación, en chino los predicados adjetivales y predicados nominales son parecidos, en el sentido de que la relación entre estos predicados y sus sujetos es copulativa. Los sujetos de estas oraciones casi nunca se omiten: como los núcleos verbales pueden ser inaudibles u obligatoriamente inaudibles, la realización fonética de un sujeto nominal es imprescindible. Los adjetivos tienen que aparecer junto con un sustantivo obligatoriamente, porque la posición relativa entre el adjetivo y el nombre decide la función del adjetivo. Los sintagmas nominales, de igual manera, podríamos decir que serían predicados si aparecen junto con otro sustantivo que funcionaría como su sujeto. Si no aparece junto con ellos otro sustantivo, los sintagmas nominales no son predicados. Es decir, la función predicativa de los predicados adjetivales y nominales depende de la aparición de otro sustantivo que funcione como su sujeto. De igual forma, el núcleo verbal de las oraciones con predicados adjetivales tiene que estar inaudibles obligatoriamente, pero el núcleo verbal de oraciones con predicado nominal pueden tener o no realización fonética. En pocas palabras, los adjetivos y los nombres tienen que satisfacer unas condiciones para ser predicados, como la realización fonética de un sujeto y el uso correspondiente y adecuado de marcador " 是 (ser)".

En comparación con el español, la mayor diferencia consiste en que el sujeto en español se puede omitir, por ejemplo *Era Día Nacional, Está soleado*, etc. En chino, estas oraciones tienen que tener obligatoriamente sujeto, por las razones ya mencionadas.

Otro punto que queríamos mencionar consiste en que en chino los predicados adjetivales pueden indicar cambios de estado. Por ejemplo, la oración 天黑了 *(Día oscuro le (asp.)* → *El día ha oscurecido)*, en realidad, no implica una relación copulativa, sino que es una relación predicativa, que correspondería a predicados simples de fenómenos naturales. En cuanto a la cuestión de sujeto del último caso, en chino, el sujeto de la oración 天黑了 *(Día oscuro le (asp.)*→ *El día ha oscurecido)*, 天 *(día)* es obligatorio y habitual en su uso, pero en español el sujeto de *El día ha oscurecido*, *el día*, en muchos casos está omitido.

Resumiendo este apartado, hemos analizado la posibilidad de que los adjetivos y los nombres funcionen como predicados en chino. Sin embargo, la determinación de su función depende de la realización de los elementos a su alrededor, por un lado, y de la relación posicional que tengan entre ellos y dichos elementos que coaparecen con ellos, por otro. Cuando los adjetivos y nombres funcionan como predicados es obligatoria la realización de un sujeto y este sujeto tiene que preceder al predicado adjetival o nominal. Además, los predicados adjetivales podrían indicar, además de relación copulativa, también el significado correspondiente a predicados simples adjetivales en español. Más adelante vamos a ver la estructura generativa de estos predicados en chino y su comparación con español.

En resumen, hemos tratado las siguientes cuestiones sobre los predicados de fenómenos naturales en chino: la función y posición de los locativos, los elementos posverbales y preverbales en oraciones con predicados verbales de fenómenos naturales, la función de adjetivos y nombres como predicados y las condiciones que tienen que satisfacer para que ello suceda. A continuación, basándonos en la descripción anterior, vamos a desarrollar una propuesta de análisis.

2.3.3 Propuesta de análisis de los verbos de fenómenos naturales en chino

En este apartado lo que vamos a proponer es que en chino las oraciones con predicados de fenómenos naturales disponen de dos estructuras: o bien una estructura con predicado verbal o bien una estructura con predicado adjetival o nominal. La estructura de predicado nominal y adjetival es en principio una estructura copulativa, pero los predicados adjetivales tienen naturaleza híbrida, es decir, además de poder ser una estructura copulativa, también podrían tener una estructura como los predicados verbales. En general, se puede decir que existen dos estructuras: una estructura predicativa (con sujeto tema), otra estructura copulativa. Queríamos proponer que tanto en chino como en español se pueden abstraer estas dos estructuras básicas, sin embargo, dependiendo de la diferencia característica del núcleo V, las estructuras no son totalmente iguales.

En la parte anterior de análisis gramaticales hemos analizado principalmente estructuras con predicados verbales, sobre los elementos preverbales y posverbales. También hemos analizado la realización obligatoria del sujeto en estructuras con predicado adjetival y nominal. En comparación con el español, las construcciones de predicados verbales equivaldrían en chino a predicados simples denominales y predicados complejos con verbos ligeros. Los locativos funcionarían como sujeto (argumento externo) tanto en chino como en español y tendrían unas estructuras básicamente transitivas con núcleo verbal sin significado concreto. Las construcciones de predicados adjetivales y nominales en chino corresponderían a predicados simples deadjetivales y predicados complejos con verbos copulativos. La realización fonética de un sujeto es obligatoria en chino, pero no lo es en español; en la estructura, en español el núcleo verbal siempre tiene realización, pero no lo es en chino.

A continuación, vamos a examinar y comprobar nuestra propuesta de las dos correspondencias de estructuras. La organización de esta parte es la siguiente. En 2.3.3.1 presentamos una síntesis de nuestra propuesta; en 2.3.3.2 vamos a ver la función de los locativos de los predicados verbales de fenómenos naturales en chino y su comparación con español. En 2.3.3.3 analizaremos los elementos internos del SV de los predicados verbales de fenómenos naturales y los compararemos con construcciones en español. En 2.3.3.4 y 2.3.3.5 veremos los predicados adjetivales y nominales y sus correspondientes estructuras en español.

2.3.3.1   Nuestra propuesta en síntesis

En el apartado anterior hicimos una sub-clasificación de los verbos de fenómenos meteorológicos en chino en comparación con el español. En chino disponemos de tres tipos de predicados: predicados verbales, predicados adjetivales y predicados nominales.

Los predicados verbales contienen los verbos que tienen en su SV un "verbo ligero" y un SN; son los predicados de fenómenos atmosféricos como 下雨 *(caer lluvia)* y los predicados con sentido existencial, como 有雪 *(haber nieve)*. Vamos a argumentar que el núcleo verbal de los predicados como 下雨 *(caer lluvia)* en realidad se parecería a los verbos ligeros o verbos de soporte. Los predicados nominales y los predicados adjetivales de fenómenos naturales en chino son relativamente frecuentes, semánticamente sus oraciones son copulativas y siempre son oraciones personales. He aquí la clasificación de predicados de fenómenos naturales en chino (118)–(120):

(118) Predicados verbales de fenómenos naturales en chino

- 下雨, 下大雨, 下小雨,
   caer lluvia, caer grande lluvia, caer pequeño lluvia,
   llover,   diluviar,   lloviznar,
   下雪,   下霜,   下冰雹, etc.
   caer nieve, caer escarcha, caer granizo, etc.
   nevar,   escarchar,   granizar,. etc.

- 打雷,   闪电 / 打闪,   刮风,
   emitir trueno, chispear relámpago/ emitir chispa, soplar viento,
   tronar, relampaguear, ventear,
   起风,   起雾,   出太阳, etc.
   levantar viento, levantar niebla, salir sol   etc.
   ventear/ levantarse viento, levantarse niebla, salir sol,   etc.

- 有雨,   有雪,   有暴风雨,
   haber/tener lluvia, haber/tener nieve, haber/tener tormenta,
   hay/hace lluvia, hay/hace nieve,   hay/hace tormenta,
   有太阳,   有风,   有雾, etc.
   haber/tener sol, haber/tener viento, haber/tener niebla, etc.
   hay/hace sol, hay/hace viento, hay/*hace niebla, etc.

(119) Predicados nominales de fenómenos naturales en chino

- 星期一， 春天， 中午， 12点， 白天， 晚上， etc.

  lunes, primavera, mediodía, 12 hora, día, noche, etc.

- 20度， 晴天， 阴天， 天气好， etc.

  20 grado, día soleado, día nublado, buen tiempo, etc.

(120) Predicados adjetivales de fenómenos naturales en chino

- 冷， 热， 晴， 多云， 多风， 好， 不好， etc.

  frío, caliente/ caluroso, soleado, nublado, ventoso, bueno, no bueno, etc.

- 早， 晚， 亮， 黑， 明， 暗， etc.

  temprano, tarde, luminoso, negro, clareado, oscurecido, etc.

La propuesta que vamos a hacer puede sintetizarse como sigue: los predicados de fenómenos naturales en chino, igual que en español, son intrínsecamente predicados de dos argumentos que toman un argumento externo, que es un locativo o temporal, que expresa el lugar o tiempo del que se predica el evento natural descrito por el predicado y un argumento interno, que expresa la naturaleza esencial del fenómeno natural. Según la clasificación de los predicados, hay tres estructuras de los predicados de fenómenos naturales. Serían, según nuestra propuesta, estructuras de predicados verbales, de verbos nominales y de verbos adjetivales. Las tres son muy parecidas en cuanto a la posición final de los locativos/ temporales (parte preverbal de la estructura) y la posición de los argumentos (parte posverbal de la estructura), pero cada una de las estructuras dispone también de sus propias características en la parte del núcleo verbal.

Cabe mencionar que nuestra propuesta de predicados de fenómenos naturales en chino también se ha inspirado en la hipótesis de Hale y Keyser (2002), según la cual la proyección de los léxicos denominales se forma por un fenómeno que se puede denominar "conflation", "fusion of syntactic nuclei" (Hale y Keyser, 2002: 47) y su propuesta de la estructura de los verbos deadjetivales (Hale y Keyser, 2002: 9). Propondremos que los predicados nominales pueden tener un argumento interno que es un N, que describe el fenómeno y se relaciona con un núcleo verbal a su izquierda, en forma abstracta. En el caso de los predicados adjetivales, los verbos que ocupan esta posición de núcleo verbal tampoco tienen semántica completa, como ya se ha analizado anteriormente, y tendrían una forma abstracta. Según la relación entre el núcleo verbal y el complemento puede suceder que se realicen léxicamente en un mismo predicado y entonces tenemos los predicados nominales y adjetivales.

A continuación, vamos a examinar si nuestra propuesta de estructura encaja con los tres tipos de predicados: los predicados verbales, los adjetivales y los nominales. En primer lugar, en 2.3.3.2. vamos a argumentar a favor de que los locativos y temporales ocupan la posición de sujeto y su comparación con el español. En 2.3.3.3 analizaremos los elementos posverbales de la estructura de predicados de fenómenos naturales en chino y su comparación con construcciones en español. En 2.3.3.4 y 2.3.3.5 veremos los predicados adjetivales y nominales y sus correspondientes estructuras en español.

2.3.3.2 Los locativos como argumento externo en chino y en español

En esta parte vamos a argumentar sobre dos puntos. Primero, el estatus gramatical de los locativos preverbales en oraciones con predicados verbales de fenómenos naturales en chino. Segundo, una supuesta estructura de generación de predicados verbales de fenómenos naturales.

2.3.3.2.1 *Los locativos como argumento externo en chino*

Hemos argumentado que los locativos van delante de los verbos en oraciones con predicados de fenómenos naturales. Cuando están en posición preverbal semánticamente indican el lugar donde ocurre algo, pero no hemos analizado su función gramatical. De acuerdo con muchos gramáticos que estudian la valencia gramatical, los locativos no deberían ser argumento verbal ni saturar la valencia verbal (Wu, 1993, 1996), por lo tanto, naturalmente no se pueden llamar sujetos. Sobre el estatus de los locativos en chino, con respecto a los verbos meteorológicos, Chen (2002) propone que los predicados de fenómenos naturales son verbos con una valencia, en estructura de Loc.+ V+ N, los elementos de 雨 *(lluvia)*, 雪 *(nieve)*, 风 *(viento)*, 雷 *(trueno)*, etc., son fuerzas naturales y son aptas para ser agente[1], y su posición puede ser posverbal, aunque ello es menos prototípico. Los locativos son mejor considerados como tópicos. Zhou T. Q. (2006) cree

---

[1] En chino, " 施事 (agente)" en muchos casos se define como "el cuerpo principal, persona o cosa, que actúa o cambia". Por ejemplo, 爷爷笑了 *(El abuelo sonrió)*, 冰化了 *(El hielo se derritió)*, 爷爷 *(abuelo)* y 冰 *(hielo)* se analizan en ambos casos como agente (《现代汉语词典 (Diccionario de chino moderno)》, 2012). Es decir, lo que analizamos en muchos casos en español como "tema" se analiza en chino como "agente"; en otras palabras, en chino, lo que abarca el concepto de "agente" es más amplio. En muchos otros estudios también se denominan objeto agente, por ejemplo Fan (2009), etc. En realidad, queríamos decir lo que es "menos prototípico" no es su posición posverbal, al contrario, la posición más común de los elementos como 雨 *(lluvia)*, igual que los demás argumentos de verbos inacusativos es posverbal.

que no se puede tomar los espacio-temporales como argumento, porque casi todos los verbos pueden aparecer acompañados por los espacio-temporales, pues lógicamente todos los actos ocurren en cierto tiempo y lugar. Además, la aparición de los elementos espacio-temporales no es obligatoria para los verbos meteorológicos.

Desde nuestro punto de vista, poniendo al margen el papel temático que llevan los elementos atmosféricos, 雨 *(lluvia)*, 雪 *(nieve)*, 风 *(viento)*, 雷 *(trueno)*, etc., de todas maneras, son participantes del movimiento o algo que aparece. Además, los movimientos tienen que finalizar en algún lugar y si algo aparece tiene que aparecer en un lugar. Aunque sea no obligatorio e inaudible en la realización final de las oraciones, debe haber una posición en la sintaxis para los locativos según la semántica léxica de los verbos (121). Y son diferentes a las oraciones en las que los locativos no participan en la estructura semántica léxica, en el sentido de que el proceso de dichas acciones se completa aunque no lleven locativos (122).

(121) a. 他 到……了。他 到 上海 了。

Él llegar… asp. Él llegar Shanghái asp.

Él ha llegado a… Él llega a Shanghái.

b. 客人 来……了。 客人 来 北京 了。

Invitado venir… asp.   Invitado venir Pekín asp.

El invitado ha venido a… El invitado ha venido a Pekín.

c. 小王 离开……了。小王 离开 家 了。

Xiaowang irse… asp.   Xiaowang irse casa asp.

Xiaowang se ha ido de… Xiangwang se ha ido de casa.

(122) a. 他吃 饭。他 在 饭店 吃 饭。

Él comer comida. Él en restaurante comer comida

Él come. Él come en restaurante.

b. 妹妹 弹 钢琴。 妹妹 在 家 弹 钢琴。

Hermana pequeña tocar piano. Hermana pequeña en casa tocar piano

Hermana pequeña toca piano. Hermana pequeña toca piano en casa.

c. 小王 牺牲 了。 小王 在 战 场 牺牲 了。

Xiaowang sacrificarse asp. Xiaowang en batalla campo sacrificarse asp.

Xiaowang se ha sacrificado (fallecido). Xiaowang se ha sacrificado (fallecido) en batalla.

Guo (1993, 1997), desde el punto de vista eventivo, ha analizado las características de los verbos en chino. Los verbos del tipo de 来 *lái (venir)*, 出现 *chū xiàn (aparecer)* se encuentran en el sub-grupo de verbos dinámicos de cambio (de estado o ubicación); Chen (1997) analiza la función de los locativos según la estructura argumental de los verbos en chino. Finalmente, el autor admite argumentos locativos para verbos que indican existencia, aparición, movimiento (lugar de partida, lugar final, lugar direccional, lugar que se encuentra en el proceso del movimiento, etc.). Entonces, creemos que es razonable considerar verbos del tipo 下 *xià (caer)*, 刮 *guā (soplar)* como del grupo 来 *lái (venir)*, 出现 *chū xiàn (aparecer)*, con significado de verbo de movimiento y existencia y aparición: los participantes del proceso atmosférico se mueven y llegan/ aparecen al final a un lugar. Entonces, si consideramos que los participantes de 雨 *yǔ (lluvia)*, 雪 *xuě (nieve)*, 风 *fēng (viento)*, 雷 *léi (trueno)*, etc. son argumentos de estos predicados, la finalización de estos predicados dinámicos será la llegada o la producción de dichos participantes en algún sitio. Es decir, los predicados de fenómenos naturales son en realidad bivalentes, en vez de monovalentes. Se puede decir que las oraciones de (121) tienen los locativos en posición de argumento, mientras que las de (122) tienen locativos en posición de adjunto.

(123) N+ V+ Loc. Orden marcado

   a. 客人 *kè rén*　来 *lái*　到 *dào*　家 *jiā*　里 *lǐ*　了 *le*。

     Invitado venir llegar casa dentro le (asp.)

     Invitados han venido a casa.

   b. 台风 *tái fēng*　刮 *guā*　到 *dào*　上海 *shàng hǎi*　了 *le*。

     Tifón soplar llegar Shanghái le (asp.)

     Tifón ha soplado llegando a Shanghái.

(124) Loc.+ V+ N. Orden no marcado

   a. 家 *jiā*　里 *lǐ*　来 *lái*　客人 *kè rén*　了 *le*。

     Casa dentro venir invitado le (asp.)

     A casa ha venido invitados.

   b. 上海 *shàng hǎi*　下 *xià*　雨 *yǔ*　了 *le*。

     Shanghái caer lluvia le (asp.)

     En Shanghái ha caído lluvia.

(125) Sujeto +V+ N. Estructura agentiva.

a. 张三_{zhāng sān}　踢_{tī} 足球_{zú qiú}。

Zhang San patear fútbol

Zhang San juega fútbol.

b. 李四_{lǐ sì} 说_{shuō} 中文_{zhōngwén}。

Li Si hablar chino

Li Si habla chino.

Según lo que hemos analizado, en chino, los predicados verbales de fenómenos atmosféricos son compatibles con un complemento direccional, lo cual indica que los predicados verbales de fenómenos atmosféricos pueden tener una estructura parecida a los verbos de movimiento, es decir, N+ V+ Loc. (123). Sin embargo, estos predicados, en su construcción con orden no marcado, si aparecen los locativos, tienen que aparecer en posición preverbal, además, el objeto no se adelanta, con estructura Loc.+ V+ N (124). Es decir, en estructuras con orden no marcado los locativos tienen que participar en una estructura típica transitiva agentiva "V+ N" (125) y además los locativos tienen que estar en posición preverbal, posición prototípica para sujetos agentivos, como 张三 y 李四 (125).

Merecen destacarse tres ideas: 1) los locativos en oraciones con predicados de fenómenos naturales forman parte de la semántica de los predicados, por lo tanto tienen que tener una posición en la estructura sintáctica y ejercer cierta función gramatical. 2) La posición de los locativos así como los argumentos internos de los núcleos verbales pueden ser flexibles, pueden estar en posición posverbal o preverbal. Sin embargo, el orden no marcado es el de "Loc.+ V+ N". 3) Lo último podría implicar que los predicados verbales de fenómenos naturales tengan la estructura propia de los verbos inacusativos (analizados anteriormente), es decir, el lugar de generación de los argumentos internos es posverbal y no son elementos prototípicos para ser sujeto estando en posición preverbal; mientras tanto, los locativos sí que son aptos para dicha posición en el orden no marcado. Además, los locativos siendo elementos que tienen propiedades deícticas, inherentemente, deberían ser posibles candidatos de ser sujeto, o sea, argumento externo. Teniendo en cuenta todos los puntos de arriba, pensamos que es oportuno considerar los locativos preverbales en oraciones de fenómenos naturales como argumento externo.

2.3.3.2.2 Estructura generativa y comparación con el español

Según Tang (2010), como hemos mencionado antes, en chino no existen oraciones de estructura "no sujeto-predicado", todas las oraciones tienen que tener una estructura basada en la estructura de "sujeto-predicado". Sintácticamente, los elementos imprescindibles para una oración son: Evento, Tiempo y Función oracional, que se representan respectivamente por verbo ligero *v*, palabra de tiempo T y Complementador, la estructura se representa de la siguiente manera (126).

(126)

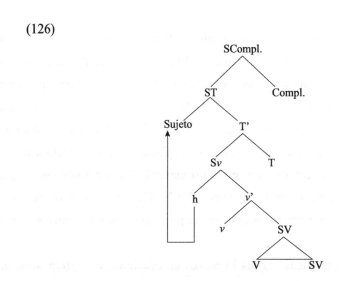

Según Tang (2010), lo que expresan los verbos ligeros son eventos. Para que exista el evento tiene que haber participantes y los participantes se representan como argumentos en la sintaxis. Este argumento tiene que ocupar la posición de especificador del sintagma del verbo ligero. La relación entre este argumento y el verbo ligero es una relación de sujeto y predicado. La palabra de Tiempo, al entrar en su posición, funciona como un extractor y causa el movimiento del sujeto, así se satisface el PPE y el sujeto en posición de [Esp, ST] se interpreta como sujeto de la oración. Entonces, según esta interpretación, la relación sujeto-predicado es el núcleo de la oración, por lo tanto no sería posible que existiera oración no sujeto-predicado. En cuanto al verbo ligero, hay BE, DO, BECOME, CAUSE, EXIST, INCLUDE, OCCUR, HAPPEN, etc., y diferentes verbos ligeros exigen sujetos de diferentes papeles temáticos (127).

(127) DO   →agente   OCCUR   →locativo o tiempo
       CAUSE   →causante   INCLUDE   →fuente
       EXIST   →locativo   … …

(128) 下 ^{xià} 雨 ^{yǔ} 了 ^{le}。刮 ^{guā} 风 ^{fēng} 了 ^{le}。

caer lluvia asp. soplar viento asp.

Ha llovido.   Ha venteado.

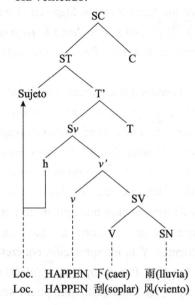

```
                              SC
                         /          \
                        ST            C
                      /    \
                 Sujeto     T'
                          /    \
                        Sv       T
                       /   \
                      h     v'
                           /   \
                          v     SV
                               /    \
                              V      SN
```

Loc.   HAPPEN 下(caer)   雨(lluvia)
Loc.   HAPPEN 刮(soplar) 风(viento)

Esta teoría coincide en buena medida con el estudio de Fernández Soriano (1999), en el sentido de que si lo que denota un verbo es eventivo tiene que haber un elemento con papel temático para estar en la posición del especificador del SEv. Según hemos analizado, podríamos decir que los predicados de fenómenos naturales en chino denotan acciones eventivas, concretamente, denotan cambio de ubicación o aparición. Entonces, en el caso de 下雨了 (caer lluvia asp. → Ha llovido), 刮风了 (soplar viento asp. → Ha venteado) podríamos decir que en la posición de verbo ligero tiene un predicado abstracto "HAPPEN/ OCCUR", y tienen sujetos locativos, como se ilustra en (128). La posición de locativo siempre tiene contenido semántico, aunque este elemento locativo puede estar omitido.

Tang (2010: 208) menciona que oraciones como 下雨了 (caer lluvia le (asp.) → Ha caído lluvia), en realidad pueden ser analizadas como oraciones de existencia, porque, "según Ding (1961: 19), estas oraciones 'a veces pueden tener sujeto también', por ejemplo ' 天下雨了 (cielo caer lluvia le (asp.) → El cielo/ Del cielo ha caído lluvia)', aunque de menor uso, pero la oración de ' 天下雨了 (cielo caer lluvia le (asp.) → El cielo/ Del cielo ha caído lluvia)' es gramatical". Con respecto a esta opinión, queríamos hacer los siguientes comentarios.

Primero, no estamos de acuerdo con que los predicados de fenómenos naturales tengan en su estructura un verbo ligero EXIST, por lo tanto no podrían ser analizados como oraciones de existencia, porque obviamente los predicados de fenómenos naturales con verbos 下 (caer)^xià, 刮 (soplar)^guā, etc. no denotan estados de existencia, sino actos eventivos. Desde otro punto de vista, si fuera una oración de existencia, el elemento que ocupa la posición de sujeto 天 (cielo)^tiān debería ser un lugar en el que existe algo, entonces, lo que significa la oración 天下雨了^(tiān xià yǔ le) (cielo caer lluvia le (asp.)) sería algo parecido a "(el hecho de caer) la lluvia existe en el cielo". Por lo tanto, estas oraciones no pueden ser existenciales.

Segundo, sin embargo, tenemos que reconocer que la interpretación del elemento 天^tiān (cielo) puede ser ambigua. Según lo que hemos argumentado, el uso de 天^tiān (cielo) sería un uso metafórico o mitológico y el 天^tiān (cielo) funcionaría como agente, una fuerza natural. La interpretación de 天^tiān (cielo) según el autor Tang (2010: 208), no obstante, es locativo. Como ya hemos dicho, a nuestro parecer, el 天^tiān (cielo) no es posible que sea lugar de existencia, pero podría tener otra posibilidad: que sea locativo fuente. Los locativos fuente son posibles para los predicados de movimiento que tengan un punto de partida, por ejemplo predicados de precipitación con el verbo 下 (caer)^xià, aunque para este tipo de predicados, los locativos meta son más frecuentes. Y la interpretación concreta de los locativos depende del significado concreto del locativo. Por ejemplo el 天^tiān(cielo) solo puede ser agente (uso mitológico) o locativo fuente y 上海^(shàng hǎi) (Shanghái) solo puede ser locativo meta.

(129) 天^tiān 下^xià 雨^yǔ 了^le 。 　　上海^(shàng hǎi) 下^xià 雨^yǔ 了^le 。

　　cielo caer lluvia asp. 　　　　Shanghái caer lluvia asp.

Del cielo/ El cielo (Dios) ha llovido.　En Shanghái ha llovido.

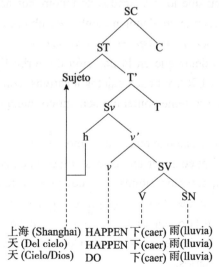

上海 (Shanghai)　HAPPEN 下(caer) 雨(lluvia)
天 (Del cielo)　HAPPEN 下(caer) 雨(lluvia)
天 (Cielo/Dios)　DO 　　下(caer) 雨(lluvia)

Sin embargo, desde nuestro punto de vista, esta ambigüedad no afecta a la estructura de generación que proponemos, donde el 天 (cielo) locativo fuente, 上海 (Shanghái) locativo meta, y 天 (cielo) agente ocuparían la misma posición (129). En cuanto a la ambigüedad de 天 (cielo) sí que existen marcadores para desambiguar sus oraciones. Por ejemplo, los locativos fuente pueden llevar preposiciones 从 (desde), el 天 (cielo) en sentido de Dios puede ser dicho de otras maneras como " 老天 (Cielo), 老天爷 (Señor Dios)", pero la frase también es perfecta sin estos marcadores y el significado concreto se puede deducir según el contexto discursivo.

Resumamos la estructura de predicados con verbos 下 (caer), 刮 (soplar), etc. Estos predicados en su uso común son inacusativos, por lo tanto, no llevan en su semántica agentes sino locativos que completan su semántica de movimiento (predicados de precipitación) y aparición (los demás predicados meteorológicos). Y el verbo ligero de sus estructuras es HAPPEN y los locativos ocuparían la posición de [Esp, Sv]. En su uso menos común, es decir, en su uso mitológico agentivo, se cambia la estructura predicativa de inacusativo a agentivo, el verbo ligero deja de ser HAPPEN y se convierte en DO, los agentes ocupan la posición de [Esp, Sv].

Hasta aquí, todavía no hemos analizado el verbo 有 (haber/ tener), que es el prototípico verbo existencial. En su posición de verbo ligero parece corresponder con un predicado abstracto EXIST y en la posición de [Esp, Sv] del verbo 有 (haber/ tener) ha de haber locativos, como también dice Tang (2010), y la estructura se puede representar en el siguiente gráfico (130). Seguramente se ha notado que en esta estructura solamente hay una posición para el sujeto, que es la posición de [Esp, Sv]. Al contrario de lo que pasa en español, además de la posición de [Esp, SEv], también hay una posición de [Esp, SV]. Dicho de otra manera, en chino, el sujeto del predicado es el sujeto del Evento, los verbos deciden su Evento, pero no hace falta concordar con el sujeto, por lo tanto no existe la posición de [Esp, SV]. Es decir, el "Ø" que habíamos usado como correspondencia de *pro*[expl.] no solamente carece de significado semántico-sintáctico, sino que tampoco tiene posición en la sintaxis. El *pro*[expl.] ya es puramente formal, en chino no exige ni esta forma, entonces no hace falta que exista su posición.

(130)

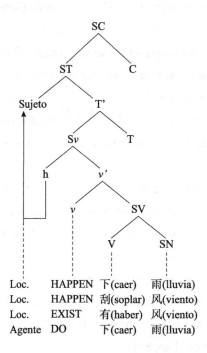

Loc.	HAPPEN	下(caer)	雨(lluvia)
Loc.	HAPPEN	刮(soplar)	风(viento)
Loc.	EXIST	有(haber)	风(viento)
Agente	DO	下(caer)	雨(lluvia)

En comparación, como se observa en el siguiente gráfico (131), se puede decir que las estructuras tanto en chino como en español son básicamente iguales: el núcleo eventivo es HAPPEN cuando el núcleo verbal denota acciones y el núcleo eventivo es EXIST cuando el núcleo verbal denota estado de existencia. En ambos casos llevan especificador Locativo. El especificador del sintagma que representa Evento sube a la posición inicial funcionando como sujeto de las oraciones. En cuanto a la diferencia, consiste en que existen dos posiciones que "compiten" por la posición de sujeto oracional, [Esp, SEv] y [Esp, SV] y, según hemos argumentado, el locativo sube a la posición de sujeto oracional con caso oblicuo, mientras que el *pro*$^{expl.}$ se queda en su posición, manteniendo el caso nominativo. Merece mencionarse también que, tanto en chino como en español, si aparece el agente la estructura predicativa ya cambia. En ese caso, los locativos ya no son sujetos aptos para el Evento agentivo, sino que tienen que ser agentes. En el caso de aparecer en la misma oración agentes y locativos, tanto en chino como en español, los locativos ceden la posición de sujeto a los agentes y se realizan en posición adjunta.

(131)

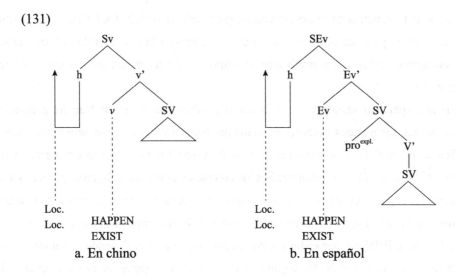

a. En chino   b. En español

En pocas palabras, en este apartado hemos argumentado la necesidad de considerar los elementos locativos en chino como argumento. Basándonos en la estructura generativa de Tang (2010), hemos formulado la estructura de predicados verbales de fenómenos naturales en chino y hemos propuesto que existen diferencias en las estructuras del chino y del español, debido al rasgo de concordancia del español. Pero en general, las similitudes de la estructura en ambos idiomas son más obvias en cuanto a la estructura eventiva (con núcleo HAPPEN y EXIST), la posición de generación de los locativos (en posición de [Esp, SEv]) y las concesiones que hacen los locativos cuando aparecen en la misma oración agentes con sentido mitológico.

Hasta aquí hemos hablado de la función y el estatus de los locativos, que supuestamente funcionan como argumento externo y sujeto oracional en chino y en español. A continuación, vamos a ver cómo se comportan los elementos dentro del SV.

2.3.3.3   Predicados verbales en chino Vs. Predicados denomina- les y los con verbos ligeros en español

Hemos argumentado, desde el punto de vista de la teoría de la valencia, que los predicados de fenómenos naturales en chino del tipo 下雨 *(caer lluvia)*, a través del diagnóstico de la inacusatividad y de la prueba de separabilidad, en vez de predicados simples, son predicados complejos de estructura "V+ N". En sus estructuras, los elementos meteorológicos como 雨 *(lluvia)* están en posición de objeto directo, o sea, en posición de argumento interno. Además, de acuerdo con Tang (2010), los predicados siempre llevan en su estructura un S*v* cuyo núcleo es un tipo de verbo ligero. Concretamente en el caso de predicados de fenómenos naturales, el verbo ligero sería HAPPEN/OCCUR. Como hemos dicho antes en la parte de análisis gramatical, en cuanto a la cuestión de si "son verbos o son sintagmas verbales" los predicados del tipo 下雨 (caer lluvia), existen bastantes discrepancias.

En este apartado vamos a ver más análisis sobre esta cuestión Nuestra propuesta consiste en que los núcleos verbales de estos predicados portan escasa semántica, tienen significado incompleto y podrían ser un tipo de verbo ligero, y por lo tanto predicados del tipo 下雨 (caer lluvia) serían predicados complejos con verbos ligeros, parecido a lo que ocurre en español en casos de *hace viento*. En esta parte vamos a centrarnos en dos aspectos. En primer lugar, los predicados verbales de fenómenos naturales pueden ser analizados como Palabras Separables, cuya característica es una dependencia mutua entre sus componentes, el V y el N. En segundo lugar, vamos a proponer su posible generación estructural y hacer una comparación entre estos predicados y sus correspondencias en español.

2.3.3.3.1 Predicados verbales como Palabras Separables "V+N"

Hemos analizado anteriormente la cuestión de la valencia de los predicados verbales de fenómenos naturales. En realidad, según nuestra opinión, la base de la valencia y la difícil diferenciación de verbos y sintagmas verbales consiste en una característica del idioma chino, que es la existencia de límites borrosos entre elementos de "carácter, morfema, palabra, sintagma".

Los elementos gramaticales que tienen característica tanto de palabras como de sintagmas se denominan " 离合词 (Palabras Separables)", o " 复合词 (Palabras Compuestas)". En cuanto a la discusión de estas palabras, existen las siguientes discrepancias: 1) Las palabras separables son palabras (Liu 1953:10; Zhao y Zhang, 1996:46, etc.); 2) Las palabras separables son sintagmas (Wang, 1954: 47; Lü, 1984: 22, etc.); 3) Las palabras separables son sintagmas cuando las dos partes se separan, son palabras cuando se reúnen (Zhang, 1957:12; Lu, 1964: 79; Zhu, 1985:13, etc.) y 4) Las palabras separables se encuentran en una zona que está entre palabras y sintagmas (Fan, 1996: 219; Li, Y. H., 1990: 114–117; Zhou S. Z., 2001:46 y 2006: 158-180). Nosotros estamos de acuerdo con la tercera y la cuarta opinión, debido a que lo que se describe corresponde más a la realidad del uso del idioma y las primeras dos opiniones son muy forzadas, porque las palabras separables sí que pueden funcionar tanto como palabras como sintagmas.

Según Fan (2014), estas palabras se denominan así por la separabilidad de ellas en dos partes y pueden llevar otros elementos entre las dos partes. Las dos partes suelen tener cierta relación sintáctica. La formación de Palabras Separables se divide en principio tres tipos: V+ N, V+ V, V+ A, por ejemplo (132). Entre ellos, los primeros ocupan el mayor porcentaje y el resultado final de la composición podría ser V, A, N o Adv, etc. y los verbos compuestos ocupan la mayoría de las palabras compuestas. Entre los verbos compuestos, según su número de valencia, hay de una valencia (verbos intransitivos) (133a), dos valencias (verbos transitivos) (133b) y tres valencias (verbos bitransitivos) (133c). Todos estos ejemplos (132)-(134) son citados de Fan (2014).

(132) Composición

    a. V+N 见面, 看病, 辞职

        Ver cara, mirar enfermedad, despedir profesión

        Verse, consultar al médico, dimitir

    b. V+V 受骗, 挨批, 考试

        Sufrir engañar, sufrir regañar, examinar probar

        Ser engañado, ser regañado, examinar

    c. V+A 吃苦, 犯傻, 帮忙

        Comer amargo, cometer tonto, ayudar ocupado

        Sufrir penalidades, cometer tonterías, ayudar

(133) Resultado de la composición

    a. V. intr. 洗澡, 跳舞, 念经

        Lavar bañar, bailar baile, leer texto religioso

        Ducharse/ bañarse, bailar, rezar

    b. V. tr. 问好, 服务, 道谢

        Preguntar bien, prestar servicio, decir agradecer

        Saludar, servir, agradecer

    c. V. bitr. 拨款, 借款, 授权

        Mover dinero, prestar dinero, dar autorización

        Asignar (financieramente), prestar (financieramente), autorizar

(134) a. V+ 了 / 着 / 过 (clíticas aspectuales)+ N

        他们见了面, 我吃着饭, 孩子考过试

        Ellos ver asp. cara, yo comer asp. comida, niño examinar asp. prueba

        Ellos se vieron, Yo comiendo, El niño ha examinado.

b. V+ 了 …(clítica aspectual)+ Num.+ N

唱 了 三首 歌， 睡 了 两小时 觉

chàng le sān shǒu gē, shuì le liǎng xiǎo shí jiào

Cantar asp. tres clas. canción, Dormir asp. dos horas sueño

Dormir dos horas, cantar tres canciones

c. V+ 什么 (palabra interrogativa) + N

你 跳 什么 舞? 他 要 唱 什么 歌?

nǐ tiào shén me wǔ? tā yào chàng shén me gē?

Tú bailar qué baile? Él querer cantar qué canción?

¿Qué vas a bailar? ¿Qué va a cantar?

Los ejemplos de (134), como hemos visto, tienen el comportamiento de predicados verbales de fenómenos meteorológicos, se forman con estructura V+ N y pueden llevar otros elementos (clíticos aspectuales, número, palabra exclamativa, etc.) entre las partes. Este hecho, desde otro punto de vista, ha comprobado otra vez la separabilidad de las dos partes de V+ N, por ejemplo 下 *(caer)* y 雨 *(lluvia)* (135). Este fenómeno, junto con lo que se ha argumentado anteriormente, indica que los predicados verbales de fenómenos naturales en chino llevan un elemento que sintácticamente funciona igual que un argumento interno, pero la relación entre el verbo y el argumento es más estrecha y aglutinante en comparación con el español.

(135) a. V+ 了 / 着 / 过 (clíticas aspectuales)+ N

打 了 雷， 刮 着 风， 下 过 雨

dǎ le léi, guā zhe fēng, xià guò yǔ

Emitir asp. truenos, soplar asp. viento, caer asp. lluvia

Tronó, Está venteando, Ha llovido.

b. V+ 了 …(clítica aspectual)+ Num.+ N

下 了 一场 雨， 刮 了 两 次台风

xià le yī chǎng yǔ, guā le liǎng cì tái fēng

Caer asp. una vez lluvia, soplar asp. dos vez tifón

Llovió dos veces, Sopló dos veces tifón.

c. V+ 什么 (exclamativa) + N

六月 下 什么 雪！ 冬天 刮 什么 龙卷风！

liù yuè xià shén me xuě! dōng tiān guā shén me lóng juǎn fēng!

Junio caer qué nieve?!, invierno soplar qué huracán?!

¡Qué nieve va a caer en junio! ¡Qué huracán va a soplar en invierno!

En cuanto a la relación entre el V y el N que le sigue es más estrecha y aglutinante, de modo que puede afirmarse lo siguiente: 1) aunque existe la separabilidad entre estos dos elementos solo con la combinación de los dos se puede expresar una semántica completa, es decir, como hemos visto, ambos verbos de 打 (emitir) y 下 (caer) disponen de 12 significados y, para realizar su significado, siempre hay que llevar detrás el N correspondiente, si no, no se sabe cuál significado lleva el verbo; asimismo, casi todos los verbos bajo la denominación de palabras separables tienen correspondencia de verbos simples en español, por ejemplo (136). 2) La combinación entre ellos es relativamente fija, normalmente un N no puede combinarse con otros verbos, salvo a su V pareja, por ejemplo, no se dice como en los ejemplos (137). A continuación, vamos a comprobar estos dos puntos separadamente.

(136) 吃饭 (comer comida)→ comer   下雨 (caer lluvia)→ llover

　　　唱歌 (cantar canción)→ cantar   刮风 (soplar viento)→ ventear

　　　跳舞 (saltar baile)→ bailar   打雷 (emitir trueno)→ tronar

(137) 下雨 (caer lluvia)→ * 下风 (caer viento)

　　　刮风 (soplar viento)→ * 刮雷 (soplar trueno)

　　　打雷 (emitir trueno)→ * 打雨 (emitir lluvia)

(138) 打 golpear

打雷	emitir trueno	tronar
打电话	emitir teléfono	telefonear
打喷嚏	emitir estornudo	estornudar
打哈欠	emitir bostezo	bostezar
打呼噜	emitir ronquido	roncar
打鱼	cazar pez	pescar
打猎	cazar caza	cazar
打水	traer agua	ir por agua
打麻将	jugar mahjong	jugar mahjong
打篮球	jugar baloncesto	jugar baloncesto
打字	teclear carácter	teclear

Primero, los verbos de predicados de fenómenos naturales, como los verbos del tipo 打 (emitir), 下 (caer) y 刮 (soplar), tienen que completar su significado dependiendo del

N que los siguen. Se diferencian así de los verbos como 吃 (comer), 唱 (cantar), 跳 (saltar), que tienen significados más concretos. Huang (2017) ha mencionado un ejemplo famoso de 打 (emitir), según este autor, el verbo 打 (emitir) es un tipo de verbo ligero, ocupa una posición en la gramática para marcar la característica verbal de su sintagma. En nuestro trabajo siempre el significado básico y original de 打 (emitir) es "golpear", pero en los siguientes ejemplos (138), citados por Huang (2017), no lleva el significado de "golpear" en absoluto.

En comparación con su correspondencia en español, en general, según nuestro análisis sobre verbos meteorológicos en español, las raíces nominales entran en la posición del núcleo verbal con significado no completo (normalmente se encuentra allí un afijo). En chino, sin embargo, se puede decir que se inserta directamente un verbo ligero y de esta manera se impide la incorporación del N. Más ejemplos con 下 (caer) y 起 (levantar) (139) y (140). También tienen usos que no corresponden con su significado básico y original. Entonces, podríamos decir que los núcleos verbales de los predicados de fenómenos naturales no aportan un significado completo, sino que el significado meteorológico depende mucho del N que sigue a los verbos. En otras palabras, sin estos sustantivos los núcleos verbales no son capaces de expresar un significado completo y el uso de estos verbos depende de la semántica de los sustantivos que llevan detrás, por lo cual pensamos que es razonable llamarlos verbos ligeros.

(139) 下   bajar(se) de un sitio alto a un sitio bajo

下雪	caer nieve	nevar
下雨	caer lluvia	llover
下车	bajar coche	bajarse del coche
下命令	emitir orden	ordenar
下工厂	entrar fábrica	entrar en la fábrica
下毒	echar veneno	envenenar
下棋	jugar ajedrez	jugar ajedrez
下结论	llegar conclusión	llegar a la conclusión
下班	salir trabajo	irse del trabajo

(140) 起 levantar

起风	levantar viento	ventear

qǐ chuáng 起床	levantar cama	levantarse
qǐ cǎo 起草	elaborar borrador	redactar
qǐ lóu 起楼	construir edificio	construir
qǐ zuò yòng 起作用	ejercer función	funcionar
qǐ gē da 起疙瘩	crecer grano	salir granos

Segundo, en cierto sentido los elementos nominales de fenómenos naturales son dependientes de unos verbos ligeros concretos. La combinación de los elementos meteorológicos de fenómenos naturales y sus verbos pares son casi fijas. Salvo el verbo existencial 有 (haber/ tener) y los demás verbos con sentido de existencia y aparición (141), estos sustantivos no se combinan apenas con otros verbos. Se comportan, por lo tanto, de manera diferente al resto de las Palabras Compuestas, en las que el elemento N puede aparecer con muchos otros verbos dando lugar a predicados con otros significados bien distintos (142). En los ejemplos de (143) se ilustra cómo los elementos de fenómenos naturales tienen poca combinación. Además, en el caso de 下雨 (caer lluvia), el N "雨 (lluvia)" tampoco se combina con verbos sinónimos de "下 (caer)" (143), sino que "下雨 (caer lluvia)" es una combinación fija y lexicalizada. Como se ve en los ejemplos de (143) todos los verbos que encabezan las palabras del grupo son sinónimos de 下 (caer) y se traducen como "caer, bajar, derrumbar, caerse, etc." dependiendo del N que les sigue, pero solo los primeros tres son correctos y entre ellos el uso de 下雨 (caer lluvia) es el más habitual.

(141) 雨 lluvia	风 viento	雷 trueno
下雨 (caer lluvia)	刮风 (soplar viento)	打雷 (emitir trueno)
有雨 (haber lluvia)	有风 (haber viento)	响雷 (sonar trueno)
缺雨 (faltar lluvia)	....	...

(142) 饭 comida

吃饭 (comer comida, comer)

做饭 (hacer comida, cocinar)

带饭 (llevar comida)

买饭 (comprar comida)

开饭 (empezar comida, estar lista la comida)

头 cabeza

回头 (volver la cabeza)

洗头 (lavar cabeza, lavarse el pelo)

点头 (inclinar cabeza, asentir con la cabeza)

摇头 (agitar cabeza, negar con la cabeza)

磕头 (chocar cabeza, arrodillarse y tocar el suelo con la frente)

(143) 下雨 (caer lluvia, uso habitual)

降雨 (caer lluvia, uso técnico)

落雨 (caer lluvia, uso literal)

* 倒雨 (*caer lluvia)   倒地 (caer suelo, caer al suelo)

* 垂雨 (*caer lluvia)   垂肩 (caer hombro, caer al hombro)

* 坠雨 (*caer lluvia)   坠马 (caer caballo, caer del caballo)

* 掉雨 (*caer lluvia)   掉牙 (caer diente, caérsele un diente)

En otras palabras, las dos partes de las Palabras Separables/ Compuestas de predicados como 下雨 *(caer lluvia)*, 打雷 *(emitir trueno)* y 刮风 *(soplar viento)*, en comparación con las Palabras Separables como 吃饭 *(comer comida)*, tienen una relación más estrecha, en el sentido de que tanto el V como el N tienen menor libertad: aunque son separables la combinación es muy fija y estable. De acuerdo con la clasificación de Fan (2014), las dos partes de Palabras Separables pueden ser morfemas libres, morfemas semi-libres y morfemas no libres. Entonces, las palabras como 吃饭 *(comer comida)* tendrían formación de "morfema libre + morfema libre", y palabras como 打雷 *(emitir trueno)* tienen formación de "morfema no libre + morfema no libre". En nuestra opinión, las Palabras Separables tienen un estatus que se encuentra entre palabras y sintagmas pero, según su formación concreta, algunos son más similares a palabras (por ejemplo, 打雷 *(emitir trueno)*) y algunos son más cercanos a sintagmas (por ejemplo, 吃饭 *(comer comida)*).

2.3.3.3.2   *Estructura generativa y su comparación con el español*

De acuerdo con la descripción de los predicados de fenómenos meteorológicos expuesta hasta aquí, creemos que es razonable proponer que los predicados de fenómenos naturales como 下雨 *(caer lluvia),* 打雷 *(emitir trueno)* y 刮风 *(soplar viento),* etc., obedecen a una pauta de formación que está entre las palabras compuestas y los sintagmas. El hecho de que los dos elementos formen una combinación casi fija (morfema no libre + morfema no libre) apoyaría la idea de que se acercan más a las palabras compuestas. Por contra, el hecho de que sean perfectamente separables apoyaría la idea de que son más parecidos a los sintagmas. En comparación con el español, las dos partes en la composición de predicados verbales de fenómenos naturales en chino tienen una relación más débil, si se tiene en cuenta el criterio de la separabilidad, que la relación que se establece entre las dos partes de los predicados simples denominales de fenómenos naturales en español (núcleo verbal afijo y raíz nominal). Sin embargo, los predicados complejos en chino y en español se parecen en el sentido de que la combinación de las dos partes es fija y no es libre. Por ejemplo, *tron-ar*, en vez de *tron-er, *llov-er* en vez de *llov-ar, *nev-ar* en vez de *nev-er; 刮 风 (soplar viento) en vez de * 打 风 (emitir viento), 打雷 (emitir trueno) en vez de * 刮雷 *(soplar trueno)*, 下雨 *(caer lluvia)* en vez de * 起雨 *(levantar lluvia)*, etc. En otras palabras, en el nivel de formación de palabras, la combinación de la raíz N y el núcleo V es fija. Aunque en chino esta combinación tiene una base semántica y en español no. Esto es fácil de entender: en chino los núcleos verbales los consideramos verbos ligeros y, aunque les falta semántica completa, algún sentido semántico sí tienen; en cambio, los núcleos verbales del español son simplemente morfemas verbales formales y carecen de semántica.

(144)   Chino   Español

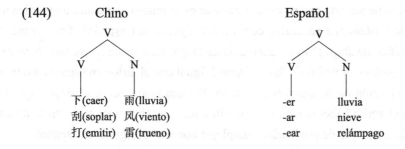

En cuanto a la estructura generativa, digamos que los predicados de fenómenos meteorológicos son muy parecidos a la estructura de predicados complejos con verbos ligeros, porque los verbos núcleos en chino también tendrían que ocupar una posición diferente a su núcleo raíz nominal y portan significado no completo, igual que los verbos existenciales 有 *(haber/ tener)*. Pero de forma diferente, el verbo 有 *(haber/ tener)* es un "morfema libre" desde el punto de vista morfológico, ya que se puede combinar con elementos meteorológicos existentes casi ilimitados. El verbo 下 *(caer)*, al contrario, en su uso meteorológico solo puede juntarse con elementos de fenómeno de precipitación. En consecuencia, como 刮 *(soplar)*, 打 *(emitir)* y los demás verbos de predicados verbales de fenómenos naturales son "morfemas no libres".

Según el gráfico de arriba (144), se nota que tanto en chino como en español el núcleo V cambia según las diferentes raíces nominales, es decir, existe cierta restricción en la combinación de las dos partes V y N. Aparte de la similitud, también existen diferencias:

1) En español el núcleo V es un afijo que no lleva ningún significado, pero la selección de afijo no es arbitraria, la combinación de cierto afijo y su N está fijada. En chino el núcleo V es un tipo de verbo ligero, en el sentido de que aunque lleva cierto significado, no tiene significado completo, ya que la realización completa de su significado depende de la realización del N que le sigue. Así pues, entre estos dos elementos V y N existe una dependencia mutua y, por lo tanto, la combinación de ellos tampoco es arbitraria, sino que está determinada.

2) Otra diferencia consiste en que en español existe la incorporación del N al núcleo verbal, pero en chino se inserta directamente un verbo ligero y esta operación impide la incorporación del N. En realidad, en el chino antiguo sí que existían fenómenos parecidos a la incorporación, por ejemplo 鱼 (pez), 渔 (pescar), sobre todo en el chino medieval; la inserción de un verbo ocurrió mucho en el chino clásico (también se denomina chino arcaico), por ejemplo 饭 (comida)→ 吃饭 (comer comida, comer). Y el empleo del método analítico del uso de un verbo ligero del tipo 打 (emitir, coger, ...) ocurrió mucho después de la dinastía Han y llegó a su auge en la dinastía Tang y Song.[1]

En realidad, se puede decir que todos los predicados verbales de fenómenos naturales en chino tienen una misma estructura, que es la misma estructura de predicados complicados de fenómenos naturales con verbos ligeros del español. Pero como se observa en el gráfico de abajo (145), a diferencia de lo que sucede con los verbos 下 (caer), 刮 (soplar), 打 (emitir), el verbo 有 (haber/ tener), igual que el haber en español, no tiene restricción en selección de su argumento interno. Por esa razón puede afirmarse que los predicados con el verbo haber/tener en chino, sin duda, son sintagmas y tienen la misma estructura que la estructura de predicados complejos con verbos ligeros en español.

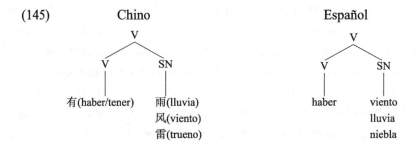

(145)   Chino   Español

<hr />

[1] Puede verse un análisis detallado de esta cuestión en Huang C.-T. James (2014).

Así pues, creemos que todos los predicados verbales de fenómenos naturales en chino disponen de una misma estructura, que es la de [V [V$_{ligero}$, SN]]. Como los verbos ligeros que hemos analizado poseen características diferentes con respecto a su grado de flexibilidad en combinación, podríamos decir que hay verbos ligeros tipo 1 (下 *(caer)*, 刮 *(soplar)*, 打 *(emitir)*), que son menos libres, y verbo ligero tipo 2 (有 *(haber/ tener)*), que es más libre.

(146)

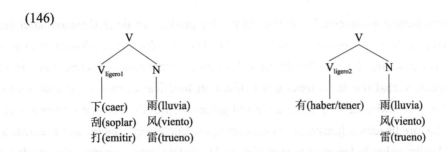

En cuanto a los elementos nominales de fenómenos naturales, su posición de generación es, como hemos argumentado a lo largo del análisis, la posición de complemento o argumento interno. Entonces, podríamos decir que existen las estructuras (146) de predicados verbales de fenómenos naturales en chino.

Resumamos este apartado. A lo largo de esta parte, en primer lugar, hemos hablado sobre las características de predicados del tipo 下雨 *(caer lluvia)*. Las Palabras Separables de este tipo tienen características tanto de palabras como de sintagmas y se encuentran en una zona que está entre los dos conceptos. La parte sustantiva de estas palabras se porta igual que los argumentos internos, pero no son libres en cuanto a su combinación con verbos, es decir, la combinación de ciertos sustantivos y ciertos verbos es fija y casi lexicalizada. En segundo lugar, hemos justificado la relación dependiente entre los dos elementos V y N aportando dos argumentos: que los verbos no pueden expresar su significado concreto sin la combinación de N y que los nombres tampoco pueden usar cualquier V como su núcleo verbal, sino que se exige mutuamente. Todos estos análisis nos llevan a proponer que en realidad, intrínsecamente, dichos predicados verbales de fenómenos meteorológicos en chino son parecidos a predicados simples de fenómenos naturales denominales en español, en el sentido de la falta libertad a su combinación de V y N; pero, formalmente, los predicados de fenómenos naturales meteorológicos en chino tienen solamente una estructura, que es la misma estructura de predicado complejos de fenómenos naturales en español, con verbo *haber*.

Hasta aquí hemos visto la situación con los predicados verbales que tienen un núcleo verbal fonéticamente realizado. Como ya sabemos, para el chino, en la expresión de fenómenos naturales, se usan también mucho los predicados adjetivales y predicados nominales, cuyos núcleos verbales pueden no estar fonéticamente realizados. A continuación, vamos a ver construcciones de predicados adjetivales y predicados nominales.

2.3.3.4 Predicados adjetivales en chino Vs. Predicados deadje-tivales en español

Como hemos argumentado anteriormente, los predicados de fenómenos naturales se pueden clasificar en tres tipos básicos: predicados verbales, predicados adjetivales y predicados nominales. Lo peculiar de estas dos últimas estructuras en chino consiste en que el núcleo verbal puede no tener una realización fonética; es más, en el caso de los predicados adjetivales debe quedar tácito obligatoriamente. En esta parte vamos a ver primero los predicados adjetivales, cuyas correspondencias en español son predicados simples deadjetivales de fenómenos naturales, en la siguiente parte veremos el resto de los predicados adjetivales los predicados nominales, cuyas correspondencias en español son predicados complejos con verbos copulativos.

Hemos explicado en la parte del análisis que los adjetivos pueden funcionar como predicados, a condición de que aparezca un sujeto fonéticamente realizado y que no aparezca un marcador de predicado del tipo 有 (haber/ tener) o 是 (ser). La semántica de los SSVV de los predicados adjetivos, podría ser de dos tipos: uno que indica una relación copulativa, otra que indica un cambio de estado. En este apartado estamos interesados en el último. En (147) y (148) se ofrecen algunos ejemplos que tienen este significado:

(147) Predicados adjetivales
- 冷, 热, 晴, 多云, 多风, 好, 不好, etc.

  frío, caliente/ caluroso, soleado, nublado, ventoso, bueno, no bueno, etc.
- 早, 晚, 亮, 黑, 明, 暗, etc.

  temprano, tarde, luminoso, negro, clareado, oscurecido, etc.

(148) a. 天 亮/ 暗/ 黑 了。

Día/ cielo claro/ oscuro/ negro asp.

El día/ el cielo ha clareado/ oscurecido/ oscurecido.

b. 天气 好/ 冷/ 热 了。

Tiempo bueno/ frío/ caliente asp.

El tiempo se ha mejorado/ refrescado/ calentado.

Estas estructuras, como hemos mencionado, indican cambio de estado por la aparición del clítico aspectual " 了 ", que indica un cambio. En el caso de los predicados adjetivales la semántica de los adjetivos es la semántica de los cambios y el sujeto que llevan es portador de dichos cambios. Creemos que este uso de predicados adjetivales corresponde a predicados simples deadjetivales en español como *clarear, aclarar, oscurecer,* etc. Semánticamente, todos ellos indican un cambio: en español, el cambio de la condición de la luz del día; en chino, cambio de la luz del día (148a). Además, también es posible que indiquen un cambio de la condición meteorológica (148b).

En realidad, casi todos los adjetivos en combinación de " 了 " y con el adecuado portador de estado podrían funcionar como un predicado de cambio de estado. Por lo tanto, en español hay limitados verbos deadjetivales con significado de fenómenos naturales, pero en chino muchos más adjetivos tienen o pueden ser un predicado que indica cambio de estado de fenómenos naturales, con la combinación del aspectual " 了 ". Se puede decir que las construcciones en chino de predicados adjetivales pueden tener correspondencia en español también, como se demuestra en los ejemplos de (148), pero en español hay que decir que se prefieren construcciones con predicados complejos, por ejemplo *Ya hace frío, Ha empezado a hacer calor, ya está haciendo buen tiempo,* en vez de predicados simples.

Otro punto que merece la pena mencionar consiste en que los predicados adjetivales tienen un núcleo verbal inaudible. Inspirándonos en la propuesta de Hale y Keyser (2002), creemos que es oportuno aplicar su teoría de la conflación a la explicación de los predicados adjetivales. Lo que queríamos proponer consiste en que en las estructuras de predicados adjetivales en chino, igual que otras lenguas como español e inglés, ocurre el fenómeno de la conflación, de manera que el núcleo adjetival se incorpora a un núcleo verbal totalmente vacío sin realización fonética, y forman de esta manera un SV. Opinamos que esta teoría (Hale y Keyser, 2002) es aplicable, concretamente por las siguientes razones. Primero, la teoría de la conflación de Hale y Keyser (2002) estaba diseñada para verbos denominales y deadjetivales, y la cuestión bajo estudio aquí también es la explicación de la razón de que los adjetivos funcionen como predicados. Podríamos decir que en chino, para el predicado adjetival, el núcleo conflado es un A. Segundo, igual que lo que ocurre en español e inglés, el resultado final de los predicados adjetivales y nominales en chino también es una sola palabra, podríamos decir que igual que en español e inglés su posición de realización final está también en posición del núcleo V en lugar de su complemento A. Es decir, la realización final es un verbo. Tercero, igual que el ejemplo en inglés "red → redden", el complemento adjetival va incorporado a un núcleo verbal que no tiene semántica completa, en chino, el núcleo verbal es un elemento vacío, no tiene ni semántica ni forma, es totalmente vacío.

(149)   a.   b.

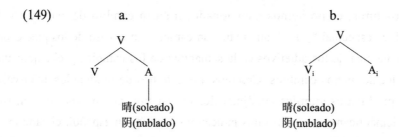

Así pues, la estructura que queríamos proponer para los predicados adjetivales es [V[V$_\emptyset$, A]], como se ilustra en (149a). El resultado final de la conflación es la copia de todas las propiedades del núcleo conflado al núcleo verbal (149b), y el resultado final es un verbo, por lo tanto, es legal añadir el clítico " 了 " que denota aspecto perfectivo después de los verbos adjetivales. Igual que 吃 *(comer)*→ 吃了 *(haber comido),* 哭 *(llorar)* → 哭了 *(haber llorado),* los deadjetivales son 晴 *(soleado)*→ 晴了 *(haber soleado),* 阴 *(nublado)*→ 阴了 *(haber nublado).*

(150)

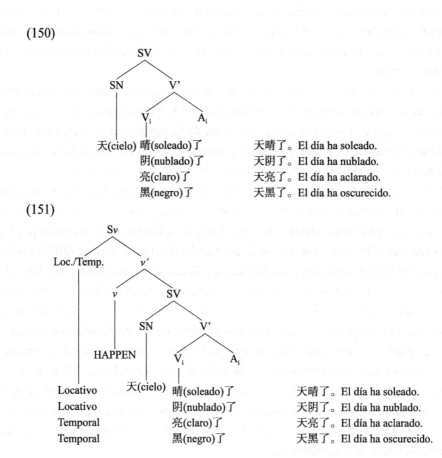

(151)

	天晴了。El día ha soleado.
	天阴了。El día ha nublado.
	天亮了。El día ha aclarado.
	天黑了。El día ha oscurecido.

Locativo	晴(soleado)了	天晴了。El día ha soleado.
Locativo	阴(nublado)了	天阴了。El día ha nublado.
Temporal	亮(claro)了	天亮了。El día ha aclarado.
Temporal	黑(negro)了	天黑了。El día ha oscurecido.

Al igual que los deadjetivales en español, según lo que proponen Hale y Keyser (2002), los verbos deadjetivales tienen estructura bi-adica, es decir, tienen que llevar un especificador en su estructura. Esta propuesta es válida también para las estructuras con predicados adjetivales en chino que, como hemos dicho, los sujetos son obligatorios en dichas estructuras, entonces las estructuras deberían ser como la siguiente (150). El hecho de que en chino el sujeto del tipo 天 (*día/cielo*) sea obligatorio en la estructura confirmaría que en español las oraciones personales "El día ha soleado, El día ha aclarado", etc., en realidad no son oraciones con expansión argumental, sino que son oraciones con sus argumentos fonéticamente realizados, en cambio, las oraciones de *Ha soleado, Ha aclarado*, son oraciones con sujeto omitido.

Además, también querríamos proponer que en estas oraciones existe otro argumento, que sería un argumento locativo/ temporal. De acuerdo con la propuesta de estructura generativa de oraciones simples en chino de Tang (2010), el verbo ligero existe en todos los tipos de oraciones. Entonces, en el caso de oraciones de predicados adjetivales con fenómenos naturales, cuando indican cambio el verbo ligero tendría que ser HAPPEN/ OCCUR, igual que en español e inglés, así como en otros idiomas. Y en la posición de especificador del sintagma S*v* estaría un temporal (cuando el predicado adjetival indica el cambio de la luz del día) o un locativo (cuando lo que indica es un cambio de condiciones meteorológicas).

Los primeros casos del gráfico de (151) pueden ser considerados como "el sol ha aparecido, han aparecido nubes", y la aparición conlleva ciertos cambios meteorológicos. Parecido a los predicados de aparición: si algo aparece, tendría que aparecer en algún sitio. Los últimos dos casos pueden ser considerados como "el sol sale a cierta hora, el sol se cae a cierta hora". Proponemos más ejemplos abajo (152) y (153). Se observa que en todas las oraciones de abajo hay locativos y temporales, pero en los primeros (152) los temporales podrían ser considerados como argumento, en el sentido de que el sol sale y se cae, y la condición de la luz cambia según el sol y es un concepto que está vinculado con el tiempo. Igual que hemos analizado en la parte de español, todos los días, todo el mundo experimenta una salida del sol y una puesta del sol, entonces, no nos parece adecuado tomar los locativos como argumento. En cambio, los temporales sí que son aptos: el hecho de que el día aclare y oscurezca en un punto de la línea del tiempo sugiere que se trata de un locativo temporal. En cambio, en las segundas oraciones de los ejemplos (153) el cambio de las condiciones meteorológicas es menos regular en comparación con el cambio de las condiciones de la luz del día. Además, los cambios meteorológicos ocurren en ciertos sitios y los predicados no tienen función de indicar cierto punto de la línea del tiempo. Es decir, los predicados como 天亮 (cielo claro→ aclarar), 天黑 (cielo negro → oscurecer) tienen función de indicar tiempo, pero los predicados de 天气冷 (tiempo frio), 天气晴 (tiempo soleado) no la tienen.

(152) a. 夏天 北 欧 5 点 天 就 亮 了。

verano norte Europa 5 hora cielo ya claro asp.

En verano, en el norte de Europa, a las cinco el cielo ya ha aclarado.

b. 现在 马德里 不 到 6 点 天 就 黑 了。

ahora Madrid no llegar 6 hora cielo ya negro asp.

Ahora en Madrid, apenas a las seis el cielo ya ha oscurecido.

(153) a. 还 不 到 10 月，东北（天气）已经 很 冷 了。

todavía no llegar octubre, noroeste (tiempo) ya muy frío asp.

Apenas llegamos en octubre, en el noroeste (el tiempo) ya está muy frío.

b. 最近 全 国 天气 都 不好，今天 只有 北京（天气）晴 了。

últimamente, entero país tiempo todo mal, hoy solo Pekín (tiempo) soleado asp.

Últimamente hace mal tiempo en todo el país, hoy solamente en Pekín ha soleado.

Otra diferencia que tienen estos dos tipos de predicados consiste en que el sujeto 天 (cielo) que aparece en los primeros no cambia, es menos libre en su combinación o se puede decir que no es libre en absoluto. Se trata de un caso muy parecido a los casos de " 下雨 (caer lluvia→llover), 打雷 (emitir trueno→ tronar)", que son medio lexicalizados pero son separables también, por ejemplo se puede introducir palabras como " 就 (ya)" en su centro, como se ve en las oraciones de (152). En cambio, los segundos tienen un SN más libre; en la posición de especificador pueden figurar además de 天 (cielo), otros nombres como 天气 (tiempo), 北京 (Pekín), 马德里 (Madrid), así como muchos más sustantivos locativos. Ello se debe a que diferentes sustantivos locativos pueden ser portadores de los cambios meteorológicos, pero solamente el 天 (cielo) puede ser el portador del cambio de la luz.

De acuerdo con los análisis de arriba, podríamos proponer además que la posición de SN de los predicados adjetivales que denotan cambio de la luz no puede estar vacía, porque no se puede decir *Ø 亮 了 (Ø claro), *六点 Ø 亮 了 (a las seis Ø claro), *马德里 Ø 亮 了 (Madrid Ø claro), *马德里六点 Ø 亮 了 (Madrid a las seis Ø claro); la posición de temporal puede estar vacía, pero la de SN no puede. Sin embargo, en cuanto a los predicados adjetivales que denotan cambio de condiciones meteorológicas, cuando

la posición de locativo está llena, la posición de SN sí que puede estar vacía: Ø 晴了 (Ø
soleado), 天气晴了 (tiempo soleado), 马德里 Ø 晴了 (Madrid Ø soleado), 马德里天气晴
了 (Madrid tiempo soleado). Es decir, siempre cuando esté llena una de las dos posiciones
(SN o la posición de especificador de Sv) la oración es correcta. Este hecho, por otro lado,
indica que los predicados adjetivales de cambio de condiciones meteorológicas exigen un
locativo como argumento.

En resumen, en este apartado hemos propuesto un análisis de los predicados
adjetivales de fenómenos naturales en chino, concretamente, los que denotan cambios.
Más detalladamente podríamos hacer una clasificación de estos predicados adjetivales
que denotan cambios. Primero, los que denotan cambio de condiciones de la luz del día;
segundo, los que denotan cambio de condiciones meteorológicas. Como denotan cambios,
según la teoría de verbo ligero (Tang, 2010), digamos que todos ellos tendrían un
HAPPEN/ OCCUR en la posición del núcleo v. Y, basándonos en teoría de Hale y Keyser
(2002), hemos propuesto que en todas sus estructuras pasa la conflación de un núcleo A a
un núcleo V que está totalmente vacío. Lo que hemos propuesto, además, consiste en lo
siguiente.

1) los primeros predicados que denotan cambio de las condiciones de la luz, además
de tener un SN en la posición de especificador de SV exigido por el núcleo A, tendrían un
argumento temporal; 2) Los segundos, igual que los primeros, tendrían un SN exigido por
el núcleo A y, además tendrían un argumento locativo; 3) El SN de los primeros en ningún
caso se omite. Son predicados medio lexicalizados, pero el SN de los segundos, cuando
está llena la posición de los locativos, pueden estar omitido. Cabe mencionar que cuando
el SN se ve omitido, su posición sigue estando ahí, solamente porque con la aparición de
los locativos, la semántica de palabras como 天 (cielo/ día), 天气 (tiempo) y de los demás
SSNN en dicha posición queda sobreentendida y se permite omitir.

En comparación con el español, los predicados del primer grupo son parecidos a los
predicados simples deadjetivales *aclarar*, *oscurecer*, etc. y sus comportamientos también
son parecidos: sufren conflación, tienen menos libertad en la combinación del verbo y
su especificador y es posible realizar un argumento temporal. Los segundos que denotan
cambio de las condiciones meteorológicas se corresponden con los predicados complejos
con verbos ligeros o verbos copulativos en español. Como hemos dicho antes, los predicados
adjetivales, además de poder indicar cambio de estado, que es una relación predicativa,
también pueden indicar un predicado estativo que es una relación copulativa. A continuación,
vamos a ver los predicados adjetivales y predicados nominales que denotan relación copulativa
y su comparación con las estructuras correspondientes en español.

2.3.3.5 Predicados adjetivales y nominales en chino Vs. Predicados con verbos copulativos en español

En esta parte vamos a ver los predicados adjetivales y nominales que llevan en su estructura una relación copulativa. Parecido al análisis que hemos hecho más arriba, queríamos proponer que la formación de los predicados nominales también se produce por conflación (Hale y Keyser, 2002). Concretamente, el núcleo sustantivo se incorpora a un núcleo verbal totalmente vacío sin realización fonética y forman de esta manera un SV. Opinamos que esta teoría (Hale y Keyser, 2002) es aplicable, por las siguientes razones.

En primer lugar, la teoría de la conflación de Hale y Keyser (2002) estaba diseñada para verbos denominales y deadjetivales y la cuestión bajo estudio aquí también es la explicación de la razón de que los sustantivos puedan funcionar como predicados. Podríamos decir que en chino, para el predicado nominal, el núcleo conflado es N.

En segundo lugar, igual que lo que pasa en español e inglés, el resultado final de los predicados adjetivales y nominales en chino también es una sola palabra, podríamos decir que están también en posición del núcleo V en lugar de su complemento N. Es decir, la realización final es un verbo.

En tercer lugar, igual que el ejemplo en inglés "laugh (sust.) →laugh (v.)", en el caso de los predicados nominales en chino el núcleo verbal también está totalmente vacío. Se puede ilustrar esta estructura de la siguiente manera (154). En las que la conflación implica una copia de todas las propiedades del núcleo N y el resultado final es un verbo que lleva el significado del N.

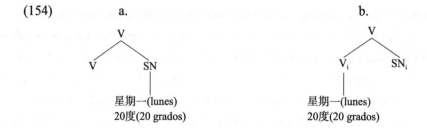

(155) 张三大傻瓜。(Zhang San es gran tonto).

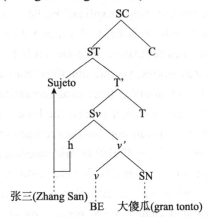

Tang (2010) proporciona una estructura posible para los predicados nominales, ejemplificado en (155), donde el SN está directamente en la posición de SV. En principio estamos de acuerdo con esta estructura, pero opinamos que se puede mejorar teniendo en cuenta también la teoría de Hale y Keyser (2002). En otras palabras, lo que queríamos proponer es que en la estructura del SV de los predicados nominales, existe un complemento N. Pero en la realización final, estos complementos no tienen realización fonética, porque ya se han incorporado copiando todas sus propiedades al núcleo V (con propiedad defectiva) del SV. Es decir, la estructura que queríamos proponer para los nominales es [V[V$_{\emptyset}$, N]]. El gráfico de abajo (156) consiste en la estructura generativa que proponemos nosotros. El verbo ligero BE decide la aparición obligatoria de un sujeto, que puede ser portador de la semántica del predicado nominal.

(156) 今天星期一。(Hoy es lunes).

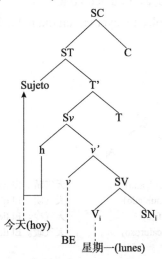

Con nuestra propuesta, en vez de poner los SSNN directamente en posición de SV podríamos tener una estructura con mejor explicación. Pero la contribución de la teoría de Tang (2010) consiste en la existencia del verbo ligero y estamos de acuerdo con que es un BE, porque la semántica es copulativa. Además, en la posición de especificador de S*v* suele haber elementos temporales, porque anteriormente también hemos explicado que la estructura de predicados nominales tiene usos semánticamente limitados. Cuando denotan fenómenos naturales suelen indicar tiempo (de hora); también es posible usarlos para portar un significado relacionado con las condiciones meteorológicas, como por ejemplo en (157). La propuesta de Tang (2010) es más parecida a la estructura en español, donde existe un "verbo" que pone en relación dos elementos y este elemento es el verbo abstracto que no tiene realización fonética BE. Nuestra propuesta, en cambio, es que el núcleo verbal del SV en realidad viene del SN, porque los sustantivos pueden funcionar como predicados; el SN pasa de la posición de SN y entra en la posición del núcleo verbal y el BE de nuestra estructura, ya tiene el mismo estatus que el resto de los verbos ligeros, coaparece con otro núcleo verbal, en vez de estar solo, como en Tang (2010), siendo el único elemento verbal en la oración.

(157) a. 今天 星期一。

   Hoy   lunes

   Hoy es lunes.

b. 明天 20 度。

   Mañana 20 grado

   Mañana será de 20 grados, Mañana hará 20 grados.

c. 今天晴天，昨天阴天。

   Hoy soleado día, ayer nublado día.

   Hoy es un día soleado, ayer era un día nublado.

(158)

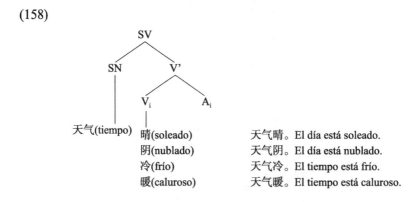

天气晴。El día está soleado.
天气阴。El día está nublado.
天气冷。El tiempo está frío.
天气暖。El tiempo está caluroso.

(159)

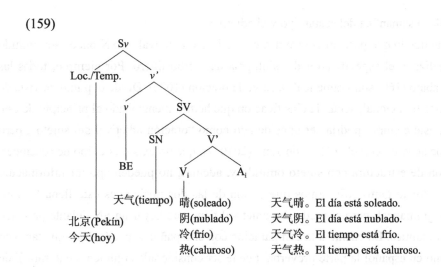

		天气晴。El día está soleado.
		天气阴。El día está nublado.
		天气冷。El tiempo está frío.
		天气热。El tiempo está caluroso.

En cuanto a los predicados adjetivales que denotan relación copulativa, creemos que la estructura de los predicados adjetivales tiene aquí la misma estructura que cuando denotan cambio de estado, solo se diferencian en que aquí no llevan el " 了 " aspectual. En la estructura de predicados adjetivales de cambio de estado (158), puede estar en la posición SN elementos del tipo 天 *(cielo),* 天气 *(tiempo),* 时间 *(tiempo),* aquí, en la estructura de abajo, hemos puesto 天气 *(tiempo),* en la posición SN, porque cuando denotan semántica de fenómenos naturales, seguro que van a estar en esta posición elementos de 天 *(cielo),* 天气 *(tiempo),* 时间 *(tiempo),* es lo que describen los adjetivos, por lo tanto estos elementos tienen que formar parte de la estructura SV de estos predicados adjetivales, como portadores de la semántica de los adjetivos y estar en posición de especificador del SV.

Al mismo tiempo, como ocurre en la estructura de los predicados adjetivales que denotan cambio de estado, pueden aparecer al principio de las oraciones locativos y también temporales. Queríamos decir que cuando los predicados adjetivales denotan relación copulativa, lo que está en el especificador del S*v* puede ser tanto locativo como temporal (159). Hemos dicho anteriormente que cuando el verbo ligero es HAPPEN, el argumento externo tiene que ser un locativo o un locativo temporal (a cierta hora en la línea del tiempo, como en caso de predicados como " 天亮 (día claro → aclarar), 天黑 (día negro → oscurecer)". En el resto de los casos los temporales se consideran adjuntos. Sin embargo, aquí, en su uso copulativo, consideramos que los temporales y los locativos poseen el mismo estatus: ambos pueden estar en posición del especificador del S*v*, porque siendo una estructura copulativa, tanto el locativo como el temporal con función deíctica pueden ser el sustantivo apto para portar el significado del adjetivo, siempre cuando sea compatible la semántica del sustantivo y el adjetivo.

　　Igual que lo que pasa en el otro uso de predicado adjetival, el SN puede ser omitido si está realizado el especificador del sintagma del verbo ligero. Por ejemplo, todas las frases de abajo (160) son gramaticales, salvo la oración (160e). Desde el punto de vista de la gramática tradicional, según la clasificación que hemos mencionado al principio de este apartado, este ejemplo podría ser considerado como "oración adjetival sin sujeto", pero estamos de acuerdo con el análisis de Tang (2010) en que no existe este tipo de oraciones, porque son de estructura con sujeto omitido y, además, no pueden aportar información completa. Por lo tanto, afirmamos que si una de las dos posiciones está llena la frase puede ser gramatical, pero el predicado adjetival tiene que llevar un SN delante para que porte su semántica. En cuanto a la comparación con el español se puede decir que tanto en chino como en español la parte preverbal puede ser considerada argumento externo. Y de hecho, existe cierta relación entre la posición SN y la posición del especificador del S*v*.

(160) a. 天气 晴。

Tiempo soleado.

El tiempo está soleado.

b. 北京 天气 晴。

Pekín tiempo soleado.

En Pekín el tiempo está soleado.

c. 今天 天气 晴。

Hoy tiempo soleado.

Hoy el tiempo está soleado.

d. 北京 今天 天气 晴。

Pekín hoy tiempo soleado.

En Pekín, hoy el tiempo está soleado.

e. ?Ø 晴。

? Ø soleado

Está soleado.

f. 北京 Ø 晴。

Pekín Ø soleado.

Pekín está soleado.

g. 今天 Ø 晴。

Hoy Ø soleado.

Hoy está soleado.

h. 北京 今天 Ø 晴。

Pekín hoy Ø soleado

Pekín hoy está soleado.

Resumamos. En este apartado, separadamente, hemos hablado de construcciones copulativas de fenómenos naturales de predicados nominales y predicados adjetivales. Básicamente, las estructuras de estos dos tipos de predicados son parecidas, con verbo ligero BE y en la posición del especificador del sintagma de verbo ligero pueden estar tanto los temporales como los locativos. La diferencia consiste en que el SV de los predicados nominales puede estar formado directamente por un núcleo nominal incorporado al núcleo nulo verbal, pero en los predicados adjetivales, por ser adjetivales originalmente, el SV es diádico. Además de tener un núcleo adjetival incorporado al núcleo nulo verbal también lleva un SN como especificador. En comparación con el español, la diferencia más importante consiste en que en chino los predicados nominales y adjetivales requieren que tenga realización fonética al menos un argumento. La razón por la que existe esta diferencia, según nuestra opinión, consiste en que en chino el núcleo verbal está nulo y con solo un adjetivo realizado fonéticamente en una oración, sin marcador de modificador ni marcador de predicado, no se sabe cuál es su función en la gramática. En español, por el contrario, con el verbo copulativo se sabe que es un sintagma verbal y tiene sujeto de propiedad de tercera persona singular. Lo que hemos propuesto es que los elementos preverbales de estas estructuras, los locativos y temporales, son aptos para la posición de argumento exterior.

2.3.4 Resumen

A lo largo de este apartado de predicados de fenómenos naturales en chino hemos visto, primero, las estructuras básicas de las expresiones de fenómenos naturales (así como la clasificación de oraciones simples en chino). Segundo, hemos revisado algunas cuestiones centrales para nuestro estudio: la posición de los locativos, los elementos que pueden estar al principio en oraciones con predicados verbales de fenómenos naturales, los elementos que van detrás de los núcleos verbales en predicados verbales y la función de los adjetivos y nominales. Tercero, hemos propuesto un análisis sobre la formación y generación estructural de estos predicados. En principio, la clasificación de las oraciones con predicados de fenómenos naturales en chino es relativamente fácil: predicados verbales (con verbos como predicados), predicados adjetivales (con adjetivos como predicados) y predicados nominales (con sustantivos como predicados). Concretamente, se puede representar como se resume en (161).

(161)

1. Predicados verbales:

    1.1 de fenómenos meteorológicos:

        _{xià yǔ}　_{xià xuě}　_{xià bīng báo}　_{dǎ léi}　_{guā fēng}

        下雨，　　下雪，　　下冰雹，　打雷，　　刮风，　etc.

        caer lluvia, caer nieve, caer granizo, emitir truenos, soplar viento, etc.

    1.2 de fenómenos existenciales:

        _{yǒu yǔ}　　_{yǒu xuě}　　_{yǒu fēng}

        有雨，　　　有雪，　　有风，　etc.

        haber lluvia, haber nieve, haber viento, etc.

2. Predicados adjetivales:

    2.1 con relación predicativa, de cambio de estado:

        2.1.1 de fenómenos naturales:

           _{qíng le}　_{yīn le}　_{lěng le}　_{rè le}

           晴了，阴了，冷了，热了, etc.

           solear, nublar, refrescar, calentar, etc.

        2.1.2 de fenómenos cíclicos:

           _{hēi le}　　_{àn le}　　_{liàng le}

           黑了，　暗了，　亮了, etc.

           negrear, oscurecer, aclarar, etc.

    2.2 con relación copulativa:

        _{qíng}　_{yīn}　_{lěng}　_{rè}　_{hēi}　_{àn}　_{liàng}

        晴，　阴，　冷，　热，　黑，　暗，　亮, etc.

        soleado, nublado, frío, caluroso, negro, oscuro, claro, etc.

3. Predicados nominales:

    3.1 con relación copulativa:

        _{xīng qī yī}　_{guó qìng jié}　　_{dù}　　_{liǎng diǎn}　　_{chūn tiān}

        星期一，国庆节，　20度，　　两点，　　春天，　etc.

        lunes, Día Nacional, 20 grados, las dos horas, primavera, etc.

El primer grupo son los predicados verbales. De acuerdo con nuestro estudio, los núcleos que llevan ellos son un tipo de verbos ligeros que no tienen semántica completa; el significado completo de los predicados depende de la combinación del complemento y de los núcleos verbales. Podríamos llegar a la conclusión de que en chino no existen predicados simples de fenómenos naturales, todos los predicados verbales son parecidos estructuralmente a los predicados complejos con verbos ligeros, en el sentido de que todos los verbos ligeros y su complemento son separables. Sin embargo, digamos que en chino la separabilidad del V y el N que le sigue no es igual, las dos partes de predicados verbales de fenómenos meteorológicos son menos separables y los que expresan existencia son libremente separables.

El segundo y tercer grupo son los predicados adjetivales y nominales. Creemos que estos dos tipos de predicados son los más característicos en comparación con el español, porque en chino los adjetivos y nominales pueden funcionar directamente como predicados. En el caso de predicados adjetivales, si llevan el clítico aspectual " $\overset{\text{le}}{\text{了}}$ ", indican cambio de estado, si no lo llevan indican relación copulativa. En cuanto a su correspondencia en español, los de 2.1.2 del gráfico de arriba son predicados simples de fenómenos cíclicos. Además, digamos que en la estructura la relación del especificador y el verbo deadjetival es más estrecha, y menos separable; y los 2.1.1 y 2.2 corresponden normalmente a predicados complejos con verbo copulativo *estar* y la relación del especificador y el verbo deadjetival es menos estrecha y más separable. Con respecto a predicados nominales, digamos que lo que pueden expresar ellos es muy parecido a los predicados complejos con verbos copulativos en español como *Hoy es lunes, Mañana será el Día Nacional, Estamos a 20 grados, Estamos en primavera.*

Estructuralmente, nuestra propuesta trata de que existe el fenómeno de la conflación de núcleos nominales y adjetivales a su núcleo verbal nulo y podríamos decir que el resultado final sería un SV denominal o deadjetival. La mayor diferencia que tienen estos predicados y las estructuras correspondientes en español consiste en que en chino las oraciones tienen que tener la realización del sujeto para estar bien formadas. Cuando en la oración solamente aparece un nominal o un adjetivo, no sabemos su función sintáctica, porque en chino la función de un elemento depende de la realización de elementos de sus alrededores.

Generalmente, creemos que los predicados de fenómenos naturales en chino disponen de dos estructuras generativas básicas, la diferencia principal de estas dos estructuras es la diferencia del verbo ligero: unas con verbo ligero HAPPEN/ OCCUR, otras con verbo ligero BE. A continuación, vamos a ver las estructuras separadamente: primero, los predicados verbales con verbo ligero HAPPEN/ OCCUR; segundo, los predicados nominales con verbo ligero BE; tercero, los predicados adjetivales respectivamente con verbo ligero HAPPEN/ OCCUR y BE.

Primero, hemos elaborado dos estructuras arbóreas para predicados verbales (162) y (163), pero en realidad son muy parecidas, tienen básicamente los mismos componentes estructurales. Se diferencian primero en el verbo ligero, que en la a) tiene un HAPPEN, en la b) tiene un EXIST, pero digamos que en ambas estructuras se exige un locativo en la posición de [Esp, Sv], porque aunque pueden estar inaudibles, forman parte de la estructura semántica de los predicados y tienen que ser argumentos. La realización final de los locativos es la posición de [Esp, ST]. Si aparecen en estas oraciones temporales, pensamos que los temporales están en posición de adjunto, porque no entran en la estructura semántica de estos predicados.

(162) Predicados verbales, con verbos ligeros

　　　a) De ocurrencias de fenómenos meteorológicos

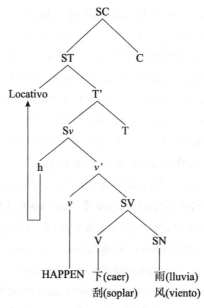

(163) Predicados verbales, con verbos ligeros

　　　b) De existencias

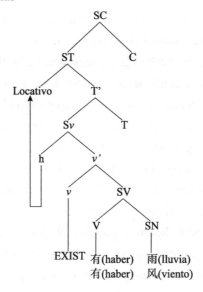

Otra diferencia de estas estructuras consiste en la propiedad del SV. Digamos que los de a) son un tipo de palabras separables o palabras compuestas, que indica que los dos elementos del SV son separables, pero la combinación de ellos es básicamente fijas, diferente a la estructura de b), que los elementos que pueden ocupar la posición de complemento pueden ser bastante libres. En otras palabras, la estructura SV de a) es parecida a un sintagma verbal, pero está compuesta por morfemas no libres, mientras que la estructura de b) es un sintagma verbal de verdad. Pero ambas estructuras tienen una realización final del modelo de Locativo + V_{ligero} + N.

(164) Predicados nominales, de relación copulativa

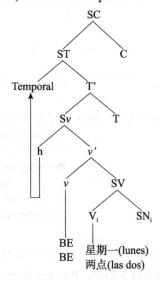

Segundo, los predicados nominales (164). La característica de esta estructura en chino, según nuestra opinión, es que lleva un fenómeno de conflación de núcleo SN a un núcleo nulo verbal, así se forma un predicado nominal. Desde este punto de vista, podría ser llamado como un predicado denominal. Sin embargo, esta estructura es solamente apta para la expresión de un limitado número de significados y tienen que estar en relación copulativa. En oraciones de fenómenos naturales suele ser usada para la hora, la fecha, la temperatura, la estación, etc. y el verbo ligero BE exige que exista un SN que porta el significado mencionado. En general, este SN funciona como sujeto de esta estructura y suele ser SN de tiempo deíctico. La realización final de esta estructura tiene modelo Temporal + $V_{\varnothing}$ + SN.

(165) Predicados adjetivales. a) De cambio de estado

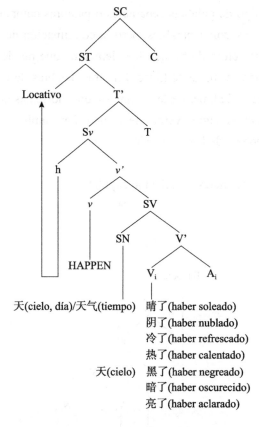

Tercero, predicados adjetivales (165) y (166). Este tipo de predicado, como hemos mencionado antes, tiene propiedad híbrida. Pueden denotar cambio de estado, también pueden denotar relación copulativa, dependiendo de si llevan el clítico " 了 ", que es él mismo, el marcador de cambio. Digamos que en la estructura de los predicados adjetivales también ocurre la conflación. Igual que lo que ocurre con los predicados denominales, el núcleo adjetival se incorpora al núcleo verbal, formando así el SV. Desde este punto de vista, se puede llamar a este tipo de predicados deadjetivales también. Además, siendo un predicado con propiedad adjetival, su estructura argumental requiere que tenga un SN en posición de especificador del SV y, como los predicados denotan fenómenos naturales, el SN tiene que ser 天 *(día/ cielo),* 天气 *(tiempo),* etc.

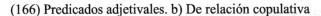

(166) Predicados adjetivales. b) De relación copulativa

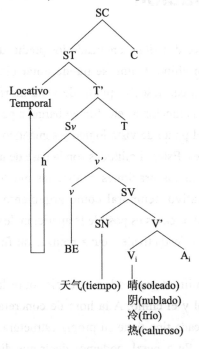

Para terminar la parte de predicados de fenómenos naturales en chino, hacemos una comparación de las estructuras que hemos visto. Digamos que hay dos verbos ligeros en estas estructuras, el HAPPEN y BE. Sin embargo, el núcleo verbal no tiene realización fonética salvo en el caso de predicados verbales, además, son verbos ligeros. En el caso de predicados adjetivales y predicados nominales, el núcleo verbal es nulo. En cuanto a la comparación con el español, queríamos mencionar los siguientes puntos. Primero, queríamos decir que, en realidad, el Sintagma evento en la estructura de español y el Sintagma verbo ligero en la estructura de chino tienen la misma función, ambos son sintagmas abstractos. Segundo, en ambos idiomas los locativos siempre van delante, ocupando la posición de sujeto. Tercero, las estructuras copulativas necesitan siempre sujeto, aunque a veces se puede omitir, pero nunca puede ser *pro* expletivo, porque tiene que tener semántica. Por la misma razón, los predicados deadjetivales tienen que tener sujeto explícito también.

2.4 Recapitulación

En este capítulo hemos descrito y analizado los predicados de fenómenos naturales tanto en español como en chino. Como se puede notar claramente son dos idiomas con larga distancia lingüística, desde el punto de vista morfológico, sintáctico, de las categorías gramaticales y sus funciones, etc. Sin embargo, a pesar de todas las diferencias, podemos decir que desde el punto de vista lógico y semántico-cognitivo, los dos idiomas muestran muchas similitudes. Estas similitudes son la base de nuestra propuesta.

Proponemos que todas las oraciones analizadas pueden ser consideradas como personales: tienen un locativo/ temporal como argumento externo y otro SN como argumento interno. En algunos casos es posible la aparición de un SN aportador de estado, en estructuras copulativas y deadjetivales, cuya realización final también es una oración personal.

Esta es la mayor similitud que podemos decir sobre las estructuras generativas propuestas para el español y el chino. A la hora de concretar cada tipo de predicado, como ya se ha analizado, cada tipo tiene su propia estructura, que difiere sobre todo en la parte del núcleo verbal. En general, podemos decir que disponemos de tres tipos de núcleos verbales, que son 1) núcleo verbal abstracto: morfema verbal (por ejemplo el caso de *llover, nevar*) o núcleo verbal sin ningún tipo de realización (como el caso de 星 期一 *(lunes)*, 晴 *(soleado)*); 2) Verbos ligeros: *haber, hacer,* 下 *(caer)*, etc. y 3) verbos copulativos: *ser, estar,* etc.

Especial mención merecen dos teorías que han servido como base de nuestras propuestas: 1) la de Hale y Keyser (2002), sobre la conflación ocurrida en la estructura de los verbos denominales y la necesidad de un SN especificador en la estructura de verbos deadjetivales y 2) la teoría davisoniana de la existencia de un sintagma eventivo (Davidson, 1967; Kratzer, 1996; Hale y Keyser, 1994, 1997; Harley, 1995; etc.).

Intuitivamente, nos parece que la propuesta hecha sobre los predicados de fenómenos naturales se puede aplicar también sobre verbos existenciales y de aparición. Muchos verbos de los últimos generalmente se analizan también como impersonales y disponen también, desde algún punto de vista, de la propiedad de la inacusatividad. Al análisis de los verbos de existencia y de aparición, en español y en chino, se dedica el siguiente capítulo.

CAPÍTULO 3

LOS PREDICADOS DE EXISTENCIA Y APARICIÓN

3.1 Introducción

En esta parte, vamos a tratar los predicados de existencia y (des)aparición en español y en chino. En español, las oraciones con predicados de existencia y de aparición suelen formarse con el verbo *haber*, o con unos verbos llamados pseudo-impersonales, en el sentido de que no tienen sujeto agente pero sus argumentos mantienen concordancia con el predicado. En chino, los predicados de existencia y de aparición también se analizan como oraciones sin sujeto, porque la parte preverbal suele estar ocupada solamente por un locativo; pero la delimitación de este tipo de predicados, así como su clasificación difiere mucho entre unos gramáticos y otros. La primera parte de 3.2 y 3.3 es una clasificación y descripción de las estructuras básicas analizadas por los expertos, en el caso del chino, también nos ocuparemos de su definición y delimitación.

En principio, nuestra idea general es proponer un análisis a favor de que estas "oraciones pseudo-impersonales/ sin sujeto", en realidad, tienen un sujeto y son predicados de dos valencias: por un lado, un locativo que se porta en muchos casos como los sujetos convencionales y que puede aparecer en la posición de argumento externo; y por otro lado, un argumento interno parecido al argumento de los verbos inacusativos, que se genera en la posición de objeto directo pero cuyo comportamiento es diferente al de los objetos directos convencionales.

La organización de este capítulo es la siguiente. En la parte de 3.2 vamos a ver los predicados de existencia y de (des)aparición en español, y en la parte de 3.3, los predicados correspondientes en chino. En cada parte, seguimos el mismo esquema: 1) estructuras básicas (3.2.1, 3.3.1), 2) análisis gramaticales (3.2.2 y 3.3.2), y 3) nuestras propuestas (3.2.3, 3.3.3). En los apartados de estructuras básicas (3.2.1, 3.3.1), primero llevaremos a cabo una revisión bibliográfica y resumimos respectivamente las construcciones de español y de chino de nuestra investigación. En los apartados de análisis gramaticales (3.2.2, 3.3.2), nos centraremos en cuestiones que tienen estrecha vinculación con nuestro estudio, por ejemplo, análisis existentes sobre locativos, sobre la parte posverbal de los predicados, la propiedad inacusativa de los predicados, etc. En los apartados de nuestras propuestas (3.2.3, 3.3.3), vamos a intentar formular una propuesta cognitiva del modelo de predicados de existencia y de aparición, basándonos en el modo de acción y la relación entre fondo y figura. De todo modo: los predicados de existencia denotan estados durativos, mientras que los predicados de aparición y de desaparición denotan logros; los locativos (dativos en español) funcionarían como fondo de lo que denotan los predicados. En el mismo apartado 3.3.3, también vamos a hacer una nueva clasificación de las estructuras de existencia y de aparición en chino. Después, expondremos nuestras propuestas sobre las estructuras generativas. Además, a lo largo de la parte del estudio del chino (3.3), profundizaremos en la comparación de los fenómenos correspondientes en español y chino.

A continuación, empezaremos a ver los predicados de existencia y de aparición en español.

3.2 Predicados de existencia y aparición en español

En este apartado, vamos a centrarnos en los predicados de existencia y aparición en español. Primero, en 3.2.1 observaremos las estructuras básicas de estos predicados; segundo, en 3.2.2 revisaremos algunos análisis gramaticales sobre su posible sujeto gramatical, los objetos directos y la función de los locativos; tercero, en 3.2.3, expondremos la propuesta de análisis y, por último, en 3.2.4 presentaremos un resumen de este apartado.

3.2.1 Estructuras básicas

Según los estudios de Fernández Soriano y Táboas Baylín (1999), López Ferrero (2008), Melis y Flores (2007), etc., las estructuras de existencia y aparición se pueden clasificar según su semántica en dos grupos: uno de predicados de existencia y otro grupo de predicados de suceso. La diferencia principal de estos dos grupos es aspectual y consiste en que los primeros son verbos de estado y los segundos son verbos dinámicos. Según López Ferrero (2008), las dos clases semánticas a las que pertenecen estos verbos están íntimamente relacionadas, en el sentido de que los verbos de "existencia" (*existir, haber*) describen el estado resultante de la "aparición" de alguna entidad (cuya función semántica como argumento es "tema"), y los verbos de "aparición" (*resultar, ocurrir, suceder*) denotan eventos en los que alguna entidad "cobra existencia".

En primer lugar, focalizaremos en los predicados de existencia (1). Se puede decir que el verbo *haber* quizá es el verbo más representativo de los verbos existenciales. Además, es el más estudiado de los verbos impersonales. Como ya hemos mencionado en el apartado anterior, algunos fenómenos naturales admiten paráfrasis con el verbo *haber*. Según la *Nueva gramática de la lengua española* (RAE-ASALE, 2009:3063), el verbo *haber* se usa como impersonal en español tanto si se refiere a la presencia o existencia de fenómenos naturales (2a), como de cualquier otra realidad (2b)-(2d). En muchos casos puede alternar con el verbo personal *existir*, como se ve en (2c) y (2d). Se usa para expresar la existencia de una realidad en general, y salvo usos dialectales, generalmente siempre se conjuga en tercera persona del singular.

(1) Predicados de existencia
- *haber*
- *oler, apestar*...
- *decir, poner, constar, figurar*...
- *bastar, sobrar, valer, faltar, ser suficiente, ser bastante, estar bien*...

(2) a. Hay {viento/ truenos/ relámpagos/ rocío}.

　　 b. Había poco tiempo; No hay necesidad.

　　 c. Sigue {habiendo/ existiendo} problema.

　　 d. Si {hubiera/ existiera} la menor posibilidad.

Aparte del verbo *haber*, en el trabajo de Fernández Soriano y Táboas Baylín (1999) también se analizan otros verbos impersonales que denotan estado de existencia. Por ejemplo, 1) los verbos *oler, apestar* y otros semejantes admiten usos impersonales y se construyen generalmente con un locativo y un complemento con *a* (3); 2) En algunos de sus usos, los verbos *decir, poner, constar, figurar,* aparecen en oraciones impersonales cuando la oración que introducen denota el contenido que se expresa en un texto; como los verbos del grupo anterior, se caracterizan por tener un complemento locativo aunque no sea siempre explícito (4); 3) Otros predicados que expresan suficiencia e insuficiencia, como *bastar, sobrar, valer, faltar, ser suficiente, ser bastante, estar bien*, etc. (5).

(3) a. Aquí huele a {quemado/ pino/ comida}.

    b. En tu cuarto apesta a tabaco.

    c. En esta casa huele a árbol de Navidad.

    d. En su despacho, huele a tarta de manzana.

(4) a. Aquí dice que es obligatorio el uso del alumbrado.

    b. Según consta en la sentencia, los cuatro menores entraron durante la madrugada en un local de la empresa.

    c. Una lápida en la que figura una inscripción.

    d. Un documento en el que consta su renuncia.

(5) a. Me basta con su palabra;

    b. Aquí {sobra/ falta} dinero;

    c. Es {bastante/ suficiente} con tres sesiones;

    d. Está bien con dos días más;

    e. Ya {está bien/ basta} de tonterías;

    f. Ya es suficiente; Ya vale de escapadas.

En segundo lugar, los predicados que denotan actos dinámicos son verbos de aparición y suceso como *pasar, suceder, ocurrir, aparecer*, etc. (6). Se construyen generalmente con un locativo y un tema, que designan la cosa sucedida o aparecida, y a veces se predican de un lugar de modo implícito (7). Según Fernández Soriano y Táboas Baylín (1999: 1760), las construcciones impersonales derivan de su antigua forma con la preposición *de*: *(Aquí) {pasa/ sucede/ ocurre} de algo*. Cuando se usan como verbos personales, concuerdan con el argumento interno tema, como en *Ocurren cosas estupendas*. Diferentes a estos verbos, que disponen de uso impersonal, los verbos *aparecer, desaparecer* son siempre personales: *Aparecen cosas raras, Desaparece de repente la sonrisa.*

(6) Predicados de suceso y aparición

· *suceder, ocurrir, pasar, acaecer, acontecer, ...*

· *aparecer, desaparecer,...*

(7) a. Resulta que los negocios son más lentos de lo esperado.

b. (Aquí) {pasa/ sucede/ ocurre} algo.

c. Aconteció que en aquel momento se pusieron a ladrar los perros.
[Moliner 1998, s.v. *acontecer*]

d. Y una vez nos ocurrió que a un correo que enviamos a nuestro destacamento del estero de Cochore, las aguas lo arrojaron muerto al día siguiente. [*Imperio*, 337]

e. Y a ése ni le había pasado mayor cosa. [*Púberes*, 18]

f. También, justo era reconocerlo, tenía la impresión de que si ocurría algo malo, eso iba a sucederle a los demás. [*Tempestad*, 172]

Los verbos existenciales del primer grupo, como los del segundo grupo que denotan sucesos, así como los predicados de fenómenos naturales, también pueden tener usos personales. Cuando se trata de un uso personal, la concordancia se mantiene entre el verbo y su argumento interno. Abajo se ofrecen algunos ejemplos (8). Cabe mencionar que los verbos que expresan suficiencia e insuficiencia también pueden alternar entre el uso personal y el impersonal. Esta alternancia consiste en que el argumento del verbo puede ser un sintagma con preposición, o bien, ser un sintagma nominal que puede determinar el número del verbo. La alternancia se asocia con el consiguiente cambio de significado: por ejemplo, el verbo *sobrar* adquiere otro significado distinto en la construcción personal: *Sobra con tres pesetas, Sobran tres pesetas; Es bastante con diez sesiones, Diez sesiones son bastantes.* Por el contrario, cuando el complemento del verbo es oracional, no tiene alternancia personal, como en *En este documento dice que... o ... pone que....* porque no hay manera de introducir la concordancia. Por eso, también contrastan, en consecuencia, *Aquí lo dice, Aquí lo pone, *Aquí lo consta, *Aquí lo figura.*

(8) a. Estas habitaciones huelen mucho a tabaco.

b. Mi champú huele a manzanilla.

c. Un documento el que constan su queja y su dimisión.

d. Una lápida en la que figuran varias inscripciones.

e. Me bastan sus palabras.

f. Son suficientes diez sesiones.

Volviendo a *haber*, como hemos dicho anteriormente, en su uso normativo, solo se permite la tercera persona del singular. Sin embargo, para significados existenciales, también se usan los verbos copulativos *ser* y *estar*, en cuyo caso, las oraciones tienen que ser personales, en vez de unipersonales. De hecho, históricamente, el significado primitivo de las construcciones con *haber* era posesivo, significaba *tener*; como verbo posesivo *haber* era transitivo, y lo sigue siendo como verbo impersonal. Cuervo (1939) señala que el sentido de existencia "proviene sin duda de la fusión de frases sinónimas: *Hubo guerras en España* nace de *Fueron guerras en España +España hubo (tuvo) guerras*". Las construcciones con *haber* impersonal son herederas de las de <*habet* impersonal + acusativo> desarrolladas en latín en época tardía (Fernández Soriano y Táboas Baylín, 1999: 1754).

Además, según Fernández Soriano y Táboas Baylín (1999: 1756), el significado de existencia del verbo *haber* está ligado generalmente a una localización. En este sentido, *haber* alterna con el copulativo *estar*, dependiendo del carácter definido o no del SN que lo sigue. Mencionan las autoras que, según María Moliner (1988:8), el verbo *haber* "se usa como terciopersonal con el significado de 'existir', 'ser tenido' o 'estar'…Como esta construcción de *haber*, al ser terciopersonal, no es aplicable a la primera ni a la segunda persona, para expresar la misma idea con respecto a estas hay que servirse de *estar*." Asímismo, además de poder alternar con el copulativo *estar*, la alternancia de *haber* y *ser* también puede encontrarse en construcciones presentativas. Sobre todo, en el comienzo de los cuentos, como en *Érase una vez…/Era una vez…, Había una vez…* Esto se debe a que, en la época antigua, se combinaba *ser* con *y* y con otros locativos para obtener el mismo sentido impersonal, en que el verbo concuerda con su único argumento (Fernández Soriano y Táboas Baylín, 1999: 1759).

(9) Clasificación de verbos de existencia y de (des)aparición

		Complemento
1) haber	Impersonal	Nominal *Hay tres mesas.*
2) oler, apestar	Impersonal	Preposicional *Huele mal en estas habitaciones.*
	Personal	Nominal *Apestan estas habitaciones.*
3) decir, poner	Impersonal	Oracional *Dice/ pone que …*

		Complemento
4) constar, figurar	Impersonal	Oracional *Consta/ figura que...*
	Personal	Nominal *Figuran varias inscripciones.*
5) bastar, sobrar, valer, faltar	Impersonal	Preposicional *Basta con cinco pesetas.*
	Personal	Nominal *Sobran cinco pesetas.*
6) suceder, ocurrir, pasar, acaecer	Impersonal	Oracional, Nominal *Ocurre que.../ Pasa (de) algo.*
	Personal	Nominal *Ocurren cosas estupendas.*
7) aparecer, desaparecer	Personal	Nominal *Aparecen cosas raras.*

Resumamos este apartado de estructuras básicas de los predicados de existencia y aparición en español. En principio, todos son predicados simples, salvo que los verbos de suficiencia/ insuficiencia tengan alternancia con estructuras copulativas como *ser suficiente/ insuficiente, ser bastante, estar bien*, etc. Sin embargo, no nos vamos a ocupar de estas estructuras en nuestro análisis, sino que nos centraremos en sus sinónimos, algunos predicados simples como *bastar, faltar, sobrar*, etc. Los predicados de existencia y aparición en español pueden ser agrupados según su semántica en dos grupos: 1) los predicados de existencia que expresan un estado estativo de existencia (9.1)-(9.5), y 2) los predicados de aparición y suceso que denotan un estado dinámico de cobrar existencia. Excepto el verbo *haber*, la mayoría de los verbos posee el uso personal cuando su complemento no es oracional, ni preposicional, y concuerda directamente con su complemento, que funciona como sujeto gramatical (9).

El verbo *haber* puede alternar con los verbos copulativos *ser* o *estar*, para expresar existencia en su forma personal. Merece la pena añadir que los verbos mencionados anteriormente se consideran impersonales, es decir, son verbos que tienen usos impersonales. Los hemos separado del gran grupo de verbos de existencia y aparición, donde están incluidos también verbos como *existir* y *aparecer*, verbos que que no tienen usos impersonales. Sin embargo, tenemos que reconocer que semánticamente estos predicados están muy estrechamente vinculados. A continuación, vamos a concentrarnos en el análisis de los verbos impersonales de existencia y aparición, en particular, nos centraremos en su sujeto gramatical y lógico, en su argumento interno y en su naturaleza inacusativa o transitiva.

3.2.2 Análisis gramaticales

Desde algún punto de vista, se puede decir que el comportamiento de los verbos impersonales de existencia y aparición es parecido a los predicados simples de fenómenos naturales, porque ambas estructuras pueden tener un pronombre nulo expletivo en su posición de sujeto. Pero se observa que, en la expresión de existencia y aparición, el uso personal es más común y habitual, mientras que el uso personal de los predicados de fenómenos naturales implica normalmente un sentido metafórico o metonímico. En primer lugar, debemos considerar el sujeto gramatical de los verbos de existencia y aparición, así como su sujeto lógico, los locativos. En segundo lugar, cabe mencionar la característica inacusativa de alguno de estos verbos. En tercer lugar, queríamos tratar el problema del *Efecto de definitud*, que restringe qué elementos serán aptos para la posición de argumento interno de los verbos bajo estudio de este apartado.

3.2.2.1 Verbos impersonales y pseudo-impersonales

En el gráfico de arriba, hemos resumido los usos personales e impersonales de los verbos existenciales y de aparición. Algunas de las oraciones del gráfico admiten tanto el uso personal como el impersonal, y la alternancia entre ellos no cambia el significado de la oración. La diferenciación para decir si es personal o impersonal es solamente formal: la concordancia. De la misma forma que los predicados de fenómenos naturales, los predicados de existencia y aparición también tienen un sujeto formal nulo $pro^{expl.}$ en sus usos impersonales. Explicando brevemente, $pro^{expl.}$ es un pronombre sin realización fonética y además sin contenido semántico alguno, que formalmente posee rasgos morfológicos de [3ª persona] y [neutro].

Si tomamos como ejemplo el verbo *haber*, el verbo prototípico impersonal, observamos que que este aparece regularmente seguido de un SN, con el que el verbo no mantiene concordancia. La mayoría de los gramáticos considera que este SN es objeto directo, y la estructura correspondiente es impersonal. Según Bosque y Gutiérrez Rexach (2009), el verbo *haber* tiene un sujeto nulo expletivo, que no posee sentido semántico ni tiene realización sintáctica en la oración. Aunque en el español de Santo Domingo, como mencionan Fernández Soriano y Táboas Baylín (1999: 1754), se da un uso de *haber* (y otros verbos impersonales) con el neutro *ello* en posición de sujeto y "en papel de expletivo", como en el ejemplo "Ello no hay Dios si no cumplo mi palabra" [Quincito, 1934, *Un amor tan guararé y pánico*]. Según esto, es lógico que el verbo no mantenga concordancia con el SN, ya que este no es sujeto sino que tiene otra función gramatical, en concreto, es el complemento directo.

Sin embargo, en ciertas zonas, especialmente en Latinoamérica, la concordancia de número de *haber* y su único argumento es la norma (Fernández Soriano y Táboas Baylín, 1999: 1758). En el español europeo, también hay numerosos casos de concordancia, especialmente en el este y el sureste de España (RAE-ASALE, 2009:3063). Además, según RAE-ASALE (2009:3063), el fenómeno está hoy en expansión, con una intensidad mayor en América que en España, incluso en el nivel culto. Al mismo tiempo, se observa que la proporción de los usos concordados es mayor en la jerga periodística que en otro tipo de textos. RAE-ASALE (2009:3063) explica que el uso concordado de *haber* es el resultado de asimilar este verbo al grupo de *existir, tener lugar* y otros que expresan presencia o existencia.

En cualquier caso, RAE-ASALE recomienda el uso no concordado del verbo *haber*. Sin embargo, a pesar de que se puede decir que no es recomendable el uso concordado del verbo *haber*, este es consistente con la norma del resto de los casos, pues, como se ha visto en el cuadro (9), cuando el complemento es nominal, normalmente estos verbos mantienen la concordancia con él. De ahí la denominación "personal" de estas oraciones con concordancia.

Por otra parte, es preciso subrayar que los sujetos de estas oraciones "personales" casi nunca son personales, ni siquiera animados, sino que suelen ser grupos nominales que denotan seres inanimados. Este hecho hace que Alcina y Blecua (1975: 895) y Melis y Flores (2007) consideren que, dentro de los verbos intransitivos, existe un grupo de verbos llamados pseudo-impersonales, llamados así porque sus sujetos suelen ser inanimados y, a causa de ello, los hablantes tienden a interpretar estos sujetos como objetos directos. De acuerdo con Alcina y Blecua (1975: 895) y Melis y Flores (2007), los verbos de existencia forman parte de este tipo de verbos pseudo-impersonales, así como los verbos de afección y los verbos modales. Las propiedades de estos verbos pseudo-impersonales son las siguientes:

1) Seleccionan preferentemente sujetos inanimados, no agentivos, que se colocan después del verbo en la posición del objeto y que no se analizarán como sujetos de no ser por las marcas de concordancia con el verbo.

2) Presentan con mucha frecuencia una estructura oracional en función de sujeto.

3) Se combina con un objeto, al parecer regido por el verbo, de referente por general humano, que, contrariamente a lo que hace esperar el modelo de la oración biactancial en español, se codifica como objeto indirecto y no como objeto directo.

4) Permiten que este objeto indirecto ocupe la posición inicial de tópico y, en virtud de su naturaleza humana y su prominencia, cobre apariencia de sujeto.

Con respecto a estas cuatro características, queríamos añadir unas observaciones. 1) Salvo por la concordancia, los sujetos de dichas oraciones se alejan del comportamiento prototípico de sujeto, semánticamente y posicionalmente. 2) Como ocurre con los ejemplos que tenemos en el cuadro (9), muchos de los verbos existenciales bajo estudio pueden tener sujetos oracionales, y en estos casos las oraciones se presentan de forma impersonal. 3) Según nuestra opinión, el referente mencionado en el tercer punto de arriba podría ser locativo también, porque son muy habituales alternancias como {*Me/Aquí} falta café, {Le/En esta casa} pasan cosas raras*. 4) Desde nuestro punto de vista, la aparición de elementos dativos/locativos al principio de las oraciones, completa la semántica de estas oraciones, y tienen apariencia de sujeto porque son sujetos semánticos lógicos. Dicho brevemente, las oraciones de existencia y aparición puede que sean personales sintácticamente, pero son impersonales desde el punto de vista semántico.

En realidad, la semántica de existencia exige la aparición de una localización, un locativo, más que de un dativo de referencia humana. Por ejemplo, según RAE-ASALE (2009: 3066), el verbo *haber* es característico de las llamadas construcciones de inversión locativas, como en *Aquí hay mucha gente*. Desde un punto de vista diacrónico, según RAE-ASALE (2009: 3066), el origen de la desinencia *-y* de *hay*, resultado de convertir en enclítico el antiguo adverbio de lugar *y*, procede del latín *ibi*. La presencia de una localización también se daba en el latín, con construcciones del tipo de <*haber* + *acusativo*> sin sujeto explícito y con significado existencial en un lugar determinado, como los ejemplos citados por Fernández Soriano y Táboas Baylín (1999: 1757): *Ubi habet? Urbe argone? Hic habet.; In arca Noe habui homines*. En español antiguo y medieval el locativo *y* aparecía con todos los tiempos de *haber*: *Algunos d'ellos fizieron lo que plogo a Dios, mas otros y ovo que fizieron yerros*. Además, la aparición de una localización no solo es un fenómeno característico del español, sino que también se da en otras lenguas, como francés, inglés, italiano, etc. La estructura de la mayoría de las oraciones existenciales se caracteriza por tener, de modo implícito o explícito, una expresión de significado espacio-temporal a la que denominaremos siempre "locativo" (Fernández Soriano y Táboas Baylín, 1999: 1756).

Existen muchos estudios sobre la función de la localización que aparece en las estructuras existenciales. Lyons (1967) ya menciona la relación entre existencia y locación y afirma que todo lo que existe, según los griegos, existe en algún lugar, y lo que no esté en ningún lugar, no existe. Fernández Soriano y Táboas Baylín (1999: 1757) también dicen que el locativo funciona como el sujeto lógico de la construcción, en el sentido de que de él se predica la existencia de algo. El lugar funciona, además, como una expresión referencial de la que se predica la propiedad de poseer o contener al objeto directo. Como, por ejemplo: *Debajo de la alfombra no es un sitio bueno para esconder la basura; Encima de la mesa está sucio todavía.* En el caso de la relación existencial es lo mismo: *Fuera siempre hay hojas secas.* En estas construcciones, el argumento de *haber* nunca puede funcionar como sujeto y concordar con el verbo, por el contrario, es el locativo el que aparece en posición inicial en estas construcciones, de modo análogo a los sujetos de los verbos personales: *Parece haber fantasmas en esta casa; En esta casa parece haber fantasmas; #Fantasmas parece haber en esta casa.*

En cuanto a los dativos, como mencionan Melis y Flores (2007), es preciso tener en mente que el dativo no corresponde al argumento básico de los verbos existenciales, en cuyas estructuras se supone la presencia de un complemento de carácter espacio-temporal (Mendikoetxea, 1999). Pero en muchos casos, se puede usar un dativo que "parece desempeñar la función del argumento locativo" (Melis y Flores, 2007), y también admite que coexistan tanto el dativo como el locativo, por ejemplo (10) y (11).

(10) a. A mí me faltan datos. [*Flandes*, 289]

b. En un segundo le cupieron muchas preguntas. [*Amores*, 102]

c. En realidad, le pasaba algo muy en sencillo. [*Púberes*, 125]

(11) a. En su casa no le faltaba de nada, de nada. [*Malena*, 127]

b. Emilia le contó todo lo que le cabía entre la blusa y la espalda.
[*Amores*, 283]

c. Como sin duda le ocurrió a la mulata Miriam aquella tarde de calor en
La Habana. [*Corazón*, 231]

A Melis y Flores (2007) les parece que se pueden explicar los primeros ejemplos de la manera siguiente: los complementos locativos pueden ser reemplazados metafóricamente por dativos; en otras palabras, los dativos de (10) y (11) pueden ser considerados como locativos humanos. Pero resulta difícil explicar las segundas oraciones, cuando coaparecen tanto los locativos como los dativos. Según Fernández Soriano y Táboas Baylín (1999), hay dos maneras de explicar este fenómeno: o bien se identifica el locativo como argumento y el dativo como elemento no argumental (lo que las autoras llaman, elemento 'no valencia'), o bien se considera el dativo como argumento y el locativo como elemento adjunto. Nuestra postura consiste en considerar los dativos en oraciones de existencia como un tipo de locativo humano. Así pues, en los dativos de estas oraciones se combina la función de ser locativo y también de ser experimentante. Los locativos pueden ser argumento externo, pero son menos potentes en la competición contra los dativos para la posición de sujeto. Cuando aparecen juntos los dativos y los locativos, los locativos ceden su lugar en la jerarquía y pasan a estar en posición de circunstancial. En el apartado donde presentamos nuestra propuesta de análisis profundizaremos más en este asunto.

Resumiendo este apartado, queríamos enfatizar que la impersonalidad, igual que el concepto de sujeto, obliga a considerar varios niveles. Las oraciones denominadas impersonales o personales, son generalmente clasificadas así atendiendo a un punto de vista sintáctico. Según hemos explicado en este apartado, aparte del verbo típicamente impersonal (sintácticamente) *haber*, también hay algunos predicados pseudo-impersonales, que pueden tener usos impersonales, pero también uso personal manteniendo la concordancia con su argumento interno. En este último caso, su comportamiento en realidad es igual que el del uso impersonal, salvo por la propiedad morfológica de la concordancia. El impersonal *haber* casi nunca mantiene concordancia con su complemento directo y funciona como un verbo uni-personal, mientras que los pseudo-impersonales pueden mantener concordancia con su complemento directo nominal. Desde nuestro punto de vista, todas estas oraciones deberían tener un sujeto semántico lógico, un locativo, que puede ocupar la posición de argumento externo. Especial mención merecen los dativos, que para nosotros serían experimentantes y también locativos humanos. Vamos a argumentar más sobre este punto de vista más adelante, en la parte en la que se desarrolla nuestra propuesta.

3.2.2.2 El fenómeno de inacusatividad y los locativos

En el apartado anterior, hemos analizado los verbos de existencia y aparición como pseudo-impersonales, un sub-tipo de verbos intransitivos. En realidad, muchos de estos verbos, como *pasar, ocurrir, suceder, sobrar, faltar*, etc., se analizan generalmente como inacusativos, pertenecientes al grupo semántico de verbos inacusativos de existencia y aparición, diferente del grupo de los inacusativos de cambio de estado y ubicación. El verbo *haber*, incluso, también tiene propiedades compartidas con los verbos inacusativos. Como menciona la *Nueva gramática de la lengua española* (RAE-ASALE, 2009: 3065), cuando el participio de *haber, habido,* se usa en su sentido existencial, concuerda con el sustantivo sobre el que incide, y posee puntos de contacto con los verbos inacusativos. Los verbos inacusativos admiten participios concordados, frente a los demás intransitivos, y poseen a menudo significado existencial. Por ejemplo, según el RAE-ASALE, (2009: 3065), se dice *las personas nacidas en este siglo* ("que han nacido") o *un regalo llegado del cielo* ("que ha llegado"). La expresión *la reunión habida*, la fórmula *habidos y por haber*, así como los textos que se citan a continuación siguien esta pauta:

A este diálogo habido en las tinieblas sucedió en la sala un silencio profundo (Gómez Avellaneda, *Sab*); [...] los trastornos nacionales y mundiales habidos los últimos decenios (Marín Gaite, *Usos*); La puerta estaba abierta y los curiosos comentaban el escándalo habido (Posse, *Pasión*); Confiaba que con los cambios habidos en el Ministerio su expediente se resolvería de una vez (Olaizola, *Escobar*). (RAE-ASALE, 2009: 3065)

Según Mendikoetxea (1999: 1582), los diagnósticos de inacusatividad para el español actual serían los siguientes. Si aplicamos estos diagnósticos a los verbos pseudo-impersonales de existencia y aparición obtenemos las oraciones (12)-(14).

1) Los participios de verbos inacusativos pueden aparecer en clausulas de participio absoluto;

2) Los participios adjetivales pueden actuar como modificadores de un sintagma nominal con función de sujeto sintáctico de un verbo inacusativo;

3) El sujeto sintáctico de un verbo inacusativo puede ser un SN sin determinante.

(12) Participio absoluto

    a. Aparecidas las nuevas exigencias del profesorado, el Gobierno
       tomó medidas.

    b. Ocurrido el accidente de la M-30, cortaron la carretera.

    c. Pasado el día entero, no nos queda tiempo para hacer nada.

(13) Modificador de un sintagma nominal[1]

    a. Una oportunidad aparecida de la nada

    b. Un día pasado

    c. Un accidente recientemente ocurrido

(14) Sujeto sin determinante

    a. Le falta {café/ dinero}.

    b. Ocurren {cosas raras/ accidentes de tráfico horribles}.

    c. Siempre existen problemas.

A la vista de estos ejemplos, se puede decir que estos verbos encajan en el patrón de los verbos inacusativos. Como se explicó, los verbos inacusativos se analizan como un sub-tipo de los verbos intransitivos. Se clasifican generalmente los verbos intransitivos en verbos inergativos e inacusativos, y en los últimos se incluyen los verbos de existencia y aparición. Lo que caracteriza estos verbos en comparación con los verbos inergativos es que estos verbos denotan o bien estados o bien eventos no agentivos, cuyo único argumento se interpreta como el elemento que recibe la acción o en el que se produce o manifiesta la eventualidad que denota el verbo; por tanto, su único argumento suele ser tema o paciente. Además, lo que tienen en común los verbos de existencia y aparición, desde el punto de vista de su significado léxico, es que todos ellos tienen un significado locativo. Es decir, requieren como parte del estado o evento que denota el verbo un argumento locativo, que puede aparecer de forma explícita o implícita, además del argumento tema que al igual que lo que ocurre con otros verbos inacusativos, es el sujeto sintáctico. Así la existencia de algo implica siempre su existencia en un lugar, lo mismo que la aparición de algo (Mendikoetxea, 1999: 1607–1608).

Anteriormente ya hemos mencionado que según el RAE-ASALE (2009:3066), en las llamadas construcciones de inversión locativas, como *Aquí hay mucha gente*, la posición inicial es ocupada normalmente por un locativo (15). En comparación con la anteposición de los locativos, se nota que la posposición de los locativos conlleva cierto énfasis y corresponde a un orden informativo marcado (16), mientras que las oraciones con locativos adjuntos llevan énfasis cuando los locativos están antepuestos (18).

---

[1] En caso de verbo *sobrar*, no es usual que se use el participio resultativo. El ejemplo a) es un uso figurado del participio "sobrado".

    a. una persona sobrada

    b. *la comida sobrada/ sobrante

(15) Orden no-marcado, con locativos antepuestos

　　a. En la habitación hay una silla.

　　b. En esta casa ocurre algo raro.

　　c. En la calle ha sucedido un asesinato.

　　d. En el informe aparece explícitamente esta cuestión.

(16) Orden marcado, con locativos pospuestos

　　a. Hay una silla en la habitación.

　　b. Ocurre algo raro en esta casa.

　　c. Ha sucedido un asesinato en la calle.

　　d. Aparece explícitamente esta cuestión en el informe.

(17) Orden no-marcado, con locativos adjuntos pospuestos

　　a. Cristóbal Colón descubrió América en 1492.

　　b. Los cisnes vuelen del sur al norte en primavera.

　　c. Se coloca mesas y sillas fuera del aula.

　　d. Se está celebrando el Año Nuevo Chino en el salón.

(18) Orden marcado, con locativos adjuntos antepuestos

　　a. En 1492, Cristóbal Colón descubrió América.

　　b. En primavera, los cisnes vuelven del sur.

　　c. Fuera del aula, se coloca mesas y sillas.

　　d. En el salón, se está celebrando el Año Nuevo Chino.

Esta es una de las características de los verbos inacusativos, según Fernández Soriano (1999), el orden de palabras de las oraciones locativo-verbo-sujeto (15) es no-marcado, es decir, la posición inicial es preferible en los locativos. En cuanto a la estructura informativa, los locativos iniciales se interpretan normalmente como tópicos, igual que los sujetos agentivos.

En cuanto a la función sintáctica que ejercen los locativos, Fernández Soriano (1999) propone que los locativos en realidad funcionan como argumento externo en las oraciones impersonales bajo consideración; es decir, que en las oraciones analizadas con verbos de existencia y aparición de arriba habría sujetos locativos. La autora argumenta desde varios puntos de vista que los locativos se comportan de la misma manera que los argumentos externos y propone pruebas que demoestrarían que funcionan, en realidad, como sujetos. Sus pruebas ya han sido expuestas en 2.2.2.2, al presentar el análisis de los predicados simples de fenómenos naturales. Aquí vamos a usar las mismas pruebas para confirmar el estatus especial de los verbos de existencia y de aparición. Las pruebas representativas son los siguientes:

1) Construcciones de ascenso
2) Extracción de estructura coordinada
3) Posición en interrogativas
4) Comportamiento en nominalización

Primero, en las construcciones de ascenso, cuando participan verbos transitivos agentivos, son los sujetos agentes los que suben a la posición inicial; cuando participan verbos de existencia y aparición, son los locativos los que suben (19).

(19) Construcciones de ascenso
  a. En esta ciudad parece haber muchas iglesias.
  b. Fuera del pueblo parece ocurrir cambios grandes.
  c. A las afueras parece faltar agua.

Segundo, en construcciones de extracción de estructura coordinada. Según Bresnan (1990), solo los sujetos pueden ser extraídos de dos miembros de una conjunción. Pero como se ve a continuación (20), los locativos de verbos de existencia y aparición pueden ser extraídos y ocupar la posición inicial de las oraciones.

(20) Extracción de estructura coordinada
  a. Aquí es donde ocurren cosas raras y aparecen monjas desconocidas.
  b. En esta ciudad es donde sobra trabajo, pero faltan obreros.
  c. En esta casa es donde siempre huele a caramero y sobra comida.

Tercero, en cuanto a la posición en oraciones interrogativas, los locativos también aparecen en la posición donde normalmente aparecen los sujetos. Es decir, los sujetos pueden ocupar la posición entre el verbo auxiliar/ modal y el verbo principal; se nota que cuando el verbo principal es un verbo de existencia y aparición, los espacio-temporales pueden aparecer en esta posición también (21):

(21) Posición en interrogativos
  a. ¿Habrá aquí ocurrido algo? (Vs. ¿Habrá Juan hecho lo mismo?)
  b. ¿Cómo puede en un sitio así falta puesto de trabajo?
  c. ¿Cómo puede en una cuestión tan fácil haber fallos?

Cuarto, las pruebas relacionadas con la nominalización también indican que los locativos y los temporales de las oraciones con predicados de existencia y aparición funcionan de forma parecida a un sujeto. En la nominalización en español, los sujetos y objetos directos son precedidos por la preposición de genitivo *de*; otros argumentos internos y adjuntos mantienen la preposición correspondiente a la construcción verbal. Pero cuando los predicados de fenómenos naturales están bajo nominalización, los locativos y temporales tienen que ser introducidos por *de*, nunca por *en*, portándose como sujetos (22).

(22) Nominalización

    a. {la ocurrencia/ el suceso} de Barcelona

    b. la falta de café {de casa/ del bar}

    c. la aparición de monjas raras de fuera del pueblo

De los datos analizados hasta ahora, podríamos deducir que hemos confirmado, por una parte, que los verbos bajo nuestro estudio forman parte de los verbos inacusativos y, por otra, que poseen inherentemente una semántica de localización que requiere la realización obligatoria de un argumento locativo. Generalmente, en la gramática generativa, se considera que las oraciones sintácticamente impersonales llevan un sujeto *pro* expletivo, que no tiene contenido semántico y que solo existe para ocupar finalmente la posición de sujeto [Esp, ST]. Pero según los análisis de Fernández Soriano (1999), cabe pensar en la posibilidad de que los locativos de estas estructuras suban desde alguna posición interna del SV y finalmente ocupen la posición inicial. La autora propone que los locativos se generan en la posición más alta del SV, en un nudo SEv (Sintagma de Evento) y se mueve a [Esp, ST] para satisfacer el Principio de proyección extendido. En general, es muy parecido a nuestro análisis de predicados de fenómenos naturales. Además, según algunos estudios, como el de Collins (1997), los elementos que ocupan la posición de [Esp, ST] no reciben necesariamente el caso nominativo. La propuesta de Fernández Soriano (1999), basada en esta idea, es que en las oraciones impersonales hay un sintagma locativo como argumento externo, que está marcado como "Quirky Case", caso oblicuo. Según su definición, se puede decir que el caso oblicuo es un caso inherente (morfológico) que permite al elemento que lo lleva moverse a una posición con caso, por ejemplo, la posición de [Esp, ST] para satisfacer el PPE. Por lo tanto, Fernández Soriano (1999) opina que las oraciones impersonales en español tienen una frase locativa como argumento externo, de caso oblicuo, así como que este argumento puede satisfacer el PPE cuando se mueve a la posición inicial de [Esp, ST].

Al mismo tiempo, la autora propone una subclasificación de los verbos que llevan locativos: por un lado, estaría el grupo de verbos que denota eventos dinámicos (BECOME/ HAPPEN) y, por otro, el grupo de verbos que denota estados. Harley (1995) propone que encima del SV hay otro nudo que es un Sintagma de Evento. Si el Evento es CAUSE, los verbos tienen que llevar un especificador (un argumento externo), si el Evento es HAPPEN/BECOME, no llevan un especificador en el SEv. El último caso es el de los verbos inacusativos. Fernández Soriano (1999), basándose en la propuesta de Harley (1995), propone algo diferente. En concreto, plantea que tanto los verbos con evento de CAUSA como los de evento de BECOME/ HAPPEN tienen que tener su posición del [Esp, SEv] ocupada, solo que la semántica de los elementos argumentales en dicha posición es diferente. En la estructura de los verbos inacusativos, pueden estar en dicha posición los locativos.

Entonces, según la hipótesis de esta autora, en los casos de nuestro estudio, cuando el verbo denota eventos dinámicos con BECOME/ HAPPEN (verbos de aparición), la posición de especificador puede ser ocupada por locativos, y el locativo encabeza el SEv, en el sentido de que siempre denota un lugar donde ocurre el evento. Esta particularidad está relacionada con la capacidad del locativo de ocupar la posición de sujeto, y es ello lo que los distingue de los complementos circunstanciales de lugar. La estructura de (23) representa este análisis.

(23) Verbos de aparición: *ocurrir, pasar, suceder, acaecer*, etc.

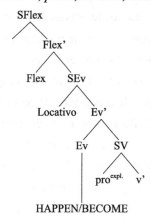

Estamos de acuerdo con este análisis y con la manera de proyección y, en el apartado siguiente propondremos que los verbos de aparición *ocurrir, pasar, suceder, acaeder, etc.* admiten en esta estructura.

En cambio, cuando el verbo denota un evento no-dinámico, un evento estativo (verbos de existencia), según la misma autora, parece que no hay razón para proponer un nudo SEv, esto es, no hace falta poner otro nudo encima del SV. El punto de vista de la autora es que se nota claramente que los locativos siguen ocupando una posición más alta que el argumento tema, lo cual se demuestra en los ejemplos con verbos de ascenso. Entonces, siguen siendo los elementos más cercanos a la posición de [Esp, ST] y pueden desplazarse hasta ella. Parcialmente, estamos de acuerdo con la autora, en el sentido de que los locativos finalmente ocupan la posición de [Esp, ST] subiendo de su posición original, más alta que el argumento interno. Sin embargo, no pensamos que haya necesidad de quitar el nudo SEv, el núcleo Ev puede ser EXIST, y de esta manera podríamos mantener la uniformidad de estas dos estructuras. Entonces, tendríamos la estructura siguiente (24), que cuadra bien con los verbos de existencia: *haber, sobrar, faltar, valer, bastar, decir, poner, constar, figurar, oler, apestar,* etc.

(24) Verbos de existencia: *haber, sobrar, faltar, valer, bastar, decir, poner constar, figurar, oler, apestar,* etc.

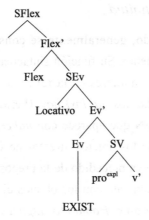

En resumen, en este apartado, hemos analizado la naturaleza inacusativa de los verbos de existencia y aparición, así como la función de los locativos. En principio, la estructura preverbal de los verbos de existencia y aparición es parecida a la de los verbos de fenómenos naturales, donde existe un posible *pro* expletivo, y encima del nudo SV existe un nudo SEv, cuyo especificador es decidido por el núcleo Ev. En los verbos bajo nuestro estudio, según nuestra opinión, el Ev sería EXIST o HAPPEN/BECOME, y decidiría que el especificador puede ser un locativo. Finalmente este elemento locativo sube al inicio de la oración, la posición de sujeto gramatical [Esp, Flex]. El elemento locativo es el elemento preferido para dicho movimiento debido a que su posición original es la más cercana a la posición final y debido a que podría tener un caso inherente oblicuo que también es apto para la posición de sujeto. Desde nuestro punto de vista, es más apto que el *pro*[expl.], sujeto morfológico, no solo porque está en la posición más alta con caso posible para la posición de sujeto, sino también porque se trata de un elemento semánticamente pleno. Gracias a su naturaleza semántica, el locativo puede satisfacer mejor las exigencias de otros niveles del sujeto: el nivel semántico y el nivel informativo.

Ahora bien, después de trabajar sobre la parte preverbal, analizaremos sobre la parte posverbal. No hemos profundizado mucho en el análisis del argumento interno de los verbos de fenómenos naturales, porque suponemos que algunos predicados simples lo tienen incorporado, por lo tanto, no se ve en la estructura finalmente realizada. Pero en las estructuras de verbos de existencia y aparición, no existe esta posibilidad, ya que los argumentos internos siempre son explícitos. Por lo tanto, ello nos permite ver bien las restricciones que implican los verbos de existencia y aparición para sus argumentos internos. Una de esas restricciones es el conocido como *Efecto de definitud*, al que se dedica del siguiente apartado.

3.2.2.3   *Efecto de definitud*

Como hemos mencionado, generalmente se considera que el SN que sigue al verbo *haber* es su único argumento. Su función sintáctica es objeto directo, dado que el SN puede ser sustituido por pronombres en la forma de acusativo *lo/ la/ los/ las*: *Hay {pan/ helados/ tarta/ frutas}, {Lo/ los/ la/ las} hay*. (Fernández Soriano y Táboas Baylín, 1999: 1754). No obstante, el SN que aparece con *haber* existencial posee propiedades especiales, que lo distinguen de los objetos directos de verbos transitivos regulares. En primer lugar, el verbo *haber* no va precedido de la preposición *a* cuando el SN se refiere a personas, como ocurre generalmente con los objetos directos de verbos transitivos: *En este bar hay (*a) algunos profesores; Había (*a) algunas mujeres*. En segundo lugar, las estructuras con *haber* no pasivizan como las transitivas en general, es decir, los SSNN de las estructuras de *haber* no pasan a ser sujeto de la oración pasiva correspondiente: **Unos niños son habidos en el parque, *Libros son habidos en esta biblioteca*. En este apartado, queríamos reflexionar sobre su tercera propiedad especial, que es la indefinitud de su argumento interno.

El único argumento del verbo *haber* es necesariamente indefinido, generalmente con interpretación partitiva, por lo tanto, *haber* solo admite SSNN con artículos indeterminados, cuantificadores del tipo de *alguno*, plurales sin determinantes, cuantificadores negativos, nombres de materia en singular y sin determinante, etc. (Fernández Soriano y Táboas Baylín, 1999: 1755), como se puede observar en los ejemplos de (25). Según el Sitio oficial de lengua Español[1], el verbo *haber* impersonal suele imponer a su complemento limitaciones relativas a su naturaleza indefinida. En efecto, el complemento directo puede estar encabezado por un determinante indefinido o puede carecer de él, pero no admite el artículo determinado (26). Esta restricción se considera una manifestación del llamado *Efecto de definitud*. Belletti (1987) es una de los primeros gramáticos en estudiar esta cuestión en lenguas románicas. La autora ha propuesto que los verbos inacusativos son asignadores de un caso inherente, que es el caso partitivo. Que sea un caso inherente implica que el SN tiene que llevar en su semántica la interpretación de que algo equivale a "alguno de…" y poder tener una interpretación partitiva, por lo tanto, este SN no puede ser definido. El *Efecto de definitud* impone a un SN de una oración la restricción de que debe ser indefinido. Hemos analizado la propiedad inacusativa de los verbos de existencia y aparición en el apartado anterior, ahora con la propuesta de Belletti (1987), quedaría explicada la existencia del ED.

(25) a. Hay un libro.

　　b. Hay {tres/ muchos} libros. *Hay todos los libros.

　　c. Hay coches.

　　d. No hay {nadie/ nada}.

　　e. Hay {pan/ leche}.

　　f. Hay {de eso/ de todo}.

　　g. No hay quien pueda con eso.

(26) a. (Había {un reloj/ relojes} por todas partes),

　　b. Hubo {un/ *el} apagón en el pueblo;

　　c. Había {una/ alguna / *la} carta en el buzón;

　　d. Hay {ideas suyas/ *las ideas suyas}

Cabe aclarar que el *Efecto de definitud* se aplica a los predicados presentacionales, que introducen un nuevo elemento en el discurso, y en español esos predicados son los que tienen el verbo *haber*. Se dice que hay *Efecto de definitud* cuando es obligatorio que el argumento interno sea indefinido. En este sentido, *haber* está sujeto a este efecto. Como acabamos de ver, su único argumento tiene que ser obligatoriamente indefinido, tiene propiedad [-definido]. A cambio, los verbos que vamos a analizar a continuación, no

---

[1] http://gramaticaespanola.com/publ/sintaxis/el_articulo_ii_el_articulo_indeterminado_genericidad_y_especificidad_la_ausencia_de_articulo/construcciones_con_haber_impersonal/18-1-0-311

tienen que tener necesariamente un argumento interno indefinido, y tienen la propiedad [±definido]. Sin embargo, siendo el argumento interno, tiende a ser indefinido, así que, en muchos casos, la aparición de argumento interno definido lleva a una interpretación semántica especial, incluso el verbo *haber* puede también tener un argumento interno definido, con esa interpretación semántica especial.

A continuación, vamos a tratar el resto de los predicados de existencia y de aparición. Generalmente, su posición de argumento interno es ocupada por un argumento indefinido, como se observa en las oraciones de (27). Sin embargo, verbos como *sobrar* y *faltar,* pueden ir seguidos por SSNN definidos. En estos casos, son interpretados como télicos, lo que implica la terminación de que haya faltado o sobrado algo. Como se ve en oraciones de (28), el uso del pretérito favorece esta interpretación. Además, de acuerdo con la misma web del Sitio oficial de Lengua Española, el verbo *haber* también puede ir seguido por SSNN definidos bajo ciertas condiciones. En primer lugar, aparecen encabezados por artículos de ciertos grupos nominales de valor cuantitativo, más que propiamente referenciales, ejemplos de (29). En este último ejemplo el superlativo cuantificativo aparece en un contexto negativo y equivale a *ninguno* (29c). En segundo lugar, tampoco manifiestan el *Efecto de Definitud* los usos endofóricos del artículo determinado, en los que el nombre es modificado por complementos que expresan repetición, hábito o costumbre, o que bien designan clases de entidades que se presentan como arquetípicas, como en (30a). Tienen asimismo valor endofórico los sustantivos abstractos que llevan complementos oracionales, como en (30b) y (30c).

(27) a. En esta casa falta dinero.

b. En la calle ocurrió un accidente.

c. En la ciudad aparece gente rara.

(28) a. En este país, faltó comida durante mucho tiempo.

b. Sobraron empleados durante el verano.

c. En la fiesta faltó el café en cinco minutos.

d. En cuanto se vaya Juan en esta fiesta va a sobrar la botella de whisky.

(29) a. Había el doble de concurrentes.

b. En ese cuaderno hay la información suficiente para que podáis prever los golpes que se están preparando (Savater, Caronte).

c. No hubo el más leve tono de tristeza en su voz (Muñoz Molina, Jinete).

(30)a. En sus palabras había el típico desprecio de quien no tolera la discrepancia/ Hubo el lógico malestar, pero al final no pasó nada (Mendoza, Ciudad).

    b. Hay el peligro de que Isabel note el cambio (Chacel, Barrio).

    c. Si a nosotros nos dan los fondos necesarios, hay la seguridad de que la administración de justicia va a mejorar (Expreso [Ec.] 4/10/2002).

También los predicados que expresan aparición, así como los demás predicados que se combinan con la idea de localización, están implicados en el *Efecto de definitud*. El verbo *haber* sería el ejemplo más genuino de esta clase de predicados como hemos visto anteriormente, otros verbos que pueden desempeñar una función similar son *existir* (*En su planteamiento existe un/*el problema previo*), *ocurrir* (*Acaba de ocurrir un/??el accidente en la autovía*), etc. Belletti (1987) ya propuso que el ED sería un fenómeno universal, Pons Rodríguez (2014) también menciona en su trabajo que el Efecto de definitud podría ser una propiedad potencialmente universal, pero no se realiza de la misma forma en distintas lenguas del mundo. En el apartado siguiente, revsarémos el comportamiento de este fenómeno en diferentes idiomas.

En este punto querríamos plantear que los argumentos internos indefinidos no se portan igual, aunque todos son argumentos internos de verbos considerados inacusativos (salvo a *haber*). En comparación con los verbos de cambio de ubicación y estado, los argumentos internos indefinidos de los verbos de existencia y de aparición no pueden aparecer al principio de las oraciones[1]. Como implica el ED, cuando el argumento interno aparece en posición posverbal, es indefinido, cuando aparece al principio de las oraciones, se tienen que convertir en un concepto definido. Este cambio de posición es posible para verbos de cambio de ubicación y estado, pero no es posible (por lo menos, no naturalmente) para verbos de existencia y aparición, como se ve en los ejemplos de abajo (31) y (32). En el caso de verbos de existencia, cuando el SN aparece en posición preverbal, para tener una frase gramatical es necesario emplear el verbo *estar* existencial, que es un verbo ligero que normalmente se considera verbo copulativo. Sin embargo, cabe pensar que existen ciertas diferencias entre los verbos de existencia y los verbos de aparición, teniendo en cuenta que el tema de los verbos de aparición tiene más agentividad en comparación con el tema de los verbos de existencia. Por lo tanto la oración (32f) no es tan agramatical como las oraciones de (32b) y (32d).

---

[1] Como ya hemos dicho anteriormente en el mismo apartado, aparte de *haber*, los demás verbos no son afectados obligatoriamente por el efecto de definitud. Por ejemplo: *Ha llegado Juan, Juan ha llegado*.

(31) a. Ha llegado a casa un invitado.

     b. El invitado ha llegado a casa.

     c. Se ha escapado corriendo un tigre del zoo.

     d. El tigre se ha escapado corriendo del zoo.

     e. Se ha roto una ventana de la habitación.

     f. La ventana de la habitatión se ha roto.

(32) a. En la mesa hay un lápiz.

     b. * El lápiz hay en la mesa. El lápiz está en la mesa.

     c. Aquí falta un café.

     d. * El café falta aquí. El café no está aquí.

     e. En la carretera M40 ocurrió un accidente.

     f. El accidente ocurrió en la carretera M40.

     g. En la nevera apareció un trozo de mantequilla.

     h. El trozo de mantequilla apareció en la nevera.

Resumiendo este apartado, el fenómeno de ED afecta al verbo existencial presentacional *haber,* e influye también en algún sentido al comportamiento de los demás verbos existenciales y de aparición, desde otro punto de vista, también es visible que comparte características con los verbos inacusativos. Pero en efecto, también dispone de sus propias características diferenciales con los verbos inacusativos, como que consiste en que los verbos existenciales nunca pueden tener su argumento interno en posición preverbal. Además, otro fenómeno interesante del que hemos dado cuenta es que dentro de la misma categoría de los verbos de existencia y aparición también hay ciertas diferencias: los verbos de aparición sí que pueden tener su argumento interno antes del predicado.

3.2.2.4 Resumen parcial

En este apartado hemos hablado sobre tres cuestiones: los verbos impersonales y pseudo-impersonales de existencia y aparición, la propiedad de inacusatividad de estos verbos y el *Efecto de definitud* al que están sujetos algunos de ellos. Todos los verbos bajo estudio en esta parte tienen propiedad inacusativa, pero sus características en cuanto a la concordancia son diferentes: salvo al verbo *haber*, que se puede decir que es puramente impersonal, pues solamente tiene un sujeto formal, el resto de estos verbos podrían ser llamados pseudo-impersonales, en el sentido de que pueden mantener concordancia con un SN en vez de un pronombre expletivo. Además, aunque todos reflejan de alguna manera el fenómeno de *Efecto de definitud,* hemos observado que los verbos de aparición pueden tener su argumento interno en forma definida antepuesto, pero los verbos de existencia nunca pueden tener su argumento interno antepuesto. De forma concisa, presentamos la siguiente tabla (33) con respecto las a características principales del concepto de sujeto.

(33) Características con respecto al sujeto de a los verbos de existencia y de (des) aparición

	Haber	Los demás existenciales	Verbos de aparición
Concordancia	pro$^{expl.}$	pro$^{expl.}$/ SN	SN
Posición del SN y definitud	posverbal, indefinido	posverbal, indefinido	posverbal, indefinido/ preverbal definido
Papel temático del SN	tema	tema	tema
Sujeto lógico	locativo	locativo	locativo/ SN

En esta tabla no están incluidos los casos que tienen un argumento oracional, por ejemplo *Basta que me haga un pequeño favor; Ocurre que al final me ha salido fatal; Resulta que es adoptada; Sucede que no llegó al examen a tiempo; etc.* En estos casos, el verbo siempre es unipersonal y puede mantener su concordancia con la oración subordinada o con un sujeto formal expletivo; la posición del argumento oracional siempre es posverbal, pero no se puede decir que se trate del *Efecto de definitud*; ya que el papel temático y el sujeto lógico también serían tema y locativo, igual que el verbo tipológico existencial *haber*.

En cuanto a los verbos de la tabla de arriba, tienen muchos puntos en común. Aunque el verbo *haber* es, en cierto modo, el prototipo de los verbos existenciales, resulta excepcional desde el punto de vista gramatical. Todos los verbos de la tabla comparten el tener un argumento interno que tiene papel temático de tema, y pueden construirse como impersonales, esto es, sin argumento externo. Pero *haber* es transitivo y al mismo tiempo impersonal: su único argumento es argumento interno al predicado y recibe caso acusativo, por lo que se analiza como objeto directo, pero no se porta gramaticalmente como los demás objetos directos en todos los aspectos. Puede ser sustituido por *lo/ la/ los/ las*, pronombres de caso acusativo, pero no se pasiviza, ni lleva la preposición *a* cuando el argumento directo hace referencia a una persona. Los demás verbos existenciales no son transitivos, y su argumento interno no recibe caso acusativo ni es complemento directo, sino que concuerda con el verbo y por ello es considerado sujeto gramatical. Con respecto a los verbos de aparición, sería mejor decir que son verbos personales en vez de impersonales, porque siempre concuerdan con el argumento interno tema, a veces el tema incluso puede aparecer en posición preverbal en forma definida, que es la misma posición de los sujetos típicos agentes típicos.

A lo largo de nuestro análisis, hemos trabajado sobre la cuestión de la propiedad pseudo-impersonal, la propiedad inacusativa, y el fenómeno de *Efecto de definitud*. Y podemos apuntar a que todos estos verbos poseen alguna característica híbrida en algún punto. Estas son las principales conclusiones:

1) Los verbos existenciales y los verbos de aparición, desde un punto de vista formal, pueden concordar con un pronombre expletivo y también pueden tener concordancia con su argumento, en el último caso las oraciones serían personales; pero desde un punto de vista semántico, los elementos con los que concuerdan los verbos, no tienen ninguna característica semántica propia de sujeto, son temas afectados por el acto de los verbos.

2) Siguiendo este fenómeno, podríamos decir que esta sería la razón por la que estos verbos tendrían la propiedad inacusativa; porque, aunque pueden concordar, inherentemente en su semántica, son elementos tema afectados, pero no son pacientes, por lo tanto, tampoco pueden soportar el papel temático de paciente, ni el caso acusativo, entonces formalmente tienen que adoptar el caso nominativo y mantener concordancia con el verbo.

3) Finalmente, se observa que para los elementos tema, adoptar el caso nominativo es un poco forzado, así como el hecho de que también poseen la propiedad de objeto directo (por ejemplo, la sustitución por pronombres acusativos *lo, la,* etc.), observamos que son afectados por el fenómeno de *Efecto de definitud*, lo cual demuestra que la posición de generación de los elementos temas es la del argumento interno, posición de objeto, por eso tendrían la propiedad indefinida. Con respecto al caso, podrían tener el caso partitivo un caso inherente.

En definitiva, estas estructuras de verbos de existencia y aparición poseen la propiedad del medio: 1) formalmente, pueden ser personales o impersonales, 2) semánticamente, el único argumento no es agente ni paciente, sino un tema, que 3) se genera en posición de objeto directo, pero no puede tener caso acusativo, este mantiene la concordancia con el verbo pero inherentemente tendría un caso partitivo.

En este apartado de análisis, también hemos trabajado sobre los locativos, y hemos observado que cuando no hay concordancia, los locativos pueden ocupar la posición inicial, funcionando como sujeto de la oración en caso oblicuo. También hemos tratado sobre la posible posición preverbal del argumento de los verbos de aparición, pero el argumento de los verbos de existencia no puede ocupar dicha posición. La última cuestión y la relación posicional de los locativos y dativos son dos temas que todavía quedan abiertos, a continuación, vamos a ver estas dos cuestiones, y plantearemos nuestras explicaciones y análisis, desde el punto de vista generativo y el punto de vista de la gramática de construcciones.

3.2.3) Nuestra propuesta

En esta parte, vamos a desarrollar una propuesta de análisis de los verbos de existencia y de aparición en español. La propuesta los diferencia a partir de sus propiedades aspectuales (3.2.3.1). Los verbos de existencia son verbos de estado y los de aparición son aspectualmente verbos de logro. Nuestro análisis trata de reflejar esa diferencia. En segundo lugar, vamos a analizar la función de los locativos y los dativos desde el punto de vista generativo y cognitivo (3.2.3.2). Nuestra propuesta consiste en que los dativos son un tipo especial de locativos. En tercer lugar, nos concentraremos en la posición flexible del SN de los verbos de aparición para dar una explicación descriptiva de la diferencia entre los verbos de existencia y de aparición respecto de la posición que ocupan sus argumentos (3.2.3.3). Por último, basándonos en los análisis anteriores, vamos a proponer una estructura satelizada con respecto al orden de palabras de las oraciones de existencia y de aparición (3.2.4).

En síntesis, nuestra propuesta sería la siguiente: primero, vamos a proponer un modelo cognitivo de las estructuras de existencia y de (des) aparición. Desde el punto de vista del aspecto léxico o *Aktiosart*, los predicados de existencia son estados, mientras que los predicados de (des) aparición son logros. Ambos predicados tienen en común los mismos elementos como fondo: locativos y dativos, considerados estos últimos como un tipo especial de locativos o locativos humanos. Segundo, vamos a proponer una estructura generativa de los locativos y los dativos, y consideraremos que pueden ser argumentos externos de las estructuras. Tercero, hemos observado que es posible la anteposición de los argumentos internos de los verbos de (des) aparición, esto se debe posiblemente a la agentividad que tienen dichos verbos, y en estos casos los locativos tienen que ceder la posición inicial y pasar a la posición posverbal. Cuarto, vamos a proponer una estructura satelizada, que implica que la colocación de los elementos podría ser preverbal o posverbal, pero su distancia al núcleo verbal se mantiene igual.

3.2.3.1   Modelos de estructura de existencia y de aparición

En este apartado, intentaremos proponer dos modelos figurativos, respectivamente, para la estructura de los verbos de existencia y de los verbos de aparición. Como hemos analizado anteriormente, los verbos de existencia y de aparición tendrían en su estructura un sintagma evento, cuyos núcleos serían respectivamente EXIST y HAPPEN. Repetimos sus estructuras en (34).

(34) Verbos de existencia   Verbos de aparición

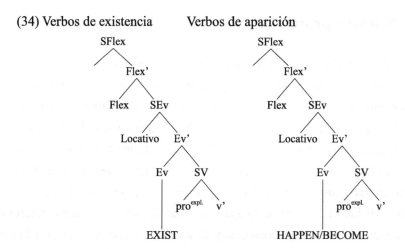

A la primera vista, las dos estructuras son casi iguales, salvo por el núcleo del sintagma abstracto de evento. Sin embargo, lo que queríamos proponer consiste en que esta única diferencia es reflejo de algo más profundo de la matriz de la semántica que afecta no solamente a la proyección del sintagma evento, sino que también influye a la proyección del único argumento SN del verbo.

Siguiendo a Vendler (1967), se puede hacer una clasificación de verbos según su semántica desde el punto de vista del *Aktiosart* (modo de acción, aspecto léxico[1]) en cuatro tipos, y se considera que esta característica es inherente de los lexemas verbales. Los cuatro tipos son estados, actividades, realizaciones (efectuaciones) y logros (Morimoto, 1998: 13), figurativamente se puede ilustrar de la siguiente manera (35)[2].

---

[1] Según De Miguel (1999: 2982), por lo general, con el nombre de "aspecto léxico" se alude a la información aspectual contenida en las unidades léxicas que constituyen predicados. Corresponde a Aristóteles el mérito de ser el primer autor conocido que observó la existencia de diferentes clases de verbos en relación con el aspecto léxico. En el libro IX de su *Metafísica*, Aristóteles señaló la existencia de verbos que denotan eventos que han llegado a un punto final y verbos que denotan eventos que carecen de ese punto final.

[2] http://hispanoteca.eu/Gram%C3%A1ticas/Grammatik%20Spanisch/Verbos%20-%20Clasificaci%C3%B3n%20 sem%C3%A1ntica.htm

(35) Figuras de estados, actividades, realizaciones y logros

　　a. Estados

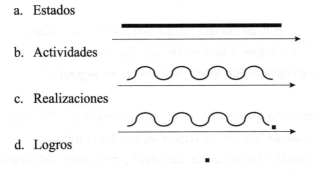

　　b. Actividades

　　c. Realizaciones

　　d. Logros

Concretamente, según *Hispanoteca.eu* (Fernández López)[1] los estados indican eventos no dinámicos, un estado es un evento que no ocurre sino que "se da". Los estados son imperfectivos y no forman pasivas perifrásticas (Ej.: *saber, conocer, querer, amar tener, ser alto, ser listo, ser inteligente*, etc.). Las actividades son eventos dinámicos que ocurren y progresan en el tiempo, son eventos no delimitados, sin referencia al punto final de la eventualidad (Ej.: *andar, correr, caminar, leer, escribir, nevar, comer, reír, llorar nadar*, etc.). Las realizaciones son eventos dinámicos delimitados que progresan hacia un límite interno, son situaciones dinámicas durativas télicas (Ej: *Correr la maratón, escribir una carta, pintar, construir, recuperarse de una enfermedad*, etc.). Finalmente, los logros son eventos dinámicos delimitados, son situaciones dinámicas puntuales, sin duración, sin fases: culminan en un punto (Ej.: *alcanzar la cima, nacer, encontrar, reconocer, morir, llegar, florecer*, etc.).

　　Los verbos de existencia corresponderían al primer modelo de (35a), que es un estado durativo en la línea temporal, y los verbos de aparición corresponderían al cuarto de (35d), que es un solo punto momentáneo en la línea del tiempo. Por ejemplo, como se ve en los siguientes ejemplos (36) y (37), se puede comprobar con la combinación de los temporales puntuales (*un segundo, un instante…*) y durativos (*durante…*), y se puede confirmar la estatividad durativa de los verbos de existencia (36) y la dinamicidad puntual de los verbos de aparición (37). Según Bosque y Gutiérrez Rexach (2009: 401), "es interesante resaltar el hecho de que con la excepción de los verbos que describen estados (*existir, faltar, sobrar*) o procesos atélicos (*moverse, rodar*, etc.), la mayoría de los verbos inacusativos de las dos clases mencionadas comparten la característica aspectual de denotar logros (Silva Villar y Gutiérrez Rexach, 1998; Sanz, 2000). En efecto, los

---

[1] http://hispanoteca.eu/Gram%C3%A1ticas/Grammatik%20Spanisch/Verbos%20-%20Clasificaci%C3%B3n%20 sem%C3%A1ntica.htm

predicados que describen logros no pueden aparecer con modificadores durativos".

(36) a. En este país, faltó comida durante mucho tiempo/* en un instante.

b. Sobró empleados durante el verano/ *en un minuto.

c. En la fiesta faltó café durante cinco minutos/*en un segundo.

(37) a. En el cielo, una nube apareció *durante mucho tiempo/ en un instante.

b. Ocurrió un accidente *durante el verano/ en aquel momento.

c. El reloj desapareció *durante aquel día/ (en algún momento de) aquel día.

Antes de seguir, nos gustaría presentar algunas pruebas más de que estos verbos son aspectualmente estados (verbos de existencia) y logros (verbos de aparición). Morimoto (1998: 20) dice que los predicados que expresan un estado pueden ser distinguidos de los que expresan una actividad mediante algunas pruebas sintácticas. Como se puede comprobar en los ejemplos (38), los verbos de existencia se portan como esperábamos, como verbos de estados.

1) En general, los estados no pueden entrar en la construcción progresiva; en el caso que acepten este tipo de construcción, recibirán necesariamente una interpretación ingresiva.

2) Los estados no pueden aparecer como complemento de los verbos del tipo de *forzar* o *persuadir*.

3) Los estados no pueden emplearse en los imperativos.

4) Los estados no aceptan adverbios como *deliberadamente*, o *cuidadosamente*.

5) Los estados no pueden entrar en las llamadas construcciones pseudo-escindidas.

(38) a. * En la mesa está {habiendo un vaso/ sobrando comida}.

b. * Juan forzó a María a que le {faltara dinero/ bastara inteligencia}.

c. * ¡Sobra papel!/ *¡Huele a tigre!.

d. * En esta casa {huele mal/ hay gente} deliberadamente.

e. * Lo que hizo nosotros es {faltar tiempo/ apestar}.

La misma autora también ofrece algunas pruebas para diferenciar los eventos delimitados: los verbos de efectuaciones o realizaciones y los verbos de logros. Son los siguientes. Como hemos ilustrado con los ejemplos (39), los verbos de aparición se comportan como verbos de logros.

1) Los predicados de efectuaciones pueden entrar en el esquema *terminar de X*, mientras que los logros rechazan esta construcción.

2) Solo los predicados de efectuación, pero no los de logro, en combinación con un complemento temporal del tipo de *en una semana* implican que el evento descrito por el predicado se desarrolla a lo largo del período del tiempo indicado.

3) Al igual que los predicados de estado, el empleo de los predicados de logro en la construcción progresiva está muy restringido; cuando la construcción resulta gramatical, señala que el evento denotado por el predicado está a punto de tener lugar, por el contrario, los predicados de efectuación aceptan sin ningún problema este tipo de construcción.

(39) a. * Hemos terminado de {ocurrir cosas raras/ aparecer gente}.

    b. Juan {apareció/ desapareció} en un mes.

    → no implica que Juan estuvo apareciendo/ desapareciendo durante el tiempo indicado

    c. * Está ocurriendo una cosa muy rara./ * Está sucediendo un gran caos.

Basándonos en la ilustración figurativa de *Aktiosart*, pensamos que sería posible ilustrar la relación de fondo y figura del concepto de existencia y de aparición de la siguiente manera (40) y (41). Como ya argumentamos en la parte de análisis, todo tipo de existencia y aparición tiene que existir en cierto espacio, un lugar, sea explícito o implícito, es decir, que se sobreentienda.

(40) Ilustración conceptual de Existencia

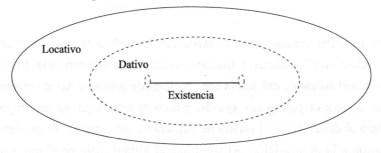

Tal y como se presenta en la figura de arriba, consideramos que la existencia es un estado durativo representado por una línea recta. La existencia no enfatiza su comienzo y su final, por lo tanto, para los dos puntos extremos de la línea, utilizamos circuitos con líneas de puntos con el interior vacío: el interior tiene que quedarse vacío porque consideramos que el comienzo y la finalización de la existencia no forman parte del estado de existencia; los circuitos son de líneas de puntos porque creemos que el comienzo y la finalización no son necesarios en la estructura de las frases de verbos de existencia.

En cuanto a las dos elipses, consideramos que los locativos son necesarios para la semántica de la existencia y conllevan una semántica concreta, por lo tanto, representamos los locativos con la elipse más grande con línea negra. La elipse pequeña con línea de puntos representa el concepto de dativo, porque consideramos que se pueden entender los dativos como un tipo de locativos. Es cierto que esta consideración solo funcionaría con conceptos de existencia y aparición y no se puede generalizar afirmando que todos los dativos formen parte de los locativos. En los casos correspondientes, porque siguen funcionando como objeto indirecto y experimentante/ destinatario, etc. Además, no es necesario que los locativos figuren obligatoriamente en la estructura de existencia, por lo tanto, marcamos la elipse de los dativos con una línea de puntos; pero cuando aparecen, funcionan como un tipo de experimentante locativo para satisfacer el requisito de la existencia.

(41) Ilustración conceptual de Aparición y desaparición

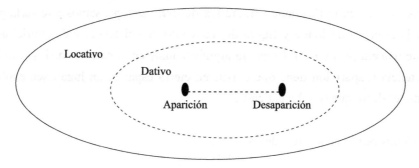

En comparación con los verbos de existencia, los verbos de aparición y desaparición hacen más énfasis en el comienzo y finalización del estado de existencia. Entonces, aquí, hemos marcado el estado de existencia con una línea de puntos, y hemos marcado los dos extremos de la línea de puntos con grandes puntos negros. Aquí, no nos importa cuánto tiempo, cómo ni dónde sigue el estado de existencia, solo importa el momento puntual de la aparición o la desaparición. Al igual que el último caso, en el que los locativos son necesarios para la semántica de los verbos de aparición y desaparición, también consideramos que se pueden entender los dativos como un tipo especial de locativos en las frases bajo estudio.

En este apartado, hemos analizado brevemente el aspecto léxico de los verbos de existencia y de aparición. Es cierto que estos dos modelos figurados son muy parecidos; su única diferencia consiste en que los verbos de existencia y los verbos de aparición enfatizan diferentes etapas de la existencia: los primeros, se enfocan en el proceso durativo de la existencia; y los segundos, en los puntos de comienzo y finalización del proceso de existencia. Se puede decir que esta distinción pertenece a la matriz de la semántica de los dos tipos de verbos, sin embargo, esta diferencia también afecta el comportamiento del único argumento de estos verbos, sobre su interpretación (universal, cardinal), y sobre su posición en una oración (*Efecto de definitud*). Además, también hemos mencionado la propiedad especial de los dativos cuando están en oraciones de existencia y aparición, hemos propuesto que pueden ser considerados un tipo especial de locativos.

A continuación vamos a argumentar y comprobar los dos modelos que hemos propuesto en este apartado. Primero, trataremos la relación entre locativos y dativos, para después concentrarnos en la diferente interpretación y posición del único argumento de estos verbos. Al final, presentaremos una propuesta general sobre el orden de palabras, un orden satelizado.

3.2.3.2   Locativos y dativos como argumento externo

En este epígafe, vamos a tratar principalmente cuestiones relacionadas con los locativos y los dativos, la relación entre los dos conceptos, sus funciones, su generación y su posición en la realización final de las oraciones. Vamos a estudiar estas cuestiones junto con los predicados de existencia, repetidos aquí en (42).

(42) Predicados de existencia
- haber
- oler, apestar…
- decir, poner, constar, figurar…
- bastar, sobrar, valer, faltar …

En el capítulo anterior, indicamos que los verbos de precipitación como *llover* y similares son verbos de movimiento, así como que cuando el proceso de movimiento termina, el participante del movimiento tiene que llegar a un sitio. Por lo tanto, la participación de los locativos en un movimiento es imprescindible. De la misma manera, los predicados de existencia también exigen la participación de los locativos porque si algo existe, tiene que existir en un espacio, en un lugar concreto. En muchos casos, los dativos pueden aparecer en la posición de los locativos, a veces tanto locativos como dativos aparecen en la misma oración. A continuación, vamos a concentrarnos primero en los locativos y luego en los dativos.

3.2.3.2.1 Los locativos

Se puede decir que a lo largo del estudio de las oraciones existenciales, los locativos siempre han ocupado un lugar importante. Porque su aparición en dichas oraciones es imprescindible, sea de forma audible o inaudible. Los estudios diacrónicos sobre este tema demuestran que su presencia ininterrumpida a lo largo de la historia de la lengua (Barrio de la Rosa, 2007; Hernández Díaz, 2003; etc.). De acuerdo con Bosque y Gutiérrez Rexach (2009: 401):

> Los verbos de existencia y aparición tienden a dar lugar a construcciones de inversión locativa, en tanto que hay una expresión en posición preverbal que expresa la ubicación espacial o temporal del evento descrito, *En esta casa falta alegría*. Se ha sugerido que en estos casos la expresión preverbal es un argumento locativo o un modificador que se identifica con el argumento eventivo del verbo (Torrego, 1989; Fernández Soriano, 1999). Observe que se echa en falta un complemento locativo en la expresión *Falta alegría*, pero esa ausencia no se percibe en *Rezuma alegría*. La intuición que subyace en estos análisis radica en el hecho de que los verbos existenciales están vinculados a un lugar del que se predica la falta o la presencia de algo. De hecho, este es exactamente –como se sabe–el origen del segmento "y" en el verbo *hay*. Otras lenguas vinculan igualmente con pronombres y adverbios locativos, a menudo enclíticos, los verbos existenciales con complementos de ubicación.

Estas palabras, por un lado, confirman la presencia histórica de los locativos en oraciones existenciales, por otro lado, sugieren la interpretación argumental de los locativos en oraciones existenciales. Estos autores (Bosque y Gutiérrez Rexach, 2009: 401) han hecho un análisis del contraste de *Falta alegría*, y *Rezuma alegría*, y concluyen que se percibe la falta del locativo en la primera, pero no en la segunda. Querríamos hacer un comentario sobre esta observación: según nuestro punto de vista, el verbo *rezumar* sería una actividad con respecto a su aspecto léxico, y dicho desde un punto de vista semántico, tendría que tener un significado locativo también. Según RAE-ASALE (2014), la definición y los ejemplos dados son los siguientes:

1. tr. Dicho de un sólido: Dejar pasar a través de sus poros o grietas gotas de algún líquido. *La pared rezuma humedad.* U.t.c.intr. *El botijo rezuma.* U.t.c.prnl. *El cántaro se rezuma.*
2. tr. Manifestar o dejar traslucir una cualidad o sentimiento. *Sus ojos rezuman felicidad.*
3. intr. Dicho de un líquido: Salir al exterior en gotas a través de los poros de un cuerpo. *El sudor le rezumaba por la frente.* U.t.c.prnl. *El agua se rezuma por la cañería.*
4. ...

Es decir, el verbo *rezumar* puede tener un sujeto sólido, del cual sale líquido, o puede tener un uso metafórico, en la manifestación de una cualidad o sentimiento; por otro lado, el verbo puede tener un sujeto líquido, que sale al exterior del cuerpo. En el primer caso, digamos que la interpretación del locativo subyace en el sujeto sólido, que sería un locativo sustantivo, en el segundo caso, la interpretación del locativo está en el locativo complemento circunstancial. Estas dos interpretaciones de locativo corresponderían a la clasificación de Moreno Cabrera (2011: 128), según la cual que hay dos tipos de localización, un LOC^{do} (*Hay caramelos en la bolsa*) y otro LOC^{dor} (*La bolsa contiene caramelos*). "La diferencia que en *Hay caramelos en la bolsa* se parte del contenido y se nos dice dónde se sitúa: se trata de una localización de contenido o de localizado (LOC^{do}); y en *La bolsa contiene caramelos* se parte del lugar, del continente, y luego se especifica su contenido, se trata de una localización de continente o de localizador (LOC^{dor})". Entonces, se puede decir que, en el caso de *rezumar*, sus primeros dos usos llevan localización, de localizador (LOC^{dor}), y el segundo uso lleva localización, de localizado (LOC^{do}). También podríamos decir que el significado locativo sí que forma parte de su semántica. Siguiendo la clasificación de los locativos, el objeto de nuestra investigación consistiría en los localizados (LOC^{do}), pues partimos del contenido y analizamos dónde se sitúan.

Volviendo a Bosque y Gutiérrez Rexach (2009: 401), se comprende que los locativos pueden ser un tipo de argumento eventivo. Según González Rivera (2016), "Davidson (1967) sugiere que los adjuntos o complementos circunstanciales no son argumentos del predicado principal, pero funcionan como predicados monádicos independientes, cuyo único argumento es un *argumento eventivo*, sobre el que se puede asignar propiedades. Así pues, los verbos que describen eventos tendrán un argumento específico para designar esas entidades eventivas". Lo que queríamos proponer consiste en que los locativos en oraciones existenciales poseen una propiedad peculiar con respecto a los demás complementos locativos. Funciona más como un argumento predicativo sujeto que como un argumento eventivo, y su posición final de realización sería en la posición de [Esp, Flex].

Para diagnosticar la propiedad de sujeto, igual que en el último capítulo, de acuerdo con Fernández Soriano (1999), vamos a utilizar los siguientes métodos: la prueba de construcciones de ascenso (43), construcciones con SSNN nulos (44), la extracción de estructuras coordinadas (45), la nominalización (46), así como la posición en oraciones interrogativas (47). Concretamente, primero, en cuanto a las construcciones de ascenso, solo los elementos en posición de sujeto pueden subir a la primera posición de las oraciones, entonces son diferentes a los locativos circunstanciales. Segundo, los SSNN nulos no disponen de interpretación genérica en español, solo existencial, por ende, no pueden estar en la primera posición de las oraciones; por el contrario, los locativos internos circunstanciales, sí que pueden estar a la primera oración: *En lugares públicos no me gusta hablar; en ciudades grandes no me gusta vivir, etc.*, este hecho también indica que los locativos en oraciones existenciales son diferentes a los circunstanciales. Tercero, se nota que los locativos en oraciones existenciales se pueden extraer de sus construcciones coordinadas, pero los locativos internos o adjuntos no: *Aquí es donde llueve y acampan los turistas, Aquí es donde huele a podrido y estudian los chicos.* Cuarto, cuando la nominalización de los verbos existenciales funciona como sujeto, tendría que estar seguido por *de*, en vez de *en*, a diferencia de los demás adjuntos o circunstanciales. Por último, en las oraciones interrogativas, pueden los locativos aparecer de entre un auxiliar o modal y el verbo principal, donde normalmente los sujetos pueden estar.

(43) Construcciones de ascenso

　　a. En esta caja parece faltar dinero.

　　b. #Dinero parece faltar en esta caja.

(44) Construcciones con SSNN nulos

　　a. *En lugares públicos sobran empleados.

　　b. *En impresos oficiales constan los responsables.

(45) Extracción de estructuras coordinadas

　　a. Aquí es donde sobra dinero, pero falta alegría.

　　b. Aquí es donde huele a humedad y sobra lluvia.

(46) Nominalización

    a. El suceso de/ *en Barcelona

    b. La falta de alegría de / *en casa

(47) Posición en oraciones interrogativos

    a. ¿Habrá aquí ocurrido lo mismo?

    b. ¿Cómo puede en un sitio así no haber aire acondicionado?

Estamos de acuerdo al afirmar que los locativos de estas oraciones desempeñan el papel de argumento eventivo, pero querríamos añadir que efectivamente los locativos de oraciones existenciales poseen propiedades comunes con los argumentos externos. Igual que lo que hemos propuesto para los verbos de fenómenos naturales, digamos que los verbos existenciales tienen los locativos en posición de argumento externo. Su estructura generativa podría ser la siguiente (48).

En este momento debemos detenernos un momento en la cuestión de la concordancia. Una de las diferencias formales entre los verbos existenciales y los verbos de fenómenos naturales consiste en que es posible que concuerden los existenciales (salvo el verbo *haber*, que como ya hemos mencionado, en el español estándar se conjuga en tercera persona del singular, aunque puede darse la concordancia en variedades dialectales). Así pues, es posible la alternancia de impersonal/ personal en las oraciones de (49). Pero como ya hemos analizado anteriormente, se observa que a esta alternancia no es uniforme, porque solo es aplicable para algunos verbos cuyo argumento interno no sea un sintagma preposicional ni oracional. En estos últimos casos, la concordancia no es aplicable y el verbo tiene que tener forma unipersonal (50).

(48) Verbos existenciales

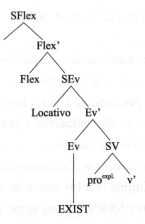

(49) Alternancia impersonal/ impersonal

    a. Sobra/ Sobran cinco euros.

    b. Falta/ Faltan puestos de trabajo.

    c. Vale/ Valen 15 empanadillas.

(50) Sin alternancia impersonal/ impersonal

    a. Vale/ *Valen con 15 empanadillas.

    b. Basta/ *Bastan con 20 empleados.

    c. Aquí {consta, figura, dice}/ *{constan, figuran, dicen} que…

Con esta observación, podríamos decir que, en realidad, la alternancia sería un fenómeno peculiar para estos verbos, y que lo normal para los verbos existenciales sería no llevar concordancia. La misma opinión sostiene Fernández Soriano (1999: 132), quien observa que cuando hay conjunciones, es preferible no concordar (51). Incluso cuando los SSNN figuran al principio de las oraciones, los verbos no concuerdan con ellos (52). Entonces se puede decir que la concordancia se daría en un caso especial y que lo normal es que no concuerden. En palabras de Fernández Soriano (1999: 133): "… the theme is never in [Spec, TP]" or any other position hosting external arguments, this position being occupied by the locative".

(51) a. Faltó/ ?? Faltaron (el) café y (las) galletas.

    b. Constó/ ?? Constaron tu llegada y tu partida. (Fernández Soriano, 1999)

    c. Sobra/ ?? Sobran su presencia y sus palabras.

(52) a. Pan y alegría nunca nos falte.

    b. El pan y la leche en este lugar sobra. (Fernández Soriano, 1999)

    c. Panadería y frutería en este barrio basta.

Con lo que hemos argumentado arriba, ya podríamos decir que igual que hemos propuesto en el capítulo de verbos de fenómenos naturales, los locativos de caso oblicuo ocupan finalmente la posición de [Esp, Flex], funcionando como argumento externo. Los argumentos que pueden aducirse a favor de esta conclusión son los siguientes: 1) llevan contenido semántico locativo, del que se predica la oración, y 2) se generan en posición más cercana a dicha posición, por lo tanto, es más apto que el *pro*[expl.], que es puramente formal. En los casos de verbos existenciales, ya hemos confirmado que los argumentos SSNN no son aptos para la posición de argumento externo, así que destacamos la posibilidad de que compitan con los locativos.

En resumen, en este apartado, hemos hablado desde los puntos de vista diacrónico, descriptivo y generativo de la función de los locativos. Para las oraciones existenciales, el significado locativo es imprescindible para su semántica: funciona como un fondo sobre el que predican los verbos existenciales. Por lo tanto, en comparación con los demás locativos circunstanciales, los locativos de oraciones existenciales poseen cierta peculiaridad, así mismo muchas características de los argumentos externos. Efectivamente, paralelamente a los verbos de fenómenos naturales, los locativos de oraciones existenciales también ocuparían la posición de argumento externo, subiendo de su posición de origen [Esp, SEv].

Aparte de los locativos, otros elementos como los dativos también pueden aparecer en las construcciones bajo nuestro estudio. Ya hemos mencionado anteriormente que los dativos serían un tipo de locativos especiales, locativos humanos. A continuación vamos a estudiar los casos relacionados con dativos: la alternancia de locativos/ dativos, y la coaparición de los dos.

3.2.3.2.2   Los dativos

En el apartado anterior, hemos propuesto que igual que el caso de verbos de fenómenos naturales, los locativos en construcciones existenciales también funcionan como argumento externo y su posición en el orden no marcado es la posición inicial de las oraciones. Desde el punto de vista semántico, los locativos que estudiamos son las localizaciones del tipo localizado (LOC^{do}), pues se puede decir que es el elemento sobre el que se predica; sintácticamente, tendrían caso oblicuo pero en posición de sujeto; informativamente, el LOC^{do} debería ser una información conocida, y no nueva, aunque esté en posición inicial, no es un orden marcado, así que no está marcado como tema. No faltan referencias sobre la relación entre dativos y locativos (Fernández Soriano, 1999; Moreno Cabrera, 1987; Sánchez Lancis, 1992; etc.); siguiendo esta idea, lo que queríamos proponer en este apartado es que los dativos, si aparecen, son más aptos que los locativos para la posición de argumento externo.

Desde los textos antiguos, ya se observa la posibilidad de alternancia entre locativos y dativos. Fernández Soriano (1999: 136–137) ofrece pruebas de español antiguo y moderno, así como de catalán. En sus propias palabras (Fernández Soriano, 1999: 136): "Old Spanish provides very clear examples of locative/ dative Case alternation with goals, depending on the NP being plus or minus animate because it used to have a locative clitic, similar to French *y* or Italian *ci*. [...] , we can see that [-animate] NPs are pronominalized by a locative clitic, whereas [+animate] NPs take the form of a dative clitic." Aunque los ejemplos ofrecidos en dicho artículo no son de verbos existenciales y la posición que recibe la alternancia tampoco es la posición que nos interesa (la posición inicial), se reconoce que la alternancia de locativo/ dativo en la misma posición es común y frecuente.

Otro artículo de la misma autora ofrece observaciones más interesantes (Fernández Soriano y Táboas Baylín, 1999: 1766–1768), según las cuales el uso de dativo derivaría del uso posesivo. El latín había dos tipos de oraciones existenciales estructuralmente paralelas: las del tipo <*sum* +locativo> y las del tipo <*sum* +dativo> (Fernández Soriano y Táboas Baylín, 1999: 1767). Por lo tanto, podríamos decir que el fenómeno de alternancia locativo/ dativo tiene una larga historia en la lengua y es un fenómeno que no solamente afecta al español.

Hemos dicho anteriormente que los verbos bajo análisis son pseudo-impersonales, en el sentido de que su sujeto gramatical, a no ser que lleve concordancia, no tiene otra propiedad de ser sujeto, ni propiedad semántica, ni su posición, etc. Por otro lado, también porque "su significado requiere sistemáticamente sintagmas con valor de experimentantes/ benefactivos (humanos), que pueden aparecer explícitos o sobreentenderse" (Fernández Soriano y Táboas Baylín, 1999: 1762, cita de Alcina y Blecua, 1975). Es cierto que los dativos pueden ser analizados como experimentantes, pero cuando aparecen en contextos en los que se pueden alternar con los locativos, se puede deducir que tienen algo que ver con los locativos. Que sean experimentantes o locativos, desde nuestro punto de vista, no solamente depende de la forma (caso o marcador clítico), sino que también depende de la semántica de los predicados. Si aparecen los dativos en contextos existenciales, sería mejor considerarlos como locativos, pero efectivamente, son locativos especiales: locativos animados.

(53) a. Me falta café.

   b. Aquí falta café.

(54) a. Me hace falta un lavavajillas.

   b. En esta casa hace falta un lavavajillas.

(55) a. Me consta que eres el responsable.

   b. Aquí consta que eres el responsable.

Obsérvense las oraciones (53)-(55) (ejemplos de Fernández Soriano y Táboas Baylín, 1999: 1766-1767). Ciertamente, no querríamos decir que los dativos hayan perdido la característica de ser un elemento que experimenta, pues es lo que lleva en su semántica léxica. Las oraciones de arriba pueden ser interpretadas como: *Aquí falta café, y esta falta me afecta a mí; En esta casa hace falta un lavavajillas, esta necesidad me afecta a mí; Aquí consta que eres el responsable, este hecho me hace estar seguro que eres el responsable.* Sin embargo, en oraciones con verbos existenciales, parece inevitable que los dativos se conviertan en algo híbrido entre locativos y experimentantes, o sea, en locativos animados. En otras palabras, los dativos desempeñan un papel especial en las oraciones existenciales: además de experimentantes, serían locativos, por la necesidad semántica de los predicados existenciales.

Los locativos, como hemos analizado, podrían ser capaces de funcionar como argumento externo; pudiendo alternar con ellos, los dativos locativos también serían aptos para dicha posición de argumento externo. Sometemos los dativos locativos a las siguientes pruebas: 1) construcción de ascenso (56), 2) la posición en oraciones interrogativos (57) y 3) nominalización (58).

(56) Construcción de ascenso
　　　a. A mí parece faltarme interés.
　　　b. A ese chico parece faltarle tiempo para todo.
　　　c. A esa biblioteca parece sobrarle libros.

(57) Posición en oraciones interrogativas
　　　a. ¿Me podría a mí faltar tiempo?
　　　b. ¿Le podría a él sobrar dinero?
　　　c. ¿Cómo puede a mí sobrarme ropa?

(58) Nominalización
　　　a. La falta de auto-confianza de /*a Juan
　　　b. La sobra de comida de /*a ella
　　　c. La falta de sentido común de /*a ella

Primero, en cuanto a las construcciones de ascenso, solo los elementos en posición de sujeto pueden subir a la primera posición de las oraciones, por lo tanto, los dativos locativos sí que comparten propiedades con los sujetos. Segundo, en las oraciones interrogativas, los dativos locativos pueden aparecer entre un auxiliar o un modal y el verbo principal, donde normalmente los sujetos pueden estar. Tercero, cuando la nominalización de los verbos existenciales funciona como sujeto, la nominalización tendría que estar seguida por *de*, en vez de por *a*, a diferencia de los demás dativos.

Entonces, se puede decir que los dativos también disponen de ciertas características comunes con los sujetos, pero por no poseer caso nominativo, tendrían caso oblicuo, al igual que los locativos. Por otro lado, tanto los locativos como los dativos poseen la capacidad de aparecer en la primera posición de las oraciones de existencia, por lo que existiría un tipo de relación de competencia entre ellos: pugnan por la posición inicial de dichas oraciones. Por lo tanto, se observa la incompatibilidad de los dos elementos en los siguientes ejemplos (59) (ejemplos Fernández Soriano y Táboas Baylín, 1999: 1766).

(59) a. Aquí pasa algo. / Me pasa algo.
     b. ?? Aquí me pasa algo./ Me pasa algo aquí.
     c. Aquí consta que eres el responsable. Me consta que eres el responsable.
     d. ?? Aquí me consta que eres el responsable.
     e. Aquí falta café./ Me falta café.
     f. ?? Aquí me falta café.

En palabras de la misma autora (Fernández Soriano y Táboas Baylín, 1999: 1766), los locativos y los dativos están en distribución complementaria. Pero cuando aparecen los dativos, los locativos se interpretan como circunstanciales, bien como parte inalienable del experimentante, bien como complemento. Por eso, el proceso de las oraciones de *Me pasa algo/ Me consta que eres el responsable/ Me falta café* ya no se predica de un lugar como *Aquí pasa algo/ Aquí consta que eres el responsable/ Aquí falta café*. Además, sobre la posición, según la autora, solo si aparece el experimentante realizado fonéticamente se siente natural y se prefiere la construcción con el locativo pospuesto.

Según nuestra opinión, observando estos ejemplos, los dativos son más potentes para la posición de sujeto que los locativos. Igual que lo que pasa a los sujetos nominativos convencionales, existe cierta jerarquía con respecto a su semántica, como hemos mencionado al principio de nuestro trabajo: agente> instrumento> paciente> experimentante> tema. Los dativos de oraciones existenciales, según hemos analizado, se caracterizan por tener similitudes con los locativos, pero al fin y al cabo, poseen la semántica de experimentante y se refieren a seres animados. Mientras que los locativos, pueden ser temas, pero nunca superan a los experimentantes en la jerarquía. Por lo tanto, digamos que esta es una de las razones por la que los dativos son más aptos para la posición inicial.

Por otro lado, desde el punto de vista cognitivo, el lenguaje refleja los patrones o esquemas del pensamiento. Los verbos existenciales como *existir, faltar, sobrar,* y demás verbos que expresan existencia o (in)suficiencia en cierto sentido se escapan del control del ser humano y desempeñan un papel importante en la vida de las personas. La aparición de los dativos, quizá se debe a que los percibimos como acontecimientos que nos suceden a nosotros y no como algo que ocurre a su lugar de existencia. Dentro de la lingüística cognitiva ha cobrado interés una concepción de la cognición denominada experiencialismo o realismo experiencial. Según Cuenca y Hilferty (1999: 15), las características de la concepción experiencialista de la cognición se puede resumir en cuatro puntos:

1) El pensamiento responde a una estructura ecológica, es decir, la eficiencia del procesamiento cognitivo depende de la estructural global del sistema conceptual.

2) El pensamiento surge de la experiencia corpórea y tiene sentido según esa experiencia. El núcleo de nuestros sistemas conceptuales está basado en la percepción, el movimiento corporal y la experiencia física y social.

3) Los conceptos tienen una estructura global y no son la mera suma de bloques de construcción conceptual según unas reglas generales.

4) El pensamiento es imaginativo, por lo que solo puede describirse por medio de modelos cognitivos.

A pesar de esta visión general de la cognición, Bustos Guadaño (2000) menciona que ha desarrollado la teoría de la mente corpórea o corporeizada, iniciada por Johnson y Lakoff, que asume que el significado no es independiente de la cognición: "La fuente de significación procede de la acción del individuo sobre su entorno, acción progresivamente interiorizada y complejizada en diferentes etapas del desarrollo" (Bustos Guadaño, 2000: 195). En otras palabras, el experiencialismo considera que el cuerpo humano es el foco central de la experiencia, es fundamental en la comprensión de los conceptos, y es el punto de partida y llegada de la significación del lenguaje. Por lo tanto, la aparición de dativos en oraciones existenciales es posible, e incluso preferible para la cognición humana.

Por los dos puntos mencionados arriba, podríamos decir que los dativos tienen el privilegio de ocupar la posición inicial de las oraciones existenciales en comparación con los locativos. Debido a la semántica predicativa de las oraciones, la semántica del locativo es imprescindible, por lo que los dativos obtendrían un estatus especial de locativos humanos. Desde nuestro punto de vista, las oraciones de *Me pasa algo/ Me consta que eres el responsable/ Me falta café* analizadas en Fernández Soriano (1999: 1776), podrían tener la misma interpretación locativa que oraciones como *Aquí pasa algo/ Aquí consta que eres el responsable/ Aquí falta café*. Simplemente en las primeras, los locativos son humanos. Una vez ocupada la posición inicial, si se quiere añadir locativos, los convencionales tienen que estar en posición circunstancial.

Desde el punto de vista cognitivo, los dativos de las oraciones existenciales funcionarían como un cierto tipo de locativos humanos y formarían parte del fondo del predicado. Según nuestra opinión, llevan un color resaltante en el fondo, pues porque son especiales al incorporar el significado humano, en comparación con el resto de los elementos que funcionan como fondo (los locativos) en nuestras oraciones. Gutiérrez Ordóñez, 1999: 1904) analiza el uso locativo de los dativos: *Le puso orégano a la pizza* (por *Puso oréganos en la pizza*). En esta oración, se usa el dativo para hacer referencia a un lugar; este hecho nos conduce a pensar que los locativos sí pueden llevar referencia locativa. En los casos que estamos analizando, los locativos son las mismas personas que se ven afectadas por el hecho del predicado. Por lo tanto, se puede decir que los dativos son un tipo especial de locativos. Y este significado humano se interpretaría como es el punto de partida y también de llegada de la significación del predicado. Por lo tanto, en un análisis generativo, podríamos decir que los dativos son aptos para aparecer en la posición de los locativos, porque son un tipo de locativos también, e incluso más potentes para dicha posición, y los locativos locales tienen que ceder y ocupar la posición circunstancial (60)–(61).

(60) Relación entre Locativo y Locativo humano en oraciones existenciales

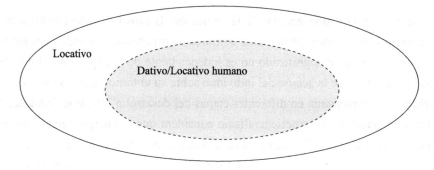

(61) Verbos existenciales

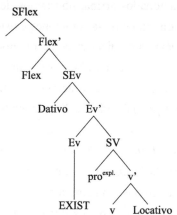

Resumiendo este apartado, hemos analizado el estatus de los dativos en oraciones existenciales desde el punto de vista diacrónico, descriptivo, cognitivo y también generativo. Como es sabido, en las oraciones existenciales, el significado locativo es imprescindible; por lo tanto, podemos decir que los dativos pueden funcionar parcialmente como locativos, pues serían un tipo de locativos humanos y, al mismo tiempo, serían el punto de partida y llegada de la significación del predicado. Por lo tanto, teniendo referencia humana, serían más potentes que los locativos convencionales en la competición para ocupar la posición de distribución complementaria. Así que, cuando aparecen dativos, los locativos ceden la posición inicial [Esp, SEv] a los dativos -locativos humanos, y pasan a ocupar un lugar adjunto.

En esta parte, hemos tratado los locativos y los dativos, el fondo de los dos modelos que hemos propuesto anteriormente, tomando como ejemplos de análisis los verbos existenciales. A continuación, nos vamos a concentrar en la figura de los dos modelos propuestos arriba, y vamos a analizar los verbos de aparición, así como verbos de existencia.

3.2.3.3   Argumentos antepuestos y pospuestos

En este apartado, vamos a centrarnos en algunas cuestiones sobre el argumento interno de los verbos de existencia y aparición. Vamos a estudiar estas cuestiones junto con los predicados de existencia y de aparición, que son repetidos aquí en (62) y (63). Normalmente, la posición de argumento interno es la que está detrás del verbo, y para los predicados de existencia, el argumento interno no puede aparecer en la primera posición de las oraciones (64), pero para los predicados de aparición, sí que es posible que aparezca en posición inicial (65).

(62) Predicados de existencia

- *haber*
- *oler, apestar...*
- *decir, poner, constar, figurar...*
- *bastar, sobrar, valer, faltar, ser suficiente, ser bastante, estar bien...*

(63) Predicados de suceso y aparición

- *suceder, ocurrir, pasar, acaecer, acontecer, ...*
- *aparecer, desaparecer,...*

(64) a. * Hadas hay en el bosque./ Hay hadas en el bosque.

 b. * Alegría falta en esta casa./ Falta alegría en eta casa.

 c. * Fantasmas sobran en este país./ Sobran fantasmas en este país.

(65) a. Los niños aparecieron./ Aparecieron niños.

 b. El accidente ocurrió en M-40./ Ocurrió un accidente en M-40.

 c. Los huracanes sucedieron en América./Sucedieron huracanes en América.

Es cierto, que esta cuestión tiene que ver con el *Efecto de definitud* (Belletti, 1987), como hemos analizado anteriormente, brevemente, los argumentos internos de verbos de existencia y de aparición tienen un caso inherente, un caso partitivo, por lo tanto, suelen tener una interpretación indefinida y cardinal. Los argumentos antepuestos normalmente son definidos, o tienen interpretación universal. En cuanto a la posible aparición inicial del argumento interno de verbos de aparición, proponemos que 1) tiene que ver con su diferente nivel de agentividad en comparación con verbos de existencia, y 2) tiene que ver con el aspecto léxico de los dos tipos de verbos, que afecta a la posibilidad de ser resaltante del argumento interno.

Primero, según Mendikoetxea (1999: 1607) "los verbos de aparición denotan eventos que se puede describir como 'cobrar existencia', mientras que los verbos de existencia describen el estado resultante de la 'aparición' de alguna entidad". La mayoría de estos verbos no tiene variantes causativas, tampoco es compatible con "por sí solo/a, por sí mismo/a". Es decir, semánticamente, el papel temático de esta entidad es tema, y la noción de causatividad no forma parte del significado de estos verbos. Este análisis pone los verbos de existencia y de aparición a un mismo nivel en cuanto a su causatividad, porque la causatividad no forma parte de su significado. Es cierto que los dos grupos de ejemplos de abajo no son gramaticales (66) y (67), porque "por sí solo/a, por sí mismo/a" no son compatibles con los verbos de existencia y de aparición.

(66) a. * {Hay hadas} por sí solas.

 b. * {Falta alegría} por sí sola.

 c. * {Sobran fantasmas} por sí solas.

(67) a. ? {Los fantasmas aparecieron, Aparecieron fantasmas} por sí solos.

 b. ? {La catástrofe ocurrió, Ocurrió una catástrofe} por sí sola.

 c. ? {Los huracanes sucedieron, Sucedieron huracanes} por sí solos.

Sin embargo, consideramos que las segundas partes de las siguientes oraciones son menos agramaticales, en el sentido de que el verbo de aparición habilita a su argumento la capacidad de "formarse a sí mismo", sobre todo cuando el argumento interno está en la primera posición. Entonces, estas oraciones (67) pueden ser interpretadas como "los fantasmas se forman en donde aparecen por una fuerza natural o sobrenatural", "la catástrofe se forma en donde ocurre por razón natural o humana", "los huracanes se forman en donde suceden por fuerza natural".

Dicho de otra manera, estas secuencias se parecen a las oraciones en voz media, como (*El bosque se quemó*) (por sí solo), (*La puerta se abrió*) (por sí sola)", etc. Por lo tanto, querríamos apuntar a que es diferente a lo que ha analizado Mendikoetxea (1999: 1607), hay que tratar diferentemente verbos de existencia y aparición en cuanto a su causatividad o agentividad. Teniendo en cuenta que las construcciones de aparición podrían ser consideradas de voz media, llevarían cierta causatividad en su semántica, entonces naturalmente son diferentes a las construcciones de existencia. Entonces, podríamos decir que con nuestro análisis, dotándole al argumento de verbos de aparición de agentividad, queda explicada su aparición en posición de sujeto. En estos casos, los locativos, aunque forman parte del significado de los verbos, tienen que ceder la posición a los elementos más aptos, y pasar a estar en posición de adjunto.

Segundo, como hemos analizado anteriormente, los verbos de arriba poseen la propiedad inacusativa y se comportan como inacusativos típicos del italiano: seleccionan el auxiliar *essere* y permiten la pronominalización con el clítico partitivo *ne*, que son dos de los diagnósticos clásicos de la inacusatividad (Fernández Soriano y Táboas Baylín, 1999: 1610). Y en español también se puede verificar que no son inergativos, sino que son inacusativos a través de los siguientes diagnósticos ofrecidos por la misma autora: 1) no admiten objetos cognados (68), 2) admiten cláusulas de participio absoluto si el verbo tiene significado perfectivo (69) y (70).

(68) a. * Esta tribu existe una existencia pacífica.

    b. * Pedro apareció una aparición súbita.

(69) a. Una vez aparecida la carta, se deshizo el malentendido.

    b. Acaecidos aquellos desagradables sucesos, tuvimos que separarnos definitivamente.

    c. Producida una seria alteración en el equilibrio ecológico de la tierra, las posibilidades de vida en el planeta han disminuido considerablemente.

(70) a. * Existidas divergencias sobre muchos puntos entre los gobiernos de la CEE acerca de los precios agrarios, fue imposibles llegar a un acuerdo.

b. * Faltado el café en la posguerra, hubo que recurrir a sucedáneos. (Fernández Soriano y Táboas Baylín, 1999: 1610-1611; De Miguel, 1992)

Según ellas, la agramaticalidad de las oraciones con verbos de existencia consiste en que estos verbos son estativos, no expresan ningún cambio, ni pueden hacer referencia al principio o al final de un proceso, por lo tanto, no pueden aparecer en dicha estructura. Este análisis corresponde al modelo que hemos propuesto anteriormente, aquí repetimos el proceso del predicado (71) y (72):

(71)

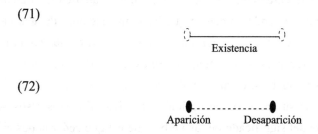

Existencia

(72)

Aparición   Desaparición

Dicho fenómeno tiene que ver con la cuestión del aspecto léxico. Este es el segundo punto que queríamos mencionar aquí. Concretamente, la existencia es un proceso estativo, no se enfatiza ni el comienzo ni el final del proceso; mientras que con la aparición y desaparición es justo lo contrario: no enfatizan el proceso después de la aparición, ni el proceso antes de la desaparición, solamente se concentran en el punto de aparición y desaparición, o sea, el comienzo o el final de la existencia. Es decir, la aparición se puede considerar como el punto de empiezo del proceso de la existencia, y la desaparición puede ser considerada como el punto final de la existencia. Desde otro ángulo, la imagen de aparición y desaparición podría ser lo siguiente (73). La línea recta de puntos representa la existencia, así que la aparición y la desaparición serían los dos puntos extremos de la existencia, pueden ser extraídos del proceso de la existencia: la aparición sería como la caída a la existencia, y la desaparición sería como la liberación de la existencia. Mientras que de la línea de puntos, del proceso de existencia, no se puede extraer ningún otro punto, porque es un proceso continuo estativo.

(73)

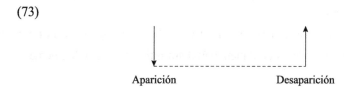

Aparición   Desaparición

Desde otro punto de vista, para el acto de aparición y desaparición, el proceso de existencia serviría como un tipo de fondo de soporte, y los dos puntos extremos de aparición y desaparición son puntos resaltantes de la existencia. Este es nuestro segundo argumento para explicar por qué los argumentos internos de verbos de aparición pueden estar en posición de sujeto, mientras que los argumentos de verbos de existencia tienen que quedarse en posición posverbal. Nuestra propuesta es fácil de entender: los locativos son adecuados para la posición de sujeto, pero son de caso oblicuo, están en esta posición cuando no hay otro elemento que sea más apto. Cuando pueden estar resaltantes los dativos, son más aptos que los locativos, como hemos analizado en el apartado anterior; e igualmente, cuando pueden estar resaltantes los argumentos internos, también son más aptos que los locativos, además los argumentos internos SSNN llevan caso nominativo.

En resumen, en este apartado, hemos tratado de explicar la posible anteposición de los argumentos internos de verbos de aparición. En comparación con los verbos de existencia, los verbos de aparición tienen dos características especiales: primero, pueden tener causatividad en su semántica, de un modo parecido a la interpretación de voz media; y segundo, los actos de aparición y desaparición son perfectamente extraíbles del estado de existencia, por lo tanto, pueden estar resaltantes desde el punto de vista cognitivo, lo que implica que su referencia es definida y conocida anteriormente. Tener causatividad implica que tienen cierta agentividad en la semántica, y es un punto en común con los sujetos convencionales. Por lo tanto, podríamos decir que desde el punto de vista semántico y cognitivo, es posible la ocupación de la posición inicial del argumento interno de los verbos de aparición. Sintácticamente, como este argumento lleva concordancia y caso nominativo, al aparecer en posición de sujeto, los locativos ceden a estar en posición circunstancial.

3.2.4 Resumen de predicados de existencia y aparición en español

A lo largo del epígrafe de predicados de existencia y de aparición en español, hemos analizado las estructuras básicas, así como los siguientes fenómenos: la propiedad de ser pseudo-impersonales, la inacusatividad, la posición inicial de los locativos/ dativos, así como el *Efecto de definitud*. También hemos tratado de explicar la razón por la que pueden estar en primera posición los locativos/ dativos, así como los argumentos internos de los verbos de aparición.

En general, primero, digamos que, en oraciones con orden no marcado, solamente se acepta un elemento en la posición de argumento externo, porque existe una relación de competición entre los elementos candidatos para dicha posición. Como ya hemos mencionado, el concepto de sujeto abarca interpretaciones de diferentes niveles: el nivel gramatical-formal, el nivel semántico y el nivel informativo cognitivo. Desde el punto de vista gramatical formal, los nominativos son más aptos para ser sujetos que los oblicuos; desde el punto de vista semántico, los experimentantes son más aptos que los temas; desde el punto de vista informativo cognitivo, los elementos resaltantes figurativos son más aptos que los elementos en el fondo. Concretamente, en nuestro caso de análisis, los posibles elementos para dicha posición son los locativos, dativos, así como los argumentos internos SSNN de los verbos de aparición. Ya hemos descartado la posibilidad de los SSNN de los verbos de existencia de estar en la primera posición, por las restricciones puestas por el *Efecto de definitud*, por eso no los vamos a poner en el gráfico siguiente (74).

(74) Los locativos, dativos y SSNN en las construcciones a los tres niveles gramaticales

	Nivel formal	Nivel semántico	Nivel cognitivo
Locativos	caso oblicuo	lugar (tema)	fondo
Dativos	caso oblicuo	lugar (experimentante)	fondo
SSNN de verbos aparición	caso nominativo	tema	figura

Se puede observar en esta tabla que, de los tres elementos, los SSNN de los verbos de aparición son más parecidos a los sujetos convencionales. Desde punto de vista de los tres niveles: tienen caso nominativo, son tema y están en el nivel de figura, por lo cual serían más aptos para estar en la posición inicial de las oraciones en condición de que los SSNN tengan una interpretación definida o universal. Este requisito es muy importante: si no se cumple, los SSNN de los verbos de aparición no se diferenciarían de los SSNN de los verbos de existencia en cuanto a su competitividad para ocupar la primera posición. Entre los locativos y los dativos, digamos que los dativos son más aptos, ambos tienen significado locativo y podrían ser protagonistas de la predicación: entonces, aparte de llevar la semántica de lugar, los locativos deícticos podrían ser tema de la predicación, mientras que los dativos serían los experimentantes. Por lo tanto, los dativos estarían más altos que los locativos en la jerarquía.

En segundo lugar, la co-aparición de los tres elementos es posible, pero los elementos menos aptos tienen que pasar a ocupar una posición adjunta, detrás del verbo, en oraciones de orden no marcado. Entonces, los posibles órdenes de palabras de oraciones de existencia pueden ser como se ejemplifica en (75). En el caso de (75a), se puede decir que el argumento externo con sentido locativo está omitido, por lo tanto la posición inicial puede estar vacía; en cambio, en las oraciones (75g), (75h), y (75i), existe un posible elemento para esta posición, pero la posición está vacía, lo que provoca la agramaticalidad de estas oraciones. En el caso de (75f), en comparación, el dativo es más apto para esta posición, el locativo no puede estar junto a él en la misma posición: tiene que pasar a la posición adjunta, como en (75d). Si el locativo tiene que estar antes del verbo junto con el dativo, el locativo puede subir más adelante a la posición de tópico, pero en este caso, la oración ya no es no-marcada: *Aquí, me falta café.*

Las oraciones de aparición con interpretación partitiva tendrían los mismos posibles órdenes que las oraciones de existencia. Los órdenes de las oraciones de aparición con interpretación definida pueden ser como se ejemplifica en (76). Los SSNN ocupan la posición de sujeto, los demás elementos que están delante causan que la oración sea agramatical, al menos, las oraciones resultantes no son oraciones con orden no marcado.

(75) Orden de palabras para oraciones de existencia:

    a. Falta café.

    b. Me falta café.

    c. Aquí falta café.

    d. Me falta café aquí.

    e. Aquí falta café a mí.

    f. ? Aquí me falta café.

    g. ? Falta café a mí aquí.

    h. ? Falta café a mí.

    i. ? Falta café aquí.

(76) Orden de palabras para oraciones de aparición (interpretación definida):

    a. Las cosas raras han pasado.

    b. Las cosas raras han pasado aquí.

    c. Las cosas raras han pasado a mí.

    d. ? Las cosas raras han pasado a mí aquí.

    e. ? A mí las cosas raras han pasado.

    f. ? Aquí las cosas raras han pasado.

    g. ? Aquí a mí las cosas raras han pasado.

    h. ? Aquí las cosas raras han pasado a mí.

    i. ? A mí las cosas raras han pasado aquí.

Resumiendo, querríamos proponer un orden de estructura satelizado, tomando como núcleo el verbo, el resto de los componentes de las oraciones, locativo, dativo y el argumento interno, sea como sea su posición, preverbal o posverbal, se distancian por igual del núcleo verbal: el argumento interno está más cerca de los verbos, el dativo está un poco más lejos, y el locativo está aún más lejos. Cabe destacar otra vez que el orden que proponemos aquí es un orden no marcado, es cierto que se puede alterar dicho orden, pero llevará cierto matiz informativo.

Como se puede deducir, desde el punto de vista cognitivo, la distancia entre cierto elemento y el núcleo refleja la relación entre ellos: cuanto más cerca están, más íntima será la relación. El SN es el argumento interno y tiene la relación más estrecha con el verbo; los locativos y dativos, estando en el nivel de fondo y funcionando como localizaciones locativas humanas, están más lejos del núcleo verbal. Los dativos, siendo un tipo de locativo resaltante en el nivel del fondo, están más cerca a la figura, así que pueden estar más cerca del núcleo V. Además, la posición de los elementos puede ser preverbal y posverbal, pero con la condición de que siempre se mantenga una misma distancia al núcleo, moviéndose en su propia órbita.

Desde el punto de vista generativo, los SSNN son argumentos internos de los verbos, mientras que los locativos y los dativos son externos, también se puede entender que los últimos estarían más lejos del núcleo verbal (77). En cuanto a los locativos y los dativos, se tiende a separarlos, uno en posición preverbal y otro en posición posverbal, en orden no marcado, aunque ninguno es preferible en las siguientes oraciones (78), pero (78b) y (78d) son más aceptables.

(77)

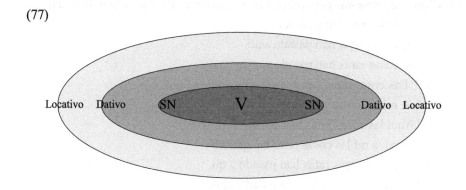

(78) Orden de palabras para oraciones de existencia:

a ?? A mí aquí falta café.

b. ? Aquí me falta café.

c. ?? Falta café aquí a mí.

d. ? Falta café a mí aquí.

Para terminar la parte de las oraciones con verbos de existencia y de aparición, insistimos en nuestras propuestas: gramaticalmente, igual que en el último capítulo, consideramos que el locativo funciona como argumento externo, y el dativo también es un tipo especial de locativo apto para esa posición también. Basándonos en el aspecto léxico, hemos planteado unas posibles construcciones cognitivas para los dos diferentes tipos de verbos, los de existencia y los de aparición. Con esta propuesta, quedarían explicados los siguientes fenómenos desde el punto de vista cognitivo: 1) el dativo está más alto en la jerarquía para ser sujeto que el locativo, porque es un tipo de locativo resaltante; 2) los argumentos internos de los verbos de aparición pueden estar en posición preverbal, porque pueden ser extraídos y estar resaltantes del proceso de existencia. Por último, basándonos en los análisis, hemos propuesto un orden de palabras de forma satelizada para oraciones de existencia y de aparición, según la cual los componentes pueden estar antepuestos o pospuestos del verbo, pero solamente se mueven en su órbita, manteniendo una misma distancia relativa con el núcleo verbal.

3.3 Predicados correspondientes en chino: comparación con español

En este apartado, vamos a ver los predicados de existencia y aparición correspondientes en chino. Primero, en 3.3.1, vamos a delimitar nuestro ámbito de estudio, y luego veremos las estructuras básicas de los predicados de existencia y aparición en chino. Segundo, en 3.3.2, nos centraremos en los análisis gramaticales relacionados con nuestro objeto de estudio, incluidas las tres partes que forman las construcciones de existencia y de aparición: los elementos preverbales, posverbales así como los núcleos verbales. Por último, en 3.3.3 vamos a planear algunas hipótesis, basada en la comparación del español y el chino, sobre las posibles causas de las diferencias entre ambas lenguas, y también vamos a proponer las posibles estructuras generativas de las oraciones correspondientes en chino. Antes de terminar, en 3.3.4, haremos un resumen de este apartado.

3.3.1) Estructuras básicas

A lo largo del estudio de las oraciones de existencia y de aparición, diferentes autores han aportado su propio criterio y análisis para definir y clasificar estas oraciones. En este apartado, vamosa presentar brevemente los criterios que han seguido y las clasificaciones que han hecho para después plantear nuestro propio análisis y opinión.

3.3.1.1 Características y delimitación

Generalmente, se considera que las oraciones de existencia y de aparición son construcciones que expresan la existencia, aparición o desaparición de algo en algún tiempo y lugar. Es decir, están incluidas las oraciones de existencia y las oraciones de (des)aparición. Sobre sus características, propiedades y delimitación, existe todavía discrepancia en el ámbito académico. Aquí vamos a presentar de forma sucinta las líneas de opinión más importantes.

Antes de todo, vamos a hablar sobre el criterio a la hora de delimitar las oraciones de existencia y de aparición. Los criterios que se han tomado son los siguientes: 1) el criterio semántico, 2) el criterio formal y 3) el criterio semántico-formal. Los primeros dos criterios se consideraban en las primeras etapas del estudio, ahora se ve que tienen defectos obvios. La semántica de existencia puede ser expresada por vía léxica y también por vía formal–estructural. Léxicamente, verbos como 在 *(estar),* 存在 *(existir)* son verbos léxicos que específicamente expresan la semántica de existencia; el verbo 有 *(haber/ tener)* puede expresar existencia pero, por otro lado, también puede indicar pertenencia. Formal y estructuralmente, es posible que los locativos estén en posición preverbal o posverbal, dependiendo del verbo concreto que se use en las oraciones (79):

(79) a. 书　在　桌子　上。
shū　zài　zhuō zǐ　shàng

Libro estar **mesa encima**

El libro está **en la mesa**.

b. 桌子　上　有　一　本　书。
zhuō zǐ　shàng　yǒu　yī　běn　shū

Mesa encima haber uno clasi. libro

En la mesa hay un libro.

Entonces, tomando solamente criterios semánticos, como hacen por ejemplo Lü (1982), Zhang (1986), Chen (1957), las oraciones con el verbo 在 *(estar)* también han sido agrupadas como oraciones de existencia, las oraciones con el verbo 有 *(haber/ tener)* han sido analizadas como oraciones de carácter híbrido de pertenencia y existencia, porque "si 'existencia' es característica de los objetos, entonces, los objetos poseídos también tienen característica de existencia, … cuando la parte preverbal es un SN de objeto, la oración posee las dos propiedades de 'existencia' y 'pertenencia', cuando la parte preverbal es un SN animado, tienden a tener sentido de 'pertenencia' y cuando la parte preverbal es locativo, tienden a ser de sentido 'existencia' (Chu, 1998) [1]". Por lo tanto, no podemos considerar que todas las oraciones que expresan la semántica de existencia sean oraciones de existencia. Igual que en español, las oraciones con *estar* existencial no son consideradas oraciones de existencia, ni las oraciones con *tener*, porque hay que diferenciar las características de existencia y pertenencia.

Formalmente, el orden de palabras es un criterio muy importante cuando hablamos de las propiedades gramaticales de las oraciones. Si solo se toma la semántica como criterio, las oraciones que se abarcan carecen de uniformidad estructural. Así, hay gramáticos que, acudiendo a la uniformidad del orden de las palabras, consideraron todas oraciones que tenían orden "locativo + verbo + SN" como oraciones existenciales, y analizaron todos los elementos iniciales de las oraciones como sujeto (Su, 1955; He, 1955; Zhou, 1955; Lü, 1956; Chen, 1956). La consecuencia de tomar este criterio consiste en que se consideran oraciones de existencia algunas que no lo son (Zhang y Hu, 1989).

Hoy día, la mayoría de los investigadores combina criterios semánticos y formal-estructurales: formalmente, debe tener un orden "locativo/temporal (parte A) + predicado (parte B)+ SN (parte C)", y semánticamente debe expresar el sentido de existencia. Según Zhan (1981), la primera parte A puede ser un locativo o un temporal, aparte de expresar existencia. Este tipo de oraciones también ofrece el fondo temporal locativo de la existencia. Song (1992) opina que una oración existencial es una construcción que expresa la existencia en algún sitio de una persona o un objeto, y su estructura típica es la de "locativo/temporal + predicado (V+ 着 / 了 (partículas aspectuales)) + SN". Es verdad que la definición de estas oraciones toma como punto de partida sus características semánticas, pero estas oraciones tienen sus propias características formales y estructurales. Si no encajan bien con su estructura, aunque sea su semántica existencial, tampoco pueden entrar en la agrupación de oraciones existenciales. En nuestra opinión, cabe dudar de la función de los temporales, asunto que vamos a analizar más adelante.

Teniendo en cuenta los criterios de delimitación de oraciones existenciales, Pan (2003) resume las características de las oraciones de existencia, así como de aparición:

---

[1] Traducción propia: "如果‘存在’是事物的特殊性质的话，那么，所有被领有的动词也都具有存在性。……
前段是表物的名词，就有‘存在’‘领有’两种性质；前段是表示人或动物的名词，就倾向‘领有’；
前段是方位词或方位短语，就倾向‘存在’。"

opina que la definición de estas oraciones se hace desde el punto de vista semántico. Su propiedad semántica, como oraciones de existencia, consiste en que se predica la existencia (la existencia sola, o la existencia en un estado estativo, o la existencia en un estado dinámico) de algo o alguien de un lugar o de un tiempo. La propiedad semántica de las oraciones de aparición consiste en que predican la aparición o desaparición de algo o alguien de un lugar o un tiempo. Y desde el punto de vista pragmático, se usan principalmente como contexto de fondo.

En cuanto a la relación entre las oraciones de existencia y las oraciones de (des)aparición, en muchos casos se analizan separadamente los dos tipos de oraciones. Efectivamente, se usan en los dos casos verbos diferentes, lo que se relaciona con las diferencias semánticas y aspectuales de ambos conjuntos de verbos. Pero se puede decir que ambos tipos de oraciones comparten la estructura de "locativo+ predicado (V+ 着 / 了 (partículas aspectuales)) + SN". Si tomamos como fondo el locativo, lo que expresan los verbos de existencia es una existencia (de alguna manera) dentro del ámbito; lo que expresan los verbos de aparición y desaparición es la entrada/ salida (de alguna manera) de algo en/ del fondo locativo. Igual que hemos analizado en español, es obvio que la semántica de los dos tipos de oraciones es diferente, debido a diferentes verbos utilizados, por lo tanto las ilustraciones cognitivas son diferentes. Pero si solo hablamos de la estructura formal, sin duda son muy parecidas.

En este apartado, hemos introducido algunas cuestiones fundamentales sobre las oraciones de existencia y aparición, que iremos ampliando poco a poco. A continuación, vamos a revisar la clasificación, con la que no estamos totalmente de acuerdo, así como con otros análisis que vamos a tratar. Lo vamos a argumentar en el siguiente apartado así como en la parte de análisis.

3.3.1.2 Clasificación de oraciones de existencia y aparición en chino

Ha habido muchas investigaciones sobre la clasificación de las oraciones de existencia y aparición, sobre todo después de los años 80, cuando se empezó a estudiar sistemáticamente los métodos de clasificación. Zhang (1982), agrupa las oraciones de existencia en cuatro tipos según las características de los verbos: 1) oraciones con 有 (haber/ tener), 2) oraciones con 是 (ser), 3) oraciones con verbos estativos, 4) oraciones con verbos dinámicos. Nie (1989) investigó por primera vez la clasificación sistemáticamente. Primero, separó las oraciones de verbos estativos y verbos dinámicos según la semántica, por ejemplo (80) y (81), donde las dos oraciones tienen la misma estructura, pero al traducir al español, se ve obviamente su diferencia: las oraciones (80a) y (81a) describen un estado dinámico y se traducen con gerundio, las oraciones (80b) y (81b) son estados estativos, con un sentido similar al participio pasivo del español. Basándose en esto, hizo una subclasificación, según la cual, las oraciones con verbos dinámicos abarcan 1) oraciones de existencia con verbos dinámicos de movimiento, por ejemplo (80a) y (81a), y 2) oraciones de existencia con verbos dinámicos sin movimiento (80b) y (81b). Este estudio se ha tomado como base de los demás estudios de la clasificación de oraciones de existencia.

(80) a. 屋子　　里 飞 着 一 只 蜜蜂。
   wū zǐ lǐ fēi zhe yī zhǐ mì fēng

   habitación dentro volar asp. uno clasi. abeja

   En la habitación está volando una abeja.

  b. 沙发 上 坐 着 一 个 客人。
   shā fā shàng zuò zhe yī gè kè rén

   sofá encima sentar asp. uno clasi. invitado

   En el sofá está sentado un invitado.

(81) a. 前面 走 着 一 个 人。
   qiánmian zǒu zhe yī gè rén

   delante andar asp. uno clasi. persona

   Delante está andando una persona.

  b. 空 中 挂 着 灯笼。
   kōng zhōng guà zhe dēnglong

   cielo dentro colgar asp. farolillo

   En el aire están colgados farolillos.

Lei (1993), desde el punto de vista de la formación estructural de estas oraciones, considera que "solamente la parte C es imprescindible, todas las demás partes pueden estar implícitas bajo ciertas condiciones". Según la combinación de las tres partes, divide las oraciones de existencia en cuatro tipos: 1) A+B+C, 2) A+C, 3) B+C, 4) C. Analizando la posible combinación de las tres partes, desvela la relación semántica estructural entre ellas. En la tabla (82) se recoge la clasificación que ha hecho. Hemos dado cuenta de que además de clasificar las oraciones según su formación, también ha tenido en cuenta el aspecto léxico de los verbos. Las oraciones con el verbo existencial puro 有 (haber/ tener) (subtipo 1a) y 是 (ser) (subtipo 1b), así como las oraciones de estructura 2) A+C, 3) B+C y 4) C corresponderían al aspecto léxico de estado, porque se supone que habría un verbo existencial omitido, que sería 有 (haber/ tener); las oraciones con verbos combinados con la partícula aspectual " 着 " serían de aspecto de estado también, pero estos verbos en sí mismos son de actividades (dinámicas o estativas); las oraciones con verbos combinados con la partícula aspectual " 了 " indicarían el resultado estativo final de unos verbos de logros.

(82) Clasificación de oraciones de existencia, Lei (1993)

1) A+B+C	**a.** Oraciones con 有 *yǒu* (haber/ tener) 岸　　上　　有　　人。 *àn　　shàng　　yǒu　　rén* orilla encima haber persona En la orilla hay persona.
	b. Oraciones con 是 *shì* (ser) 岸　　　上　　是　一　个　老　　人。 *àn　　shàng　shì　yī　gè　lǎo　rén* orilla encima ser uno clasi. viejo persona (En la orilla es una persona vieja.) Lo que está en la orilla es una persona vieja.
	c. Oraciones con 了 *le* (partícula aspectual, terminación) 桌　　上　　放　了　一　　个　杯子。 *zhuō　shàng　fàng　le　yī　gè　bēi zi* mesa encima poner asp. uno clasi. vaso (En la mesa está puesto un vaso.) En la mesa se ha puesto un vaso.
	d. Oraciones con 着 *zhe* (partícula aspectual, estado de realización) 信封　　上　　写　　着　几　　个　　字。 *xìn fēng　shàng　xiě　zhe　jǐ　gè　zì* sobre encima escribir asp. unos clasfi. carácter En el sobre están escritos unos caracteres.
	e. Oraciones con 着 *zhe* (partícula aspectual, estado progresivo) **e.1 Dinámico** 天　　　上　　飞　着　一　只　　鸟。 *tiān　shàng　fēi　zhe　yī　zhǐ　niǎo* cielo encima volar asp. uno clasfi. pájaro En el cielo está volando un pájaro. **e.2 Estativo** 沙发　上　　坐　着　一　　个　孩子。 *shā fā　shàng　zuò　zhe　yī　gè　hái zi* sofá encima sentar asp. uno clasfi. Niño En el sofá está sentado un niño.
2) A+C	地　　　上　一　摊　　水。 *dì　shàng　yī　tān　shuǐ* suelo encima uno clasfi. agua En el suelo hay un charco de agua.
3) B+C	有　一　个　姑娘，她　有　一　点　任性。 *yǒu　yī　gè　gū niáng　tā　yǒu　yī　diǎn　rèn xìng* haber uno clasfi. chica, ella tener un poco capricho Hay una chica, ella es un poco caprichosa.
4) C	层层　的　　　绿　树，厚厚的　积　雪。 *céng céng　de　lǜ　shù　hòu hòu de　jī　xuě* gradas auxi. verde árbol, grueso auxi. acumulado nieve Hay árboles verdes en gradas, hay nieve acumulada en capas.

Observamos que en realidad, si quitamos la parte del predicado de las oraciones de (82c)-(82e) del tipo A+B+C, la parte B predicativa quitada siempre puede ser sustituida por 有 (haber/ tener), pero con las estructuras específicas se puede detallar la forma de existir de las cosas/ personas. Por otro lado, los subtipos de (82.1c), (82.1d) y (82.1e) son muy parecidas estas oraciones, las oraciones de (82.1e) son de estados progresivos, dinámico y estativo respectivamente, y las oraciones de (82.1c) y (82.1d) son de estado, indican el estado resultativo del tema. En general, nosotros estamos de acuerdo con esta clasificación, pero creemos que las oraciones del subtipo (82.1c) y (82.1d) merecen un estudio más riguroso, y nos parece que estas son oraciones pasivas en vez de oraciones de existencia. Song (1989, 1990, 1991) ha hecho su clasificación también, según la estatividad y dinamicidad de los predicados, se puede ilustrar con el gráfico de abajo (83).

(83) Clasificación de oraciones de existencia, Song (1991)

1) Oraciones estativas	a. Con 有 (haber/ tener) mén kǒu yǒu yī gè rén 门 口 有 一 个 人。 puerta boca haber uno clasi. persona A la puerta hay una persona.
	b. Con 是 (ser) chuāng wài shì yī gè lán qiú chǎng 窗 外 是 一 个 篮球 场。 ventana fuera ser uno clasi. baloncesto campo Fuera de la ventana es un campo de baloncesto. (Lo que está fuera de la ventana es un campo de baloncesto.)
	c. Con 着 (partícula aspectual) qiáng shàng tiē zhe hǎi bào 墙 上 贴 着 海报。 pared encima pegar asp. cartel En la pared está pegada un cartel.
	d. Con aspecto experiencial, con 过 (partícula aspectual) qiáng shàng tiē guò hǎi bào 墙 上 贴 过 海报。 pared encima pegar asp. cartel En la pared ha sido pegado un cartel.
	e. Con predicados nominales mǎn dì wū shuǐ 满 地 污 水。 todo suelo sucio agua Por todo el suelo hay agua sucia.

2) Oraciones dinámicas	a. Con aspecto progresivo, con 着^{zhe} (partícula aspectual)"
	tiān shàng fēi zhe yī zhī niǎo 天 上 飞 着 一 只 鸟。
	cielo encima volar asp. uno clasi. pájaro
	En el cielo está volando un pájaro.
	b. Con aspecto perfectivo, con 了^{le} (partícula aspectual)
	zhuō zi shàng fàng le yī gè bēi zi 桌子 上 放 了 一 个 杯子。
	mesa encima poner asp. uno clasi. vaso
	En la mesa, se ha puesto un vaso.

Además de esta clasificación, Hu (1988), divide las oraciones de existencia y aparición en tres tipos y seis subtipos según las características de la parte B: 1) Oraciones de existencia y sin existencia, incluidas oraciones como (84). 2) Oraciones de aparición y de desaparición, como (85). 3) Oraciones de aumento y disminución, como (86).

(84) a. 天^{tiān} 边^{biān} 飘^{piāo} 着^{zhe} 一^{yī} 道^{dào} 彩虹^{cǎi hóng}。

Cielo borde flotar asp. uno clasi. arco iris

En el borde del cielo está flotando un arco iris.

b. 身^{shēn} 边^{biān} 没 有^{méi yǒu} 人^{rén}。

Cuerpo lado no haber persona

Al lado no hay nadie.

(85) a. 话筒^{huà tǒng} 里^{lǐ} 传^{chuán} 来^{lái} 了^{le} 清脆的^{qīng cuì de} 笑^{xiào} 声^{shēng}。

Teléfono dentro trasmitir venir asp. argentino risa sonido

Del teléfono, ha venido trasmitida una risa argentina.

(Ha venido una risa argentina del teléfono.)

b. 天^{tiān} 边^{biān} 飘^{piāo} 过^{guò} 了^{le} 一^{yī} 片^{piàn} 云彩^{yún cǎi}。

Cielo borde flotar pasar asp. uno clasi. nube

Del borde del cielo, ha pasado flotando una nube.

(Ha pasado flotando una nube del cielo.)

(86) a. 小^{xiǎo} 盒子里^{hé zi lǐ} 添^{tiān} 了^{le} 几^{jǐ} 张^{zhāng} 百^{bǎi} 元^{yuán} 大^{dà} 钞^{chāo}。

Pequeño caja dentro añadir asp. unos clasi. cien yuan grande billete

A la caja pequeña, se han añadido unos billetes grandes de cien yuanes.

(Han sido añadidos unos billetes de cien a la cajita.)

b. 世界 上 少 了 一 个 让 人 讨厌的 人。
shì jiè shàng shǎo le yī gè ràng rén tǎo yàn de rén

Mundo encima disminuir asp. uno clasi. dejar persona aborrecido persona

Del mundo, ha disminuido una de las personas que dejan a la gente aborrecida.

(Ha desaparecido una de las personas pesadas del mundo).

Se ve que esta forma de clasificación ha tomado en cuenta las tres partes básicas, locativo+ predicado + sustantivo. Nos parece muy interesante la tercera clasificación con respecto a la comparación con *sobrar* y *faltar* de español. Sin embargo, digamos que la diferencia de los predicados no se limita solamente a la semántica léxica del verbo, sino que hay que tener en cuenta la relación entre la parte B y la parte C. Por ejemplo, la oración (86a) también sería una oración pasiva. En cuanto a las oraciones de aparición y desaparición, Pan (2003) las clasifica como en el siguiente gráfico (87), pero mantenemos la duda sobre si hay que considerar las oraciones de (87b) y (87c) de abajo como oraciones de aparición y desaparición, porque, aunque llevan los locativos al principio de las oraciones, los SSNN parecen agentes.

(87) Oraciones de aparición y desaparición

a. Con verbos como 出现 *(aparecer),* 消失 *(desparecer)*

天 边 出现 一 道 彩虹
tiān biān chū xiàn yī dào cǎi hóng

cielo borde aparecer uno clasi. arcoíris

En el borde del cielo aparece un arcoíris.

b. Con verbos de movimiento con complemento direccional

屋 里 飞 进 一 只 鸟。
wū lǐ fēi jìn yī zhī niǎo

Habitación dentro volar entrar uno clasi. pájaro

En la habitación entra volando un pájaro.

c. Con verbos de movimiento + 了 (aspectual perfectivo)

动物园 里 跑 了 一 匹 马。
dòng wù yuán lǐ pǎo le yī pǐ mǎ

Zoo   dentro correr asp. uno clasi. caballo

Del zoo se ha escapado un caballo.

Creemos que existe cierto problema con estas clasificaciones. Primero, creemos que en ellas se han confundido el aspecto léxico y el aspecto gramatical: las partículas aspectuales son obviamente gramaticales, al combinarse con diferentes verbos, se revelan diferentes aspectos. Igual que en español, hay verbos que son incompatibles con ciertos aspectos gramaticales (tiempo y modo, etc.), las partículas aspectuales en chino tampoco son compatibles con todos los aspectos léxicos. Por ejemplo, en la oración (83.1c) de arriba, el verbo 贴 (pegar) es un logro en su aspecto léxico, la razón por la que en dicha oración parece un estado es por la combinación con la partícula 着 (aspecto progresivo). Es decir, si 贴 着 es un estado del cartel, "estar pegado", en una oración sin temporal explícito, indicaría el tiempo del presente; pero si fuera 贴了, el 了 (aspecto perfectivo) no cambiaría el aspecto léxico original del verbo, y lo que indicaría 贴 了 sigue siendo perfectivo, es decir, que el acto de pegar habría terminado, sería como "pegó, ha pegado".

Segundo, no han tomado en cuenta el papel temático de los SSNN que aparecen en las oraciones, que si fueran temas, las oraciones serían existenciales; si fueran pacientes, deberían ser pasivas. Por ejemplo, la oración (83.2b) de arriba, repetida en (88a), la consideramos una oración pasiva, en vez de existencial, porque sería perfecta la oración si añadiéramos un agente (88b). En comparación, en lugar de 了 (aspecto perfectivo), si fuera 着 (aspecto progresivo), no sería posible añadir dicho agente (89). En otras palabras, la combinación de aspecto léxico y aspecto gramatical lleva a ciertas restricciones, y también afecta al diagnóstico del papel temático de los SSNN, y esto decide, dicho de cierta manera, la definición de las oraciones existenciales y de apariencia.

(88) a. 桌子 上 放 了 一 个 杯子。

mesa encima poner asp. uno clasi. vaso

En la mesa, se ha puesto un vaso.

b. 张 老师 在 桌子 上 放 了 一 个 杯子。

Zhang profesor en mesa encima poner asp. uno clasi. vaso

El profesor Zhang, en la mesa, ha puesto un vaso.

(89) a. 桌子 上 放 着 一 个 杯子。

mesa encima poner asp. uno clasi. vaso

En la mesa, está puesto un vaso.

b. * 张 老师 在 桌子上 放 着 一 个 杯子。

Zhang profesor en mesa encima poner asp. uno clasi. vaso

* El profesor Zhang, en la mesa, está poniendo un vaso.

Digamos que, según nuestro punto de vista, los SSNN de estas oraciones tienen que ser tema, las oraciones describen sus estados de existencia, o ellos aparecen o desaparecen sin necesidad de causantes ni agentes. Creemos que la imposibilidad de la expresión implícita de un agente es un criterio muy importante para la definición de las oraciones de existencia y de aparición, para diferenciarlas de las oraciones pasivas. Al fin y al cabo, la combinación de partículas aspectuales " 了 (aspecto perfectivo)" o " 着 (aspecto progresivo)" no es decisiva, sino que lo es el papel temático que pueden llevar al final los SSNN. En la tabla (91) tenemos resumidos unos verbos han sido mencionados a lo largo de este apartado sobre la de estructura de las oraciones de existencia.

(90) Las partículas que han sido analizados en oraciones de existencia
- 了 : aspecto perfectivo eventivo
- 着 : aspecto progresivo eventivo, o indica un estado
- 过 : aspecto experiencial eventivo

(91) Verbos que han sido analizados en oraciones de existencia

Estado	是 ser, 有 haber, 多 sobrar, 缺 faltar		
Logro	贴 pegar, 放 poner, 挂 colgar		
Actividad	1) cambio de estado 坐 sentarse, 站 plantarse, 躺 tumbarse		
	2) movimiento 走 andar, 跑 correr, 飞 volar		
	3) 画 dibujar, 绣 bordar, 写 escribir		

Primero, digamos que 是 *(ser)* y 有 *(haber/ tener)* no suelen llevar partícula, para expresar tiempo que no sea presente, se puede usar adverbiales como 从前 *(pasado)*, 将来 *(futuro)*, así que digamos que los verbos de estado de existencia no suelen combinarse con las partículas. Por otro lado, se puede decir que la expresión del concepto del tiempo no depende de las partículas, sino que depende de los adverbios temporales. Si no aparece ningún adverbio temporal, habitualmente se deduce que las oraciones se refieren al presente.

Segundo, creemos que las oraciones con estructura de "V+ 过 " no deberían formar parte de oraciones porque: 1) esta estructura indica un evento de experiencia del pasado, el enfoque no es la existencia o la no-existencia, sino que es la influencia que ha dejado el evento: la pared está sucia porque ha sido pegado aquí un cartel (la oración de Song (1991), 83d)); 2) esta estructura suele llevar los verbos de aspecto de logro o realización, en sus oraciones con "V+ 过 "; en ellas no solo es muy fácil la recuperación de un agente, sino que el concepto de agente es imprescindible: el resultado final de un verbo de logro más 过 tiene que seguir siendo un evento, y no un estado: la pared está sucia porque alguien ha pegado aquí una cartel (se puede ver en la misma oración de Song (1991), 83d)), y el SN que lleva en esta estructura tiene que ser paciente. Por otro lado, las estructuras de "V+ 了 (le)" tampoco deberían formar parte de las oraciones de existencia, porque 1) igual que el caso que acabamos de analizar, en sus oraciones se puede recuperar fácilmente un agente, como la oración que hemos visto de Song (1991) (83.2b), la frase sigue siendo un evento, no un estado, y el SN que lleva es paciente, no es tema.

Entonces, según lo que analizamos digamos brevemente que los predicados de existencia serían aquellos donde hay verbos de estado, junto con verbos de logro y de actividades en combinación con la partícula 着 (zhe) (92). En los últimos casos, por la falta de agente, la construcción del "verbo+ 着 (zhe)" tiene que ir modificando el estado del SN que va detrás, en lugar de indicar que un agente que está en proceso de hacer algo (93)–(95).

(92) Predicados en oraciones de existencia

Estado	是 (shì) ser, 有 (yǒu) haber, 多 (duō) sobrar, 缺 (quē) faltar
Logro+ 着 (zhe)	贴 (tiē) pegar, 放 (fàng) poner, 挂 (guà) colgar
Actividad+ 着 (zhe)	1) cambio de estado 坐 (zuò) sentarse, 站 (zhàn) plantarse, 躺 (tǎng) tumbarse
	2) movimiento 走 (zǒu) andar, 跑 (pǎo) correr, 飞 (fēi) volar
	3) 画 (huà) dibujar, 绣 (xiù) bordar, 写 (xiě) escribir

(93) Con predicados de estados

a. 门 (mén) 口 (kǒu) 有 (yǒu) 一 (yī) 个 (gè) 人 (rén)。

puerta boca haber uno clasi. persona

A la puerta hay una persona.

b. 窗 (chuāng) 外 (wài) 是 (shì) 一 (yī) 个 (gè) 篮球 (lán qiú) 场 (chǎng)。

ventana fuera ser uno clasi. baloncesto campo

Fuera de la ventana es un campo de baloncesto.

(94) Con predicados de logros

a. 桌子 (zhuō zi) 上 (shàng) 放 (fàng) 着 (zhe) 一 (yī) 个 (gè) 杯子 (bēi zi)。

mesa encima poner asp. uno clasi. vaso

En la mesa, está puesto un vaso.

b. 墙　　上　　贴　着　海报。
qiáng　shàng　tiē　zhe　hǎi bào

pared encima pegar　asp. cartel

En la pared está pegado un cartel.

(95) Con predicados de actividades

a. 沙发　上　　坐　着　一　个　孩子。
shā fā　shàng　zuò　zhe　yī　gè　hái zi

sofá encima sentar　asp. uno clasfi. Niño

En el sofá está sentado un niño.

b. 天　　上　　飞　着　一　只　鸟。
tiān　shàng　fēi　zhe　yī　zhī　niǎo

cielo encima volar asp. uno clasfi. pájaro

En el cielo está volando un pájaro.

c. 信封　上　写　着　几　个　字。
xìn fēng　shàng　xiě　zhe　jǐ　gè　zì

sobre encima escribir　asp. unos clasfi. carácter

En el sobre están escritos unos caracteres.

En cuanto a los predicados de aparición, en principio, opinamos que la clasificación de Pan (2003) es interesante, y que están incluidos predicados 出现 *(aparecer)*, 消失 *(desparecer), así como* 发生 *(ocurrir)*, etc., pero hay que tener precaución con los verbos de movimiento con complemento direccional, porque en muchos casos los SSNN que llevan serían agentes en vez de tema, entonces no vemos el porqué de considerarlos predicados de aparición.

Resumiendo esta parte, hemos visto los criterios que se habían tomado para la definición y la clasificación de oraciones de existencia y aparición, y también hemos hecho unas breves consideraciones sobre las clasificación que han hecho los gramáticos de oraciones de existencia y aparición. Según nuestra opinión, hay que tener en cuenta tanto el criterio formal como el semántico. Lo formal significaría que tendrían un locativo al principio de las oraciones, seguido de unos verbos de existencia y aparición, así como un SN, es decir, su estructura sería "Locativo +V +SN". Semánticamente, también habría que tener en cuenta el papel temático del SN que, según nuestra opinión, siempre tiene que ser tema. Por lo tanto, están incluidos en las clasificaciones casos que según nuestros criterios no deberían estar incluidos. A continuación, vamos a ver con más detalle los diferentes componentes de las oraciones de existencia y aparición, primero, la parte preverbal, y segundo, su propiedad inacusativa.

3.3.2) Análisis gramaticales

Según hemos visto anteriormente, las oraciones de existencia y de aparición pueden tener una estructura compuesta por tres partes: una parte preverbal locativa, una parte de núcleo central verbal, y una parte posverbal nominal. En este apartado de análisis, vamos a ver con detalle cuestiones relacionadas con las primeras dos partes. Primero, en la parte preverbal, en oraciones en chino, aparte de los locativos, también pueden aparecer elementos pronominales, pero digamos que están más relacionados con el sentido posesivo en vez de con el existencial, por lo tanto, serían sujetos nominativos en lugar de dativos. Segundo, igual que los verbos de existencia y de aparición de español; en chino los verbos correspondientes también llevan propiedad inacusativa, además, la parte posverbal, que tendría que ser nominal, digamos que tiene que ser semánticamente tema y, además, tener interpretación partitiva. Es decir, el comportamiento de los SSNN en posición posverbal de dichas oraciones en chino refleja el *Efecto de definitud*.

3.3.2.1 Elementos preverbales, los locativos

La mayor discrepancia de los análisis de la parte preverbal locativa de oraciones de existencia y aparición en chino está en cómo se analiza: como adjuntos o como sujetos. Han tomado como ejemplo oraciones del tipo (96).

(96) 屋子 里 坐 着 一 个 人。
wū zǐ   lǐ   zuò   zhe   yī   gè   rén

Habitación dentro sentar asp. uno clasi. persona

En la habitación {hay una persona sentada/ está sentada una persona}.

Los que han tomado la postura de que el locativo es adjunto piensan que el SN final de la oración es el sujeto; y los que piensan que el locativo es sujeto piensan que hay que tratar el SN como objeto directo (Chen, 1957; Song 1984, etc.). Después de los años 80, se han empezado a analizar las oraciones utilizando un método llamado transformacional, que consiste en cambiar el orden de las oraciones ya analizadas como existenciales que tienen un orden de "Loc. + V + SN" al orden de "SN +V + Loc.". Si el resultado sigue siendo gramatical, se consideoa que son oraciones existenciales, por ejemplo (97). Denominan las oraciones que no permiten esta transformación, pero sí tienen la estructura de "Loc. + V + SN" oraciones pseudo-existenciales (98).

(97) a. 屋子　里 坐 着 一 个 人。

   Habitación dentro sentar asp. uno clasi. persona

   En la habitación {hay una persona sentada/ está sentada una persona}.

→ b. 那　个 人 坐 在 屋 里。

   aquel clasi. persona sentar en habitación dentro.

   Aquella persona está sentada en la habitación.

(98) a. 台　　上 唱 着 京 剧。

   Escenario encima cantar asp. Pekín ópera

   En el escenario se está/ están cantando ópera de pekín.

→ b. *京 剧 唱 在 台　上。

   Pekín ópera cantar en escenario encima.

   Ópera de Pekín canta en el escenario.

Desde nuestro punto de vista, este análisis demuestra que el SN que aparece en la oración tiene que ser tema desde otro ángulo, porque el papel temático paciente no permite que 京剧 (*ópera de Pekín*) sea sujeto de la oración (98b). Por otro lado, la oración, después de transformarse, es gramatical, pero no es existencial, porque no predica algo sobre la habitación, sino sobre 那个人 *(aquella persona)*. Por lo tanto, la posición preverbal de los locativos es obligatoria para las oraciones existenciales. Ahora bien, vamos a tratar la formación de la parte preverbal de las oraciones de existencia y de aparición que podrían estar formadas por los siguientes elementos.

1) Sustantivo locativo/ Sustantivo+ palabra locativa. Shi (1982) dice que en chino el uso de los sustantivos y los sustantivos locativos es diferente. Los sustantivos locativos pueden aparecer directamente después de preposiciones o verbos como 在 *(estar)*, 往 *(hacia)*, 去 *(ir)* sin la necesidad de usarla junto a palabras del tipo de 上 *(encima)*, 下 *(debajo)*, 里 *(dentro)*, 外 *(fuera)*. A los sustantivos que hacen referencia a un sitio, normalmente se los puede tratar como sustantivos locativos y pueden funcionar como sustantivo locativo. En las oraciones de existencia, es necesario que el sustantivo tenga sentido locativo. Si es solamente un sustantivo como 桌子 *(mesa)*, este tiene que estar acompañado por palabras locativas para denotar el sentido locativo y que sea apto para las oraciones existenciales. Encontramos más ejemplos en (99)-(101). De manera resumida, los sustantivos que hacen referencia a lugares pueden aparecer solo en la parte preverbal, pero resulta más natural si los acompaña una partícula locativa; los sustantivos que no pueden hacer referencia a lugares tienen que estar acompañados por alguna palabra locativa; mientras que los sustantivos puramente locativos no pueden aparecer junto a una palabra locativa.

(99) a. 宾馆 里 有 很多 客人。

hotel dentro haber/tener mucho huésped.

{Dentro del hotel/ en el hotel} {hay/*tiene} muchos huéspedes.

b. 宾馆 有 很多 客人。

hotel haber/tener mucho huésped

El hotel {*hay/ tiene} muchos huéspedes.

(100) a. 桌子 上 摆 着 几 本 书。

mesa encima colocar asp. unos clasificador libro

{Encima de la mesa/ En la mesa} están colocados unos libros.

b. *桌子 摆 着 几 本 书。

mesa colocar asp. unos clasificador libro

*Mesa están colocados unos libros.

(101) a. 北京 有 很多 古代 建筑。

Pekín haber/tener mucho antiguo arquitectura

Pekín *hay/ tiene mucha antigua arquitectura.

b. *北京 里 有 很多 古代 建筑。

*Pekín dentro haber/tener mucho antiguo arquitectura

{En Pekín hay/Dentro de Pekín}hay/*tiene mucha antigua arquitectura.

2) Los pronombres locativos, 那儿 *(alli)*, 这儿 *(aqui)*, etc. son los únicos pronombres que pueden aparecer en la parte preverbal de las oraciones de existencia. Los locativos tienen función anafórica, y tienen que tener un antecedente con la misma referencia para que se entiendan correctamente. Por lo tanto, comparado con los sustantivos locativos, no se puede usar los pronombres locativos sin contexto; si no, no se logra entender la referencia de los pronombres locativos. E igual que los sustantivos locativos, los pronombres locativos tampoco aparecen junto con las palabras locativas.

3) Las palabras locativas. Por ejemplo las palabras 上 *(encima, arriba)*, 下 *(debajo, abajo)*, etc. La combinación con 面 *(cara)*, 边 *(lado)* también hace que las palabras se conviertan en sustantivos: 上面 *arriba)*, 下面 *(abajo)*, 前面 *(delante)*, 后面 *(detrás)*. Como se ve en las siguientes oraciones (102).

(102) a. 上 有 天堂, 下 有 苏 杭。
shàng yǒu tiān táng xià yǒu sū háng

Arriba haber paraíso, abajo haber Su Hang.

Arriba (en el cielo) hay paraíso, abajo (en la tierra) hay Su y Hang.

(Suzhou, Hangzhou, nombres de ciudades)

b. 前 面 走 来 两 个 大 汉。
qián miàn zǒu lái liǎng gè dà hàn

delante cara andar venir dos clas. grande hombre

Por delante vienen andando dos hombres grandes.

La de arriba es la formación básica de la parte preverbal, se puede decir que el significado más importante de dicha parte es su significado locativo. A continuación vamos a hablar sobre la función gramatical y las características de los locativos. Después de los años cincuenta, la mayoría de los gramáticos consideraban que la parte preverbal locativa de las oraciones de existencia era un sujeto; pero después de los años ochenta, con el desarrollo de teorías de valencia y lingüística funcional, el problema de la función gramatical de la parte preverbal ha vuelto a interesar a los gramáticos.

En el primer capítulo ya hemos estudiado las características del sujeto en la lengua china, hemos tratado sus características sintácticas, semánticas y discursivas pues en realidad el sujeto es un concepto complejo que incorpora características de estos tres niveles. Fan (1996) ha sido la primera en proponer que hay que separar los tres niveles a la hora de hacer análisis gramaticales. El tema o tópico es un concepto importante del análisis discursivo, pero el sujeto es un concepto del nivel sintáctico. Y la diferencia entre tema y sujeto consiste principalmente en que 1) entre los sujeto y los predicados existen relación de selección, los verbos (y los adjetivos y sustantivos predicativos) pueden decidir el sujeto pero no el tema; 2) Los temas siempre aparecen en el primer lugar de las oraciones, no así necesariamente los sujetos; 3) Normalmente los sujetos no llevan preposiciones, pero los temas pueden llevar preposiciones; 4) Cuando no coinciden el sujeto y el tema, el sujeto está más cerca del predicado, dicho de otra manera, el tema está fuera del nivel jerárquico de Sujeto-Predicado.

Por lo tanto, según Pan (2003), considerando que la gramática de valencia trata la relación dependiente entre los verbos y los sustantivos expone que una estructura que tiene núcleo verbal, la relación entre un verbo y sus argumentos nominales puede ser sujeto-predicado y también puede ser predicado-objeto. Considera que los elementos posverbales son objetos, y si los elementos preverbales y el verbo tienen relación de selección, entonces son sujetos, si no, son adjuntos realizados como tópicos.

(103) a. 门 前 是 一 条 小 河。

Puerta delante ser uno clasi. pequeño río

Delante de la puerta es un pequeño río.

b. 家 里 有 五 个 房间。

casa dentro haber cinco clasi. habitación

En casa hay cinco habitaciones.

(104) a. 树 下 坐 着 一 个 老 人。

árbol debajo sentar asp. uno clasi. viejo persona

Debajo del árbol {está sentada una persona mayor/

hay una persona mayor sentada}.

b. 墙 上 挂 着 一 幅 画。

Pared encima colgar asp. uno clasi. cuadro

En la pared {está colgado un cuadro/ hay un cuadro colgado}.

Por eso, para dicho autor, salvo a los verbos 是 *(ser),* 有 *(haber/ tener)* y los demás verbos que son puramente existenciales (103), los demás locativos no pueden ser sujetos (104). Pero según nuestro punto de vista, si una persona se sienta, tiene que sentarse en un lugar, si una persona cuelga un cuadro, tiene que colgarlo en un sitio. Las oraciones de abajo justo son las que nos señalan dónde ocurren las acciones, pueden ser variables pero no pueden ser omitidas desde el punto de vista semántico. Por otro lado, no se puede prescindir de los locativos cuando la posición inicial está vacía (105). Al escuchar oraciones como estas, la primera reacción de la gente es preguntarse "¿dónde está sentada una persona mayor?", "¿dónde está colgado el cuadro?".

(105) a. *坐 着 一 个 老 人。

sentar asp. uno clasi. viejo persona

(Hay) sentada una persona mayor

b. *挂 着 一 幅 画。

Colgar asp. uno clasi. cuadro

(Hay) colgado un cuadro.

(106) a. ?那 个 老 人 坐。
^{nà} ^{gè} ^{lǎo} ^{rén} ^{zuò}

    Aquella clasi. viejo persona sentar

    Aquella persona vieja se sienta.

→那 个 老 人 坐 在 椅子 上。
^{nà} ^{gè} ^{lǎo} ^{rén} ^{zuò} ^{zài} ^{yǐ zi} ^{shàng}

    Aquella clasi. viejo persona sentar en silla encima.

    Aquella persona vieja se sienta.

  b. ?我 挂 一 幅 画。
^{wǒ} ^{guà} ^{yī} ^{fú} ^{huà}

    Yo colgar uno clasi. cuadro

    Yo cuelgo un cuadro.

→我 挂 一 幅 画 到 墙 上。
^{wǒ} ^{guà} ^{yī} ^{fú} ^{huà} ^{dào} ^{qiáng} ^{shàng}

    Yo colgar uno clasi. cuadro a pared encima.

    Yo cuelgo un cuadro a la pared.

Por otro lado, aunque transformamos estas oraciones a un orden no existencial, los locativos tampoco se pueden omitir en sentido estricto (106), si no, el proceso de la acción estaría incompleto. Estos diagnósticos han demostrado que los locativos son imprescindibles para dichos verbos; esto manifiesta que la propiedad existencial de estas oraciones, y se relaciona con la posibilidad de considerar los locativos como argumento.

En resumen, consideramos que las oraciones de existencia en chino tienen como sujeto los locativos que están en posición preverbal. Más adelante, también vamos a aportar análisis generativos para demostrar esto mismo. Aquí querríamos mencionar otros puntos que consideramos interesantes: como hemos dicho antes, los únicos pronombres permitidos en la posición preverbal son los pronombres locativos como 那儿 *(allí),* 这儿 *(aquí).* En español, existen oraciones como "Me falta café, Me sobran libros", pero en chino, si ponemos un pronombre personal, la oración ya no sería existencial, sino que tendría sentido posesivo (107). Esto, digamos que igual que la situación de los verbos psicológicos y de sentimiento, por la falta de cambio morfológico, no se sabe qué caso podría llevar los pronombres, porque los pronombres tienen una forma única. Por ejemplo, el carácter 我 (pronombre personal de primera persona singular) puede ser interpretado en español como "yo, me, mí", etc., es decir, morfológicamente no se puede diferenciar su caso. Por eso, digamos que en principio, estamos de acuerdo de la afirmación de antes, de que los pronombres locativos son los únicos pronombres que pueden estar en dicha posición en oraciones de existencia, porque los pronombres personales también tienen una estrecha relación con las oraciones con sentido posesivo.

(107) a. 我 缺 咖啡。
_{wǒ} _{quē} _{kā fēi}

Yo tener falta café.

Me falta café.

b. 我 多 书。
_{wǒ} _{duō} _{shū}

Yo tengo sobra libro

Me sobran libros.

Sin embargo, si combinamos los pronombres personales y los locativos, tendríamos un tipo de palabras locativas con referencia personal: 我这儿 *(yo...aquí)* 他那儿 *(él... allí)*, etc. Tienen sentido como "mi sitio, su sitio; el sitio donde estoy yo, el sitio donde está él", por ejemplo (108). Pero digamos que la parte de 我这儿 *(yo...aquí)* 他那儿 *(él... allí)* podría tener un estatus complejo de un pronombre personal y un locativo, y poder tener las dos interpretaciones en español. En nuestra opinión, tienden a ser sujeto personal con modificador locativo, a causa de ocupar la posición más alta de las oraciones. Si se quiere poner los locativos antes de los pronombres personales, ha de usarse una coma después de los locativos, lo cual les hace estar topicalizados (109). Por lo tanto, digamos que cuando hay un pronombre personal antes de los locativos, los locativos tienen que ceder la posición de argumento locativo y pasar a ocupar un lugar de modificador.

(108) a. 我 这儿 缺咖啡。
_{wǒ} _{zhè er} _{quē kā fēi}

Yo aquí faltar café.

Me falta café aquí/ Tengo falta de café aquí.

b. 他那儿多 书。
_{tā nà er duō} _{shū}

Él allí sobrar libro

Le sobran libros allí/ Tiene de sobra de libros allí.

(109) a. 这儿，我 缺咖啡。
_{zhè er} _{wǒ} _{quē kā fēi}

aquí yo faltar café

Aquí, me falta café/ aquí, tengo falta de café aquí.

b. 那儿，他多 书。
_{nà er} _{tā duō} _{shū}

allí él sobrar libro

Allí, le sobran libros/ allí, tiene de sobra de libros.

En resumen, en esta parte hemos revisado la formación básica de la parte preverbal de estas oraciones y las diferentes opiniones sobre la función que desempeñan los locativos en oraciones de existencia. Según nuestro análisis, creemos que los locativos en oraciones de existencia tienen que ser sujeto y funcionar como argumento externo de sus predicados. Por otro lado, los casos de los dativos, como en español, no existen en chino, porque los pronombres personales tienen una forma única, y cuando aparecen sin ningún marcador gramatical y al principio de las oraciones, se interpretan siempre como nominativo; por lo tanto, sus oraciones tienen una relación más estrecha con el significado posesivo, en vez de existencial.

A continuación, vamos a ver unas cuestiones relacionadas con el predicado.

3.3.2.2   La inacusatividad de los predicados de existencia y aparición

De acuerdo con estudios precedentes, los verbos de existencia y de aparición suelen ser analizados como verbos inacusativos y muchos estudios parten de esta hipótesis. La identificación del sujeto y el caso del SN posverbal están todos relacionados con la propiedad de los verbos inacusativos, a cuya estructura argumental le falta papel semántico agente y le falta la capacidad de asignar caso acusativo a su argumento interno. Sin embargo, hay algunos verbos inergativos y verbos transitivos que desafían la hipótesis de la inacusatividad de los verbos de existencia y aparición. Generalmente hay dos maneras en solucionar esta cuestión: revisar la hipótesis existente o proponer otra explicación alternativa para estos casos. Desde nuestro punto de vista, la segunda manera es más aceptable. En este apartado, vamos a intentar explicar por qué algunos verbos inergativos y verbos transitivos pueden aparecer gramaticalmente en estas estructuras desde el punto de vista sintáctico-semántica.

Ya sabemos que existe cierta tendencia a considerar los verbos existenciales como inacusativos. Normalmente, los verbos transitivos y los verbos inergativos son incompatibles con la estructura existencial. Sin embargo, en la lengua china, algunos verbos en oraciones existenciales son verbos transitivos. Estos verbos incluyen, como ya hemos mencionado en la primera parte de este sub-capítulo: 放 (poner), 挂 (colgar), 贴 (pegar) que indican la colocación de algo en alguna manera, y 写 (escribir), 印 (imprimir), 刻 (clavar), 绣 (bordar) que indican la creación de algo de alguna manera. Por ejemplo (110):

(110) a. 桌子 上 放 着 一 本 书。

mesa encima   poner asp. uno clasi. libro

En la mesa hay un libro puesto/ está puesto un libro.

b. 衣服 上 绣 着 很多 蝴蝶。

ropa encima bordar asp. mucho mariposa

En la ropa hay muchas mariposas bordadas/ están bordadas muchas mariposas.

También hay verbos inergativos que pueden aparecer en estas estructuras. Estos verbos incluyen los verbos de movimiento como 跑 (correr), 飞 (volar), verbos de sonido o de emisión de luz como 响 (soñar), 亮 (iluminar), 闪 (brillar), y verbos que indican postura como 站 (plantarse), 躺 (tumbarse), etc. Por ejemplo (111).

(111) a. 前面　走　着　一　个　人。

delante andar asp. uno clasi. persona

Delante hay una persona andando/ Delante anda una persona.

b. 门　　外　站　着　许多　人。

puerta fuera plantarse asp. mucho persona

Fuera de la puerta hay muchas personas plantadas /se plantan muchas personas.

Estos verbos amenazan la hipótesis de la inacusatividad de los verbos de existencia y de aparición. Hay que darles a estos casos una explicación de su gramaticalidad de su aparición en oraciones de existencia y de aparición. A continuación, vamos a probar que estos verbos transitivos e inergativos, cuando se usan en oraciones de existencia y de aparición, son derivados de verbos inacusativos.

3.3.2.2.1　Inacusatividad de los verbos transitivos en estas oraciones

Hay estudios que argumentan que los verbos de existencia y de aparición son verbos inacusativos desde el punto de vista del movimiento de los locativos (Li Y. H., 1990), del verbo ligero *existir* (Lin, 2001), y de la derivación lexical (Pan,1996). A continuación, vamos a exponer estas tres opiniones.

Li Y. H. (1990) observa que el único argumento de los verbos existenciales puede aparecer tanto en posición de sujeto (preverbal) como en posición de objeto (posverbal)[1] (112):

(112) a. 那　本　书　在桌子　上　放　着。

aquel clasi. libro en mesa encima poner asp.

Aquel libro está puesto en la mesa.

b. 在桌子　上　放　着　一　本　书。

en mesa encima poner asp. uno clasi. libro

En la mesa hay un libro puesto/ está puesto un libro.

---

[1] Aunque se nota que la semántica del argumento antepuesto y pospuesto no es totalmente igual, cuando aparece en posición de sujeto, es definido, cuando aparece en posición de objeto, es indefinido. Esta diferencia se debe a la propiedad de indefinitud del objeto, como hemos mencionado anteriormente, y este fenómeno, se denomina el Efecto de Definitud en el ámbito de estudio de los verbos inacusativos.

Por lo tanto, Li propone que la transformación de estas oraciones se debe al movimiento del locativo. Como la mayoría de los gramáticos, Li también considera los verbos existenciales como inacusativos, por eso solo tienen un argumento interno y no pueden asignar papel temático a la posición de sujeto. Así que cuando la posición de sujeto está vacía, es accesible para el argumento interno de los verbos inacusativos, su argumento interno, para que pueda satisfacer el filtro de caso. Entonces propone que la estructura de la oración (112a) de arriba sería (113).

(113) { 那 本 书ᵢ [在桌子 上 tᵢ 放 着]。
nà běn shū zài zhuō zi shàng fàng zhe
aquel clasi. libroᵢ [en mesa encima ti poner   asp.]
Aquél libro está en la mesa puesto. / Aquél libro está puesto en la mesa.

El argumento es "aquel libro" y, está en posición de sujeto, por eso puede llevar el caso nominativo, pero el papel temático está asignado a t_i, entonces podrían formar una cadena. Pero cuando el locativo se adelanta, no se puede decir (114) porque el chino es una lengua de carácter "head-final", pues el núcleo de un sintagma está al final, pero el verbo asigna caso a la derecha. Entonces, si un SN es generado en posición preverbal sin caso, tiene que moverse a la derecha del verbo para cotejar el caso, produciendo el ejemplo de (115)-(116). Entonces, la posición inicial de la oración queda vacía, y deja posición posible para el movimiento del locativo. La estructura resultante es (116).

(114) *在桌子 上   那 本 书 放 着。
zài zhuō zi shàng nà běn shū fàng zhe
en mesa encima aquel clasi. libro poner asp.
En la mesa el libro está puesto.

(115) e [在桌子 上 tᵢ 放 着 一 本 书ᵢ]
zài zhuō zi shàng fàng zhe yī běn shū
e [en mesa encima ti poner asp. uno clasi. libroi]
En la mesa se pone un libro. / En la mesa hay un libro puesto).

(116) 桌子 上ᵢ [tᵢ tⱼ 放 着 一 本 书ⱼ]
zhuō zi shàng fàng zhe yī běn shū
mesa encima [tᵢ tⱼ poner asp. uno clasi. libroⱼ]
En la mesa hay un libro puesto/ está puesto un libro.

No estamos totalmente de acuerdo con su análisis por los siguientes motivos. 1) La autora toma la posición preverbal como el lugar donde se genera el argumento sin mayor explicación, pero si se considera que es una estructura inacusativa, lo normal es tomar la posición posverbal como lugar de generación de su argumento, ya que debería ser un argumento interno. 2) El análisis de la autora intenta explicar la posible aparición de los locativos al principio de las oraciones, en vez de la inacusatividad de los predicados transitivos en oraciones de existencia. Desde nuestro punto de vista, la flexible posición del argumento interno ya es una característica de los verbos inacusativos.

Lin (2001) propone otra explicación para la aparición de verbos transitivos en oraciones existenciales. Considera que los verbos transitivos en oraciones existenciales se usan "existencialmente". Se observa que oraciones como (117a) se pueden parafrasear como (117b). Así, Lin (2001) propone que en el uso existencial de un verbo de acción es el resultado de la fusión del verbo de acción junto con uno abstracto existencial en la secuencia. Además, propone que los verbos de acción en chino no requieren un argumento externo agente y que el argumento externo, en realidad, es licenciado por un verbo ligero que domina el sintagma verbal del verbo de acción. Es decir, el sujeto agente no sería seleccionado por el verbo principal, sino por un verbo ligero más alto DO. Entonces, en las oraciones existenciales habría un verbo ligero más alto que el verbo existencial, llamado EXIST, que contendría el significado de "existir" y "ocurrir". Toma el locativo como especificador y el SV como su complemento. Lo siguiente es su análisis generativo (118).

(117) a. 炉子 上 放 着 一 锅 牛肉。
lú zi *shàng* *fàng* *zhe* *yī* *guō* *niú ròu*
estufa encima poner asp. uno olla ternera
En la estufa hay puesto / está puesto una olla de ternera.

b. 炉子 上 有 一 锅 牛肉。
lú zi *shàng* *yǒu* *yī* *guō* *niú ròu*
estufa encima haber uno olla ternera
En la estufa hay una olla de ternera.

(118) 炉子上放着一锅牛肉 (En la estufa está puesta una olla de ternera).
lú zi shàngfàng zhe yī guō niú ròu

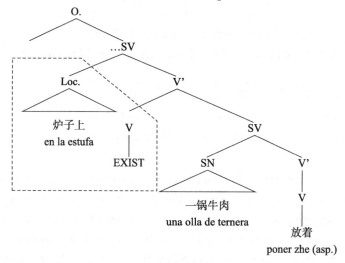

　　Lin (2001) señala que el verbo de acción 放 (poner) no selecciona ningún argumento externo. El siguiente diagrama (119) demuestra el resultado final de la realización de la oración. El locativo es licenciado por el verbo ligero EXIST. De este modo, el complejo verbal es el resultado de la fusión del verbo de acción que aparece en la estructura superficial 放 (poner) y un verbo ligero EXIST: poner +existencia, y se interpreta como "una existencia que lleva la manera de 'poner'". En suma, lo que propone la autora es que el verbo ligero EXIST tiene la función de especificador que licencia un locativo donde finalmente existe o ocurre algo según el verbo de acción.

(119) 炉子上放着一锅牛肉 (En la estufa está puesta una olla de ternera).

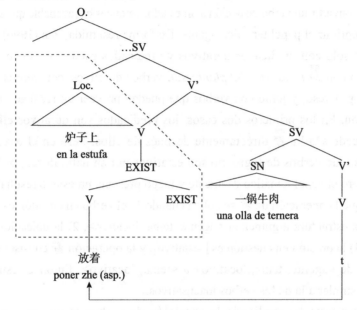

　　En general, estamos de acuerdo con su análisis; si bien, tiene un problema desde nuestro punto de vista. Con este análisis se supone que el agente del verbo de acción como 放 (poner) no es esencial para la estructura, y el sujeto locativo está licenciado por el verbo EXIST. Por lo tanto, esta propuesta estaría en contra de la teoría de estructura argumental de los verbos, que los argumentos son licenciados por el mismo verbo, como los participantes mínimamente involucrados en la actividad del predicado. Lo que nosotros pensamos es que la función de la partícula aspectual es esencial: lo que inhibe la aparición del agente no es el verbo ligero EXIST, aunque estamos de acuerdo en que su aparición también es de suma importancia, sino que es la partícula 着 (partícula aspectual progresivo). Como el verbo 放 (poner) tiene en su semántica léxica el aspecto de logro, en su uso agentivo no es compatible con la partícula aspectual progresiva, entonces, digamos que la aparición de dicha partícula lo convierte en un estado, concretamente, en un estado de existencia.

Otro análisis que nos parece interesante, y que además confirma nuestra opinión es lo propuesto por Pan (1996), inspirado por la teoría de Bresnan y Kanerva (1989). Propone que estos verbos transitivos se portan así en oraciones existenciales porque su papel temático agente está suprimido por un morfema parecido al morfema pasivo. Pan (1996) opina que los verbos transitivos como 放 *(poner)* son intrínsecamente inacusativos cuando aparecen en oraciones existenciales con locativos, y argumenta que estos verbos se convierten en inacusativos solo cuando viene detrás el morfema 着 . Según el autor, como la agentividad es incompatible con la estatividad que conlleva el morfema 着 tiene la función de convertir un verbo de acción a un estado, entonces es razonable que su naturaleza conduzca a suprimir el papel temático agente. De forma resumida, Pan (1996) cree que 着 es compatible solo con predicados durativos y predicados estativos, por lo tanto puede aparecer junto con 站 *(estar de pie/ plantarse)*, verbos durativos, con verbos que indican un estado en progreso, y junto con verbos que puedan proveer un resultado estativo con cierta duración. En los primeros dos casos, los predicados son durativos ellos mismos, así que se puede añadir 着 directamente después de ellos. Pero en el tercer caso, los predicados son de verbos de logro, no son estativos por su naturaleza, por lo tanto, 着 elimina primero el papel temático de agente y luego presenta un estado resultativo. Así, se puede decir que la operación de 着 se aplica cuando 1) el verbo en cuestión es un verbo de logro con una estructura argumental <agente, tema, locativo>, 2) la ubicación se basa en el tema SN, 3) la oración en cuestión es [-estativo], y la operación 着 consiste en convertir la estructura de <agente, tema, locativo> a <tema, locativo>. Entonces esta estructura semántica es similar a la de los verbos inacusativos.

Esta propuesta ha explicado la aparición de verbos transitivos en oraciones existenciales, así como los casos de alternancia transitivo-intransitiva desde el punto de vista semántico y sintáctico. Sin embargo, sintácticamente, no queda bien explicado cómo es el movimiento de argumento, el cotejo de casos, etc. Parece que la partícula 着 tiene una función diferente a la de los morfemas de inglés o de español (que cancelan el papel temático de agente en posición de sujeto, y absorben el caso acusativo en la posición de objeto). En chino solo suprime el papel temático de agente, pero no absorbe el caso acusativo en posición de objeto, porque el único argumento que se queda sigue siendo analizado como objetos quizá esta es la razón por la que muchos gramáticos tienden a poner el locativo en el hueco del sujeto.

3.3.2.2.2   Inacusatividad de los verbos inergativos en estas oraciones

Sobre la aparición de verbos inergativos en oraciones de existencia, también hay ciertos estudios interesantes. Sobre todo, Levin y Rappaport (1995) y Tang (2005).

Levin y Rappaport (1995) argumentan que, si se supone que el SP preverbal es un sujeto en algún punto de la derivación, según Chomsky (1981, 1986), el verbo que se encuentra en una construcción de inversión locativa tiene que ser un verbo inacusativo o un pasivo; es decir, este verbo no podría tener argumento externo. Pero si un verbo en una construcción de inversión locativa fuese un verbo inergativo, y por lo tanto tuviese que tener un argumento externo, la posición de sujeto tendría que ser una posición con papel temático, y el SP no podría estar en esta posición. Pero la Hipótesis de sujeto interno sugiere que todos los sujetos superficiales se originan dentro del SV, tanto para verbos transitivos, inergativos, como para verbos inacusativos, y luego se mueven a la posición del especificador del SV. Si se supone que los argumentos externos de los verbos inergativos se generan dentro del SV, sería legal que el SP se moviera a la posición del especificador del SV. Entonces, una vez que el SP se mueva al especificador de SV, esta posición ya no estaría disponible para el argumento externo del verbo inergativo. Este argumento podría moverse a la derecha del verbo, a una posición adjunta, una posición supuestamente enfocada. Por lo tanto, Levin y Rappaport (1995) proponen que, si se supone que este movimiento es necesario debido a la función discursiva de estructuras de inversión locativa, la derivación de estas estructuras con verbos inergativos podría ser como se ilustra abajo (120). Levin y Rappaport (1995) han evitado aclarar si el SP funciona como sujeto superficial en la gramática, pero aceptan que funciona como sujeto en algún punto en la proyección de la oración.

(120) a.

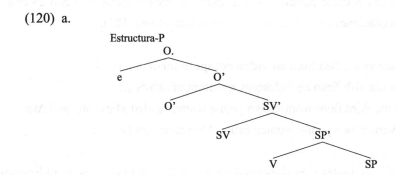

b.

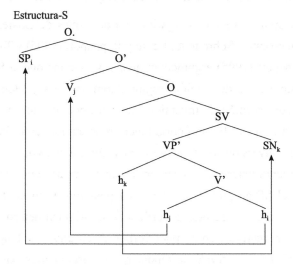

Esta propuesta ha explicado la posibilidad de la aparición de los verbos inergativos en estructuras existenciales pero, al mismo tiempo, explica que las oraciones de verbos inacusativos se proyectan de otra manera, diferenciándose principalmente en la posición de la generación del locativo en la estructura profunda. Digamos que esta manera de analizar no sirve para unificar a nivel teórico el comportamiento de los verbos en oraciones existenciales. Además, nos parece problemático que propongan que el argumento interno de los verbos inergativos se mueva a una posición adjunta.

Tang (2005), basándose en el análisis de la propuesta de Levin y Rappaport (1995), argumenta que los verbos inergativos en oraciones existenciales son verbos inacusativos que se han experimentado una inacusativización, de modo que en estas oraciones se incorporan los locativos correspondientes. Ha aportado nuevos ejemplos tanto en chino como en inglés de oraciones existenciales con verbos inergativos (121):

(121) a.   Inside swam fish from an iridescent spectrum of colors…/
     b.   * Swam fish from an iridescent spectrum of colors…;
     c.   On the third floor worked two young women called Maryanne and Ava…
     d.   * Worked two young women called Maryanne Ava Brent…

Estos ejemplos en inglés y en chino indican que el locativo preverbal es obligatorio en esta estructura. Así, esta condición hace que los verbos inergativos se conviertan en inacusativos en oraciones de existencia y de aparición. Además, el autor añade que los verbos inergativos en oraciones existenciales se transforman en inacusativos solo cuando aparece el locativo antes del verbo. Propone que 1) verbos como 游 *(nadar)* tienen dos usos, inergativo e inacusativo (funciona como inacusativo cuando aparece en oraciones existenciales). En otras palabras, él propone que hay un 游 *(nadar)₁* que es inacusativo y hay un 游 *(nadar)₂* que es inergativo. En realidad, esta opinión la comparten Huang (1987b), Li Y. H. (1990), Gu (1997), entre otros. 2) Estos verbos inergativos aparentemente inergativos sufren el proceso de inacusativización y luego entran en oraciones existenciales.

(122) a. 水 里 游 着 一 条 鱼。
　　　agua dentro nadar asp. uno clasi. pez
　　　En el agua nada un pez.

　　b. *游 着 一 条 鱼。
　　　Nadar asp. uno clasi. Pez
　　　?Nada una pez.

　　c. 这里 工作 着 很多 外国 人。
　　　aquí trabajar asp. mucho extranjero persona
　　　Aquí trabajan muchos extranjeros.

　　d. *工作 着 很多 外国 人。
　　　trabajar asp. mucho extranjero persona
　　　?Trabajan muchos extranjeros

En cuanto a sus propuestas principales, opinamos que la primera es razonable, pero en realidad hay muchos verbos como 游 (nadar) que puede tener diferentes usos en su lexicón y, como consecuencia, el número de ítems de los verbos aumenta. La segunda propuesta consiste en que los verbos inergativos se convierten en inacusativos tras un proceso de inacusativización, pero no está bien explicado dónde ocurre exactamente este proceso, en la estructura sintáctica o en el lexicón. Vamos a intentar hacer un nuevo análisis. Veamos primero la comparación entre los verbos inergativos convencionales y los inergativos en existenciales (123).

Semánticamente, se nota la diferencia de grado de agentividad del argumento 鱼 *(pez)* y 飞机 *(avión)*: en las primeras (123a) y (123c), son agentes y responsables de las acciones: en las segundas, en cambio, son como el tema de una existencia en algún lugar (123b) y (123d): 游着 *(nadando)* y 飞着 *(volando)*. De este modo, podríamos decir que los verbos inergativos se portan como inacusativos después del proceso de estativización, la propiedad de agentividad se convierte en una estatividad.

(123) a. 鱼 在 水 里 游 着。

pez en agua dentro nadar asp.

El pez está nadando en el agua.

b. 水 里 游 着 一 条 鱼。

Agua dentro nadar asp. uno clasi. pez

En el agua hay un pez nadando/ está pez un nadando.

c. 飞机 在 天 上 飞 着。

avión en cielo encima volar asp.

El avión está volando en el cielo.

d. 天 上 飞 着 一 架 飞机。

cielo encima volar asp. uno clas. avión

En el cielo hay un avión volando/ está un avión volando.

Digamos que la "estativización del verbo" es la base de que los verbos inergativos se conviertan en verbos inacusativos. Sin embargo, los verbos de existencia describen una eventualidad que lleva dos participantes: un tema, el elemento que se ve afectado, y un locativo, que hace referencia al lugar donde la entidad existe. Como hemos dicho antes, lo que hace la estativización es cambiar primero la estructura argumental del verbo inergativo, de <agente, locativo> a <tema, locativo>, y el resultado es la misma estructura argumental que los verbos inacusativos. Esta operación la podríamos considerar también como un proceso de tematización del agente. Y este proceso, al mismo tiempo, absorbe el caso acusativo de la posición de objeto y el tema agente en la posición de sujeto. A continuación, para cumplir el principio del filtro de caso, el locativo (uno de los argumentos internos) tiene que moverse a la posición de sujeto para ocupar el lugar de especificador y luego pasar el caso nominativo siguiendo la cadena a la posición del SN.

Basándose en el análisis de Levin y Rappaport (1995), Gu (1997) argumenta que la teoría de eliminación del agente de Pan (1996) ocurre en el nivel léxico-semántico, al igual que la operación de tematización. Esto se debe a que es un papel temático de un verbo y, antes de entrar en el nivel léxico-sintáctico, todavía no ha cogido una posición de argumento y no se ve controlado. Pero las dos operaciones son diferentes: la eliminación del agente se aplica con verbos transitivos, mientras que la tematización se aplica con verbos inergativos, aunque el resultado de las dos operaciones es la transformación a verbos inacusativos.

En esta parte de Inacusatividad de los predicados de existencia y de aparición, hemos visto separadamente los predicados transitivos y los inergativos en oraciones de existencia. Según lo que hemos visto, en principio, la aparición de la partícula 着^{zhe} es muy importante. Por su propiedad estativa, puede convertir a los transitivos y los inergativos en predicados estativos. Concretamente, inhibe la aparición del agente en construcciones de predicados transitivos, convirtiéndolos en predicados estativos, que describen el estado de existencia del objeto, cuyo papel temático sería tema. En construcciones de predicados inergativos, la partícula 着^{zhe} también funciona como un elemento que estativiza los eventos de los predicados, convirtiéndolos en estado, independiente de cómo llamemos, ya sea inacusativización o tematización, el resultado final es hacer que los verbos inergativos funcionen como verbos inacusativos. Por otro lado, generalmente, se considera que los casos de predicados de aparición y de existencia son similares y, por lo tanto, no hemos desarrollado un análisis específicamente para los predicados de aparición. En el epígrafe de nuestra propuesta, vamos a ver con más detalle los casos de predicados de aparición.

3.3.3 Nuestra propuesta

En este apartado, vamos a ver respectivamente los predicados de existencia y de aparición del chino en comparación con el español. Digamos que, en general, poseen muchos puntos en común, sobre todo en la estructura gramatical, básicamente compuesta por tres partes: un locativo inicial, un predicado, y al final un SN que funcionaría como argumento interno y que temáticamente sería tema. A continuación, focalizaremos en las similitudes, sobre todo de las estructuras cognitiva y formal, y luego las diferencias y las posibles causas con respecto a los diferentes tipos de predicado. Pero antes de todo, querríamos plantear nuestra propuesta de la clasificación de las oraciones de existencia y de aparición, pues no estamos totalmente de acuerdo con las de los demás gramáticos que hemos resumido en la primera parte. A la hora de hacer la nueva clasificación, también vamos a ofrecer las razones por las que la hacemos así.

Nuestra propuesta, en síntesis, sería la siguiente: primero, hemos hecho nuestra propia clasificación de predicados de existencia y de (des)aparición en chino. En general, serían tres grupos: predicados de existencia con verbos de relación, predicados de existencia con verbo de acción y predicados de (des)aparición (3.3.3.1). Segundo, basándonos en lo analizado anteriormente sobre el español (3.2.3.1), hemos intentado mostrar que el modelo cognitivo también funciona para el chino (3.3.3.2). Tercero, proponemos las estructuras generativas de los predicados de existencia y de (des)aparición en chino (3.3.3.3 y 3.3.3.4), con los locativos como argumentos externos y con un sintagma eventivo en su estructura.

3.3.3.1 Clasificación de los predicados de existencia y de aparición

Muchos verbos pueden aparecer en oraciones de existencia y de aparición, como ya hemos visto, además de considerarlos como verbos transitivos e inergativos, también pueden ser clasificados como verbos de relación y verbos de acción. Los primeros contienen el verbo copulativo 是 (ser), así como los verbos puramente existenciales 有 (haber/ tener) y 存在 (existir) que predica la existencia de algo en algún lugar. Los segundos contienen los verbos transitivos y verbos inergativos.

3.3.3.1.1 *Verbos de relación*

Se pueden usar los verbos de relación como 是 (ser), 有 (haber/ tener), 存在 (existir) en oraciones de existencia. Llamamos a estos verbos "verbos de relación" porque indican solamente una relación de existencia, es decir, la existencia de algo en algún lugar. No es una acción, es una existencia estativa, sin implicar ningún movimiento.

Primero, 是 (ser) y 有 (haber/ tener) son los verbos de relación más utilizados, normalmente antes de ellos no se emplean verbos modales y después de ellos tampoco se usan partículas aspectuales (124).

(124) a. 天 上 有 个 太阳。

Cielo encima haber clasi. sol.

En el cielo hay un sol.

b. 山 下 是 一 片 麦田。

montaña debajo ser un clasi. trigal

Debajo de la montaña es un trigal.

Segundo, también consideramos 存在 (existir) como un verbo de relación de existencia. En la mayoría de los casos, el verbo 存在 (existir) se usa junto con la partícula " 着 " que indica el estado "en proceso", como en (125). Pero también hemos encontrado ejemplos en los que el verbo 存在 (existir) se usa solo como 有 (haber/ tener) sin partícula (126):

(125) a. 在　地质　断裂　带　上　存在　着　地震　的　危险。
zài　dì zhì　duàn liè　dài　shàng　cún zài　zhe　dì zhèn　de　wēi xiǎn

En geografía fractura franja encima existir asp. terremoto auxi. peligro

En la zona de fractura existe peligro de terremoto.

b. 在他心　里　存在　着　对　老师　的　无限　感激。
zài tā xīn　lǐ　cún zài　zhe　duì　lǎo shī　de　wú xiàn　gǎn jī

en su corazón dentro existir asp. para profesor auxi. infinito agradecimiento

En su corazón existe un infinito gratitud hacia su profesor.

(126) a. 大脑　初级　视　皮层　中　存在　一　个　视觉　中心。
dà nǎo　chū jí　shì　pí céng　zhōng　cún zài　yī　gè　shì jué　zhōng xīn

celebro primario vista corteza dentro existir uno clasi. vista centro

En la corteza visual primaria del cerebro existe el centro visual.

b. 我　和她　之间　存在一　种　亲密　和　一　种　尴尬。
wǒ　hé tā　zhī jiān　cún zài yī　zhǒng　qīn mì　hé　yī　zhǒng　gān gà

yo y ella entre existir un tipo intimidad y uno tipo disgusto

Entre ella y yo existe un tipo de intimidad y también un tipo de disgusto.

Tercero, "V+ 有 (haber/ tener)". Este tipo de estructura expresa la existencia de algo realizando además una descripción del estado de su existencia. Según el estudio de Sun (1996), tres tipos de verbos pueden entrar en la estructura de "V+ 有 (haber/tener)": verbos transitivos de acción como 堆 (apilar), 盖 (cubrir), 缝 (coser), 铺 (extender), 绣 (bordar), 栽 (plantar), etc.; verbos transitivos que no indican acciones como 包含 (abarcar), 包括 (incluir), 含 (contener), etc. y verbos intransitivos, como 停 (parar), 坐 (sentarse), etc. En resumidas cuentas, son unos verbos que hemos analizado como transitivos e inergativos que no son de movimiento (127).

(127) a. 箱子　上　（写）　有　　　"小心易碎"。
xiāng zǐ　shàng　xiě　yǒu　xiǎo xīn yì suì

caja encima (escribir) haber "frágil, manejase con cuidado"

Encima de la caja hay (escrito) "frágil, manejase con cuidado".

b. 合同　中　（附）　有　技术　服务　条款。
hé tong　zhōng　fù　yǒu　jì shù　fú wù　tiáo kuǎn

contrato dentro (adjuntar) haber técnico servicio términos

En el contrato hay (adjuntado) términos de servicios técnicos.

Digamos que el núcleo de la estructura "V+ 有 (haber/ tener)" es " 有 (haber/ tener)", así la estructura entera funciona como un SV de relación existencial. La característica de esta estructura, comparada, consiste en que no se une con partículas aspectuales, del mismo modo que 有 *(haber/ tener)* existencial. Digamos que el núcleo es el verbo existencial, porque el verbo que va delante del 有 *(haber/ tener)* puede ser omitido.

3.3.3.1.2   Verbos de acción

Sobre el predicado, aparte de ser verbos de relación, también pueden ser verbos eventivos de acción, transitivos e inergativos. Pero hemos notado que su carácter como verbo agentivo ha sido atenuado. Suele ir acompañado por partículas aspectuales 着^{zhe} en oraciones de existencia. Cabe mencionar que según nuestro análisis, hemos descartado el uso de 了^{le} y 过^{guò} en oraciones de existencia, porque solamente la partícula 着^{zhe} tiene la función de estativizar un verbo eventivo, como hemos visto en la parte de análisis de inacusatividad así como en los análisis anteriores. De forma sucinta, solamente la partícula 着^{zhe} tiene la función de inhibir el papel temático de agente, o digamos, bajar el nivel de agentividad, porque es una partícula que indica estado.

En cuanto a las oraciones de aparición y desaparición, querríamos comentar algunas de las opiniones generalmente aceptadas por los gramáticos. Según la clasificación que hemos visto anteriormente (Pan, 2003 y otros), es posible la presencia de 了^{le} en oraciones de aparición. En cambio, 着^{zhe} no es compartible con oraciones de aparición y desaparición. Dado que las oraciones de aparición y desaparición se caracterizan por el cambio de estado, los verbos que pueden entrar en ellas tienen que tener la propiedad semántica de cambio de estado de "no existir" a "existir", pero 着^{zhe} indica algo diferente: un estado estativo sin cambio. La ilustración de Pan (2003: 46) (128), muestra que el desplazamiento de A a B (un ámbito determinado), de B a C se expresa normalmente con oraciones de aparición y desaparición. Los ejemplos de (129) son del mismo autor (Pan, 2003: 46) (129).

Según nuestra opinión, en esta observación ha confundido el concepto del cambio de estado (de "no existir" a "existir") con el concepto de cambio de localización. La ilustración de arriba podría ser interpretada como la entrada y salida de cierto ámbito, pero esto no es lo mismo que la entrada y salida del estado de existencia. Por lo tanto, consideramos que nuestra ilustración sería más adecuada (130). La aparición y desaparición serían el acaecimiento y el levantamiento de la existencia, no debería de tener que ver ni con el desplazamiento ni con el movimiento.

(128) Ilustración de aparición y desaparición de Pan (2003: 46)

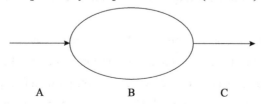

A   B   C

(129) a. 学校　里　进　来　了　几　个　陌生　人。

       colegio dentro entrar venir asp. unos clasi. desconocido persona

       Al colegio han entrado viniendo unos desconocidos.

   b. 动物园里　跑　了　几　头　大象。

       zoo   dentro correr asp. unos clasi. elefante

       Del zoo han escapado corriendo unos elefantes.

(130)

    Aparición   Desaparición

Además, insistimos en que el SN argumento participante de la aparición y desaparición tiene que ser semánticamente tema, pero no podemos decir que 几个陌生人 *(unos desconocidos)* ni 几头大象 *(unos elefantes)* de los ejemplos de arriba sean tema, sino que deberían ser analizados como agentes. Por lo tanto, según nuestro criterio, los verbos de aparición y desaparición serían 出现 *(aparecer),* 发生 *(ocurrir, suceder),* 产生 *(producirse),* 消失 *(desaparecer),* etc., los verbos de movimiento no deberían formar parte de los predicados de aparición ni desaparición.

Y es cierto que estos verbos 出现 *(aparecer),* 发生 *(ocurrir, suceder),* 产生 *(producirse),* 消失 *(desaparecer),* etc. son logros desde el punto de vista del aspecto léxico, y son compatibles con la partícula 了, además no llevarían agentividad en su semántica. Por lo tanto, la combinación de 着 con estos verbos es agramatical, porque no hay papel temático agente para que se absorba.

3.3.3.1.3. *Resumen parcial y propuesta de clasificación*

En el análisis de verbos de relación, hemos tratado los verbos 是 *(ser),* 有 *(haber/ tener),* 存在 *(existir)* y la construcción de "V+ 有 (haber/ tener)". Todos estos predicados expresan una relación: algo existe en algún lugar. Y esta relación es un estado estativo. Como hemos mencionado en varias ocasiones a lo largo de este capítulo, sobre todo en la parte de análisis de inacusatividad, hemos analizado que la combinación de "V+ 着 " también expresa un estado estativo de existencia, concretamente, el " 着 " puede inhibir la aparición de agente para los verbos transitivos y puede tematizar el sujeto de los verbos intransitivos para que se comporten como verbos inacusativos. Por lo tanto, el resultado es convertir los verbos transitivos e inergativos en verbos de estado.

En la parte de análisis de verbos de acciones, en principio hemos tratado los verbos que podrían aparecer en oraciones de aparición y desaparición. La conclusión de nuestro análisis sería, considerando el papel temático de los SSNN, que no son realmente de aparición y desaparición, sino que serían verbos de cambio de localización y movimiento, así que tendrían un SN argumento como agente, en vez de tema. Entonces, los verbos que consideramos aptos para el concepto de aparición y desaparición son los del tipo 出现 (aparecer), 发生 (ocurrir, suceder), 产生 (producirse), 消失 (desaparecer), etc. Resumamos nuestra clasificación en el cuadro siguiente (131).

(131) Oraciones de existencia y de aparición

Existencia	是 *shì* ser	门 *mén* 前 *qián* 是 *shì* 一 *yī* 条 *tiáo* 小 *xiǎo* 河 *hé*。 puerta delante ser uno clasi. pequeño río Delante de la puerta es un río pequeño.
	有 *yǒu* haber	桌子 *zhuō zi* 上 *shàng* 有 *yǒu* 一 *yī* 本 *běn* 书 *shū*。 mesa encima haber un clasi. libro En la mesa hay un libro.
	Ø	地 *dì* 上 *shàng* 一 *yī* 摊 *tān* 水 *shuǐ*。 suelo encima uno charco agua En el suelo hay un charco de agua.
	多 *duō* sobrar,	这 *zhè* 里 *lǐ* 多 *duō* 一 *yī* 本 *běn* 书 *shū*。 aquí sobrar uno clasi. libro Aquí sobra un libro.
	缺 *quē* faltar	家 *jiā* 里 *lǐ* 缺 *quē* 钱 *qián*。 casa dentro faltar dinero En casa falta dinero.
	V+ 有 haber	verbos tr.: 信封 *xìn fēng* 上 *shàng* 写 *xiě* 有 *yǒu* 地址 *dì zhǐ*。 sobre encima escribir haber dirección En el sobre hay escrito una dirección. verbos intr.: 门 *mén* 前 *qián* 停 *tíng* 有 *yǒu* 很 *hěn* 多车 *duō chē*。 puerta delante parar haber mucho coche. Delante de la puerta hay aparcados muchos coches.
	V+ 着	verbos tr. (estado estativo): 信封 *xìn fēng* 上 *shàng* 写 *xiě* 着 *zhe* 地址 *dì zhǐ*。 sobre encima escribir asp. dirección En el sobre hay escrito una dirección. verbos intr. (estado estativo/ dinámico): 路 *lù* 上 *shàng* 跑 *pǎo* 着 *zhe* 很多 *hěn duō* 车 *chē*。 camino encima correr asp. mucho coche En el camino hay corriendo muchos coches.

Aparición	出现 aparecer, 发生 ocurrir, 消失 desaparecer, etc.	gōng lù　　shàng　fā shēng　le　yī　qǐ　shì gù 公 路　 上　发 生 了 一 起　事故。 carretera encima ocurrir asp. uno clasi. accidente En la carretera ha ocurrido un accidente.

Un fenómeno que ya hemos visto, consiste en que, en chino los sustantivos pueden funcionar también como predicado, llamados predicados nominales. Esto sucede con los verbos existenciales también, pero no es posible la omisión del predicado verbal en todos los casos. En el siguiente capítulo, vamos a observar este fenómeno con más detalle.

Por otro lado, los predicados "V+有 (haber/ tener)" y "V+着" son muy parecidos. Presentamos los que pueden seguir en la estructura de "V+有 (haber/ tener)" en (132) y los que admiten la estructura "V+着" en (133). Con el listado, se ve mejor la diferencia entre estas dos estructuras: la de "V+着" es capaz de expresar un estado de existencia en movimiento, un estado dinámico, con verbos inergativos de movimiento; mientras que la estructura "V+有 (haber/ tener)" solo puede expresar estado estativo de existencia, porque al fin y al cabo, el núcleo verbal de "V+有 (haber/ tener)" es "有 (haber/ tener)", y el núcleo verbal de "V+着" es el V. Por lo tanto, "V+有 (haber/ tener)" expresa estado estativo de existencia y "V+着" expresa un estado dinámico o estativo que lleva el V.

(132) V+有 (haber/ tener):

    a. Verbos transitivos:

    A1. 穿 (vestirse), 放 (poner), 存 (depositar), 挂 (colgar),

        陈列 (exponer); etc.

    A2. 绣 (bordar), 织 (tejar), 印 (imprimir/estampar),

        刻 (tallar), 写 (escribir), 画 (pintar), etc.

    b. Verbos intransitivos:

    B1. 住 (vivir, alojarse), 生活 (vivir);

    B2. 站 (plantarse), 蹲 (encuclillarse), 停 (parar)

        趴 (tumbase con boca abajo), 躺 (tumbarse),

        跪 (enrodillarse), 坐 (sentarse); etc.

(133) V+ 着^{zhe} :

    a.   Verbos transitivos:

    A1. 穿^{chuān} (vestirse), 放^{fàng} (poner), 存^{cún} (depositar), 挂^{guà} (colgar),

        陈列^{chén liè} (exponer); etc.

    A2. 绣^{xiù} (bordar), 织^{zhī} (tejar), 印^{yìn} (imprimir/estampar),

        刻^{kè} (tallar), 写^{xiě} (escribir), 画^{huà} (pintar), etc.

    b.   Verbos intransitivos:

    B1. 住^{zhù} (vivir, alojarse), 生活^{shēng huó} (vivir);

    B2. 站^{zhàn} (plantarse), 蹲^{dūn} (encuclillarse), 停^{tíng} (parar)

        趴^{pā} (tumbase con boca abajo), 躺^{tǎng} (tumbarse),

        跪^{guì} (enrodillarse), 坐^{zuò} (sentarse); etc.

    B3. 飞^{fēi} (volar), 爬^{pá} (trepar), 走^{zǒu} (andar), 跑^{pǎo} (correr); etc.

Resumiendo la parte de análisis de predicados de existencia y de aparición en chino, hemos visto la función y algunas cuestiones relacionadas con la parte inicial de las oraciones, los locativos; hemos analizado la propiedad inacusativa de los predicados de existencia y, hemos hecho nuestra propia clasificación de las oraciones de existencia y de aparición en chino. A continuación, vamos a intentar a ofrecer unas propuestas nuestras comparando las oraciones en chino y en español.

3.3.3.2 Modelos de estructuras de oraciones de existencia y de aparición

La mayor similitud entre las construcciones de existencia y aparición en español y chino, consiste en su estructura básica: en ambos idiomas, en su orden no marcado, se exige 1) un locativo al principio de las oraciones, seguido por un SV conformado por 2) un predicado existencia, o de aparición, y 3) un SN, tema y con interpretación indefinida partitiva. A continuación, vamos ilustrar con más detalle estos puntos.

Primero, digamos que, tanto en chino como en español, en oraciones de existencia y de aparición, los locativos disponen de un papel especial. A diferencia de otras oraciones, en las que los locativos modifican y complementan el evento o estado, los locativos de oraciones de existencia y de aparición son protagonistas, es decir, la parte predicativa predica sobre los locativos. El orden no marcado será cuando los locativos estén en primera posición, como ya hemos analizado respectivamente en los epígrafes del chino y del español. Es cierto que no son sujetos convencionales nominativos, pero comparten propiedades comunes con ellos: son deícticos y pueden tener una referencia concreta y definida.

Efectivamente, existen diferencias entre los dos idiomas, debido a sus características. El chino es altamente analítico y menos flexivo; al contrario, el español es más flexivo en su forma. Por lo tanto, es aplicable el análisis de que en español, los locativos en posición de sujeto tendrían caso oblicuo (caso abstracto), con lo que estamos de acuerdo; mientras que no es posible aplicar dicho análisis al idioma chino, debido a que el caso no es una de las características del chino. Pero, por otro lado, tenemos razones para creer que, en ambos idiomas, la posición de generación de los locativos sería más alta que el SV, ya que no funcionan como adjuntos, ni son argumentos internos. Aparte del punto sintáctico, desde el punto de vista semántico, informativo así como cognitivo, la función de los locativos es similar: semánticamente, es un concepto imprescindible en la raíz semántica de los predicados de existencia y de aparición, y es definida y referencial; informativamente, es información conocida, sobre la que se predica la oración; cognitivamente, serviría como fondo y contexto. Hablando del fondo, he aquí otra pequeña diferencia: en chino, los pronombres personales, una vez aparecen al principio de las oraciones, con o sin la compañía de los locativos, se convierten en el sujeto gramatical de las oraciones, en vez de poder ser interpretados como dativos, ya que en chino no hay manera de analizar su caso.

Segundo, según nuestra opinión, en oraciones de existencia y de aparición, el único argumento interno de los predicados tendría que ser tema, y las oraciones disponen de una propiedad parecida a oraciones de voz media. La razón por lo que mencionamos la voz de las oraciones es que muchos gramáticos del chino no han tenido en cuenta el papel temático de dicho argumento, por lo que se incluyen bastantes oraciones con su argumento interno como paciente o agente, con lo cual no estamos de acuerdo.

Concretamente, como en las primeras dos oraciones de abajo (134), aunque también tienen la estructura de Loc.+V.+ SN, como se ve en la traducción en español, los SSNN, 杯子 (vaso), 汉字 (carácter chino), no son temas, sino que son pacientes, y las oraciones tendrían un agente indefinido. En las últimas dos oraciones, según nuestra opinión, el único argumento interno sería agente, y tienen la capacidad propia de ejercer un movimiento, debido a su característica indefinida, están en posición de objeto. Merece la pena mencionar que la estructura correspondiente de 飞进 (volar entrar) en español sería "entrar volando". La manera de moverse sería complemento, pero en chino los verbos del tipo 进 (entrar) cuando se encuentran después de otro verbo de movimiento, suele ser analizado como complemento direccional; así que, digamos que 鸟 (pájaro) tendría que ser el agente del acto núcleo de 飞 (volar). Por lo tanto, insistimos en que el papel temático del argumento interno sea tema, debería ser un requisito tanto en español como en chino.

(134) a. 桌　上　放　了　一　个　杯子。
zhuō shàng fàng le yī gè bēi zi

Mesa encima poner asp. uno clasi. vaso

En la mesa se ha puesto un vaso.

b. 纸　上　写　了　一　个　汉字。
zhǐ shàng xiě le yī gè hàn zì

Papel encima escribir asp. uno clasi. carácter chino

En el papel se ha puesto un carácter chino.

c. 房间　里　飞　进　一　只　鸟。
fáng jiān lǐ fēi jìn yī zhǐ niǎo

Habitación dentro volar entrar uno clasi. pájaro

En la habitación entra volando (volar entrando) un pájaro.

d. 动物园　里　跑　了　一　匹　马。
dòng wù yuán lǐ pǎo le yī pǐ mǎ

Zoo dentro correr asp. uno clasi. caballo

Del zoo ha escapado un caballo.

Asimismo, otra similitud que comparten el chino y el español sobre el argumento interno consiste en que este argumento tiene que tener interpretación indefinida partitiva. Este punto también tiene que ver con la propiedad inacusativa. Respectivamente, hemos analizado en los casos en chino y en español la propiedad inacusativa de los predicados de existencia y de aparición. En chino, sobre todo, según Zhao (2002), hay una fuerte tendencia a que los SSNN posverbales sean indefinidos, mientras que los preverbales sean definidos. Esto también puede justificar la propiedad indefinida de los argumentos internos de oraciones de existencia y de aparición sean indefinidos.

Tercero, la parte verbal. Desde el punto de vista semántico-cognitivo, los predicados de oraciones de existencia y de aparición son los predicados que llevan el significado de existencia y de aparición/ desaparición. Estamos de acuerdo con el análisis de que la aparición y la desaparición están en el punto inicial y final de estado de existencia. La aparición y la desaparición tienen que ocurrir en un lugar, pero digamos que es diferente a la entrada y salida de un lugar, por lo que podemos distinguir los verbos de aparición y desaparición con los verbos de movimiento. Por lo tanto, no estamos de acuerdo con la ilustración de Pan (2003), repetida en (135).

(135) Pan (2003), con lo que no estamos de acuerdo

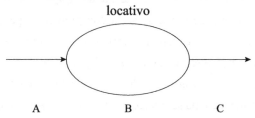

Opinamos que la ilustración de oraciones de existencia y de aparición en chino compartirían la misma estructura que lo que hemos propuesto para el español (136). La única diferencia entre esta ilustración y la del español está en el círculo del dativo, ya que en chino, los pronombres personales tienen privilegios sobre los demás elementos a la hora de ser sujeto gramatical, una vez aparecidos, no serán interpretados como fondo, sino como protagonista.

(136)

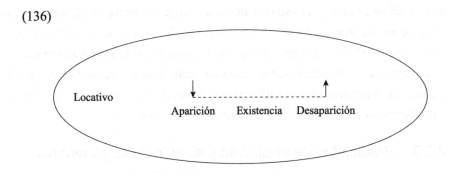

Desde el punto de vista sintáctico, opinamos que en la estructura de chino también existe un verbo ligero EXSITE o HAPPEN en su estructura correspondiente, que está en posición de núcleo del sintagma de evento, proponemos una estructura para oraciones de existencia y de aparición de chino como la ilustración de abajo (137).

(137) Estructura de oraciones de existencia y de aparición en chino

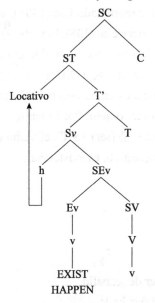

Según nuestra opinión, en chino, como algunos verbos ergativos también pueden entrar en la estructura existencial, se verían obligados a moverse a una posición previa a la de su argumento agente, así se quedaría en posición posverbal y le da la posibilidad de ser tematizado. En este tipo de casos, estos verbos van a moverse a la posición de complemento del núcleo del sintagma eventivo. En cambio, en los demás casos, los verbos inacusativos y transitivos van a tener su argumento directamente en posición posverbal, así que no les hace falta moverse.

Entre el idioma chino y el español hay muy larga distancia lingüística, los dos idiomas poseen muchas similitudes a la hora de analizar desde el punto de vista semántico y cognitivo, porque, al fin y al cabo, son idiomas humanos y la cognición humana es igual en sus aspectos fundamentales. Sin embargo, analizándolos desde una perspectiva sintáctica-formal, hallamos muchas diferencias concretas. A continuación, vamos a detallar las diferencias de las estructuras de existencia y de aparición.

3.3.3.3 Predicados de existencia y su estructura generativa

En este apartado, vamos a ver el comportamiento de los predicados de existencia en sus oraciones. Según nuestra clasificación propuesta anteriormente, vamos a analizar respectivamente el comportamiento de predicados del subtipo de 是 (ser), 有 (haber/ tener), verbos relativos, y su posible omisión; y luego los subtipos de "V+ 有 (haber/ tener)" y "V+ 着 ".

3.3.3.3.1 *El subtipo de* 是 *(ser),* 有 *(haber/ tener) y su posible omisión*

Estos verbos, según los ha denominado Fan (1996), son de relación porque conectan dos elementos, como por ejemplo ocurre en (138). El verbo 有 *(haber/ tener)*, cuando funciona como existencial, pone en relación un lugar y un objeto: no marca un tipo de pertenencia, sino la existencia de un objeto en un lugar. El verbo 是 *(ser)*, que suele ser usado para definir, en las oraciones existenciales ya no está tan relacionado con la definición, porque no se puede definir un lugar con un objeto. Por lo tanto, cuando el verbo 是 *(ser)* aparece en oraciones con estructura "Loc.+ 是 (ser) +SN", el verbo es existencial y la relación entre los dos elementos, locativo y sustantivo, es existencial.

(138) a. 他 是 工人。

El ser obrero.

El es obrero.

      b. 我　属　　　马。

Yo pertenecer/ser de caballo.

Soy de (el año de) caballo.

(139) a. <ruby>门<rt>mén</rt></ruby> <ruby>前<rt>qián</rt></ruby> <ruby>是<rt>shì</rt></ruby> <ruby>条<rt>tiáo</rt></ruby> <ruby>小<rt>xiǎo</rt></ruby> <ruby>河<rt>hé</rt></ruby>。

Puerta delante ser clasi. pequeño río

Delante de la puerta es un río pequeño.

b. <ruby>桌子<rt>zhuō zǐ</rt></ruby> <ruby>上<rt>shàng</rt></ruby> <ruby>有<rt>yǒu</rt></ruby> <ruby>一<rt>yī</rt></ruby> <ruby>本<rt>běn</rt></ruby> <ruby>书<rt>shū</rt></ruby>。

Mesa encima haber uno clasi. libro

En la mesa hay un libro.

(140) a. <ruby>桌子<rt>zhuō zǐ</rt></ruby> <ruby>上<rt>shàng</rt></ruby> <ruby>有<rt>yǒu</rt></ruby> （<ruby>一<rt>yī</rt></ruby>） <ruby>本<rt>běn</rt></ruby> <ruby>书<rt>shū</rt></ruby>。

Mesa encima haber (uno) clasi. libro

En la mesa hay un libro.

→ *<ruby>桌子<rt>zhuō zǐ</rt></ruby> <ruby>上<rt>shàng</rt></ruby> <ruby>有<rt>yǒu</rt></ruby> <ruby>那<rt>nà</rt></ruby> <ruby>本<rt>běn</rt></ruby> <ruby>书<rt>shū</rt></ruby>。

Mesa encima haber aquel clasi. libro

* En la mesa hay aquel libro.

b. <ruby>窗<rt>chuāng</rt></ruby> <ruby>外<rt>wài</rt></ruby> <ruby>是<rt>shì</rt></ruby>（<ruby>一<rt>yī</rt></ruby>） <ruby>片<rt>piàn</rt></ruby> <ruby>好<rt>hǎo</rt></ruby> <ruby>风景<rt>fēng jǐng</rt></ruby>。

Ventana fuera ser (uno) clasi. buen paisaje

Fuera de la ventana es un buen paisaje.

→ *<ruby>窗<rt>chuāng</rt></ruby> <ruby>外<rt>wài</rt></ruby> <ruby>是<rt>shì</rt></ruby> <ruby>那<rt>nà</rt></ruby> <ruby>片<rt>piàn</rt></ruby> <ruby>好<rt>hǎo</rt></ruby> <ruby>风景<rt>fēng jǐng</rt></ruby>。

Ventana fuera ser aquel clasi. buen paisaje

*Fuera de la ventana es aquel buen paisaje.

Los verbos de <ruby>是<rt>shì</rt></ruby> *(ser)* y <ruby>有<rt>yǒu</rt></ruby> *(haber/ tener)* no indican acciones, sino estados estativos, es decir, indican una relación de existencia de algo en algún sitio. Por lo tanto, estos verbos no necesitan agentes ni pacientes por su semántica y los objetos que existen ejercen el papel de tema en estas oraciones (139). Cabe mencionar que como las oraciones (140) no indican una relación atributiva, no podemos decir que los SSNN son atributos, sino que son objetos directos y su papel temático es tema. Cabe ilustrar con más detalle aquí el *Efecto de definitud*. Como se demuestra en los ejemplos de (140), la posición de objeto directo debería ser indefinida. Merece la pena explicar que, como en chino no existen artículos, ni definidos ni indefinidos, se toman como marcadores definidos los pronombres demostrativos y como marcadores indefinidos los clasificadores combinados con o sin el número uno (<ruby>一<rt>yī</rt></ruby>). En cuanto a su estructura generativa, digamos que sería la siguiente (141).

(141) 桌上有一本书。(En la mesa hay un libro.)

门前是一条河。(Delante de la puerta es un río.)

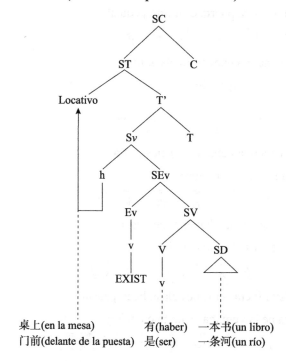

桌上(en la mesa)　　　　有(haber)　一本书(un libro)
门前(delante de la puesta)　是(ser)　一条河(un río)

El sintagma Ev también existiría en las estructuras correspondientes en chino. El especificador de dicho sintagma sería el locativo que finalmente, se mueve a la posición más alta del especificador del sintagma T. Los predicados existenciales se generan en la posición de núcleo del SV, con un complemento directo que es el SD correspondiente. Sin embargo, como hemos visto en la clasificación, existe la posibilidad de omitir los verbos existenciales relacionales, como ocurre en las siguientes oraciones (142). En estos casos, los verbos relacionales son muy parecidos a los verbos copulativos, que no tienen una semántica completa, en el sentido de que necesitan la combinación con otro elemento para cobrar la semántica completa. En nuestro caso, el argumento interno que llevan detrás. Y como ya hemos comentado, en chino, los nominales pueden funcionar directamente como predicados, denominados predicados nominales. Inspirados por Hale y Keyser (2002) y Tang (2010), queríamos proponer que aquí también ha tenido lugar la fusión, o sea, la conflación del argumento interno al núcleo verbal, tal y como lo que ocurre con los predicados nominales y adjetivales meteorológicos.

(142) a. 门 前 一 条 小 河。

Puerta delante uno clasi. pequeño río

Delante de la puerta hay un río pequeño.

b. 地 上 一 摊 水。

Suelo encima uno clasi. agua

En el suelo hay un charco de agua.

Concretamente, podríamos decir que en chino, para el predicado nominal, el núcleo conflado es N. Luego, igual que ocurre en español e inglés, el resultado final de los predicados adjetivales y nominales en chino también es una sola palabra. Podríamos decir que están también en la posición del núcleo V en lugar de su complemento N. Es decir, la realización final es un verbo. Al igual que sucede con el ejemplo en inglés "laugh (nom.) →laugh (v.)", en estos casos de predicados nominales en chino, el núcleo verbal también está totalmente vacío. Se puede ilustrar esta estructura de la siguiente manera (143), en las que la conflación implica una copia de todas las propiedades del núcleo N, y el resultado final es un verbo que lleva el significado del N.

(143)

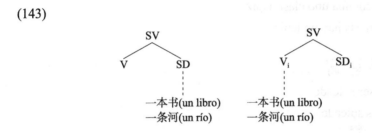

Intuimos que esta propuesta sería aplicable también a los demás casos, cuando los nominales y adjetivales funcionan como predicado. En comparación con el español, es una propiedad peculiar del chino: porque ni los verbos relativos, ni los copulativos se pueden omitir en español. Por otro lado, queríamos añadir un análisis más sobre la propuesta de la fusión del chino específicamente sobre la diferencia de la fusión del núcleo nominal y adjetival. La fusión de los predicados existenciales sería parecida a la fusión de predicado nominal de los predicados de fenómenos naturales, porque la fusión parte de un nominal también. La diferencia que queríamos añadir consiste en que los predicados adjetivos tienen una propiedad más fuerte de los predicados convencionales en comparación con los predicados nominales. Es así porque la fusión, o sea, la omisión del núcleo verbal es obligatoria cuando el complemento es adjetivo, pero es optativa cuando el complemento es nominal, como se puede observar en las oraciones siguientes (144)–(145).

(144) a. 今天 是 星期一。
　　　　jīn tiān shì xīng qī yī

　　　Hoy ser lunes

　　　Hoy es lunes.

　　b. 今天 星期一。
　　　　jīn tiān xīng qī yī

　　　Hoy lunes

　　　Hoy es lunes.

　　c. 今天 是 晴 天。
　　　　jīn tiān shì qíng tiān

　　　Hoy ser soleado día

　　　Hoy hace un día soleado.

　　d. 今天 晴 天。
　　　　jīn tiān qíng tiān

　　　Hoy soleado día

　　　Hoy hace un día soleado.

　　e. 桌 上 有 一 只 铅笔。
　　　　zhuō shàng yǒu yī zhī qiān bǐ

　　　Mesa encima haber uno clasi. lápiz

　　　En la mesa hay un lápiz.

　　f. 桌 上 一 只 铅笔。
　　　　zhuō shàng yī zhī qiān bǐ

　　　Mesa encima uno clasi. lápiz

　　　En la mesa hay un lápiz.

(145) a. *今天 是 晴。
　　　　　jīn tiān shì qíng

　　　Hoy ser soleado

　　　Hoy es soleado.

　　b. 今天 晴。
　　　　jīn tiān qíng

　　　Hoy soleado.

　　　Hoy es soleado.

　　c. *明天 是 阴。
　　　　　míng tiān shì yīn

　　　Mañana ser nublado

　　　Mañana será nublado.

　　d. 明天 阴。
　　　　míng tiān yīn

　　　Mañana nublado

　　　Mañana será nublado.

En este apartado hemos visto los predicados existenciales, comúnmente denominados relativos, de los verbos 是 *(ser)* y 有 *(haber/ tener)*, y hemos tratado lo que pasa en construcciones de fenómenos naturales: se permite la omisión del predicado nuclear, y este fenómeno puede ser explicado como la fusión de un núcleo nominal y el núcleo verbal que da como resultado un predicado nominal. Además, digamos que esta fusión es optativa para oraciones de existencia. Lógicamente, si la estructura es más completa, se empleará más en registros más formales; mientras que la variante que omite el verbo es menos completa y más informal. Cabe mencionar que los verbos de 多 (sobrar) y 缺 (faltar) no se consideran verbos de relación, debido a que tienen un contenido semántico concreto y completo, así que tampoco pueden ser omitidos en sus construcciones.

3.3.3.3.2   El subtipo de "V+有"

Como ya hemos visto brevemente, una de las estructuras existenciales es la de "Loc. + V+ 有 + SN". Repetimos los ejemplos en (146). Todos estos verbos V son de acción y podemos considerar que su combinación con 有 (haber/ tener) ha cambiado su propiedad de acción a estado. Estos verbos podrían ser transitivos e intransitivos. La combinación de los verbos de la lista con el verbo 有 (haber/ tener) no es la única manera de expresar esta idea, pero desde el punto de vista gramatical y semántica, es posible su combinación.

(146) a. con verbo tr.:

信封　上　写　有　地址。
<small>xìn fēng　shàng　xiě　yǒu　dì zhǐ</small>

sobre encima escribir haber dirección

En el sobre hay escrito una dirección.

b. con verbo intr.:

门　前　停　有　很　多车。
<small>mén　qián　tíng　yǒu　hěn　duō chē</small>

puerta delante parar haber mucho coche.

Delante de la puerta hay aparcados muchos coches.

Primero, vamos a tratar los verbos transitivos del primer grupo (147a). Semánticamente, los verbos de la agrupación A1 son acciones que necesitan un agente. El sustantivo objeto directo que funciona como argumento en estas estructuras es separable, o sea, despegable del lugar al que refiere el locativo. Para llevar a cabo las acciones de estos verbos, se necesitan dos argumentos: un agente y un paciente. Los objetos pacientes son objetos que ya existían antes de ser afectados por sus agentes, los verbos solamente cambian o afectan su forma o su lugar de la existencia de los objetos. Por ejemplo (148). Los verbos de la agrupación A2 también denotan acciones que hace falta un agente. La diferencia del último grupo consiste en que sustantivos que funcionan como su argumento interno en estas estructuras son inseparable/pegados al lugar que hacen referencia los locativos (149). Las demás características son muy parecidas a las de A1.

(147) V+ 有 (yǒu) (haber/ tener):

   a. Verbos transitivos:

   A1. 穿 (chuān) (vestirse), 放 (fàng) (poner), 存 (cún) (depositar), 挂 (guà) (colgar), 陈列 (chén liè) (exponer); etc.

   A2. 绣 (xiù) (bordar), 织 (zhī) (tejer), 印 (yìn) (imprimir/estampar), 刻 (kè) (tallar), 写 (xiě) (escribir), 画 (huà) (pintar), etc.

   b. Verbos intransitivos:

   B1. 住 (zhù) (vivir, alojarse), 生活 (shēng huó) (vivir);

   B2. 站 (zhàn) (plantarse), 蹲 (dūn) (encuclillarse), 停 (tíng) (parar) 趴 (pā) (tumbarse con boca abajo), 躺 (tǎng) (tumbarse), 跪 (guì) (enrodillarse), 坐 (zuò) (sentarse); etc.

(148) a. 她 塞 了 钱 到 红 包 里。
tā sāi le qián dào hóng bāo lǐ
Ella meter asp. dinero en rojo sobre dentro
Ella ha metido dinero en un sobre rojo.

   b. 他 挂 了 灯笼 在 门 口。
tā guà le dēnglong zài mén kǒu
Él colgar asp. farolillo en puerta boca
Él ha colgado farolillos a la puerta.

(149) a. 她 写 了 地址 在 信封 上。
tā xiě le dì zhǐ zài xìn fēng shàng
Ella escribir asp. dirección en sobre encima
Ella ha escrito la dirección en el sobre.

   b. 妈妈 绣 了 一 只 鸟。
mā mā xiù le yī zhǐ niǎo
Mamá bordar asp. uno clasi. pájaro
Mamá ha bordado un pájaro.

Las oraciones de existencia expresan la existencia de algo/alguien en algún sitio, desde el punto de vista de la formación estructural-semántica de este tipo de oraciones, los locativos son necesarios. Sin embargo, no podemos decir que los locativos son argumentos obligatorios de estos verbos en las oraciones de arriba, porque como se observa, para llevar a cabo las acciones correspondientes de los verbos, solamente el agente y el paciente son obligatoriamente seleccionados por los verbos. Sin embargo, cuando estos verbos aparecen juntos con el verbo 有 (yǒu) *(haber/ tener)*, la situación cambia.

(150)

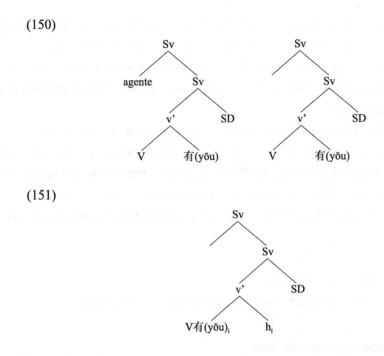

(151)

Hemos argumentado la propiedad inacusativa de estas estructuras, inspirada en la estructura inacusativa de español, pues queríamos proponer una estructura parecida, en la que el verbo 有 (haber/ tener) funcionaría como el elemento que absorbe la propiedad agentiva de estos verbos arriba mencionados. Por otro lado, opinamos que la propiedad de 有 (haber/ tener), al combinarse junto con otro verbo de acción, ya dejaría de funcionar como un núcleo verbal independiente; por su característica relacional, funcionaría como un tipo de partícula existencial. Entonces, proponemos las estructuras (150)-(151).

Digamos que la estructura original sería como la primera de (150), en la que el 有 (haber/ tener) está en posición de complemento del V. Lo que pasa primero debería ser la absorción del agente, después, sería la fusión del 有 (haber/ tener) al núcleo verbal. La estructura resultante sería como en (151). Las demás partes de la estructura arbórea serían iguales a lo comúnmente encontrado en oraciones de existencia: en la posición más alta hay un sintagma Ev, cuyo especificador es un locativo.

Ahora bien, ¿qué ha pasado con los verbos intransitivos del grupo (147b)? Los de B2, semánticamente, indican una acción, sin movimiento de un sitio a otro sitio. Podrían indicar acciones no durativas, por ejemplo: 蹲(acuclillarse) podría indicar el proceso "estar de pie→ doblar las rodillas→ finalmente estar en cuclillas (las asentaderas se acerquen al suelo o descansen en los calcañares)". También pueden indicar acciones durativas, por ejemplo, son compatibles con temporales que indica duración (152). En español, cuando se combina con temporales de duración, en vez de usar verbos, ha de usar expresiones durativas. Sobre estos verbos en chino, no se puede decir que posean un fuerte sentido eventivo, pero tampoco son estados, al igual que las acciones de los verbos de B1, 生 (shēng) 活 (huó) *(vivir),* 生 (shēng) 存 (cún) *(sobrevivir),* son eventos durativos pero no los llamaríamos verbos de estados. El único argumento de estos verbos tiene que ser animado, aunque creemos que demuestra menos agentividad.

En oraciones de existencia (153), siendo el único argumento del núcleo verbal, 有 (yǒu) *(haber/ tener)* tendría la función de tematizar el único argumento, y creemos que este proceso debería ser el primer paso. Así, los SSNN se generan directamente en la posición de objeto directo: la posición no agentiva, y a continuación, también se produciría la fusión del 有 (yǒu) *(haber/ tener)* al núcleo verbal. Se puede ilustrar de la siguiente manera (154).

(152) a. 蹲 (dūn) 了 (le) 很 (hěn) 久 (jiǔ)

acuclillarse asp. muy largo

Estar a cuclillas mucho tiempo/ * acuclillarse mucho tiempo

b. 站 (zhàn) 了 (le) 一 (yī) 个 (gè) 小时 (xiǎo shí)。

plantarse asp. uno clasi. hora

Estar de pie una hora/ *plantarse una hora

c. 坐 (zuò) 了 (le) 一 (yī) 整 (zhěng) 晚 (wǎn)

sentarse asp. uno entero noche

Estar sentado una noche entera/ *sentarse una noche entera

(153) a. 台 (tái) 上 (shàng) 坐 (zuò) 有 (yǒu) 一 (yī) 个 (gè) 主席团 (zhǔ xí tuán) 和几 (hé jǐ) 个 (gè) 老师 (lǎo shī)。

Escenario encima sentar haber uno clasi. tribunal y unos clasi. profesor

En el escenario hay sentado un tribunal y unos profesores.

b. 门 (mén) 前 (qián) 停 (tíng) 有 (yǒu) 很 (hěn) 多车 (duō chē)。

puerta delante parar haber mucho coche.

Delante de la puerta hay aparcados muchos coches.

(154)

Otra teoría que podría ser de nuestro apoyo es la de Jin L.X. y Wang H.W. (2014), que proponen que los verbos intransitivos podrían ser divididos en verbos ergativos y absolutivos, en los últimos están incluidos los verbos con propiedad inacusativa así como otros verbos que pueden tener su único argumento en posición tanto preverbal como posverbal. Esta teoría, aunque tiene diferencias con la nuestra, por lo menos, confirma que la aparición en posición de objeto directo del único argumento de estos verbos sería legal. El resto de esta estructura, igual que el caso anterior así como el resto de las oraciones existenciales, consiste en que en posición más alta, hay un sintagma Ev, cuyo especificador es un locativo.

Resumiendo este apartado, el punto crucial de la propiedad existencial de la estructura de "Loc. + V+ 有 (haber/ tener) + SN", es el 有 *(haber/ tener)*. Hemos propuesto su propiedad especial en estas oraciones: en vez de ser el núcleo verbal, funcionaría como un tipo de partícula existencial, que inhibe la aparición de agente de los verbos de acciones transitivos, y tematiza el único argumento de los verbos intransitivos. Luego pasa incorporándose al núcleo verbal V. La parte más alta de estas estructuras sería igual que el caso de los predicados relacionales: en posición más alta, hay un sintagma Ev, cuyo especificador es un locativo. Siendo oraciones existenciales, los locativos tendrían que ser un argumento del nuevo núcleo verbal "V 有 (haber/ tener)".

3.3.3.3.3   El subtipo de "V+ 着"

Ya hemos visto brevemente que otra de las estructuras existenciales es "Loc. + V+ 着 + SN". Repetimos los ejemplos aquí (155). Todos estos verbos V son verbos de acción, igual que el último caso. Podemos considerar que su combinación con 着 podría haber cambiado su propiedad de acción a estado. Estos verbos podrían ser transitivos e intransitivos (156). Queríamos decir que no es necesariamente la única manera de expresar lo mismo: la combinación de los verbos de la lista con el verbo 着, pero desde el punto de vista gramatical y semántico, es posible su combinación.

(155) a. Con verbos tr. (estado estativo):

信封　　上　　写　着　地址。

sobre encima escribir asp. dirección

En el sobre hay escrita una dirección.

　b. Con verbos intr. (estado dinámico):

路　　上　　跑　着　很多　车。

camino encima correr asp. mucho coche

En el camino hay corriendo muchos coches.

c. Con verbos intr. (estado estativo):

^{yǐ}椅^{zi}子 ^{shàng}上 ^{zuò}坐 ^{zhe}着 ^{yī}一 ^{gè}个 ^{rén}人。

Silla encima sentar zhe(asp.) uno clasi. persona

En la silla hay sentada una persona.

(156) V+ ^{zhe}着 :

a. Verbos transitivos:

A1. ^{chuān}穿 (vestirse), ^{fàng}放 (poner), ^{cún}存 (depositar), ^{guà}挂 (colgar), ^{chén liè}陈列 (exponer); etc.

A2. ^{xiù}绣 (bordar), ^{zhī}织 (tejer), ^{yìn}印 (imprimir/estampar), ^{kè}刻 (tallar), ^{xiě}写 (escribir), ^{huà}画 (pintar), etc.

b. Verbos intransitivos:

B1. ^{zhù}住 (vivir, alojarse), ^{shēng huó}生活 (vivir);

B2. ^{zhàn}站 (plantarse), ^{dūn}蹲 (encuclillarse), ^{tíng}停 (parar) ^{pā}趴 (tumbarse con boca abajo), ^{tǎng}躺 (tumbarse), ^{guì}跪 (enrodillarse), ^{zuò}坐 (sentarse); etc.

B3. ^{fēi}飞 (volar), ^{pá}爬 (trepar), ^{zǒu}走 (andar), ^{pǎo}跑 (correr); etc.

Se nota obviamente que los verbos transitivos son los mismos que pueden aparecer en una estructura con "V ^{yǒu}有 (haber/ tener)". Brevemente, son verbos que semánticamente necesitan un agente y hacen referencia a acciones eventivas. La diferencia entre los dos grupos consiste en que el objeto directo paciente del grupo A1 existe antes de la acción y puede ser movido por el agente, es decir, es separable de los locativos. El objeto directo del grupo A2 es algo que crea su agente, y el resultado de la creación es inseparable del lugar. Las oraciones de existencia expresan la existencia de algo/alguien en algún sitio, desde el punto de vista de la formación estructural-semántica de este tipo de oraciones, los locativos son necesarios. Sin embargo, no podemos decir que los locativos sean argumentos obligatorios de estos verbos del grupo a, porque para llevar a cabo la acción correspondiente de los verbos, solamente el agente y el paciente son obligatoriamente seleccionados por los verbos.

(157)

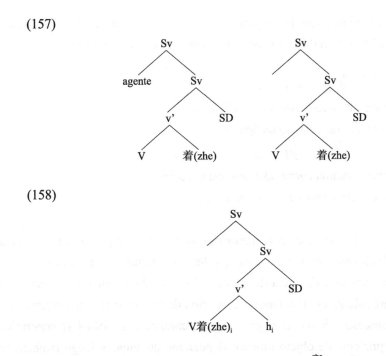

(158)

No obstante, cuando estos verbos aparecen junto con 着 (zhe) que denota estado, la situación cambia. Planteamos que 着 (zhe) funcionaría como un elemento que absorbe el papel temático de agente de estos verbos (157). Siendo una partícula aspectual estativa, finalmente va incorporada al núcleo verbal. La estructura final puede verse en (158). Muy parecido al último caso, tenemos aquí una partícula 着 (zhe), que por ser de propiedad estativa, primero absorbe el papel temático de agente y luego se incorpora al núcleo verbal. La parte más alta de estas estructuras sería igual que el caso de los predicados relacionales y el caso de "V 有 (yǒu) (haber/ tener)": en posición más alta, hay un sintagma Ev, cuyo especificador es un locativo.

Ahora bien, vamos a ver el segundo grupo, el de los verbos intransitivos. Ya hemos tratado en el apartado anterior los verbos intransitivos de B1 y B2. Resumiendo, en comparación con los verbos del grupo a, el nivel de agentividad de estos verbos es más bajo. Sus únicos argumentos son casi como temas, pero tienen que ser animados. En comparación con la estructura "V 有 (yǒu) (haber/ tener)", en el segundo grupo de los verbos de "V 着 (zhe)", aparte del B1 y B2, tenemos también un grupo B3, que son los verbos de movimiento. Semánticamente, estos verbos indican acciones agentivas durativas con movimiento. Estos verbos también son acciones, eventivos y agentivos, el único argumento es, al mismo tiempo, emisor de las acciones y receptor del resultado de las mismas. Este argumento se analiza como agente, no podría ser paciente. En oraciones de existencia, cuando se combinan con 着, la partícula 着 estativiza el verbo, y la construcción expresa un estado de existencia durativo con movimiento. Por ejemplo (159).

(159) a. 天 上 飞 着 一 只 鹰。

       cielo encima volar asp. uno clasi. águila

       En el cielo está volando un águila.

  b. 路 上 跑 着 一 辆 车。

       Carretera encima correr asp. uno clasi. coche

       En la carretera está corriendo un coche.

Lo que queríamos proponer es que, para estos verbos de este grupo b, la partícula 着 funcionaría también como un tematizador, que tematiza el único argumento de estos verbos. En las oraciones de existencia de arriba (159), siendo el único argumento del núcleo verbal, la partícula 着 estativa tendría la función de tematizar el único argumento. Creemos que este proceso debería ser el primer paso, entonces, los SSNN se generarían directamente en la posición de objeto directo: la posición de tema. Y luego también se produciría la fusión del 着 con el núcleo verbal. Se puede ilustrar de la siguiente manera (160). La parte más alta de estas estructuras sería igual que el caso de los predicados relacionales y el caso de "V 有 (haber/ tener)": en la posición más alta hay un sintagma Ev, cuyo especificador es un locativo.

(160)

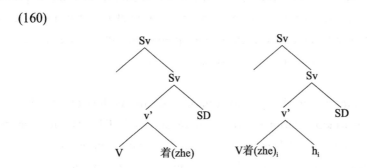

En comparación, la estructura "V 有 (haber/ tener)" y "V 着 " es muy parecida. El 有 *(haber)*, siendo de significado existencial, transforma los verbos con los que se combina a estado de existencia. La partícula 着, siendo de aspecto estativo, estativiza los verbos con los que se combina y convierte los verbos en estados, dinámicos o estativos. La base de ambas estructuras es la misma: un locativo que precede al predicado y un tema posverbal.

Resumiendo, en esta parte de propuesta de estructura de predicados de existencia, hemos trabajado sobre las estructuras del subtipo de verbos relacionales 是 *(ser),* 有 *(haber/ tener),* el subtipo de "V 有 (haber/ tener)" y "V 着 ". Siendo estructuras existenciales, el núcleo del sintagma Ev es EXIST, y en la posición del especificador de dicho sintagma se generan los locativos, que finalmente se mueven a la primera posición de las oraciones, quedándose en la posición del especificador de ST. Y la estructura SV se diferencia un poco dependiendo de la estructura. Los verbos relacionales existenciales pueden ser directamente el núcleo verbal del SV, pero también pueden ser omitidos, por su propiedad relacional, que no poseen un significado semántico totalmente completo. En este caso, los SSNN se incorporan a la posición de núcleo verbal, funcionando como predicados nominales. En los casos de los subtipos de "V 有 (haber/ tener)" y "V 着 ", existe la absorción o tematización del argumento agente. Según nuestra opinión, se puede interpretar 有 *(haber/ tener)* como un tipo de partícula existencial, mientras que el "V 着 " se interpretaría como una partícula estativa. Cuando están en estructuras existenciales, actúan sobre los agentes, ya que en las oraciones de existencia, el único argumento que se queda sería tema y en posición de objeto directo. A continuación, vamos a tratar los casos de predicados de aparición y desaparición.

3.3.3.4   Predicados de aparición/ desaparición y su estructura generativa

Entre los predicados de aparición y desaparición, según nuestra propuesta, están incluidos algunos verbos típicos como 出现 *(aparecer),* 发生 *(ocurrir),* 消失 *(desaparecer),* etc.; mientras que hemos excluido las demás construcciones analizados por los gramáticos, por ejemplo "V+ 了 / 过 ". La razón por la que las descartamos yaha sido explicada, brevemente dicho, es debido a que las partículas 了 / 过 no indican ni estado ni existencia: 了 marca la terminación de una acción, o el cambio de estado cuando se usa detrás de un adjetivo; 过 es un tipo de marcador de experiencia del pasado. Ninguno de ellos puede convertir a una acción en estado, entonces no tenemos porqué pensar que su estructura sea de existencia. Por otro lado, se ha analizado que cuando los verbos de movimiento de B3 de los verbos intransitivos de (156) se combinan con 了 , el predicado se convertiría en un predicado de desaparición, como por ejemplo (161). Como ya hemos aclarado, consideramos que el concepto de aparición y desaparición es el acaecimiento y levantamiento de la existencia, en vez de la entrada y salida de un lugar, por lo tanto, no creemos que las oraciones de abajo sean oraciones de desaparición. Más aun, los argumentos de ellos no son temas, sino que son agentes, otra razón que nos empuja a rechazar a estas oraciones.

Las oraciones que consideramos de aparición y desaparición son las que tienen un único predicado no agentivo y cuyo único argumento es tema. Semánticamente, no son durativos, sino instantáneos y resultativos. Por lo tanto, son compatibles con 了, marcador de terminación de una acción, pero no son compatibles con 着, la partícula estativa que supuestamente tiene la función de hacer estativa una acción, pero no hacer que una acción instantánea sea durativa (162).

(161) a. 笼子　里　飞　了　一　只　鸟。
jaula dentro volar asp. uno clasi. pájaro
De la jaula ha escapado volando un pájaro.

b. 动物园　里　跑　了　一　匹　马。
Zoo dentro correr asp. uno clasi. caballo
Del zoo ha escapado corriendo un caballo.

(162) a. 村子　里　出现　了　一　个　怪　人。
Pueblo dentro aparecer asp. uno clasi. raro persona
En el pueblo aparece una persona rara.

b. 公路　上　发生了　一　起　事故。
carretera encima ocurrir asp. uno clasi. accidente
En la carretera ha ocurrido un accidente.

(163)

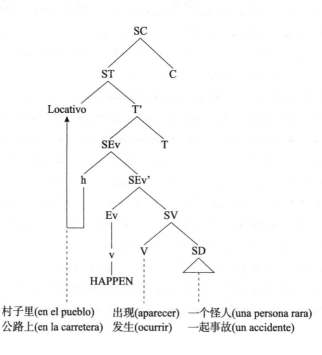

村子里(en el pueblo)　出现(aparecer)　一个怪人(una persona rara)
公路上(en la carretera)　发生(ocurrir)　一起事故(un accidente)

En cuanto a la estructura generativa, como ilustramos en (163) digamos que sería muy parecida a oraciones de existencia, con un argumento en posición de objeto directo, posición típica para los temas, y además tendrían que tener también un sintagma Ev, cuyo núcleo, sería HAPPEN, en vez de EXIST. Siendo el punto de partida y el punto de terminación del estado de existencia, los predicados de aparición de desaparición lógicamente serían muy parecidos a los de existencia. La única diferencia consistirá en el aspecto léxico, que los existenciales son de estados, mientras que los de aparición y desaparición son de logros. Y esta diferencia ha afectado definitivamente a la hora de proyectar su núcleo del SEv: los existenciales con EXIST, los de aparición y desaparición con HAPPEN.

3.3.4 Resumen de predicados correspondientes en chino

A lo largo de esta parte sobre los predicados de existencia y de aparición en chino, hemos visto, primero, la delimitación de oraciones de existencia y aparición, las discrepancias que tienen los gramáticos así como las estructuras básicas analizadas por diferentes gramáticos. Segundo, unos análisis de la parte preverbal, que se ocupa por los locativos, y la propiedad inacusativa de los verbos de existencia y de aparición, así como la propiedad indefinida y partitiva de los nominales posverbales que refleja el *Efecto de definitud*. Tercero, hemos propuesto algunas ideas sobre la clasificación, según la cual, estos verbos podrían ser divididos entre predicados con verbos de relación y predicados con verbos de acción; y claramente, las últimas construcciones son no agentivas. Se repite la clasificación en el cuadro de abajo (164), también los verbos que pueden entrar en estructuras de "V+ 有 (haber/ tener)" y "V+ 着 ", respectivamente en (165) y (166). Estos verbos transitivos e intransitivos son en principio, verbos de logro y de actividad. La diferencia consiste en que los verbos que pueden entrar en la estructura "V+ 着 zhe" aceptan algunos verbos de movimiento.

También hemos propuesto un modelo para las estructuras de existencia y de aparición desde el punto de vista cognitivo. En principio, esta estructura es igual que la estructura que hemos planteado en la parte del español, por lo tanto, no hemos hecho análisis y explicaciones repetitivas. En vez de esto, nos hemos concentrado en analizar el modelo propuesto por Pan (2003) y en demostrar desde otro punto de vista la racionalidad de nuestra propuesta de modelo.

(164) Clasificación de predicados de existencia y de aparición

Existencia	Con V. de relación	是 shì (ser); Ø
		有 yǒu (haber); Ø
		存在 cún zài (existir), 多 duō (sobrar), 缺 quē (faltar), etc.
	Con V. de acción	V+ 有 yǒu (haber)
		V+ 着 zhe (asp.)
Aparición y desaparición	Con V. de acción	出现 chūxiàn (aparecer), 发生 fā shēng (ocurrir), 消失 xiāo shī (desaparecer),etc.

(165) Verbos que pueden entrar en la estructura V+ 有 yǒu (haber):

    a.   Verbos transitivos:

    A1. 穿 chuān (vestirse), 放 fàng (poner), 存 cún (depositar), 挂 guà (colgar), 陈列 chénliè (exponer); etc.

    A2. 绣 xiù (bordar), 织 zhī (tejar), 印 yìn (imprimir/estampar), 刻 kè (tallar), 写 xiě (escribir), 画 huà (pintar), etc.

    b.   Verbos intransitivos:

    B1. 住 zhù (vivir, alojarse), 生活 shēng huó (vivir);

    B2. 站 zhàn (plantarse), 蹲 dūn (encuclillarse), 停 tíng (parar)

        趴 pā (tumbarse con boca abajo), 躺 tǎng (tumbarse),

        跪 guì (enrodillarse), 坐 zuò (sentarse); etc.

(166) Verbos que pueden entrar en la estructura V+ 着 zhe (asp.):

    a.   Verbos transitivos:

    A1. 穿 chuān (vestirse), 放 fàng (poner), 存 cún (depositar), 挂 guà (colgar),

        陈列 chénliè (exponer); etc.

    A2. 绣 xiù (bordar), 织 zhī (tejar), 印 yìn (imprimir/estampar),

        刻 kè (tallar), 写 xiě (escribir), 画 huà (pintar), etc.

b.   Verbos intransitivos:

B1.   住 (vivir, alojarse), 生活 (vivir);

B2.   站 (plantarse), 蹲 (encuclillarse), 停 (parar)

趴 (tumbarse con boca abajo), 躺 (tumbarse),

跪 (enrodillarse), 坐 (sentarse); etc.

B3.   飞 (volar), 爬 (trepar), 走 (andar), 跑 (correr); etc.

Por último, hemos ofrecido nuestra propuesta de estructura generativa de las oraciones de existencia y de aparición, como se ve en (167) y (168). Concretamente, cuando el núcleo verbal es cero, el argumento nominal se incorpora al núcleo verbal, funcionando como un tipo de predicado nominal, como se ve en (169). En cambio, cuando el núcleo verbal es de acción, en su estructura existen elementos " 有 (haber)" y " 着 " que absorben el papel temático agente que llevan los verbos, un hecho que los permite entrar en predicados que denotan existencia. El resultado sería como se puede ver en (170).

(167) 桌上有一本书。(En la mesa hay un libro.)

门前是一条河。(Delante de la puerta es un río.)

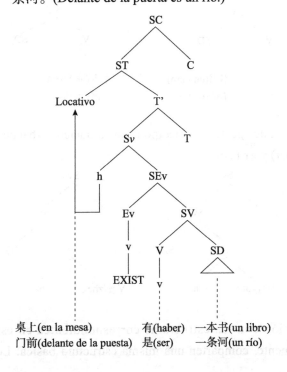

桌上(en la mesa)   有(haber)   一本书(un libro)
门前(delante de la puesta)   是(ser)   一条河(un río)

(168) 村子里出现了一个怪人。(En el pueblo ha aparecido una persona rara.)

公路上发生了一起事故。(En la carretera ha ocurrido un accidente.)

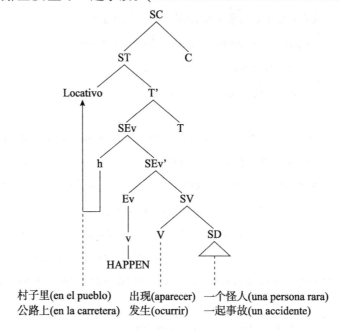

村子里(en el pueblo)　出现(aparecer)　一个怪人(una persona rara)
公路上(en la carretera)　发生(ocurrir)　一起事故(un accidente)

(169) Incorporación del SD al núcleo verbal

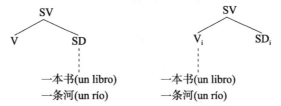

一本书(un libro)　　一本书(un libro)
一条河(un río)　　　一条河(un río)

(170) Absorción de agente y su incorporación al núcleo verbal de
有 (haber) y 着 (asp.)

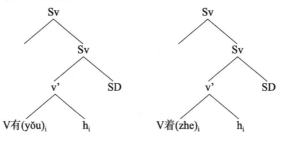

En comparación con las estructuras correspondientes en español, podríamos decir que, básicamente, comparten una misma estructura básica: Loc. + V. +SN. Los elementos preverbales son locativos que funcionarían como argumentos externos y sujetos gramaticales; mientras que los elementos posverbales son argumentos internos nominales que tienen papel temático tema y suelen ser indefinidos. En cuanto a la parte verbal, lo peculiar del chino consiste en que se podrían considerar las oraciones con estructura "V+ 有 (haber/ tener)" y "V+ 着 " como oraciones de existencia, cuya correspondencia de español sería "haber + pp." / "estar+ pp.". El hecho de que su argumento SN normalmente ocupe la posición pospuesta y que suela ser indefinido, nos han conducido a pensar que son más parecidas a "haber + pp." y por lo tanto sería de estructura puramente existencial.

En esta parte sobre los predicados de existencia y de aparición, no hemos hablado mucho sobre los dativos, ni sobre el orden de los elementos. En comparación con el español, por falta de desinencias verbales y personales, como por ejemplo la conjugación, el marcador de caso y demás marcadores gramaticales, es difícil decir qué función gramatical tiene un elemento solamente por su forma. Por ejemplo, "我" es un pronombre de primera persona del singular, su significado correspondiente en español, podría ser: yo (nominativo), mi (dativo), me (acusativo/ a mí, dativo). Por lo tanto, el orden de palabra es de suma importancia en chino, como ya hemos mencionado anteriormente. Es posible que un pronombre aparezca junto a los verbos existenciales, por ejemplo 有 *(haber/ tener)*, 多 *(sobrar)*, 缺 *(faltar)*, etc., pero los verbos ya no denotan existencia, sino de posesión: "tener, tener de sobra, tener menos que antes, etc.", se ve en los ejemplos de (171).

(171) a. 我 有 几 本 新 书。
$\quad$ Yo tener unos clasi. nuevo libro
$\quad$ Yo tengo unos libros nuevos.

b. 我 多 很多 大米。
$\quad$ Yo tener de sobra mucho arroz
$\quad$ Yo tengo mucho de sobra de arroz.

c. 我 缺 耐心。
$\quad$ Yo tener de falta paciencia
$\quad$ Yo tengo de falta paciencia.

(172) a. 我 这里 有 几 本 新 书。
$\quad$ Yo aquí tener unos clasi. nuevo libro
$\quad$ Yo, aquí, tengo unos libros nuevos.

b. *这里 我 有 几 本 新 书。
$\quad$ Aquí yo tener unos clasi. nuevo libro
$\quad$ Aquí yo tengo unos libros nuevos.

c. 我 家 里 多 很多 大米。
wǒ jiā lǐ duō hěn duō dà mǐ

Yo/ Mi casa dentro tener de sobra mucho arroz

Yo, en casa/ En mi casa, tengo mucho de sobra de arroz.

d. *家 里 我 多 很多 大米。
jiā lǐ wǒ duō hěn duō dà mǐ

Casa dentro yo tener de sobra mucho arroz

En casa yo tengo mucho de sobra de arroz.

e. 我 桌 上 缺 文件。
wǒ zhuō shàng quē wén jiàn

Yo/ Mi mesa encima tener de falta documento

Yo, en la mesa/ En mi mesa, tengo de falta documentos.

f. *桌 上 我 缺 文件。
zhuō shàng wǒ quē wén jiàn

Mesa encima yo tener de falta documento

En la mesa yo tengo de falta documentos.

Cuando los mismos pronombres van junto con locativos, su significado y función se parece a la de los dativos en español, en el sentido de que "un lugar donde estoy yo/ está él…", pero su posición en las oraciones siempre tiene que ser más alta que la de los locativos, como se ve en (172). En español, la relación entre los pronombres (nominativos o dativos) y los verbos es más estrecha, como hemos analizado en 3.2.3.1., pero en chino, como se ve en las oraciones (172), se puede insertar otros elementos entre el pronombre inicial y el predicado.

Por lo tanto, pensamos que no tiene mucho sentido hablar del dativo en chino, porque: primero, no se puede saber qué forma tienen los pronombres solamente según su forma; segundo, los predicados suelen dejar de ser existenciales cuando llevan pronombres personales. En los casos en los que se aparecen juntos los pronombres y los locativos, los podríamos considerar como un conjunto de la parte preverbal (pronombre + locativo), pero el significado de los predicados tiende a ser personal, o sea, sería mejor decir que esta parte preverbal incorpora pronombres con referencia locativa. La comparación de las oraciones gramaticales y agramaticales en (172) nos llevaría a pensar en que entre los elementos potenciales de ser sujeto, existiera una jerarquía; los pronombres personales tendrían prioridad para ocupar la posición inicial de las oraciones. La agramaticalidad de los ejemplos (b, d, f) se debe a que el pronombre está detrás de los locativos: si los locativos ocupan la posición inicial de las oraciones, tienden a ser sujeto de las oraciones, y las oraciones tendrían que ser existenciales, y no personales posesivas.

3.4 Recapitulación

En este capítulo, hemos visto respectivamente predicados de existencia y de aparición en español y en chino. Se puede decir que los dos idiomas comparten una estructura básica muy parecida: un locativo preverbal, un núcleo verbal y un argumento interno posverbal. Los locativos preverbales, en muchos casos, pueden estar implícitos tanto en chino como en español, cuando pueden sobreentenderse. En ambos idiomas, como hemos argumentado, podríamos decir que funcionan como argumentos externos, es decir, como sujetos gramaticales de las oraciones.

(173) a. 那 本 书 在 桌子 上 放 着。

aquel clasi. libro en mesa encima poner asp.

Aquél libro está puesto en la mesa.

b. 在桌子 上 放着 一 本 书。

en mesa encima poner asp. uno clasi. libro

En la mesa hay un libro puesto.

c. 钱 多 了。

dinero sobrar asp.

Dinero ha sobrado.

d. 多 钱 了。

sobrar dinero asp.

Ha sobrado dinero.

(174) a. *我在桌子 上 放 着 一 本 书。

Yo en mesa encima poner asp. uno clasi. libro

Yo estoy poniendo un libro en la mesa.

b. *一 本 书 在 桌子 上 被 放 着。

uno clasi. libro en mesa encima marc.pasividad poner asp.

El libro está siendo puesto en la mesa.

c. 我多 钱 了。

Yo tener de sobra dinero asp.

Yo ya tengo de sobra dinero.

d. *钱 被 多 了。

Dinero marc.pasividad sobrar asp.

El dinero ha sido sobrado.

Los elementos en la parte posverbal comparten propiedades con los objetos directos pero no los podemos analizar como objetos directos. Tanto en chino como en español, podemos decir que su lugar de generación es la posición posverbal, pero parece que no tienen caso acusativo, o sea, poseen también propiedad de ser sujeto.

Primero, en español, pueden mantener concordancia con los predicados, por lo que podemos decir que tienen caso nominativo; en chino, estos elementos pueden estar en posiciones tanto posverbales como preverbales, la última suele ser analizada como la posición de los sujetos gramaticales: por ejemplo (173), así como otros ejemplos analizados en la parte de análisis de 3.3. Segundo, este elemento tiene que ser un tema, en vez de paciente, por lo tanto, estas construcciones no pueden ser pasivizadas, ni pueden llevar otro argumento agente manteniendo el mismo significado, ni en español ni en chino, como podemos ver en (174): porque este argumento interno tema, sería el único argumento gramatical de los predicados de existencia y de aparición. Debido a estas razones, podríamos llegar a la conclusión de que estos predicados disponen desde cierto punto de vista, de la propiedad inacusativa.

En cuanto a la parte predicativa de estas construcciones, consideramos que el sintagma eventivo es imprescindible, EXIST/ HAPPEN, porque permite la generación de un argumento locativo, tanto en chino como en español, que finalmente sube a ocupar la posición inicial de sujeto gramatical. En general, los predicados de existencia tienen evento EXIST y los de aparición tienen en el núcleo del SEv HAPPEN. Esto también tiene que ver con el modo de acción: los predicados de existencia indican estados durativos, y los que indican (des)aparición es el acaecimiento y levantamiento de la existencia, así que son logros no durativos.

Cabe mencionar tres estructuras especiales de existencia en chino: los verbos 是 (ser) y 有 (haber/ tener) pueden ser omitidos, así que le deja al SN argumento a incorporarse al núcleo verbal funcionando como predicado nominativo; otras estructuras son las de "V+ 有 (haber/ tener)" y "V+ 着 ", en las que el V es verbo inergativo o transitivo, pero con la aparición de " 有 (haber/ tener)/ 着 (asp.)", analizados como tematizador/ estativador, las estructuras de "V+ 有 (haber/ tener)" y "V+ 着 " se comportan como construcciones de existencia y se especifica el modo de estar (a través de V) del argumento en su existencia.

CAPÍTULO 4

CONCLUSIONES

A lo largo de nuestro trabajo, hemos estudiado, primero, sobre la definición y el análisis del concepto de sujeto, y luego, en el segundo y tercer capítulo, hemos estudiado detalladamente las oraciones con predicados de fenómenos naturales y las oraciones con predicados de existencia y (des)aparición. En este apartado, vamos a resumir las conclusiones a que hemos llegado a lo largo del trabajo.

4.1 Sobre la sintaxis del chino

A través de los análisis del primer capítulo sobre el concepto de sujeto, hemos abordado la comparación de este concepto entre el español y el chino. Después de ver su definición, hemos descrito separadamente sus características sintácticas, semánticas, e informativas. Se puede decir que los sujetos en chino y en español manifiestan similitudes desde los puntos de vista semántico-cognitivo e informativo, pero sintáctica y formalmente, los dos idiomas exhiben muchas diferencias, entre las cuales la fundamental consiste en que al chino le faltan desinencias y marcadores de sujeto.

Desde nuestro punto de vista, esta diferencia fundamental es la causa de los siguientes fenómenos que afectan a nuestro estudio. Primero, por la falta de desinencia, el orden de palabras en chino es muy importante. El sujeto normalmente ocupa la posición inicial de las oraciones. Sin embargo, precisamente por ello, también se confunde con otros elementos que pueden estar en la posición inicial, por ejemplo, el tópico. En esta cuestión, creemos que se debería tener en cuenta no solo la posición que ocupan los elementos, sino también el análisis semántico de la estructura de valencia de los predicados. El sujeto, siendo una función gramatical, tiene que ser argumento de su predicado y la función de sujeto se ejerce según la jerarquía de "agente> instrumento> paciente…" (Fillmore, 1968). Tomando en consideración estas restricciones, creemos puede avanzarse en la diferenciación entre el sujeto y el tópico.

Segundo, en chino, no solamente la función de sujeto, ninguna función gramatical tiene una marca concreta o una desinencia específica. Incluso, a veces, el núcleo del predicado puede ser nulo, como hemos visto, ya que el verbo 是 *(ser)*, 有 *(haber/ tener)* puede estar inaudible. Por lo tanto, se dice en la gramática del chino que existen predicados nominales y predicados adjetivales, cuyo núcleo verbal del tipo 是 *(ser)*, 有 *(haber/ tener)* está en forma cero. En cuanto a este fenómeno, hemos propuesto una solución para su posible generación: nuestra opinión consiste en que ha tenido lugar una la incorporación o conflación (Hale y Keyser, 2002) de los nominales y adjetivales al núcleo verbal, cuyo resultado es que nombres y adjetivos funcionan al final como predicados. Aunque hay otras cuestiones que hemos tratado a lo largo de nuestro trabajo, consideramos que estos dos puntos son los que tienen mayor vinculación con nuestro tema y son las principales contribuciones con respecto a la sintaxis del idioma chino.

4.2 Oraciones con predicados de fenómenos naturales

En el segundo capítulo, hemos estudiado las oraciones con predicados de fenómenos naturales, en español y en chino. La primera aportación que hemos hecho a través de nuestro análisis consiste en nuestra clasificación de los predicados (1)-(2). He aquí la clasificación de los predicados de fenómenos naturales en español y en chino. Tanto en español como en chino, en general, la clasificación la hemos hecho según los criterios de la semántica léxica y según su formación. Como se ve en los gráficos de abajo (2), en chino, aparte de los predicados verbales, también tenemos predicados nominales y adjetivales. Con respecto a los predicados denominales y deadjetivales en español y los predicados nominales y adjetivales en chino, hemos propuesto que podrían formarse por la incorporación de los adjetivos y nominales al núcleo verbal, y funcionarían como predicados independientes en sus oraciones (*llover, aclarar;* 星期一 *(lunes),* 晴 *(soleado)*).

(1) Clasificación de predicados de fenómenos naturales en español

  a. Predicados simples:

     · Criterio 1: Según la semántica léxica

      Fenómenos meteorológicos de precipitaciones: *llover, nevar, granizar, ...*

      Fenómenos meteorológicos de no-precipitaciones: *tronar, relampaguear,...*

      Fenómenos cíclicos: *amanecer, anochecer, oscurecer, ...*

     · Criterio 2: Según su expansión argumental

      Verbos de movimiento/ emisión: *llover, nevar, tronar, relampaguear, ...*

      Verbos de cambio de estado: *amanecer, anochecer, oscurecer, ...*

     · Criterio 3: Según su formación

      Denominales: *llover, nevar, tronar, relampaguear, amanecer, anochecer, ...*

      Deadjetivales: *oscurecer, aclarar, ...*

  b. Predicados complejos:

     · Con verbos ligeros: *hacer, haber*

     · Con verbos copulativos: *ser, estar, ponerse, parecer*, etc.

(2) Clasificación de predicados de fenómenos naturales en chino

  a. Predicados verbales:

     · Predicados verbales de fenómenos meteorológicos:

      下　雨，下　雪，下　冰雹，打　雷，刮　风，...
      (xià yǔ, xià xuě, xià bīngbáo, dǎ léi, guā fēng)

      caer lluvia, caer nieve, caer granizo, emitir truenos, soplar viento, ...

     · Predicados verbales de fenómenos existenciales:

      有　雨，有　雪，有　风，....
      (yǒu yǔ, yǒu xuě, yǒu fēng)

      haber lluvia, haber nieve, haber viento, ...

  b. Predicados adjetivales:

     · Predicados adjetivales con relación predicativa, de cambio de estado:

     · de fenómenos naturales:

      晴　了，阴　了，冷　了，热　了，...
      (qíng le, yīn le, lěng le, rè le)

      solear asp. , nublar asp., refrescar asp., calentar asp.,...

     · de fenómenos cíclicos:

      黑　了，暗　了，亮　了，...
      (hēi le, àn le, liàng le)

      negrear asp., oscurecer asp., aclarar asp., ...

     · Predicados adjetivales con relación copulativa:

      晴，阴，冷，热，黑，暗，亮，....
      (qíng, yīn, lěng, rè, hēi, àn, liàng)

      soleado, nublado, frío, caluroso, negro, oscuro, claro, ...

c. Predicados nominales:

· Predicados nominales con relación copulativa:

星期一, 国庆节, 20 度, 两点, 春天, …
<small>xīng qī yī guó qìng jié dù liǎng diǎn chūn tiān</small>

lunes, Día Nacional, 20 grados, las dos horas, primavera, ...

En el caso del español, el núcleo verbal es incompleto y del tipo *-er, -ar;* en chino, el núcleo verbal es nulo Ø. En otras palabras, lo que hemos propuesto es que todos los predicados, incluidos los predicados simples, están formado por dos partes, un núcleo verbal y otra parte nominal o adjetival. En realidad, todos los núcleos verbales de los predicados de fenómenos naturales están incompletos desde algún punto de vista: o no tienen realización sintáctica completa (*-er, -ar,* o nulo Ø), o no tienen una semántica completa (los verbos ligeros: *hacer, haber;* 有 *(haber/ tener),* 下 *(caer),* 打 *(emitir);* los verbos copulativos: *ser, estar;* 是 *(ser)).* Podríamos decir que la parte que lleva la semántica de los predicados de fenómenos naturales están en los complementos verbales: los adjetivales y los nominales (*lluvia, nieve, trueno;* 雨 *(lluvia),* 雪 *(nieve),* 雷 *(trueno)).* Entonces, en general, se puede representar la generación de la parte predicativa de la siguiente manera (3).

(3)

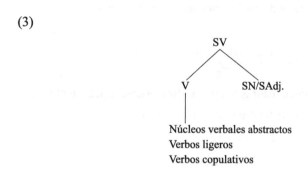

Después de resumir la parte de los predicados, nos centraremos en lo que hemos propuesto sobre la parte preverbal. Basándonos en Davidson (1967), asumimos que, en las oraciones con predicados de fenómenos naturales, existe un Sintagma de Evento. Dependiendo del predicado, el núcleo del SEv puede ser HAPPEN, EXIST o BE. En la posición del [Esp., SEv], se generarían los locativos. En comparación con la posición de [Esp., SV], donde se considera normalmente que se generan los sujetos de las oraciones, siendo argumento eventivo, estando en una posición más alta que la del [Esp., SV], y disponiendo de semántica concreta, puede concluirse que los locativos son aptos para la posición del [Esp., SFlex], es decir, son aptos para ser sujetos nocionales y estructurales de sus oraciones. Mientras que la posición de [Esp., SV], se figurarían unos elementos que se caracterizan por su propiedad incompleta, o sintáctica o semántica. Aquí resumimos de forma breve la generación de la parte preverbal de las oraciones con predicados de fenómenos naturales (4). Cabe subrayarse que esta operación funcionaría tanto para el español como para el chino.

(4)

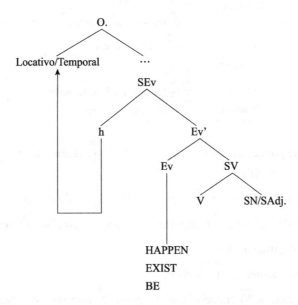

4.3 Oraciones con predicados de existencia y (des)aparición

En el tercer capítulo, hemos estudiado las oraciones con predicados de existencia y de (des)aparición, en español y en chino. La primera aportación que hemos hecho a través de los análisis de esta parte consiste en nuestra clasificación de estos predicados, sobre todo los del chino (5).

(5) Clasificación de predicados de existencia y de (des)aparición en español

   a. Predicados de existencia

     · *haber*

     · *oler, apestar...*

     · *decir, poner, constar, figurar,...*

     · *bastar, sobrar, valer, faltar, ser suficiente, ser bastante, estar bien,...*

   b. Predicados de suceso y (des)aparición

     · *suceder, ocurrir, pasar, acaecer, acontecer, aparecer, desaparecer, ...*

(6) Clasificación de predicados de existencia y de aparición

Existencia	Con V. de relación	是 (ser); Ø
		有 (haber/ tener); Ø
		存在 (existir), 多 (sobrar), 缺 (faltar), etc.
	Con V. de acción	V+ 有 (haber/ tener)
		V+ 着 *(asp.)*
Aparición y desaparición	Con V. de acción	出现 (aparecer), 发生 (ocurrir), 消失 (desaparecer), etc.

(7) Verbos que pueden entrar en la estructura V+ 有 (haber/ tener):

    a.   Verbos transitivos:

    A1. 穿 vestirse, 放 poner, 存 depositar, 挂 colgar, 陈列 exponer,…

    A2. 绣 bordar, 织 tejer, 印 imprimir, 刻 tallar, 写 escribir, 画 pintar,…

    b.   Verbos intransitivos:

    B1. 住 vivir/ alojarse, 生活 vivir;

    B2 站 plantarse, 蹲 encuclillarse, 停 parar, 趴 tumbarse con boca abajo, 躺 tumbarse con boca arriba, 跪 enrodillarse, 坐 sentarse,…

(8) Verbos que pueden entrar en la estructura V+ 着 :

    a.   Verbos transitivos:

    A1. 穿 vestirse, 放 poner, 存 depositar, 挂 colgar, 陈列 exponer,…

    A2. 绣 bordar, 织 tejer, 印 imprimir, 刻 tallar, 写 escribir, 画 pintar,…

    b.   Verbos intransitivos:

    B1. 住 vivir/ alojarse, 生活 vivir;

    B2. 站 plantarse, 蹲 encuclillarse, 停 parar, 趴 tumbarse con boca abajo, 躺 tumbarse con boca arriba, 跪 enrodillarse, 坐 sentarse,…

    B3. 飞 volar, 爬 trepar, 走 andar, 跑 correr,…

      Sobre la generación de las estructuras, al igual que se ha propuesto para los predicados de fenómenos naturales, la parte SV, en chino, podría existir también el fenómeno de conflación (Hale y Keyser, 2002), cuando los núcleos verbales 是 *(ser)*, 有 *(haber/ tener)* se ven omitidos y los argumentos internos se incorporan a la posición del núcleo verbal ejerciendo la función del predicado. Dicha incorporación también

ocurre en estructuras en chino de "V+ 有 (haber/ tener)" y "V+ 着 (asp.)", en las que la
incorporación de las partículas existencial y estativa absorbe el agente del núcleo verbal.
Tanto en español como en chino, el argumento interno de los predicados de fenómenos
naturales es nominal. En general, se puede simplificar la generación de la parte del
predicado del español y del chino con el gráfico de abajo (9).

En cuanto a la parte preverbal, igual que los predicados de fenómenos naturales,
en la estructura de los predicados de existencia y de (des)aparición también existe
el Sintagma Eventivo de Davidson (1967), cuyo núcleo es HAPPEN, EXIST o BE
dependiendo del núcleo verbal. Siendo predicados de existencia y de (des)aparición, en la
posición de [Esp., SEv] se pueden generar los locativos. Estos locativos, por las razones
arriba mencionadas, siendo argumento eventivo, estando en una posición más alta que
el [Esp., SV], y disponiendo de semántica concreta, son aptos para la posición del [Esp.,
SFlex], es decir, son aptos para ser sujetos nocionales y estructurales de sus oraciones y
pueden subir a la posición del sujeto sintáctico de las oraciones.

(9)

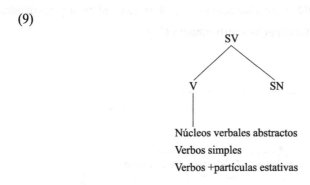

(10)

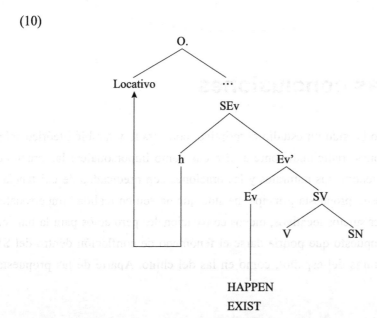

Dicha operación puede ser representada con el siguiente gráfico (10). Opinamos que esta operación funcionaría tanto para el español como para el chino, solo que en español tenemos un tipo de locativo humano, que son los dativos, que pueden también aparecer en la posición de los locativos; mientras que en chino, dicho locativo humano se confunde con los pronombres personales (nominativos) y las oraciones resultantes suelen ser analizadas como oraciones con sujetos personales.

Además de la estructura generativa, también hemos aportado un modelo cognitivo de los predicados de existencia y de (des)aparición que también se puede aplicar a los predicados de fenómenos naturales: los locativos/ temporales como el fondo y el predicado como la figura. Las figuras de existencia, aparición y desaparición serían las siguientes: la aparición y la desaparición es el punto de comienzo y el punto final del proceso de existencia (11). Además, cabe destacar que, en nuestra opinión, la aparición y desaparición es el acaecimiento y levantamiento del estado de existencia y no deberían estar incluidos movimientos de un espacio a otro espacio (11).

(11)

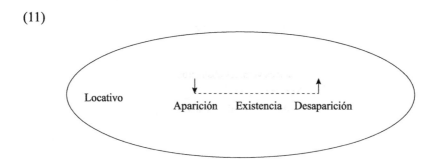

4.4 Últimas conclusiones

Nuestro trabajo ha sido un estudio descriptivo, comparado y también teórico sobre dos tipos de oraciones tradicionalmente analizadas como impersonales: las oraciones con predicados de fenómenos naturales y las oraciones con predicados de existencia y (des)aparición. Nuestra propuesta principal ha sido que no son en realidad impersonales, porque podrían tener sujetos locativos, menos convencionales pero aptos para la función. Además, hemos propuesto que podría darse el fenómeno de conflación dentro del SV, tanto en las estructuras del español, como en las del chino. Aparte de las propuestas formal-generativas, también hemos aportado un modelo cognitivo para los predicados de existencia y de (des)aparición.

Desde nuestro punto de vista, las conclusiones obtenidas en esta tesis podrían tener continuidad en otros trabajos de ampliación y profundización. Entre otras cosas, cabría extender el análisis formal y el modelo cognitivo propuesto a otros tipos de oraciones impersonales. Igualmente, sería posible realizar un estudio más sistemático y detallado sobre la propiedad inacusativa de los predicados impersonales.

BIBLIOGRAFÍA

Abney, S. (1987), *The noun phrase in its sentential aspect*. Tesis doctoral: MIT.

Ahumada Lara, I. (1989), "La definición de los verbos unipersonales naturales", en I. Ahumada, *Aspectos de la lexicografía teórica*. Granada: Servicio de Publicaciones de la Universidad.

Alarcos Llorach, E. (1994), *Gramática de la lengua española*. Madrid: Espasa Calpe.

Alsina, A. y Vigo, E. (2014), "Copular inversion and non-subject agreement". *Proceedings of the LFG14 conference, 5–25.*

Alcina Franch, J. y Blecua J. (1975), *Gramática española*. Barcelona: Ariel.

Arencon Osuna, F., Gómez Cacho, X, y Huguet Borén, J. (2009), *Diccionario Enciclopédico Vox 1*. Barcelon: Bibliograf.

Belletti, A. (1987), "Los inacusativos como asignadores de caso", en V. Demonte y M. Fernández Lagunilla (eds.), *Sintaxis de las lenguas románicas*. Madrid: Arquero, 167–230.

Bello, A. (1988), *Gramática de la lengua castellana*. Madrid: Edaf.

BLCU (Beijing Language and Culture University), *BLCU Chinese Corpus (BCC)*.

Bleotu, A. (2012), "Why does it always rain on me? On weather verbs". *Proceedings of the first central european conference in linguistics for postgraduate students, 59–81.*

Bosque, I. (1989), "Clases de sujetos tácitos", en J. Borrego Nieto (coord..), *Philologica: Homenaje a Antonio Llorente Maldonado*. Salamanca: Universidad de Salamanca, Vol. 2, 91–111.

Bosque, I. y Gutiérrez Rexach, J. (2009), *Fundamentos de sintaxis formal*. Madrid: Akal.

Bresnan, J. (1990), "Levels of representation in locative inversion: A comparison of English and Chichewa". Ms., Stanford University.

Bresnan, J.y Kanerva. J. (1989), "Locative inversion in Chichewa: a case study in factorization in grammar". *Linguistic inquiry,* 20, 1–50.

Brucart, B. (1999), "La elipsis", en I. Bosque y V. Demonte (eds.), *Gramática descriptiva de la lengua española*. Madrid: Espasa Calpe, 2787–2866.

Bustos Guadaño, E. (2000), *La metáfora. Ensayos trasdisciplinares*. Madrid: Fondo de Cultura Económica, Universidad Nacional de Educación a Distancia.

Bühler, K. (1934), Traducción de J. Marías, *Teoría del lenguaje. Revista de occidente* (1950), Madrid.

Calzado Roldán, A. (1997), "Estudio descriptivo de los verbos unipersonales que expresan fenómenos naturales en español". Tesina defendida: Universidad complutense de Madrid.

—— (1998), "Las categorías vacías en las expresiones meteorológicos en español". *Interlingüística*, 9, 77–80.

—— (1999), "Los verbos meteorológicos como verbos inacusativos". *Interlingüística*, 10, 85-89.

—— (2000), "La impersonalidad de los verbos meteorológicos: una explicación pragmático-discursiva". *Dicenda*, 18, 85–108.

—— (2013), *Las oraciones con verbos meteorológicos en la gramática de construcciones*. Tesis doctoral: Universidad complutense de Madrid.

Chen, C. L. (1997), "Hanyu chusuo jiayu de chubu kaocha" 'Investigación preliminares sobre los argumentos locativos en chino'. *Language teaching and linguistic studies*, 3, 130–139.

—— (2002), Xiandai hanyu dongcide jufa yuyi shuxing yanjiu 'Investigación de las propiedades sintácticas y semánticas de verbos del chino moderno'. Shanghái: Xuelin Publishing House.

Chen, T. Z. (1957), "Hanyuzhong chusuoci zuozhuyude cunxianju" 'Oraciones existenciales en chino con locativos como sujeto'. *Studies of Chinese language*, 8, 15–19.

Chen, J. M. (1986), *Xiandai hanyu juxing lun* 'Sobre las construcciones de oraciones de chino moderno'. Pekín: Language & Culture Press.

Chen, Z. X. (1956), "Duiyu Cao Bohan, Gao Mingkai liangwei xiansheng taolun zhuyu binyude yijian" 'Opiniones sobre la discusión de sujeto y objeto entre Cao Bohan y Gao Mingkai'. *Chinese language studies*, 3.

Cheng, G. (1999), "Mingwuhua yu xiangxin jiegou lilun xintan" 'Nuevo estudio sobre la aterialización y estructura endocéndrica'. *Modern forgien languages,* 2, 128–144.

Chomsky, N. (1970), "Remarks on nominalisation", en R. A. Jabobs y P. S. Rosenbaum (eds.), *Readings in English transformational grammar.* Massachusetts: Waltham.

—— (1981), *Lectures on government and binding.* Dordrecht: Foris.

—— (1986), *Knowledge of Language: its nature, origin and use.* New York: Praeger.

Cifuentes Honrubia, J. L. (1994), *Gramática cognitiva.* Madrid: EUDEMA Universidad.

Chu, Z. X. (1998), "Dongcide kongjian shiyingxing qingkuang kaocha" 'Estudio de la situación espacial de los verbos'. *Studies of Chinese language*, 4, 253–261.

Collins, C. (1997), *Local economy*. Cambridge: MIT Press.

Collins, J. (2011), *The unity of linguistic meaning*. Oxford: Oxford University Press.

Croft, W. (2008), *Lingüística cognitiva*. Madrid: Akal.

Cuenca, M. y Hilferty, J. (1999), *Introducción a la lingüística cognitiva*. Barcelona: Ariel.

Cuervo, M. C. (2003), *Datives at large*. Tesis doctoral: MIT.

—— (2008), "La alternancia causativa y su interacción con argumentos dativos". *Revista de lingüística teórica y aplicada*, 46(1), 55–79.

Cuervo, R. (1939), *Notas a la gramática de la lengua castellana de don Andrés Bello*. Bogotá: Instituto Caro y Cuervo.

Davidson, D. (1967), "The logical form of action sentences", en N. Rescher (ed.) *The logic of decisión and action*. Pittsbutgh: University of Pittsbutgh Press, 81–95.

De Miguel, E. (1999), "El aspecto léxico", en I. Bosque y V. Demonte (eds.), *Gramática descriptiva de la lengua española*. Madrid: Espasa Calpe, 2977–3060.

Del Barrio de la Rosa, F. (2007), "El complemento locativo y los Estados de Cosas en domumentación notarial leonesa (siglo XIII)". *Verba*, 34, 219–247.

Den Dikken, M. y A. Naess (1993), "Case Dependencies: the case of predicate inversion". *The linguistic review*, 10: 303–336.

Ding, S. S. (1961), *Xiandai hanyu yufa jianghua* 'Sobre la gramática del chino moderno'. Peikín: The Comercial Press.

Dong, Y. S. (1999), *Xibanyayu jufa* 'Sintaxis del español'. Pekín: Foreign Language Teaching and Research Press.

Fan, J. Y. (1982), "Lun jieci duanyu zai+chusuo" 'Sobre frases preposicionales zai+ locaciones'. *Studies in language and linguistics*, 2, 71–86.

Fan, X. (1989), "*Shishi binyu* ju" 'Oraciones de *objeto agente*'. Chinese teaching in the world, 1, 22–25.

—— (1996), *Sange pingmiande yufa guan* 'Opiniones de gramática de tres niveles'. Pekín: Beijing Language and Culture University Press.

—— (2009), *Hanyu juzi de duojiaodu yanjiu* 'Estudio de oraciones en chino desde múltiples aspectos'. Pekín: The Comercial Press.

—— (2014), "Dongbin liheci jiqi gouchengde yushi" 'Palabras separables de verbo-objeto y su fórmula de construcción', *Journal of Shanxi University (Philosiphy and social science edition)*, 6, 41–49.

Fan, X. y Hu, Y. S. (1992), "Shilun yufayanjiuzhongde sange pingmian" 'Sobre los tres niveles en la investigación de la gramática'. *Studies of the Chinese Language*,

4, 272–278.

Fábregas, A. (2014), "El argumento espacio-temporal de ciertos verbos meteorológicos". *Ianua. Revista philologica romanica*, Vol.14, Issue 1, 1–25.

Fernández Soriano, O. (1999), "Two types of impersonal sentences in Spanish: locative and dative subjects". *Syntax*, Vol.2 Nº 2, 101–140.

Fernández Soriano, O. y Táboas Baylín, S. (1999), "Construcciones impersonales no reflejas", en I. Bosque y V. Demonte (eds.), *Gramática descriptiva de la lengua española*. Madrid: Espasa Calpe, 1723–1778.

Fillmore, C (1968), "The case for case", en E. Bach y R. Harns (Eds.), *Universals in Linguistic Theory*. New York: Holt, Rinehart &Winston.

García Fernández, L. (1999), "Los complementos adverbiales temporales. La subordinación temporal", en I. Bosque y V. Demonte (eds.), *Gramática descriptiva de la lengua española*. Madrid: Espasa Calpe, 3129-3208.

García Fernández, L. y Camus Bergareche, B. (2011), "En torno a la historia de *desde hace*", en C. Sinner, J. Ramírez Luengo, M. Torrens Álvarez (coords.), *Tiempo, espacio y relaciones espacio-temporales desde la perspectiva de la lingüística histórica*. San Millán de la Cogolla: Fundación San Millán y Cilengua, 125–150.

Gibbs, R. y Colston, H. (1995), "The cognitive psychological reality of image schemas and their transformations". *Cognitive linguistics*, 6, 347–378.

Gili Gaya, S. (1973), *Curso superior de sintaxis española*. Barcelona: Bibliograf.

—— (1986), *Resumen práctico de gramática española*. Barcelona: Biblograf.

Gómez Torrego, L. (1998), *La impersonalidad en español: descripción y norma*. Madrid: Arco Libros.

—— (2002), *Gramática didáctica del español*. Madrid: SM.

González Clavo, J. (1998), *La oración simple*, Madrid: Arco Libros.

González Rivera, M. (2016), "Predicación", en J. Gutiérrz-Rexach (ed.), *Enciclopedia lingüística hispánica*. Londres: Routledge, 809–820.

Gu, Y. (1997) "Guanyu cunxian jiegoude lilun tantao" 'Estudio teórico sobre construcciones de existencia y de aparición'. *Modern forneign language*, 3, 15–25.

Guo, R. (1993), "Hanyu dongcide guocheng jiegou" 'Estructura eventiva de los verbos en chino'. *Studies of Chinese language*, 6, 410–419.

—— (1995), *Xiandai hanyu peijia yufa yanjiu* 'Investigación de gramática de valencia del chino moderno'. Peikín: Peking University Press.

—— (1997), "Guocheng he feiguocheng, hanyu weicixing chengfende liangzhong waizai shijian leixing" 'Durativo y no-durativo, dos tipos de aspecto léxico de elementos predicativos en chino'. *Studies of Chinese language*, 3, 162–175.

—— (1999), "Yuwen cidiande cixing biaozhu wenti" 'Cuestiones sobre la marcación de categoría léxica de diccionarios de chino'. *Studies of the Chinese Language*, 2, 150–158.

—— (2012), "Xingrongcide leixingxue he hanyu xingrongci de yufa diwei" 'Tipología de los adjetivos y el estatus gramatical de los adjetivos en chino'. *Chinese language learning*, 5, 3–16.

Gutiérrez Ordóñez, S. (1997a), *Temas, remas, focos, tópicos y comentarios*. Madrid: Arco Libros.

—— (1997b), *La oración y sus funciones*. Madrid: Arco Libros.

—— (1999), "Los dativos", en I. Bosque y V. Demonte (eds.), *Gramática descriptiva de la lengua española*. Madrid: Espasa Calpe, 1855–1932.

Hale, K y Keyser, S. (1994), "On argument structure and the lexical expression of syntactic relations", en K. Hale y S. Keyser (eds.), *The view from building 20: a festschrift for Sylvain Bromberger*. Cambridge: The MIT Press, 53–108.

—— (1997), "The basic elements of argument structure", en *MIT Working papers in linguistics 32: papers from the Upenn/ MIT roundtable on argument structure*. Cambridge: The MIT Press, 73–118.

—— (2002), *Prolegomenon to a Theory of Argument Structure*, Cambridge: The MIT Press.

Halidday, M. (1967), "Some aspects of the thematic organization of the English clause", *RAND Memorandum*. California: The RAND corporation.

Harley, H. (1995), *Subjects, events, and licensing*. Tesis doctoral: MIT.

He, C. Y. (1955), "Guanyu zhuyu binyude ruogan wenti" 'Varios problemas sobre sujeto y objeto'. *Chinese language studies*, 11.

He, W., Gao W. S., *et alii*, (2015), *Hanyu gongneng jufa fenxi* 'Análisis de sintaxis funcional de chino'. Pekín: Foreign Language Teaching and Research Press.

Hernández Alonso, C. (1970), *Sintaxis española*. Valladolid.

Hernández Díaz, A. (2003), "De las construcciones existenciales con *haber*. Un ejemplo de gramaticalización". *Gramaticalización y cambio semántico en la hostoria del español*, 35, 135–154.

Hernanz, M. L. (1999), "El infinitivo", en I. Bosque y V. Demonte (eds.), *Gramática descriptiva de la lengua española*. Madrid: Espasa Calpe, 2196–2356.

Hu, X. Y. (1988), "Xiandai hanyu cunxianju xianyin yiyi tanwei" 'La semántica de las oraciones de existencia y de aparición en chino'. *Journal of Jinzhou Institute*, 3.

Hu, Y. S. (1995), *Xiandai hanyu* 'El chino contemporáneo'. Shanghái: Shanghai Educational Publishing House.

Hu, Y. S. y Fan, X. (1994), "Dongci xingrongcide 'mingwuhua' he 'mingcihua'" 'Materialización y nominalización de los verbos y adjetivos'. *Studies of the Chinese Language,* 2, 81–85.

Huang, B. R. y Liao, X. D. (2007), *Xiandai hanyu* 'El chino moderno'. Pekín: Higher Education Press.

Huang, C. T. (1982), "Move WH in a language without WH movement". *The linguistic review,* 1, 369–416.

—— (1984), "On the distribution and reference of empty pronouns". *Linguistic inquiry,* 531–574.

—— (1987a), "Remarks on empty categories in Chinese". *Linguistic inquiry,* 18, 321–337.

—— (1987b), "Existential sentences in Chinese and (in)definiteness". *The representation of (in)definiteness,* 226–253.

—— (1989), "Pro-drop in Chinese: A generalized control theory", en M. Jaeggli y K. Safir (eds.), *The null subject parameter.* Heidelberg: Springer Netherlands, 185–214.

—— (2007), "Hanyu dongcide tiyuan jiegou yuqi jufa biaoxian" 'Estructura argumental de verbos en chino y su comportamiento sintáctico'. *Linguistic sciences,* 4, 3–21.

—— (2017), "Lunyuan jiegou, ciyi fenjie, he qingdongci jufa" 'Estructura argumental, análisis de semántica léxica y sintaxis de verbos ligeros'. *Studies in Prosodic Grammar,* 2, 2–31.

Huang, S. F. (1966), "Subject and object in Chinese". Project on Linguistic Analysis, 1, 25–103.

Huang, Y. (1992), "Hanyude kongfanchou" 'Categoría nula en chino'. *Studies of the Chinese Language,* 5, 383–393.

Induráin Pons, J. y Marti, M. (2016), *Gran Diccionario de la Lengua Española.* Barcelona: Larousse.

Instituto de Lingüística de la Academia de Ciencias Sociales de China (1952), "Yufa jianghua" 'Sobre la gramática'. *Studies of the Chinese Language,* 11.

—— (2012), *Diccionario de chino moderno (Edición VI).* Pekín: The Comercial Press.

Jin, L. X. (1990), "Yinghan shidi zhuangyu yuxude yizhixing" 'La unanimidad del orden de los complementos espacio –temporales de inglés y chino'. *Language teaching and linguistic studies,* 2, 148–153.

—— (1993), "*Ba OV zai L* de yuyi jufa yuyong fenxi" 'Análisis semántica, sintáctica y pragmática de *ba OV en L*'. *Studies of Chinese language,* 5, 361–366.

Jin, L. X. y Wang, H. W. (2014), "Dongci fenlei he shige tongge ji shiyu tongyu" 'Caso ergativo, caso absolutivo y la clasificación de verbos'. *Foreign language teaching and research*, 1, 45–57.

Johnson, M. (1987), *The body in the mind: The bodily basis of meaning, imagination, and reason*. Chicago: University of Chicago Press.

Kovacci, O. (1990), *El comentario gramatical. Teoría y práctica I*. Madrid: Arco Lirbos.

Kratzer, A. (1996), "Severing the external argument from its verb", en J. Rooryck y L. Zaring (eds.). *Phrase structure and the lexicon*. Dordrecht: Kluwer, 119–137.

Langacker, R. W. (1991), *Fundations of cognitive grammar*. Stanford: Stanford University Press.

—— (2008), *Cognitive gramma: A basic introduction*. Oxford: Oxford Press.

Lázaro Carreter, F. (1987), *Diccionario de términos filológicos*. Madrid: Gredos.

Lei, T. (1993), "Cunxianjude fanwei, goucheng he fenlei" 'Delimitación, formación y clasificación de oraciones existenciales'. *Studies of Chinese language*, 4, 244–251.

Levin, B. y Rappaport, H. (1995), *Unaccusativity*. Cambridge: MIT Press.

Li. C. N. y Thompson, S. A. (1976), "Subject and topic: A new tipology of language". En Le Charles (Ed.), *Subject and topic*. New York: Academic Press, 457–489.

—— (1989), *Mandarin Chinese, a functional reference grammar*. Berkeley: University of California Press.

Li, J. X. y Liu, S. R. (1960), "Yufa zai yantao, cilei qufen he mingci wenti" 'Más reflexiones sobre la gramática, la categoría léxica y cuestiones de sustantivos'. *Studies of the Chinese Language*, 1.

Li, L.D. (1985), *Xiandai hanyu juxing* 'Construcciones de oraciones de chino moderno'. Pekín: The Comercial Press.

—— (1990), *Xiandai hanyu dongci* 'Verbos del chino moderno'. Pekín: China Science Publishing Group.

Li, J. X. (1992), *Xinzhu guowen yufa* 'Nueva edición de la gramática china'. Pekín: The Comercial Press.

Li, Y. H. (1985), *Abstract case in mandarin Chinese*. Los Angeles: University of Southern California.

—— (1990), *Order and constituency in mandarin Chinese*. Dordrecht: Kluwer.

Lin, T. H. (2001), *Light verb syntax and the theory of phrase stucture*. Tesis doctoral: Universidad de California.

Liu, Y. H., Pan W. Y y Gu W. (2004), *Shiyong xiandai hanyu yufa* 'Gramática práctica del chino contemporáneo'. Pekín: The Comercial Press.

Liu, S. R. (1963), *Xiandai hanyu yufa jiangyi* 'Materiales de la gramática del chino moderno'. Pekín: The Comercial Press.

Liu, Z. X. (1953), "Yong lianxie lai guiding cier" 'Escribir todo juntos como criterio para definir palabras'. *Studies of Chinese language*, 3, 10–11.

Long, G. F. (1958), Traducción de Q. Z. Zheng, *Xiandai hanyu yufa yanjiu* 'Investigación de la gramática del chino contemporáneo'. Pekín: China Science Publishing Group.

Lope Blanch, J. (1981), "Unidades sintácticas. (Recapitulación)". *RFE LXI*, 29–63.

López Ferrero, C. (2008), "Comportamiento sintáctico y discursivo de verbos inacusativos de existencia y aparición: implicaciones lexicográficas", en I. Olza Moreno, M. Casado Velarde y R. González Ruiz (eds.), *Actas del XXXVII Simposio Internacional de la sociedad Española de Lingüística*. Pamplona: Servicio de Publicaciones de la Universidad de Navarra, 445–454.

Lu, B. F. (2010), "Dui cilei he mingwuhuade sikao" 'Reflexiones sobre la categoría léxica y nominalización'. *Proceedings of the 16th conference in Chinese grammar*.

Lu, C. (2001), *Hanyu yufade yihe wangluo* 'La red de parataxis de la gramática de chino'. Pekín: The Comercial Press.

Lu, J. M. (1995), *Xiandai hanyu* 'Chino moderno'. Pekín: The Comercial Press.

—— (2003), "Dui 'NP de VP' jiegou de chongxin renshi" 'Nuevas reflexiones sobre la estructura de <NP de VP>'. *Studies of the Chinese Language*, 5, 387–391.

—— (2004), *Xiandai hanyu yufa yanjiu jiaocheng* 'Curso de investigación en la gramática del chino moderno'. Pekín: The Comercial Press.

—— (2015), "Hanyu cileide tedian daodi shi shenme" 'Cuáles son las características de la categoría léxica de chino'. *Chinese Linguistics*, 3, 2–7.

Lu, Z. W. (1964), *Hanyude goucifa* 'Formación de palabras en chino'. Pekín: China Science Publishing Group.

Lü, J. P. (1956), "Duiyu *zhuyude dingyi jiqi zai hanyuzhongde yingyong* de shangque" 'Sobre la definición de sujeto y su aplicación en chino'. *Chinese language studies*, 3.

Lü, S. X. (1947), *Zhongguoren xue yingwen* 'Inglés para chinos'. Pekín: The Comercial Press.

—— (1981), *Xiandai hanyu 800ci* '800 palabras del chino moderno'. Pekín: The Comercial Press.

—— (1982), *Zhongguo wenfa yaolüe* 'Resumen de la gramática china'. Pekín: The Comercial Press.

—— (1984), *Hanyu yufa lunwenji* 'Colección de memorias de la gramática del chino'. Pekín: The Comercial Press.

Lyons, J. (1967), "A note on possessive, existencial and locative sentences". *Foundations of Language*, 3, 390–396.

Ma, J. Z. (1989), *Mashi wentong* 'Grammática de Ma'. Pekín: The Comercial Press.

Marco Martínez, C. y Lee, W. T. (1998), *Gramática de la lengua china: Para hispanohablantes*. Taiwán: Editora Nacional de Taiwán.

Marcos Marín, F., *et alii*, (2002), *Gramática española*. Madrid: Síntesis.

Martínez, H. (2005), *Construir bien en español. La corrección sintáctica*. Asturias: Ediuno.

Martínez, J. (1999), *La oración compuesta y compleja*. Madrid, Arco Libros.

McCawley, J. (1992), "Justifying parts-of-speech assignments in Mandarin Chinese". *Journal of Chinese linguistics*, 2.

Melis, C. y Flores, M. (2007), "Los verbos pseudo-impersonales del español, una caracterización semántico-sintáctica". *Verba: Anuario Galego de filoloxia*, 34, 7–57.

Mendikoetxea, A. (1999), "Construcciones con *se*: medias, pasivas e impersonales", en Bosque, I. y Demonte, V. (eds.), *Gramática descriptiva de la lengua española*. Madrid: Espasa Calpe, 1631–1722.

Meulleman, M. y Stockman, N. (2013), "La inacusatividad en los verbos meteorológicos en español: un análisis comparativo de *llover* y *amanecer*". *Bulletin of Hispanic Studies,* 90(2): 117–132.

Meng, C. (1987), "Dongci he dongzuo de fangxiang" 'Verbos y dirección de las acciones'. *Proceedings of the 2ed. International conference of chinese teaching.*

Moliner, Mª. (1988), *Diccionario de uso del español II*. Madrid: Gredos.

Montero Ramírez, F. (2010), "La función sintáctica de sujeto: Definición, rasgos descriptivos y normativos". *Revista de filología*, 28, 199–213.

Moreno Cabrera, J. (1987), *Fundamentos de sintaxis general*. Madrid: Editorial Sintesis.

—— (2011), "Las alternancias locativas y sus restricciones", en M. Escandell Vidal, M. Leonetti, y C. Sánchez López (eds.), *60 problemas de grmáticas*. Madrid: Akal, 127–131.

Morimoto, Y. (1998), *El aspecto léxico: Delimitación*. Madrid: Arco Libors.

Nie, W. L. (1989), "Cunzai he cunzaiju de fenlei" 'Existencia y la clasificación de oraciones existenciales'. *Studies of Chinese language*, 2, 95–104.

Onieva Morales, J. (1993), *La gramática de la Real Academia Española*. Madrid: Playor.

Pan, H. H. (1996), "Mandarin imperfective aspect *zhe* and locative inversion". *Natural language & linguistic Theory,* 14, 409–432.

Pan, W. (2003), *On existence constructions in Chinese*. Tesis doctoral: Fudan University.

Pérez Rioja, J. (1965), *Gramática de la lengua española*. Madrid: Tecnos.

Perlmutter, D. (1978), "Impersonal passives and the unaccusative hypothesis". *Proceedings of the annual meeting of the Berkeley Lunguistics Society*, 38, 157–189.

Pons Rodríguez, L. (2014), *"¿Hay la intuición? El efecto de definitud en la historia de la lengua española*". *RILCE*, 30.3, 807–832.

Qi, H. Y. (1994), "N +zai + chusuo +V juside yuyi tezheng" 'Las características de la construcción de N + en+ lugar +V'. *Chinese language learning*, 6, 21–28.

—— (1999), "Biaoshi jingtai weizhide zhuangtai zai ziju" 'Oraciones de estado con zai que indican localización estativa'. *Chinese language learning*, 2, 2–8.

—— (2005), *Duiwai hanyu jiaoxue yufa* 'Gramática para la enseñanza de chino como lengua extranjera'. Shanghái: Fudan University Press.

RAE, (1973), *Esbozo de una nueva gramatica de la lengua española*. Madrid: Espasa Calpe.

RAE, (2015), *Corpus de Referencia del Español Actual*. http://corpus.rae.es/ creanet.html.

RAE-ASALE (2009), *Nueva gramática de la lengua española*. Madrid: Espasa Libros.

—— (2010), *Nueva gramática de la lengua española MANUAL*. Madrid: Espasa Libros.

—— (2011), *Gramática básica de la lengua española*. Madrid: Espasa Libros.

—— (2014), *Diccionario de la lengua española*. http://dle.rae.es/ (acce 2019).

Recanati, F. (2006), "It is raining (somewhere)". *Linguistics and philosophy*, Vol. 30, Issue 1, 123–146.

Ruwet, N. (1989), "Weather verbs and the unaccusative hypothesis", en C. Krischner y J. Decesaris (eds.), *Studies in romance linguistics*. Amsterdam/ Philadelphia: John Benjamins, 313–345.

—— (1991), *Syntax and human experience*. Chicago: University of Chicago Press.

Salvá, V. y Llitereas, M (1988), *Gramática de la lengua castellana según ahora se habla*. Madrid: Arcos Libros.

Sánchez Lancis, C. (1992), "El adverbio pronominal *y* cmo dativo inanimado en español medieval", *Actas del II congreso internacional de historia de la lengua española*. Madrid: Pabellón de España, 1, 795–804.

Sánchez López, C. (2016), "Se y sus usos", J. Gutiérrez-Rexach (ed.), *Enciclopedia lingüística hispánica*. Londres: Routledge, 773–784.

Sanz, M. (2000), *Events and predication. A new approach to syntactic processing in English and Spanish*. Amsterdam: John Benjamins.

Sapir, E. (1979), *El lenguaje: Introducción al estudio del habla*. México: Fondo de Cultura Económica.

Seco, R. (1954), *Manual de gramática española*. Madrid: Aguilar.

Shen, J. X. (1987), "Subject function and double subject construction in Mandarin Chinese". *Cahiers de Linguistique Asie Orientale*, Vol. XVI, 2, 195–211.

—— (1999), *Buduichen he biaojilun* 'Asimetría y teoría de marca'. Nanchang: Jiangxi Educational Publishing House.

—— (2007), "Hanyu lide mingci dongci" 'Sustantivos y verbos en chino'. *Journal of Sino-tibetan linguistics*, 1, 27-48.

—— (2009), "Wokan hanyude cilei" 'Mi opinión sobre la categoría léxica de chino'. *Linguistic sciences*, 1, 1–12.

Shen, X. L. (1988), *Zhongguo juxing wenhua* 'La cultura de las construcciones de oraciones de China'. Changchun: Northeast Normal University Press.

Shen, Y., He, Y. J. y Gu, Y. (2002), *Shengcheng yufa lilun yu hanyu yufa yanjiu* 'Teoría de la gramática generativa e investigación de la gramática china'. Ha'erbin: Heilongjiang Educational Publishing House.

Shi, Y. W. (1982), "Guanyu mingci he chusuoci de zhuanhua" 'Sobre la conversión entre sustantivos y locativos'. *Chinese language learning*, 1.

Shi, Y. Z. (2001), "Hanyude zhuyu yu huati zhibian" 'La distinción entre sujeto y típico en chino'. *Studies in Language and Linguistics*, 2, 82–91.

Si, F. Zh. (2002), "Hanyude biaojuci 'de' ji xiangguande jufa wenti" 'Marcador 'de' en chino y las cuestiones sintácticas relativas'. *Language teaching and linguistic studies*, 2, 35–40.

Silva Villar, L. y Gutiérrez Rexach, J. (1998), "Syntactic position and the interpretation of temporal history". *Probus*, 10 (2), 115–138.

Song, Y. Z. (1984), "Weishenme shuo cunxianju shi zhuweiju?" '¿Por qué tratamos oraciones existenciales como oraciones de sujeto-predicado?'. *Chinese studies*, 6.

—— (1989), "Wanchengti dongtai cunzaiju" 'Oraciones existenciales dinámicas de aspecto perfectivo'. *Chinese language learning*, 6, 3–16.

—— (1990), "Guanyu jingtai cunzaijude fenlei" 'Sobre la clasificación de oraciones existenciales estativas'. *Chinese language studies*, 2.

—— (1991), "Jingliti cunzaiju" 'Oraciones existenciales de experiencia'. *Chinese language learning*, 5, 1–6.

—— (1992), "Cunzaiju de queren" 'La definicón de oraciones existenciales'. *Journal of Chinese language (monthly)*, 11, 7–11.

Su, F. (1955), "Tan dongciju" 'Hablar de oraciones verbales'. *Chinese language studies*, 6.

Sun, H. L. (1996), "You *V+you* gouchengde cunzaiju" 'Oraciones existenciales formadas con *V+haber*'. *Chinese teaching in the world*, 2, 21–29.

Sun, Y. Z. (2010), *Xibanyayu shiyong yufa xinbian* 'Nueva gramática práctica del español'. Shanghái: Shanghai Foreign Language Education Press.

Suñer, M. (1982), "On null subject". *Linguistic Analysis*, 9.1: 55–78.

Tang, C. C. (1990), "A note on the DP analysis of the Chinese noun phrase". *Linguistics,*

28, 337–354.

Tang, S.W. (2004), "Zuogehua he hanyu beidongju" 'Ergatividad y oraciones pasivas en chino'. *Studies of Chinese language*, 4, 291–301.

—— (2010), *Xingshi hanyu jufaxue* 'Sintaxis formal de la lengua china'. Shanghái: Shanghai Educational Publishing House.

Tang, T. C. (1972), *A case grammar of spoken chinese.* Taipei: Haiguo Book Corp.

Tang, Y. Z. (2005), "Cunxian dongcide feibingexing jiashe" 'Hipótesis de inacusatividad de verbos de existencia y de aparición'. Journal of Chongqing University, 4, 84–87.

Ting, J. (1995), *A Non-uniform Analysis of the Passive Construction in Mandarin Chinese,* Doctoral dissertation: University of Rochester.

—— (1998), "Deriving the bei-construction in Mandarin Chinese". *Journal of East Asian Linguistics* 4: 319–354.

Torrego, E. (1989), "Unergative-unaccusative alternations in Spanish", en I. Laka y A. Mahajan (eds.), *MIT working papers in linguistics 10: Functional heads and clause stucture.* Cambridge: The MIT Press, 253–272.

Trask, R. L. (1993), *A dictionary of grammatical terms in linguistics.* London: Routledge.

Tsao, F. F. (1977), "Subject and topic in Chinese", *Proceedings of Chinese Language Society.* Taiwán: Student Book Publishing.

—— (1979), *Zhuti zai guoyu zhongde gongneng yanjiu* 'Un estudio funcional del tópico en chino'. Taipei: Student Book Co.

—— (2005) *Hanyude jusi yu jusi jiegou,* 'Oraciones en chino y sus estructuras'. Pekín: Beijing Language and Culture University Press.

Ungerer, F. y Schmid, H. (1996), *An introduction to cognitive linguistics.* Harlow: Longman.

Vendler, Z. (1967), *Linguistics in philosophy.* Nueva York: Cornell University Press.

Vivas, J. (1976), *Verbos meteorológicos en español.* Tesis doctoral: Universidad de Massachusetts.

—— (1977), "Verbos meteorológicos en español", *Dissertation abstracts: section humanities and social science.* London/ Ann Arbor: University Microfilms International.

Wang, D. Z. (1999), "Hanyu kongzhuyu de fenlei he suozhi" 'Sujetos nulos en chino, clasificación y referencia'. *Journal of PAL Foreign Languages University,* 4, 29–32.

Wang, L. (1954), *Zhongguo yufa lilun* 'Teoría de la gramática china'. Pekín: Zhonghua Book Company.

Wang, S. Y. (1963), "Some syntactic rules for Mandarin". *The Ohio State University Project in Linguistic analysis,* 3.

Williams, E. (1980), "Predicación". *Linguistic Inquiry* 11, 203–238.

Wu, W. Z. (1993), "Dongcide *xiang* zhaji" 'Comentarios de *valencia* de los verbos', *Studies of Chinese language*, 3.

—— (1996), "Hanyu dongci peijia yanjiu shuping" 'Comentarios sobre la investigación de valencia de los verbos en chino'. Journal of sanming university, 2, 1–11.

Xing, F. Y. (1996), *Hanyu yufaxue* 'Lingüística china'. Changchun: Northeast Normal University Press.

Xiong, Z. R. (2005), "Yi 'de' wei hexin de DP jiegou" 'La estructura DP con <de> como núcleo'. *Contemporary Linguistics*, 2, 148–165.

Xu, L. J. (1986), "Free empty category", *Linguistic Inquiry,* 17, 75–93.

—— (1994), "Yu kongyulei youguande yixie hanyu yufa xianxiang" 'Algunos fenómenos gramaticales en chino relacionados con la categoría nula'. *Studies of the Chinese Language,* 5, 321–329.

Xu, L. J. y Liu, D. Q. (1998), *Huati de jiegou yu gongneng* 'Estructura y función de tópico'. Shanghái: Shanghái Educational Publishing House.

Yang, Q.W. (2006), "Dongci zhuyude xingzhi zhixiang fenxi" 'Análisis de propiedades de sujetos verbales'. *Journal of Central South University*, 5, 637–641.

Yu, D. T. (2006), *Xiandai hanyu shijianci yanjiu* 'Investigación de temporales en chino moderno'. Tesis doctoral: Central China Normal University.

Yuan, Y. L. (2006), "Huatihua ji xiangguande yufa guocheng" 'Topicalización y procesos gramaticales relacionados'. *Studies of Chinese language*, 4, 214–254.

Yuan, Y. L. y Guo, R. (1998), *Xiandai hanyu peijia yufa yanjiu* 'Investigación de gramática de valencia del chino moderno'. Peikín: Peking University Press.

Zhan, W. D. (2000), "Jiyu peijia de yanyu yuyi cidian" 'Un diccionario semántico de la lengua china basado en la valencia'. *Applied linguistics*, 1, 37–43.

Zhan, K. D. (1981), "*You* ziju" 'Oraciones con *you*'. *Studies of Chinese language*, 1.

Zhan, W. D. (2000), "Jiyu peijia de yanyu yuyi cidian" 'Un diccionario semántico de la lengua china basado en la valencia'. *Applied linguistics*, 1, 37–43.

Zhang, B. y Hu, Y. S. (1989), *Hanyu yufa yanjiu* 'Investigación de la gramática de lengua china'. Pekín: The Comercial Press.

Zhang, B. J. y Fang, M. (1996), "Hanyu gongneng yufa yanjiu" 'Investigación de la gramática funcional de chino'. Nanchang: Jiangxi Educational Publishing House.

Zhang, D. S. (2011), "Weicixing zhuyu yu weicixing bingyu buduichen xianxiang yanjiu" 'Sobre el fenómeno de asimetría de sujetos predicativos y objetos predicativos', *Journal of Nantong University*, 6, 76–80.

Zhang, J. (1986), *Xinbian xiandai hanyu* 'Nueva edición de chino moderno'. Shanghái:

Shanghai Educational Publishing House.

Zhang, S. K. (1957), "Luelun hanyu goucifa" 'Sobre la formación de palabras en chino'. *Studies of Chinese language*, 6, 9–13.

Zhang, X. C. (1982), "Cunzaiju" 'Oraciones existenciales'. *Journal of linguistics (annual)*.

Zhao, S. H. y Zhang, B. L. (1996), "Liheci de queding yu liheci de xingzhi" 'La definición y propiedades de palabras separables'. *Language teaching and linguistic studies*, 1, 40–51.

Zhao, S. Y. (1998), *Hanyu xibanyayu shuangyu bijiao* 'Comparación entre chino y español'. Pekín: Foreign Language Teaching and Research Press.

Zhao, Y. R. (1955), Traducción de R. Li, *Beijing kouyu yufa* 'Gramática de la lengua oral de Pekín'. Pekín: China Youth Publishing Group.

—— (1979), Traducción de S. X. Lü, *Hanyu kouyu yufa* 'Gramática del chino oral'. Pekín: The Comercial Press.

—— (2002), *Zhongguohuade wenfa* 'Gramática de la lengua china'. Hong Kong: The Chinese University Press.

Zhou, S. Z. (2001), "Liheci shibushi ci" 'Palabras separadas, son palabras o no'. *Journal of College of Chinese Language and Culture of Jinan University,* 4, 41–53.

—— (2006), Hanyu liheci yanjiu: hanyu yusu, ci, duanyu de teshuxing 'Investigación de palabras sepalabres: la peculiaridad de morfemas, palabras y frases en chino'. Shanghái: Shanghai Foreign Language Education Press.

Zhou, T. Q. (2006), "Cong luoji peijia kan yuyanzhong de *lingjia dongci*" '*Verbos de cero valencia*, desde el punto de vista de la valencia lógica'. *Foreign language research*, 1, 7–10.

Zhou, Z. M. (1955), "Guanyu zhuyu binyude wenti" 'Problemas sobre sujeto y objeto'. *Chinese language studies*, 12.

Zhu, D. X. (1980), *Xiandai hanyu yufa yanjiu* 'Investigación de gramática del chino moderno'. Pekín: The Comercial Press.

—— (1981), "*Zai heibanshang xiezi* ji xiangguan jushi" '*Escribir en la pizarra y construcciones relativas*'. *Language teaching and linguistic studies*, 10, 4–18.

—— (1982), *Yufa jiangyi* 'Materiales de la gramática'. Pekín: The Comercial Press.

—— (1985), *Yufa dawen* 'Respuestas de preguntas de gramática'. Pekín: The Comercial Press.

Zubizarreta, L. (1999), "Las funciones informativas: tema y foco", en I. Bosque y V. Demonte (eds.), *Gramática descriptiva de la lengua española*. Madrid: Espasa Calpe, 4215–4244.

图书在版编目（CIP）数据

无人称结构的西汉对比研究 / 刘奕彤著. --北京：
中国人民大学出版社，2024.6
（文明互鉴学术论丛）
ISBN 978-7-300-32109-7

Ⅰ.①无… Ⅱ.①刘… Ⅲ.①西班牙语—句法—对比
研究—汉语 Ⅳ.①H344.3 ②H146.3

中国国家版本馆CIP数据核字（2023）第163659号

文明互鉴学术论丛
总主编 陈 方 李铭敬
无人称结构的西汉对比研究
刘奕彤 著
李 静 校审
Wurencheng Jiegou de Xihan Duibi Yanjiu

出版发行	中国人民大学出版社		
社 址	北京中关村大街31号	邮政编码	100080
电 话	010 - 62511242（总编室）	010 - 62511770（质管部）	
	010 - 82501766（邮购部）	010 - 62514148（门市部）	
	010 - 62515195（发行公司）	010 - 62515275（盗版举报）	
网 址	http://www.crup.com.cn		
经 销	新华书店		
印 刷	北京捷迅佳彩印刷有限公司		
开 本	720 mm × 1000 mm 1/16	版 次	2024 年 6 月第 1 版
印 张	23.75	印 次	2024 年 6 月第 1 次印刷
字 数	375 000	定 价	88.00 元

中国人民大学出版社读者信息反馈表

尊敬的读者：

感谢您购买和使用中国人民大学出版社的 _____ 一书，我们希望通过这张小小的反馈表来获得您更多的建议和意见，以改进我们的工作，加强我们双方的沟通和联系。我们期待着能为更多的读者提供更多的好书。

请您填妥下表后，寄回或传真回复我们，对您的支持我们不胜感激！

1. 您是从何种途径得知本书的：
   □书店　　　　□网上　　　　□报纸杂志　　　　□朋友推荐
2. 您为什么决定购买本书：
   □工作需要　　□学习参考　　□对本书主题感兴趣　　□随便翻翻
3. 您对本书内容的评价是：
   □很好　　　　□好　　　　□一般　　　　□差　　　　□很差
4. 您在阅读本书的过程中有没有发现明显的专业及编校错误，如果有，它们是：

   _____

   _____

   _____

5. 您对哪些专业的图书信息比较感兴趣：

   _____

   _____

   _____

6. 如果方便，请提供您的个人信息，以便于我们和您联系（您的个人资料我们将严格保密）：
   您供职的单位：_____
   您教授的课程（教师填写）：_____
   您的通信地址：_____
   您的电子邮箱：_____

请联系我们：黄婷　程子殊　王新文　王琼　鞠方安

电话：010-62512737，62513265，62515580，62515573，62515576

传真：010-62514961

E-mail：huangt@crup.com.cn　　chengzsh@crup.com.cn　　wangxw@crup.com.cn
　　　　crup_wy@163.com　　jufa@crup.com.cn

通信地址：北京市海淀区中关村大街甲59号文化大厦15层　　　邮编：100872

中国人民大学出版社